"十二五"普通高等教育本科国家级规划教材

国家级精品课程教材

2021 年北京高校优质本科教材

SMEs Management

中小企业管理

（第五版）

主　编　林汉川　　王分棉
　　　　邢小强　　邱　红

中国教育出版传媒集团

高等教育出版社·北京

内容简介

　　本书紧扣助力中小企业高质量发展的需求，围绕中小企业创业管理、成长管理和高质量发展三个模块设计了层次化的专业知识体系，分为上、中、下三篇共14章，涵盖了中小企业创业管理、成长管理和高质量发展所涉及的各种理论与方法。本书此次修订大幅调整了篇章结构，重点更新了中小企业技术创新、国际化经营、数字化转型和专精特新之路方面的内容，聚焦时代主题。本书将立德树人融入教材内容，依据每章的知识点，从"知识探索、能力提升、价值引领、品格养成"四个维度制定了每章学习目标，实现思政育人、能力提升和理论学习有机融合。本书特设二维码关联在线测试习题和拓展知识，巩固教学。

　　本书可作为高等学校经管类专业高年级本科生的教材，也可作为 MBA、企业管理专业研究生和广大中小企业创业者及管理者的培训教材。

图书在版编目（CIP）数据

　　中小企业管理／林汉川等主编 . -- 5 版 . -- 北京：高等教育出版社，2025.3 . -- ISBN 978-7-04-063864-6

　　Ⅰ. F276.3

中国国家版本馆 CIP 数据核字第 2025HG1353 号

ZHONGXIAOQIYE GUANLI

策划编辑　韦寅蕾	责任编辑　韦寅蕾	封面设计　赵　阳	版式设计　马　云
责任绘图　邓　超	责任校对　刘娟娟	责任印制　耿　轩	

出版发行	高等教育出版社	网　　址	http://www.hep.edu.cn
社　　址	北京市西城区德外大街 4 号		http://www.hep.com.cn
邮政编码	100120	网上订购	http://www.hepmall.com.cn
印　　刷	山东临沂新华印刷物流集团有限责任公司		http://www.hepmall.com
开　　本	787mm ×1092mm　1/16		http://www.hepmall.cn
印　　张	24.25	版　　次	2006 年 12 月第 1 版
字　　数	590 千字		2025 年 3 月第 5 版
购书热线	010 - 58581118	印　　次	2025 年 3 月第 1 次印刷
咨询电话	400 - 810 - 0598	定　　价	58.00 元

本书如有缺页、倒页、脱页等质量问题，请到所购图书销售部门联系调换
版权所有　侵权必究
物　料　号　63864-00

第五版前言

中小企业是我国国民经济发展中不可或缺的组成部分，是推动国民经济发展、促进社会稳定的基础力量。改革开放以来，我国中小企业蓬勃发展，从小到大，由弱到强，在增加就业、稳定增长、促进创新方面发挥了独特的作用，作为国民经济生力军的作用也日益凸显。同时，作为推动创新、促进就业、改善民生的重要力量，中小企业在推动经济社会发展、促进产业转型升级方面充当着生力军、先锋队的角色。工业和信息化部指出，我国中小企业呈现"量质齐升"的发展态势。从数量来看，中小企业数量规模快速壮大。截至 2022 年年末，我国中小微企业数量已超过 5 200 万户，比 2018 年年末增长 51%。2022 年平均每天新设企业 2.38 万户，是 2018 年的 1.3 倍。中小企业数量多、活力大。从质量来看，优质中小企业不断涌现。截至 2024 年 11 月，我国累计培育专精特新中小企业超过 14 万家，专精特新"小巨人"企业 1.46 万家。其中，"小巨人"企业以专注铸专长、以配套强产业、以创新赢市场，平均研发投入占比达 8.9%，平均研发人员占比达 28%，累计参与制定、修订国家标准 6 000 余项，获得授权发明专利数 14 万余项。近年来，70 余家"小巨人"企业荣获国家科学技术奖，1 500 余家"小巨人"企业承担过国家重大科技项目。中小企业加快专精特新发展，展现强劲创新活力，日益成为创新的重要基地。党的二十大报告明确提出，建设现代化产业体系，支持专精特新企业发展。中小企业越来越为政府所重视。

为贯彻落实党的二十大精神，加快培育专精特新企业，促进中小企业高质量发展，需要优化中小企业人才结构，加快培养促进中小企业高质量发展的复合型管理人才。这将有利于增强中小企业主体活力，发挥中小企业能动性，推动现代化产业体系建设。本书正是为"中小企业管理"课程量身打造的教材，是为了让我国高校相关专业学生掌握中小企业创业和管理的综合知识而编写的。

本书是"十二五"普通高等教育本科国家级规划教材和 2021 年北京高校优质本科教材。此次修订的主要内容如下：

第一，2024 年 6 月中央全面深化改革委员会第五次会议审议通过了《关于完善中国特色现代企业制度的意见》等文件，会议指出要尊重企业经营主体地位，坚持问题导向，根据企业规模、发展阶段、所有制性质等，分类施策、加强引导。该意见为本书的修订提供了方向和指导，鉴于中小企业不同发展阶段面临的问题存在较大差异，需要分类施策，故本书围绕我国中小企业创业管理、成长管理与高质量发展中的重点问题，调整了教材的篇章构成，全书共分三篇。上篇为中小企业创业管理，中篇为中小企业成长管理，下篇为中小企业高质量发展。在中小企业创业管理篇，聚焦分析中小企业含义、界定标准及其独特贡献等基础知识；识别中小企业创业的机遇与挑战；分析中小企业的组织形式与三种创业类型；掌握如何制定中小企业创业计划。在中小企业成长管理篇，聚焦分析中小企业融资模式与融资渠道以解决融资难、融资贵等难题；分析中小企业运营管理的内容和方法；探讨中小企业人力资源管理的内容与方法；分析中小企业财务状况质量评价的框架和方法；探讨中小企业组织变革的动因和阻力、模式和内容。在中小企业高质量发展篇，聚焦分析中小企业技术创新的影响因素和路径；探讨培育中小企业核心竞争力的模式和路径；分析中小企业国际化经营的动因、市场选择和模式；分析中小企业为何以及如何进行数字化转型；分析中小企业为何以及如何走专精特新之路。

第二，本书紧扣助力中小企业高质量发展的需求，重塑了课程内容。一是对各章节的部分内容、相关数据和案例进行了更新和优化，以更好地反映中小企业的最新发展及研究成果；二是增加了加快推动中小企业高质量发展专题内容：第十四章"中小企业的专精特新之路"。最终形成由中小企业创业管理模块、成长管理模块和高质量发展模块构成的层次化课程知识体系，引导学生探究性学习中小企业高质量发展的理论和方法，保证课程的时代性、前沿性、高阶性和学习挑战度。

第三，本书将立德树人融入教材内容，依据每章的知识点，从"知识探索、能力提升、价值引领、品格养成"四个维度制定了每章学习目标，实现思政育人、能力提升和理论学习有机融合。

中小企业创业管理、成长管理、高质量发展等相关的教学与教材建设，是新时代我国中小企业可持续发展中的一件大事，也是一项艰苦复杂的创新工作。它需要各个高等学校的重视，需要教师在教学与教材建设上不断汲取国内外的现实经验与创新成果。本书在这方面进行了一些有益尝试。

本书由林汉川、王分棉、邢小强和邱红任主编。修订过程中，主编携编写组成员一起讨论并确定新的内容框架，王分棉、邢小强、贺佳和孙宛霖等承担了具体修订工作。由于中小企业所处的发展环境和面临的困难挑战发生了显著变化，这对中小企业稳进提质提出了新挑战，加之作者水平有限，不足之处在所难免，恳请广大读者批评指正。

本书编写组

2024 年 12 月于北京

第四版前言

    中小企业是我国国民经济发展中不可或缺的组成部分，是推动国民经济发展、促进社会稳定的基础力量。改革开放以来，我国的中小企业蓬勃发展，从小到大，由弱到强，在增加就业、稳定增长、促进创新方面发挥了独特的重要作用，作为国民经济生力军的作用也日益凸显。截至 2022 年年末，我国中小微企业数量已超过 5 200 万户，比 2018 年年末增长 51%。截至 2023 年 7 月，已累计有 1 600 多家专精特新中小企业在 A 股上市，占 A 股上市企业的比例超过 30%。中小企业越来越为政府所重视。党的二十大报告明确提出，建设现代化产业体系，支持专精特新企业发展。中小企业是最具创新活力的群体，是以自主创新为根基构建现代化产业体系的重要力量。

    为贯彻落实党的二十大精神，促进中小企业高质量发展，需要优化中小企业人才结构，尤其是要加快培养能够担任中小企业创业者和管理者的复合型人才，这将会有利于增强中小企业主体活力，发挥好中小企业能动性，推动现代化产业体系建设。本书正是为"中小企业管理"课程量身打造的教材，是为了让我国高校相关专业学生掌握中小企业创业者和管理者综合知识和本领而编写的。

    本书是"十二五"普通高等教育本科国家级规划教材修订版，此次修订的主要内容如下：

    （1）删除了第三版中的第 9 章、第 10 章和第 16 章，将原第 15 章"中小企业信息化管理"修改为第 13 章"中小企业信息化管理与数字化转型"，对其他章节的部分内容也进行了优化和更新。

    （2）对本书相关的数据和案例进行了更新和优化，以更好地反映中小企业的最新发展及研究成果。

    本书由林汉川、王分棉和邱红任主编，范嘉斯任副主编。修订过程中，林汉川、王分棉、邱红和范嘉斯等一起讨论新的修订框架，王分棉和范嘉斯等承担具体修订工作。当然，本次修订保持了原有的风格和主要内容。第一版参与写作和资料收集整理的研究人员分别是：林汉川、邱红、王智慧、王分棉、杨宝峰、叶陈刚等，在此对各位老师的辛苦付出表示深深的感谢！该书的出版，更是得到高等教育出版社经济管理分社的帮助和支持，在此表示衷心感谢！

    对我国中小企业创业、战略、运营与控制等问题的教学与教材的建设，是我国中小企业可持续发展中的一件大事，也是一项十分艰苦复杂的创新工作。它既需要各个高等学校的重视，更需要教师在教材建设上不断吸取国内外的现实经验与创新。本书在这方面进行了一些有益尝试。诚然，由于本书的编写时间仓促，加之作者水平有限，不足之处在所难免，恳请广大读者能给予批评指正。

作　者

2019 年 12 月于北京

（2023 年 10 月修订）

第一版前言

进入 21 世纪，世界各国都把发展中小企业提升到战略高度予以重视，我国中小企业更是获得长足发展。据国家发改委最新统计资料表明，我国中小企业已超过 1 500 万家，分别占全国企业总数、工业总产值、利润总额、出口总值和就业人数的 99.5%、60%、45%、60% 和 75% 以上。到中小企业就业已成为全国高校本科毕业生就业的新趋势。又据调查数据表明，由于大学本科毕业生资金、技术和经验不足的原因，他们到中小企业就业能担当创业者（厂长、经理）的不足 5%，95% 以上是从事中小企业的管理工作；MBA、硕士研究生到中小企业就业者能担任创业者的人数约占 15%，85% 的毕业生也是从事中小企业的管理工作。因此，美国等发达国家大都集中在本科高年级阶段为学生开设"中小企业管理"这门课程，这也是美国小企业协会会长杰斯汀·隆内克、贝勒大学卡洛斯·莫尔教授、威廉·彼迪教授所编写的适用大学高年级本科生和 MBA 的教材《小企业管理》一书，40 多年经久不衰、再版 10 次的重要原因。我国部分高校近几年新开设了"中小企业管理"这门课程，但大部分都是为 MBA 学生和培训中小企业经理而开设的，为高年级本科生开设这门课程的高校很少。本课程正是为了让我国财经管理类本科生适应 21 世纪我国中小企业迅猛发展中最需要而又最缺乏创业者和管理者的需求而开设的。

本书是全国普通高等教育"十一五"国家级规划教材。与国内外同类教材相比，本书具有以下五个特色：

1. 适用对象明确

本书可作为全国高校财经类或非财经类高年级本科生的教材，为其今后在中小企业综合运用创业、战略、运营与控制以及会计、金融、国际化经营、人力资源管理等知识打好基础。本书可让大学生们体验身处中小企业创业者和管理者职位所面临的种种挑战和责任，学习担任中小企业创业者和管理者的综合知识与本领。这恰恰是 21 世纪我国中小企业迅猛发展中最需要又最缺乏的内容。同时，本书也可作为 MBA、企业管理研究生和广大中小企业创业者与管理者的培训教材。

2. 内容新颖全面

本书内容分为上、中、下三篇共 13 章，涵盖了中小企业创业、中小企业战略、中小企业运营与控制所涉及的各种理论与方法。其中，上篇为中小企业创业，从该篇可以了解中小企业创业的原因，中小企业创业者应具备的素质要求及如何捕捉中小企业创业机遇，了解中小企业各种组织形式的优缺点和适应条件，掌握编制中小企业创业计划，筹措创业资金等各种综合知识与本领；中篇为中小企业战略，从该篇可以了解中小企业核心专长战略、技术创新战略、国际化经营战略、信息化战略的内容、方法和技巧；下篇为中小企业运营与控制，从该篇可以了解中小企业运营过程和控制方式，掌握中小企业危机管理与控制、质量管理与控制、存货管理与控制、设备管理与控制、财务管理与控制、信用管理与控制的主要内容、运作方法和技巧。

3. 实践性强

本教材是在我国中小企业迅猛发展中产生的创新课程教材。本书针对广大中小企业创业者和管理者们在21世纪关注的主要问题，从实践和应用导向的角度重点讨论了以下问题：如何捕捉中小企业创业机遇，选择中小企业创业组织模式，编制中小企业创业计划，了解中小企业的融资渠道、特许经营、核心专长、技术创新及国际化经营、危机的防范与处理、人力资源开发与管理、信用管理与控制，以及基于互联网的中小企业信息化战略的应用等内容。这些特征使本书成为一部实践性强的教材，使学生能够适应21世纪我国中小企业不断发展变化的环境。

4. 一体化的学习体系

本书每章都从一个案例提出学习目标，而每章内容是个完整的组织体系。为了使学生牢记中心概念，学习目标在本章内容、本章小结、关键术语和复习思考题及案例讨论题中重复出现。由此所组成的一体化的学习体系，使本教材在内容安排、体例设计、写作方法等方面与国际上同类先进教材接轨，而且便于课堂讨论，培养学生分析问题和解决实际问题的能力。

5. 完备的教学包

本书的教学包由教学大纲、案例集、试题库及幻灯片所组成。教学包的所有组件都是为适应本教材的各种教学形式和课堂形式而设计的。具体内容包括：

（1）教学大纲。包括各章学习目标和要求、基础知识、教学时数、参考资料、复习思考题等内容。

（2）案例集。包括与教材三篇13章内容配套的70多个最新案例。目前国内编写的中小企业管理（包括创业管理）案例大都选用国外的案例，而本书的案例以中国中小企业案例为主，反映中国特色，这就更容易使学生产生一种自然、真实和熟悉的感受，更能使学生以浓厚的兴趣设身处地地去分析研究中国中小企业创业、战略、运营与控制的各种问题。

（3）试题库。包括选择题、判断题、名词解释、填空题、论述题、计算题、案例分析等题型，并附有参考答案。

（4）幻灯片。包括全部教材的幻灯片，可以使老师和学生轻松地应用图像，增强对本教材讲授和学习的兴趣。

本书由林汉川、邱红任主编，他们承担了全书的拟订提纲、组织撰写、修改统纂等工作。各章作者依次为：邱红、林汉川、王分棉撰写第一、二、三、四、五、六、十一章；王智慧撰写第七、八、九章；杨宝峰撰写第十、十三章；叶陈刚撰写第十二章。王分棉做了许多资料收集与整理工作。

的确，对我国中小企业创业、中小企业战略、中小企业运营与控制等问题的教学与教材建设，是21世纪我国中小企业可持续发展中的一件大事，也是一项十分艰苦复杂的创新工作。它既需要各个高等学校负责人的重视，更需要教师们在教材建设上不断吸取国内外的现实经验与创新成果。本书在这个方面进行了一些有益的尝试。本书的出版，还得到了高等教育出版社的大力支持与帮助，在此表示衷心的感谢！

　　由于本书的编写时间仓促，加之作者水平有限，不足之处在所难免，恳请广大读者批评指正。

作　者

2006 年 8 月于北京

目　录

上篇　中小企业创业管理

第一章　导论 …………………… 3

第一节　中小企业的含义及
　　　　界定标准 ……………… 4
第二节　中小企业的功能 ………… 6
第三节　中小企业发展面临的
　　　　问题和趋势 …………… 10
本章小结 ………………………… 16
关键术语 ………………………… 17
复习思考题 ……………………… 17
即测即评 ………………………… 17
案例讨论 ………………………… 17
参考文献 ………………………… 19

第二章　中小企业创业原因及
　　　　机遇 …………………… 21

第一节　创建中小企业的原因 …… 22
第二节　成功中小企业创业者
　　　　的特点 ………………… 25
第三节　中小企业创业机遇 ……… 28
本章小结 ………………………… 32

关键术语 ………………………… 32
复习思考题 ……………………… 32
即测即评 ………………………… 33
案例讨论 ………………………… 33
参考文献 ………………………… 35

第三章　中小企业组织形式与
　　　　创业类型 ……………… 37

第一节　中小企业的组织形式 …… 39
第二节　新建中小企业 …………… 45
第三节　特许经营 ………………… 58
第四节　收购中小企业 …………… 64
本章小结 ………………………… 68
关键术语 ………………………… 69
复习思考题 ……………………… 69
即测即评 ………………………… 69
案例讨论 ………………………… 70
参考文献 ………………………… 72

第四章　中小企业创业计划 ……… 73

第一节　中小企业创业计划的

含义与功能 ················ 75

第二节　中小企业创业计划的
　　　　内容 ············· 77

第三节　中小企业创业计划的
　　　　要素结构 ········· 79

第四节　中小企业创业计划的
　　　　制定与实施 ······· 83

本章小结 ················ 86
关键术语 ················ 86
复习思考题 ·············· 87
即测即评 ················ 87
案例讨论 ················ 87
参考文献 ················ 89

中篇　中小企业成长管理

第五章　中小企业融资 ········· 93

第一节　中小企业融资概述 ········ 95
第二节　中小企业自筹资金模式
　　　　与策略 ············· 101
第三节　中小企业直接融资模式
　　　　与策略 ············· 103
第四节　中小企业间接融资模式
　　　　与策略 ············· 114
第五节　中小企业政府扶持
　　　　资金 ·············· 119
第六节　中小企业融资新趋势 ··· 121
本章小结 ················ 123
关键术语 ················ 124
复习思考题 ·············· 124
即测即评 ················ 125
案例讨论 ················ 125
参考文献 ················ 127

第六章　中小企业运营管理 ········ 129

第一节　中小企业运营概述 ······ 130
第二节　中小企业存货管理
　　　　与控制 ············· 136
第三节　中小企业设备管理
　　　　与控制 ············· 140

第四节　中小企业质量管理
　　　　与控制 ············· 145
第五节　中小企业供应链管理
　　　　与控制 ············· 151
本章小结 ················ 156
关键术语 ················ 156
复习思考题 ·············· 157
即测即评 ················ 157
案例讨论 ················ 158
参考文献 ················ 160

第七章　中小企业人力资源管理 ··· 161

第一节　中小企业人力资源管理
　　　　概述 ·············· 162
第二节　中小企业人力资源开发
　　　　与管理 ············· 167
第三节　中小企业人力资源管理
　　　　外包 ·············· 179
本章小结 ················ 183
关键术语 ················ 184
复习思考题 ·············· 184
即测即评 ················ 184
案例讨论 ················ 184
参考文献 ················ 186

第八章 中小企业财务管理
与控制 …………………… 189

　第一节　中小企业财务管理与
　　　　　控制原则 …………… 190
　第二节　中小企业财务评价与
　　　　　控制 ………………… 192
　第三节　中小企业的利润计划 … 205
　第四节　中小企业的成本控制 … 209
　第五节　中小企业的资产管理
　　　　　与控制 ……………… 213
　第六节　中小企业的税收 ……… 219
　本章小结 …………………… 224
　关键术语 …………………… 224
　复习思考题 ………………… 225
　即测即评 …………………… 225
　案例讨论 …………………… 226
　参考文献 …………………… 232

第九章 中小企业组织变革 ……… 233

　第一节　中小企业组织变革的
　　　　　动因与阻力 ………… 235
　第二节　中小企业组织变革的
　　　　　内容与过程 ………… 238
　第三节　中小企业组织变革的
　　　　　模式与建议 ………… 242
　第四节　中小企业组织变革的
　　　　　趋势 ………………… 246
　本章小结 …………………… 248
　关键术语 …………………… 249
　复习思考题 ………………… 249
　即测即评 …………………… 250
　案例讨论 …………………… 250
　参考文献 …………………… 253

下篇　中小企业高质量发展

第十章 中小企业技术创新 ……… 257

　第一节　中小企业技术创新的
　　　　　动因 ………………… 258
　第二节　中小企业技术创新的
　　　　　特征 ………………… 261
　第三节　中小企业技术创新的
　　　　　路径 ………………… 266
　第四节　中小企业协同创新的
　　　　　模式 ………………… 273
　本章小结 …………………… 277
　关键术语 …………………… 278
　复习思考题 ………………… 278
　即测即评 …………………… 278

　案例讨论 …………………… 279
　参考文献 …………………… 281

第十一章 中小企业核心竞争力 … 283

　第一节　企业核心竞争力理论
　　　　　概述 ………………… 284
　第二节　中小企业核心竞争力的
　　　　　识别 ………………… 293
　第三节　中小企业核心竞争力的
　　　　　培育 ………………… 294
　本章小结 …………………… 303
　关键术语 …………………… 303
　复习思考题 ………………… 303
　即测即评 …………………… 304

案例讨论 ……………………… 304
参考文献 ……………………… 306

第十二章　中小企业国际化经营 … 307

第一节　中小企业国际化动因 … 308
第二节　中小企业国际化市场
　　　　选择 ………………… 312
第三节　中小企业国际化模式 … 315
第四节　中小型跨国公司 ……… 322
第五节　新时期中小企业国际
　　　　化的机遇与风险 ……… 325
本章小结 ……………………… 327
关键术语 ……………………… 328
复习思考题 …………………… 328
即测即评 ……………………… 329
案例讨论 ……………………… 329
参考文献 ……………………… 330

第十三章　中小企业数字化转型 … 331

第一节　数字技术与数字化
　　　　转型 ………………… 334
第二节　中小企业数字化转型的
　　　　动因 ………………… 339
第三节　中小企业数字化转型

现状及存在问题 ………… 342
第四节　中小企业数字化转型
　　　　路径 ………………… 344
本章小结 ……………………… 348
关键术语 ……………………… 349
复习思考题 …………………… 349
即测即评 ……………………… 349
案例讨论 ……………………… 349
参考文献 ……………………… 351

第十四章　中小企业的专精特新
　　　　　之路 ………………… 353

第一节　专精特新企业概述 … 355
第二节　中小企业走专精特新
　　　　之路的原因 ………… 356
第三节　中小企业走专精特新
　　　　之路的优势 ………… 359
第四节　数实深度融合助力专精
　　　　特新企业数字化转型 … 363
本章小结 ……………………… 367
关键术语 ……………………… 367
复习思考题 …………………… 368
即测即评 ……………………… 368
案例讨论 ……………………… 368
参考文献 ……………………… 371

上 篇

中小企业创业管理

第一章

导 论

学习目标

1. 知识探索：通过对中小企业含义及界定标准、中小企业独特贡献的讲解分析，帮助学生深入理解和掌握中小企业的特点，认识中小企业的发展趋势，让学生构建起中小企业管理的分析框架。

2. 能力提升：通过学习本章内容，让学生切身感知和深刻认识到中小企业对经济社会发展的重要作用，培养学生对中小企业管理专业知识的综合分析和整合运用能力。

3. 价值引领：通过学习本章内容，让学生认识和理解中小企业在我国经济发展中的特点与功能，培养学生对中小企业管理的学习兴趣和热情，树立正确的价值观，强化爱国情怀和社会责任意识。

4. 品格养成：通过学习本章内容，帮助学生全面理解和深刻认识中小企业的重要使命，增强学生履行社会责任、为社会发展做实事的意识，进而激发他们树立脚踏实地、乐观进取的精神。

绅联生物：从肠衣生产商到医药"小巨人"的成长之路

山东绅联生物科技有限公司（以下简称"绅联生物"）是医药"小巨人"中的"新人"，却是肠衣加工行业的"老将"。从20世纪80年代初起，企业便从事猪肠、羊肠加工销售业务，主要用猪肠、羊肠制作香肠等的肠衣。经过多年的发展，随着需求量的增加，其肠衣生产量高居全国同行业前5名，产品逐渐由国内市场扩展到欧美、日本、巴西等国际市场，成为全国最大的肠衣出口创汇重点企业之一，还获得了多项国际认证。

然而，2008年的国际金融危机波及国内出口企业，肠衣价格一路下滑，企业经营到了生死存亡的关键时期。经此一役，企业管理层意识到，企业要想"破冰重生"，不能按部就班，只有通过做科技含量高、附加值高的产品，才能增强企业的抗风险能力，实现高质量发展。意识到科技对企业发展的重要性后，企业开始寻找突破口。2009年在一场国际生物医药产业展览会上，企业了解到，从肠衣的下脚料肠黏膜中能够提取抗凝血药——肝素钠，肝素钠还有抗过敏、抗癌等多种生物学功能。基于此商机企业开始转型，于同年7月成立了绅联生物。

肝素钠提取属于生物医药类新兴战略产业，前景较好且科技含量高，但当时绅联生物并不具备研发和生产条件，也由此感受到人才的重要性。此后，绅联生物在全国各地寻找肝素钠方面的专家，与高校及科研院所建立长期的产学研合作关系；先后投资1.2亿元成立了5个省级肝素类药物及眼科药物技术研发中心；建立博士后创新基地，不断吸引高端人才加入。

源源不断的研发投入，让绅联生物尝到了科技创新带来的高效益"甜头"。经过多年的科技投入，绅联生物获得了19项国家发明专利（截至2024年5月），不仅成长为一家综合性高新技术企业，也构建起从肠衣加工、生物医药中间体产品到生物制药的完整产业链条。随着投资的郓城低分子原料药生产车间投产运营，规模扩大后的绅联生物年产值达到了10亿元。

秉持"创造价值，造福社会"的企业宗旨，绅联生物在取得阶段性发展成果后，还通过技术资金输出扶持当地农户建设基地，积极帮助家庭困难的农村妇女实现就业创业，带动肠衣半成品加工户130余户，不仅在解决农村妇女剩余劳动力问题上出了力，还为她们带来年人均4万元的直接经济收入。在此基础上，绅联生物还定期组织农村妇女进行技能培训，提高了当地妇女的生产技术水平，带动了当地畜牧业发展，并为当地提供了运输、原材料收购等方面的就业机会，积极承担作为中小企业的社会责任。

资料来源：菏泽日报。

请思考：

1. 作为一家中小企业，绅联生物在发展过程中遇到了哪些问题？

2. 基于绅联生物的案例，中小企业在经济发展中做出了哪些独特贡献？

环顾周围，我们会发现绝大多数企业是中小企业，每个人都会与中小企业打交道，因为它们无处不在。中小企业的重要性不仅体现在数量上，还体现在它们能够提供大量的就业机会、商业和服务，并使消费者产生满足感，所有者由此也获得了成就感。目前，人们对中小企业越来越感兴趣，出现了学习中小企业热，许多人把拥有和经营中小企业作为实现人生梦想、获得更多财富的绝佳选择。"勇掘第一桶金"不仅可以解决自己的就业问题，为在社会上找到立足之地打下基础，还能为经济和社会发展作出独特贡献。因此，掌握中小企业创业与管理理论就成为一件十分有趣且富有挑战和有超额回报的事情，这些理论也是打算创办中小企业的有志之士首先需要了解和掌握的基本知识。

第一节　中小企业的含义及界定标准

一、中小企业的含义

中小企业（small and medium enterprises，SMEs）不是一个绝对的概念，而是一个与大企业相对而言的概念。从理论上讲，中小企业一般是指规模较小或处于创业阶段和成长阶段的企业，包括规模在规定标准以下的法人企业和自然人企业。由于经济发展情况不同，世界各国对中小企业的具体确认标准和办法也不同。有的国家以法律形式规定中小企业确认标准，有的国家没有统一的确认标准，只是在制定相关政策时加以规定，但一般都是以雇员人数、营业额、资产总额、资本总额中的一项或几项指标来界定中小企业的。目前，国际上还没有一个普遍接受或一致认同的定义。企业大小的标准都较为武断，一般为某种特殊目的而制定。在描述中小企业时，企业至少要有以下特点中的两个：

（1）管理是独立的，因为经理通常自己拥有企业。

（2）拥有资本，而且所有权属于一个或多个私人。

（3）一般在本地经营，尽管市场未必在本地。

（4）与产业内的大竞争者相比规模很小。

显然，有些中小企业不能全部符合以上条件，但不管怎样，本书讨论管理概念时所主要指的企业，符合以上条件概括的一般模式，即独立拥有和经营的、在其经营领域不具有主导地位的企业。

二、中小企业的界定标准

一般而言，各国对中小企业的界定有定量（quantitative）界定和定性（qualitative）界定两种方法。定量界定主要从雇员人数、资产（资本）额以及营业额三方面进行界定。中国对中小企业的界定先后经过几次调整。

（1）中华人民共和国成立初期曾按固定资产价值划分企业规模。

（2）1962年，改为按人员标准对企业规模进行划分：企业职工在3 000人以上的为大型企业，500~3 000人的为中型企业，500人以下的为小企业。

各国中小企业界定标准对比

（3）1978年，《关于基本建设项目和大中型划分标准的规定》发布，把划分企业规模的标准改为"年综合生产能力"。

（4）1984年，《国营企业第二步利改税试行办法》发布，该办法对中国非工业企业的规模按照企业的固定资产原值和生产经营能力设立了划分标准，主要涉及的行业有工交、商业零售、物资等国营小型企业。例如，规定京、津、沪三市固定资产原值不超过400万元且年利润不超过40万元的属国营小型企业；三市以外相应标准为固定资产原值300万元以下和年利润30万元以下。

（5）1988年，对1978年的划分标准进行了修改和补充，重新发布了《大中小型工业企业划分标准》，按不同行业的不同特点分别做了划分，将企业规模分为特大型、大型（分为大一、大二）、中型（分为中一、中二）和小型四类六档。当时中小企业一般指中二类和小型企业。具体为：凡产品比较单一的企业，如钢铁联合企业、炼油厂、手表厂、水泥厂等以生产能力为标准划分；一些企业，如发电厂、棉纺厂，习惯上以生产设备数量为标准划分；对于产品和设备比较复杂的企业，以固定资产原值数量为标准划分。

（6）1992年，又对1988年的划分标准做了补充，增加了对市政公用工业、轻工业、电子工业、医药工业和机械工业中的轿车制造企业的规模划分。

（7）1999年再次修改，将销售收入和资产总额作为主要考察指标，分为特大型、大型、中型、小型四类，其中年销售收入和资产总额分别在 5 亿元以下、5 000 万元以上的为中型企业，年销售收入和资产总额均在 5 000 万元以下的为小型企业。参与划型的企业范围原则上包括所有行业各种所有制形式的工业企业。

（8）2002 年 6 月，《中华人民共和国中小企业促进法》公布，明确 "中小企业的划分标准由国务院负责企业工作的部门根据企业职工人数、销售额、资产总额等指标，结合行业特点制定，报国务院批准"。2003 年，国家经济贸易委员会、国家发展计划委员会、财政部和国家统计局共同发布了《中小企业标准暂行规定》，指出 "中小企业标准上限即为大企业标准的下限，国家统计部门据此制订大中小型企业的统计分类，并提供相应的统计数据"。基于该标准，国家统计局同年制定并出台了《统计上大中小型企业划分办法（暂行）》。

（9）2010 年，基于现有标准存在的问题，工业和信息化部中小企业司起草了《中小企业划型标准修订意见（征求意见稿）》上报国务院，并于 2011 年 6 月与国家统计局、国家发展和改革委员会及财政部联合出台了新的《中小企业划型标准规定》。该标准依照国际惯例引入微型企业概念，形成中、小、微三个层次，对重点行业的企业进行标准细分。随后，国家统计局根据 2011 年《中小企业划型标准规定》，于 2011 年 9 月出台《统计上大中小微型企业划分办法》。

统计上大中小微型企业划分标准

（10）2017 年，国家统计局结合统计工作的实际情况，在延续 2011 年《统计上大中小微型企业划分办法》中原有分类原则、方法、结构框架和适用范围的前提下，根据 2017 年《国民经济行业分类》新标准，对行业所包含类别进行了对应调整，修订出台了《统计上大中小微型企业划分办法（2017）》。《统计上大中小微型企业划分办法（2017）》的整体分类原则、方法和结构框架与 2011 年保持不变，仅对交通运输业和仓储业两大行业所包含的类别进行了调整。

第二节 中小企业的功能

一、中小企业在世界各国经济发展中的特殊贡献

中小企业在经济中的地位与作用一般可以用三个指标来衡量。一是中小企业数占企业总数的比重，二是中小企业从业人员占全部从业人员的比重，三是中小企业产值占总产值的比重。中小企业在各国经济中的突出地位与作用主要体现在以下几个方面。

（一）吸收社会大部分劳动力，提供新的岗位

1. 中小企业最大的优势就是通过提供新的岗位来创造就业

中小企业占全球企业的大多数，是创造就业岗位、吸纳全球不断增长的劳动力的重要力量。世界银行统计显示，截至 2019 年，中小企业代表了全球约 90% 的企业，提供了 50% 以上的就业机会。在新兴市场，中小企业创造了大多数的正式就业岗位，每 10 个就业岗位中就有 7 个是由中小企业创造的。据估计，到 2030 年，全球将需要 6 亿个就业岗位来吸纳不断增长的劳动力，这使得发展中小企业成为世界多国政府的优先事项。在欧洲市场，中小企业（员工少

于 250 人）也提供了大量就业和增长机会。根据欧盟统计局数据，2017 年欧盟非金融商业经济中绝大多数（99.8%）企业是中小企业，中小企业数量达 2 220 万家，从业人员达 8 390 万人，占从业人员总数的 67%。

2. 中小企业经常在大公司缩减和裁员时提供新的工作机会

在经济衰退期间，大型企业会通过裁员减少成本，而中小企业则因运营的灵活性，能够提供新的就业机会来缓解失业问题，显示出强大的恢复力。例如，根据美国中小企业管理局（SBA）的数据，在过去 25 年间，美国小企业创造了 1 290 万个净新增工作岗位，每 3 个新增工作岗位中就有 2 个由小企业创造，贡献了 66% 的就业增长，凸显了中小企业在稳定经济和就业中的核心地位。

3. 中小企业为新进入劳动力市场的年轻人、妇女、残疾人、少数民族和老年人提供了适当的就业机会

中小企业因其规模较小、灵活性高，能够在就业实践中采用更多元化和包容性的策略，在招聘过程中也往往更注重个人能力而非传统背景。因此，中小企业通过雇佣那些可能在大企业就业市场中面临障碍的人，在为少数特定社会群体提供就业机会方面发挥了独特作用。

（二）为员工提供获得全面经验的机会

中小企业给员工提供了在大企业专业化生产中所无法提供的多种学习机会。中小企业的员工不仅可以承担多种业务，而且有更大的决策权，这可以使员工将兴趣和工作结合起来。因此，中小企业能使员工成为更好的领导者，并可以更有效地利用他们的智慧和能量。根据美国全国大学和雇主协会的调查，这种现实使越来越多的大学生寻求在中小企业的全职工作，从而获得全面学习的机会。因此，中小企业可以培训员工以使他们成为对大企业有价值的员工。美国中小企业管理局的研究表明，中小企业提供了 2/3 的基本工作，对培训就业者基本工作技能发挥了重要作用。

（三）创新更具灵活性

正是中小企业为员工提供了获得全面经验的机会，使得中小企业更能激励创新和具有灵活性。据哈佛大学的研究材料，美国第二次世界大战后在经济上广泛采用的 703 项重要发明中，只有 133 项是美国科学中心与跨国公司完成的，大部分由小公司及某个领域的个人发明家完成。1953—1973 年，美英德法日共开发了 352 件重要技术创新项目，其中有 159 件为中小企业创造，占 45.2%。所以，人们把中小企业看作技术创新的重要源泉。根据美国商业部的研究，第二次世界大战以来有 50% 的创新和 95% 的开创性创新来自新建的小企业。例如，复印机、胰岛素、真空管、青霉素、棉花采摘器、拉链、自动传送系统、喷气式发动机、直升机、动力方向盘、彩色电影、圆珠笔、微型计算机、电子心脏调节器、包裹邮寄快递和快餐等。对技术创新的研究已显示了中小企业在研究和开发上的巨大作用。无论是在不断发展的产业，还是在逐渐衰退的产业，中小企业都是卓越的技术创新者。

（四）创造相当部分的国内（国民）生产总值

中小企业在世界各国国内（国民）生产总值创造中均占据重要地位，以美国为例，1997

年，美国有 2 000 多万个中小企业，占企业数量的 95%，它们创造的增加值占 GDP（国内生产总值）的 50% 以上，占 GNP（国民生产总值）的 39% 以上。尽管在 1998 年到 2014 年，美国中小企业创造的增加值占 GDP 的比重从 48.0% 下降到 43.5%，但由中小企业创造的实际 GDP 增长约 25%，即每年增长了约 1.4%，这表明中小企业仍然是美国经济发展的重要贡献者，在推动创新、就业和经济增长中发挥着不可替代的作用。

（五）有力推动农村地区的工业化进程

中小企业为农业现代化和工业化做出了重要贡献。例如，意大利中小企业分布广泛，使农村地区的产业结构得到根本改观，使工业或服务业占主导地位；中小企业吸收了绝大部分农村剩余劳动力，是农村的产前、产中、产后社会化服务体系的主角。

（六）日益成为经济全球化进程中的一支重要力量

中小企业参与国际分工的途径包括出口产品、参与国际投资、为国际厂商提供零配件与半成品以及承包国际工程等。例如，在 20 世纪 50 年代至 60 年代的日本经济腾飞时期，中小企业产品出口占日本工业品出口总额的比重达 40%～60%。1984 年，法国中小企业出口额占全国总额的 20% 以上。

二、中小企业在我国经济发展中的特点与作用

（一）中小企业在我国经济发展中体现出来的特点

1. 中小企业的服务领域从手工业、简单加工业、零售业拓展到国民经济各主要行业

我国中小企业在发展之初主要以提供简单的加工、服务为主，所从事的行业如制造业领域的服装缝纫、手工艺制作、食品加工，流通行业的零售业，运输行业的长短途运输以及其他社会服务业等。随着一定的资本原始积累的形成，中小企业的行业涉及面开始拓宽，现已逐步介入电子、精密仪器、机械、化工等技术要求较高的行业。在国民经济第一、第二和第三产业中，几乎都有中小企业存在。

2. 中小企业经营手段灵活多变，市场适应性强

中小企业可以根据市场变化较快地调整产品结构，改变生产方向，从而较快地适应市场的新需要，具有很强的生命力。

3. 中小企业的组织方式由单兵作战开始向专业化经营、协作化生产迈进

单兵作战是我国中小企业早期的主要经营方式。随着市场竞争的升级，不少企业开始尝试集结成团，共拓市场，逐步走向专业化，"小而专"代替了"小而全"；有的则成为大企业的卫星企业，形成了伙伴和链条关系，走上了为大企业生产配套产品或提供售后服务的专业化道路。

4. 中小企业的经营机制由工厂制向公司制过渡

在计划经济体制时期，许多企业的内部管理机制是以传统的工厂制为主。随着经济体制改革步伐的加快，以工厂制为主的模式逐步被取代，一些企业建立了法人治理结构。企业的内部管理决策也趋向科学、民主。

5. 中小企业的产品开始从单纯模仿型向自主创新型转变

中小企业在发展之初由于人员缺乏、资金少、装备差，因而主要以模仿型产品的生产为主。随着资本原始积累的形成，部分企业开始注重产品的质量与科技含量。有的企业通过招揽人才和建立技术开发中心，自主开发新产品、创造新工艺；有的企业则借助科研院所的力量走产、学、研相结合的路子。

6. 中小企业的市场定位由本区域范围转变为面向国内、国际两大市场

在发展之初，中小企业主要为本地人民生活提供日常服务，如食品加工、餐饮、零售服务等。随着生产的社会化分工在全省、全国乃至全球范围展开，中小企业的市场定位逐渐拓宽，这在我国东部地区更为明显。根据"中德实证经济研究合作项目"的调查，我国东部地区中小企业与发达国家或地区的贸易往来比较密切，大多生产具有国际比较优势的产品，具有外向型经济的特点。我国东部地区一半的中小企业是出口企业，1/3 的企业所需原材料和配件来源于国际企业。

7. 特色经济初具雏形，涌现出一批创新型中小企业、专精特新中小企业和专精特新"小巨人"企业

随着我国中小企业发展进入新阶段，"高质量"成为这个发展阶段的主题，中小企业由小到大、由大到强、由强变优，创新能力不断增强，发展活力与动能不断释放，在现代化产业体系建设中发挥着重要作用。随着外部环境的复杂性、不确定性上升，培育专精特新中小企业是增强我国内生发展动力、应对外部形势变化的重要战略选择，也是实现高质量发展、构建新发展格局的动力源泉和有力支撑。越来越多的中小企业坚持技术创新，向专精特新方向发展。截至 2024 年 11 月，我国累计培育专精特新中小企业超过 14 万家，专精特新"小巨人"企业1.46 万家。一些工业园区因地制宜，形成了自己的特色产业，如湖北武汉的民营科技工业园、仙桃的丝宝工业园、随州的三里岗食用菌生产基地、恩施的农副产品加工园等。

（二）中小企业在我国经济发展中的作用

习近平在致 2022 全国专精特新中小企业发展大会的贺信中指出："中小企业联系千家万户，是推动创新、促进就业、改善民生的重要力量。"据工业和信息化部统计，中小企业贡献了我国 50% 以上的税收、60% 以上的 GDP、70% 以上的技术创新、80% 以上的城镇劳动就业和90% 以上的企业数量。中小企业作为国民经济的"毛细血管"，在我国经济发展中占据着极其关键的地位，并发挥着重要作用。

1. 中小企业是经济高质量发展的重要引擎

中小企业兴则经济兴，中小企业活则经济活。综观全球发展，拥有健康而有活力的中小企业群体是一个国家和地区保持长期稳定和繁荣的重要条件。不论是在经济高速增长阶段，还是在迈向高质量发展的新阶段，中小企业一直是我国经济发展的重要动力。截至 2021 年年末，中小企业对我国税收的贡献度超过 50%，创造的国民生产总值、固定资产投资以及对外投资超过 60%，为推动我国经济可持续发展做出了突出贡献。

2. 中小企业是我国市场经济的主导力量

许多改革措施都是在中小企业进行改革试点并取得一定经验后才逐步推开的，以避免不必要的损失。就中小企业来说，由于其竞争力弱，更强烈地要求市场竞争的充分性和公平性。因

此，对发展中国家而言，众多中小企业的存在，一定程度上防止了垄断行为的发生，刺激了有效需求的增长，成为经济高速增长的主要来源。

3. 搞活中小企业是深化国有企业改革的前提条件

中小企业改革有利于从整体上突破改革难点，可以为大型国有企业改革创造更好的条件。通过改组、联合、兼并、出售等多种形式放开搞活国有中小企业，是完成国有资产优化重组的重要内容；而且，中小企业具有产权流动和重组的震荡小、易操作、见效快等特点，有利于在短时期内实现改革措施的突破，符合先易后难、以小促大、外围突破和循序渐进的改革战略安排。

4. 中小企业是增加就业、稳定社会的重要力量

就业是民生之本。中小企业数量大、分布广、触达深，是吸纳就业的重要"蓄水池"。专精特新中小企业和专精特新"小巨人"企业不断涌现和壮大，为高层次人才提供了创新创业平台，吸引了大批专业性强的高校毕业生和高技能型人才。此外，我国中小企业广泛分布在基层和产业链末端，为基数庞大的基层劳动群体提供了大量工作岗位和就业机会。统计数据显示，全国工业企业中85%以上的职工就业于中小企业，而中小型的商业零售企业则占据了90%的就业份额，在建筑施工企业中有65%以上的人员就业于中小规模的企业。随着数字经济的快速发展，数字平台上的中小微商家也成为重要的就业吸纳主体，不断涌现出新的就业形态和就业模式。

5. 中小企业是科技创新的重要主体

中小企业中有相当一部分为高新技术企业、知识和技术密集型企业，其创新成果不仅在数量上占据相当份额，而且水平和影响力也不亚于大企业。科技型中小企业日益成为科技创新的重要主体和载体，是维护我国供应链和产业链安全稳定的重要力量。

6. 中小企业是农村经济发展和地方财政的重要财源

中小企业，尤其是乡镇企业的发展，能够为农村剩余劳动力提供就业机会，提高农民的收入水平，为农业发展积累资金，从而有利于改善城乡关系，促进农村社会经济的进步。从整体上看，中小企业是我国当前地方经济的主体力量，是地方政府获得财政收入、安置就业人员的主要载体。实施财政包干和分税制以后，中小企业更是地方财政的重要支柱。中小企业支撑着绝大部分地区工业及服务业、零售业、基础工业、农用工业、公益性事业及利用地区资源的特色产业，对地方经济的长远发展和人民生活基本需求的满足起着非常重要的作用。

第三节　中小企业发展面临的问题和趋势

一、中小企业在发展中面临的问题

了解我国中小企业的发展现状与面临的问题，是实施各种扶持和促进中小企业发展政策的重要依据。结合目前的研究成果，我国中小企业在发展中所面临的问题总结如下。

（一）制约我国中小企业发展的内部问题

与发达国家中小企业相比较，我国中小企业在资金实力、技术创新、高素质的人力资源三方面均相对落后。资金不足、技术不强、人才匮乏是制约我国中小企业发展的瓶颈（development bottleneck）。

1. 资金严重短缺

中小企业受其规模、效益和资信所限，贷款困难，资金严重短缺，资本构成不合理。据调查，80%的中小企业资金运转困难。

2. 技术创新乏力

我国绝大多数的中小企业技术创新力量薄弱，市场竞争能力不强。绝大多数中小企业专门从事技术创新的人员很少，缺乏资金而无力开展技术创新，整体技术装备水平也较低，这些都制约了中小企业的自主创新能力，导致其技术水平较低。据统计，73%的中小企业没有设立科研开发机构；75%的中小企业未通过 ISO 9000 国际产品质量认证标准；82%的中小企业没有自己的技术发明和专利产品，致使产品技术含量低、消耗高、质量差、竞争力弱。

3. 人才缺乏

我国的中小企业，多数属于乡镇企业，主要集中在农村，从业人员也主要来自农村。职工整体素质较低，技术人员更是缺乏。中小企业由于规模小、实力小，在其中工作事业成就感差，因而难以吸引人才，人才结构极不合理。

我国中小企业的发展除上述瓶颈外，还面临以下问题。

1. 竞争力较弱，受市场和外部冲击较大

中小企业在生产规模和资本积累方面的劣势，使其劳动生产率较低，生产成本较高，在市场上缺乏竞争力。另外，中小企业易受经营环境的影响，变数大、风险大，难以吸引投资者的注意。小企业关闭率非常高，小企业开办的头三年有 1/3 ~ 1/2 关闭，这给其融资带来了根本性的影响。

2. 企业产权体制改革不到位

在中小企业改革过程中，国有中小企业产权改革尚未到位，许多企业没有真正按现代企业制度的要求去运作。

3. 企业经营管理水平低

由于缺乏管理人才，再加上习惯于用传统的经营管理方式管理企业，造成中小企业经营管理水平较低，管理制度不规范、不健全，使企业难以有质的提高。

（二）中小企业发展的外部环境问题

我国中小企业在发展中除自身存在的问题外，其外部支持体系尚未建立健全，缺乏必要的政策支持。我国中小企业发展的支持体系包括：政府管理机构、创业政策、产业政策、财税政策、法律政策、金融政策、国际化经营政策、信息咨询服务网络，以及综合服务等。

1. 缺乏统一的权威管理机构

从国际上看，在加强对中小企业的管理方面，许多国家都设有专门的管理机构，如日本设有"中小企业厅"，美国有"中小企业局"，帮助和扶持中小企业发展；而我国这方面发展还

较薄弱。另外，多头管理、政企不分的问题，使部分中小企业在创业和发展中存在无序竞争和不正当竞争的现象。

2. 中小企业相关的法律法规不健全

通过制定法律法规来确定中小企业的地位，促进中小企业的发展，是许多国家的通行做法。例如，日本从 20 世纪 50 年代开始对中小企业进行立法，先后制定了 30 多部有关中小企业的专门法律。美国、德国、法国等国家也制定过有关中小企业的法律法规，对中小企业的发展起到了很好的保护和扶持作用。尽管我国在 2002 年通过了《中华人民共和国中小企业促进法》，但在制定专门促进中小企业发展的法律法规方面还比较薄弱，这在一定程度上也影响和制约了中小企业的发展。

3. 融资约束

中小企业在发展过程中，面临着融资难、融资贵两大问题的约束。中小企业融资缺口（financing gap）问题在各个经济体中普遍存在。经济合作与发展组织（OECD）报告指出，相比于发达经济体，发展中经济体面临着更为严重的中小企业融资缺口。根据国际金融中心（IFC）2018 年的测算，发展中经济体中小企业的总体融资需求缺口约为 5.2 万亿美元。中小企业融资难、融资贵问题，在微观层面上制约了其在规模扩张、技术创新等方面的发展，甚至使其无法获得充足融资而面临财务风险乃至破产倒闭；在宏观层面上也使得中小企业对经济发展的促进作用难以充分发挥。

4. 地方保护主义

一些地方保护主义的存在，使中小企业难以进行跨地区、跨行业的公平竞争，影响了中小企业的经济效益和发展速度。

5. 社会化服务体系不健全，服务机构整体素质偏低

中小企业势单力薄，需要社会提供多方面的服务。英国、意大利、日本等发达国家都设有专门的社会中介组织，为中小企业提供职工培训、管理咨询、市场营销、技术开发等方面的服务。我国在这方面还比较欠缺，具体表现为：

（1）社会服务组织发展缓慢。

（2）相当数量的中介服务机构是从政府部门改革分离出来的，系统服务能力差，专业化水平低，无法满足客户的综合要求。

（3）一些新成立的商业性中介服务公司收费标准较高，中小企业难以承受。这也对中小企业的发展产生不利影响。

6. 公共信息基础设施薄弱，信息流通不畅

我国公共信息资源共享水平还有待提高，导致中小企业获取信息、处理信息的能力较弱，信息的及时性、准确性和完整性都无法得到保障。

7. 中小企业的负担较重

相关问卷调查报告显示，我国中小企业量大面广、起点不高，且面临人才、技术、资金等内部因素以及外部环境等方面的困难。因此，我国中小企业都面临尽快提高自己"二次创业"能力，不断提升资源禀赋和要素禀赋水平，从劳动密集型到资金密集型再到技术密集型、信息和知识密集型转型的压力。只有顺利地完成我国中小企业的体制转型和产业结构升级，重视人才培养和技术创新，切实解决企业发展的各种困难，才能保障中小企业快速发展，并成为推动我国国民经济持续增长的重要力量。

二、中小企业的发展趋势

（一）世界中小企业的发展趋势

发达国家中小企业已发展成国家经济增长的重要支柱，同时正在经历着企业经营方向和运营模式等方面的巨大变化。其主要发展趋势（development trend）包括以下方面。

1. 中小企业向自动化、信息化、数据化方向发展

随着机器人在生产部门、计算机在会计部门、计算机辅助销售程序在销售部门应用的不断加强，中小企业管理正在发生着巨大的变化。例如，日本中小企业信息化发展有两种途径：一是介入全球电子商务；二是直接进入信息技术产业。中小企业通过开展电子商务，利用网上信息平台，可以实现与国际市场的接轨，加速其参与国际竞争的进程。以中小企业较为集中的东京大田区为例，该地区建立了全国中小企业互联网订货和发货网络体系（small and medium enterprise trade，SMET），大大增强了区内企业的市场反应能力和经营灵活性。而直接进入信息技术产业，则可以通过以信息技术为代表的新产品的开发为中小企业创造新的市场空间。

2. 中小企业进入高科技、服务领域

很大一部分中小企业从传统产业进入高科技领域，有些已成为新经济组成部分和新兴产业的骨干力量。随着传统大规模制造产业的比例不断下降，涉及更多人的活动越来越受到重视，而中小企业非常适合这些活动，如卫生护理、餐饮服务、银行和金融服务、零售业、交通运输和计算机服务等。

3. 中小企业生产向个性化、柔性化、分散化方向发展

企业按照合理布局和优化资源配置的原则，分散组织生产。

4. 生产配送体系以快速满足客户需求为核心

工业化、信息化的发展，使企业产品和服务的质量、物流配送的时间和资金结算的速度有了可靠的保证。在这种情况下，企业之间的竞争转变为满足顾客需求的能力和速度方面的竞争。

5. 产品的生命周期缩短

产品的科技含量和附加值与过去的有形商品拉开了距离，许多产品以技术专利和软件的形式出现，并不断更新迭代。

6. 技术构成和劳动力吸纳结构发生了变化

随着中小企业技术要求提高和劳动力成本上升，对浅层劳动力需求下降。

7. 创新是企业取得优势的根本途径

技术创新、制度创新和管理创新是知识经济时代中小企业获取竞争优势的法宝。

8. 经营战略围绕塑造企业核心竞争能力来制定

中小企业经营战略的制定，主要围绕产业结构分析和企业核心竞争力来展开，目的在于选择有发展潜力和高盈利能力的产业。

9. 市场营销以赢得客户信赖为目标

随着工业化和信息化的发展，业界逐渐形成了 4Cs 整合营销（消费者、成本、方便、沟通

的有效整合）、概念营销、网络营销、客户关系管理等营销新概念、新方法，这些新的营销活动以赢得客户信赖为核心。

10. 人力资源管理以发挥员工的潜能为目标，强调授权和团队行为

中小企业通过让员工独立地、更有效地选择岗位来实现对员工的重复授权，所以，所有者和经理们越来越多地使用工作团队的组织形式。成功的团队彼此融洽交流，而且在发生冲突时知道如何处理。经理通过授权下属决策可以充分发挥员工潜能和提高组织反应速度，而经理仅在需要时进行必要的控制。

11. 中小企业向联盟化和国际化方向发展

加强中小企业间的合作是中小企业增强自身实力、开拓新的经营领域的必由之路。鉴于国内的高成本结构和融资上的困难，在中小企业向联盟化方向发展的过程中，很多中小企业与大企业一样走上了国际化经营的道路。例如，日本经济的长期萧条和从事国际经营的中小企业经营业绩的改善，促使广大中小企业更加关注联盟化经营和国际化经营，希望借此来降低生产成本，获取进行经营革新所必需的生产要素和经营资源。

（二）我国中小企业的发展趋势

随着"抓大放小"等重大改革措施的进一步落实以及 2021 年财政部、工业和信息化部联合发布《关于支持"专精特新"中小企业高质量发展的通知》，我国中小企业进入了一个新的发展阶段，呈现出一些新的发展趋势。

1. 通过资产重组，企业投资主体日趋多元化

我国中小企业通过改组、联合、收购、兼并、股份合作制、租赁、承包经营、中外合资和出售等形式的改革，投资主体进一步多元化。国有资本逐步从竞争性行业中收缩或退出，国有中小企业民营化步伐加快，民间资本将成为中小企业最主要的资本来源。

2. 在治理结构上，股份合作制成为中小企业改革的首选形式

股份合作制是一种资本联合与劳动联合相结合的企业制度，既具有股份制的特征，又具有合作制的特征。中小企业进行股份合作制改造，实现了资本与劳动的直接结合和劳动者联合自治。通过按劳分配与按资分红相结合的分配制度，强化了中小企业的利益激励机制和风险约束机制以及员工直接参与企业经营管理的民主制度，提高了企业的经济效益和市场竞争力。

3. 民营高科技中小企业将持续高速发展

我国民营高科技企业是经济体制和科技体制改革的重要产物，至今已发展成我国国民经济发展的一支重要力量和高科技产业的主力军。民营化浪潮从根本上改变了中小企业的存在形式和结构，使长期困扰中小企业健康发展的体制问题获得了根本性改变。

4. 中小企业东西部合作持续推进

20 世纪 90 年代后，沿海发达的中小企业由"轻型化"发展向以重工业化为主，以资金、管理和技术的增加为主转化，劳动密集型产业已失去比较优势。越来越多的以资源或劳动密集型为主导的产业逐渐向拥有丰富自然资源和廉价劳动力资源的中西部地区转移。在此背景下，随着西部大开发战略的全面实施及投资环境的改善，东部沿海与中西部中小企业的合作得到了进一步的发展。

5. 连锁经营：中小商业企业发展的出路

连锁经营正在成为国内外企业，尤其是中小商业企业寻求迅速复制式发展，实现低风险、低成本扩张，实现品牌、服务、信息共享优势的重要选择。连锁经营覆盖面从传统的零售业、餐饮业拓展到服务业、医药行业、旅游业，以及建材、家用电器、农资、音像制品的生产和销售等行业。业态也从超级市场、百货店向便利店、专业店、专卖店、大型综合超市、仓储式商店、家居广场发展。因此，中小商业企业的发展出路在于实施组织化、规模化、现代化的改造，走连锁经营的道路。

6. 集群化协作发展的势头仍然保持

以城市为依托，实现配置相对集中，充分发挥聚集效应，已成为中小企业发展的一种趋势。中小企业集群化的优势主要表现在：

（1）可以缩短中小企业的协作途径，既方便与大企业配套，又能增强中小企业间的协作。

（2）使中小企业能充分利用现有的社会基础设施，以免再分散有限的资源。

（3）集中和城市化，使中小企业既可以在第三产业中发现机遇，又可以利用市场服务体系和服务业提供的社会化服务，克服资金、技术、管理、信息、营销等方面的困难，增强生存发展能力。

7. 专精特新：中小企业发展的新方向

2019年中央财经委员会第五次会议强调要培育一批专精特新中小企业。2021年1月，财政部与工业和信息化部联合印发《关于支持"专精特新"中小企业高质量发展的通知》，提出"通过中央财政资金引导，促进上下联动，将培优中小企业与做强产业相结合，加快培育一批专注于细分市场、聚焦主业、创新能力强、成长性好的专精特新'小巨人'企业，推动提升专精特新'小巨人'企业数量和质量，助力实体经济特别是制造业做实做强做优，提升产业链供应链稳定性和竞争力"。近年来，随着各种利好政策不断出台，专精特新成为我国中小企业发展的新方向，中小企业创新能力和发展韧性不断增强，有力推动了制造业向高端化、智能化、绿色化发展。

8. 国际化：中小企业发展的大趋势

在2018年第十五届中国国际中小企业商品博览会上，有巴西、阿根廷、俄罗斯、英国、法国、日本、澳大利亚等多个国家和地区引领全球3 019家企业参展。国外的中小企业开始越来越多地走进中国市场，我国的中小企业也面临着国际化趋势。因此，一方面，在发达国家经济稳定增长的国际环境中，我国将在优势互补和水平分工的基础上获得发展国际贸易的有利条件，而日趋活跃的国际资本流动将推动进出口贸易的持续增长，为我国产品进入国际市场创造良好的机会；另一方面，新兴工业国家的崛起和蓬勃发展，东亚、东南亚、拉美地区的经济恢复和上升，使我国面临更加激烈的竞争，因而应积极与经济全球化融合，拓展国际市场。中小企业要抓住当前的机遇，大力发展外向型经济，提高产品的外向度，同时加大招商引资步伐，进一步拓宽合资、合作渠道，发展一大批"三资企业"；中小企业也可以走出国门，兴办境外企业和跨国公司，参与国际竞争，优化产品结构。

9. 虚拟化：企业组织方式的重大创新

随着知识经济时代的到来，以数字化和网络化为特征的信息技术飞速发展，一种被称为虚拟经营的中小企业大量出现。通过采用网络供应链联盟的组织形式，可以减轻我国中小企业资金短缺、技术落后和人力资源不足的负面影响，有利于把有限资源集中于一种商品的专业化生产。对于现已发展起来的中小企业，要利用我国发展起来的网络技术加入供应链联盟，拓展自己的业务规模，实现世界范围内市场分工的规模经济效益；对于还未找准自己产品定位和发展战略目标的中小企业，要发现细小市场空缺，及时填补空缺，抓住发展自己的机遇，也可以利用网络供应链联盟形式向整个世界市场延伸，迅速进入国际市场，并参与国际竞争，不断壮大自己，最终实现国际化经营。

10. 数字化与智能化：中小企业的转型方向

当前，世界经济数字化和智能化发展已是大势所趋，数字化和智能化转型成为中小企业实现快速成长、增强综合实力和核心竞争力的新方向。2022 年 11 月，工业和信息化部印发了《中小企业数字化转型指南》，指出中小企业数字化转型要遵循"从易到难、由点及面、长期迭代、多方协同"的思路，推进管理数字化和业务数字化，融入工业互联网平台等数字化生态，不断优化数字化转型实践。未来，生成式人工智能（AIGC）的技术革新给中小企业的创新发展带来更多新机遇。中小企业应结合自身在数字化转型过程中面临的挑战，积极探索 AIGC、工业互联网与生产制造的深度融合，利用人工智能大模型等先进技术，推进生产运营方式和商业模式的智能化转型。

本章小结

中小企业一般是指规模较小的或处于创业阶段和成长阶段的企业，包括规模在规定标准以下的法人企业和自然人企业。各国对中小企业的界定有定量和定性两种界定方法。我国中小企业沿用的界定标准是以企业职工人数、销售额、资产总额等为指标，同时结合行业的特点，适用于各类所有制和各种组织形式的企业，有助于不同所有制形式的中小企业享有同等待遇。

中小企业在经济中的地位与作用一般可以用三个指标来衡量：中小企业数占企业总数的比重、中小企业从业人员占全部就业人员的比重、中小企业产值占总产值的比重。我国中小企业的发展特点表现在：服务领域拓展到国民经济各主要行业；经营手段灵活多变，市场适应性强，具有很强的生命力；组织方式开始向专业化经营、协作化生产迈进；经营机制向公司制过渡；产品开始向自主创新型转变；市场定位面向国内、国际两大市场；一批创新型中小企业、专精特新中小企业和专精特新"小巨人"企业涌现。

我国中小企业面临资金不足、人才匮乏、技术不强等发展瓶颈以及诸多外部环境的问题。世界中小企业的发展趋势有：向自动化、信息化、数据化、个性化、柔性化、分散化、联盟化和国际化方向发展；进入高科技、服务领域；产品的生命周期缩短；技术构成和对劳动力吸纳结构发生了变化；创新是企业取得优势的根本途径；经营战略围绕塑造企业核心竞争能力来制定；市场营销以赢得客户信赖为目标；人力资源管理以发挥员工的潜能为目标。我国中小企业的发展趋势有：投资主体日趋多元化；股份合作制成为我国中小企业改革的首选形式；民营高科技中小企业将持续高速发展；东西部合作持续推进；连锁经营、集群化、专精特新、国际化、虚拟化、数字化与智能化。

关键术语

中小企业（small and medium enterprises，SMEs）

定量（quantitative）

定性（qualitative）

中小企业管理（SMEs management）

中小企业标准（SMEs standard）

发展瓶颈（development bottleneck）

发展趋势（development trend）

复习思考题

1. 谈谈你对学习"中小企业管理"这门课程的兴趣。

2. 举例说明中小企业在我国和世界各国社会经济发展中的作用。

3. 你认为哪些问题是制约中小企业发展的瓶颈？

4. 假如你是中小企业创业者或经营者，你认为中小企业在 21 世纪有何发展趋势？

即测即评

请扫描二维码，参加即测即评。

案例讨论

滇云蜜语：扎根边疆的"甜蜜"事业

甜蜜事业的缘起

一个机缘巧合的机会，滇云蜜语的创始人在朋友圈里看到在云南省西双版纳傣族自治州勐腊县勐伴镇小学任教的表姐为帮助一个学生家庭销售天然蜂蜜发布的照片。通过查阅蜂蜜产业的相关资料，他了解到蜂蜜产业是典型的"三不要"（不需要占用耕地、不需要大量饲料投入、不需要密集劳动力投入）、环境友好型产业，投入成本低、见效快、可持续发展。蜂蜜养殖与管理不会对环境造成污染，同时还有助于农作物增产及生态系统的稳定。蜜蜂养殖管理周期短,当年即可见效;此外,蜂蜜还具有密度大、单价高、易保存、好运输,受地形、交通、距离等经济发展限制因素制约小的特点。对蜂蜜市场的调查显示,人们越来越注重养生,对纯天然蜂蜜的需求与日俱增,而西双版纳的生态环境孕育着高品质纯天然蜂蜜,其中蕴藏着巨大商机与机遇。由此,创始人产生了利用西双版纳的山林资源发展蜂蜜事业,把"绿水青山"变成"金山银山"的想法,于是成立了云南滇云蜜语生物科技有限责任公司(以下简称"滇云蜜语")。

滇云蜜语的创始人是响应大学生返乡创业号召回乡创业的青年典型。在乡村 5 年多的时间里,他带领企业坚持"为甜蜜事业耕耘,让贫困远离山区"的创业初衷,将科技创新融入产业发展,研发国际先进专利技术打造绿色蜂蜜产业链,以"公司+村集体+农户+银行"模式带领乡亲以西双版纳为核心基地构建了绿色蜂蜜食品牌产出体系。创业过程中,他积极履行社会责任,弘扬担当、奉献、分享的企业精神。公司创业项目多次获得省级以上创业大赛好名次。公司 2019年被评为"云南省脱贫攻坚扶贫明星企业",2020 年被表彰为"全国万企帮万村先进民营企业",2021 年被评为"全国乡村振兴青年先锋"。公司品牌"小蜜舒"入选 2021 年云南省"绿色食品牌"品牌目录名单。公司还在西双版纳构建了产业空间达 20 亿元以上的绿色蜂蜜基地。

扎根边疆

滇云蜜语的创始人是村里第一个考上重点高校的大学生,毕业时他放弃优厚工作待遇和落户上海的机会,毅然返乡创业,农户同吃同住开展实地调研。他带领团队通过帐篷露宿、野炊的方式艰难完成市场调研,把成熟的技术和经验带回云南。

起初,他用政府 3 万元扶持启动资金建设了标准厂房,研发出天然蜂蜜存贮专利技术,实现西双版纳的特产蜂蜜第一次标准化走向市场。他带领团队研发推广专利蜂箱和技术,编写养蜂指南、质量管理规范,提供免费技术扶持,提升农户蜂蜜产量。通过积极参加团委组织的各类创新创业大赛,滇云蜜语项目不断得到打磨提升,创新利益联结机制、商业模式有效调动农户参与产业发展,成功实现蜂蜜标准化、规模化、市场化发展。

截至 2022 年 1 月,滇云蜜语项目覆盖了西双版纳的 27 个乡镇,97 个村委会,267 个村小组;累计投入 904.35 万元,发放蜂箱 17 490 余套,蜂群 8 400 余群,为农户提供技术服务25 792 人次,初步构建起中国最大的天然蜂蜜供应体系。项目累计带动村集体收入 28.4 万元,直接带动农户 7 677 户(建档立卡户 3 587 户)增收 3 500 万元(户均增收 4 560 元),培养技术带头人 70 人。

履行社会责任,弘扬担当、奉献、分享的企业精神

滇云蜜语特别注重政治思想建设,企业先后建立党支部、团支部,建立工会、妇联,以党建带群建,以党建促发展。

滇云蜜语坚持资助贫困儿童上学,累计捐赠 11.2 万元现金和价值 6.4 万元物资帮助蜜源地 1 140 名贫困儿童上学。累计捐赠价值 437 万元物资投入新冠疫情防控。滇云蜜语还建立了网络统战实践基地,动员组织本地企业、青创联盟等社会组织捐赠合计 6.5 万元物资,积极响应地方文创号召,出资、出力共建文明县城。2020 年,滇云蜜语团队帮助销售西双版纳全州蜂农滞销的蜂蜜,在巨大的压力下,共销售价值 1 300 万元的滞销蜂蜜。

科技创新融入产业发展,助力乡村振兴

滇云蜜语创业团队在工作上吃苦耐劳、不畏艰辛、开拓创新,深入田间地头与村民共同开创蜂产业事业，用汗水和成绩赢得群众的赞誉。2021 年公司发展步入快车道，成长为云南省具有影响力与竞争力的绿色蜂蜜食品品牌企业，相继与盒马鲜生、本来生活、华润苏果等一线渠道达成合作，将云南蜂蜜销往全国带动农户增收致富，年缴税突破 150 万元。为推进乡村振兴，滇云蜜语制定了长期发展规划，目标是将企业做大做强，带领乡亲享受更多蜂产业红利。

资料来源：澎湃新闻。

讨论题：

1. 结合滇云蜜语的发展历程，分析该企业体现了中小企业的哪些基本特征？请结合中小企业的定义和界定标准进行说明。

2. 滇云蜜语作为中小企业，对当地社会和经济发展做出了哪些独特贡献？请举例说明该企业是如何履行其社会责任的。

3. 滇云蜜语在其创立和发展过程中遇到了哪些具体问题和挑战？结合本章内容，谈谈你认为未来滇云蜜语在发展中还可能会遇到哪些困难，应该如何应对和解决。

4. 滇云蜜语在其创办过程中展示了哪些中小企业家的精神和能力？这些精神和能力如何帮助中小企业克服困难，实现持续发展？

参考文献

1. 林汉川，魏中奇. 中小企业发展的国别比较. 北京：中国财政经济出版社，2001.

2. 林汉川，魏中奇. 中小企业发展与创新. 上海：上海财经大学出版社，2001.

3. 威廉·梅金森，等. 小企业管理：企业家指南. 3 版. 李刚，范存会，俞海，译. 北京：电子工业出版社，2002.

4. 詹姆斯·C. 科林斯，威廉·C. 拉齐尔. 中小企业管理概念与案例. 李丽，徐明峰，译. 大连：东北财经大学出版社，2000.

5. 徐玉德. 激发中小企业活力 助力经济整体性持续向好. 红旗文稿，2023（22）：22—25.

6. 鲁政委，陈昊，张文达. "隐形冠军"长成之路. 北京：人民日报出版社，2023.

7. 刘淑春，林汉川，金洁，等. "三重压力"之下中国中小企业稳进提质若干问题研究. 北京：企业管理出版社，2022.

第二章
中小企业创业原因及机遇

学习目标

1. 知识探索：通过学习中小企业创业的机遇与挑战，让学生掌握如何捕捉中小企业创业机遇并制定策略，识别中小企业创业者的特征，从而构建起中小企业创业管理的分析框架。

2. 能力提升：通过学习中小企业创业的原因及机遇，培养学生的创新思维、市场分析和商业模式设计等能力。

3. 价值引领：让学生清晰地认识成功的中小企业创业者应具备哪些素质，引导其树立正确的创业观，培养创业的决心和毅力，在创业过程中强化爱国和社会责任意识。

4. 品格养成：中小企业联系千家万户，是推动创新、促进就业、改善民生的重要力量。通过中小企业创业的案例分析，让学生深入体会中小企业创业者所具备的素质，激发学生发扬开拓创新和孜孜追求精神。

视源电子：工程师团队的创业故事

2005 年的冬天，在广州市机场路附近一间不到 150 平方米的房间里，十几个干劲十足、心怀梦想却面临遣散的工程师，在共同目标的驱动下用身上仅剩的 14 000 元走上了自主创业的道路。

广州视源电子科技股份有限公司（以下简称"视源电子"）的创始人曾就读于西北工业大学，毕业后带着一腔热血主动请缨前往艰苦的沙漠参军入伍，曾参与研发了中国第一辆无人驾驶坦克。退役后，他选择南下广州，加入广州乐华电子有限公司继续从事自己热爱的电子技术工作。然而，现实并没有给这个满腔热血的年轻人惊喜，反而给了他一个充满戏剧性的开始。加入公司几年后，由于母公司的经营陷入困境，公司董事会主席希望他能带领一个团队再撑一年，自负盈亏，支持停牌中的母公司重组。一年多之后，任务完成时，团队的想法本是将业务 100% 出售后加入新公司，但由于种种原因最后没能实现。"走投无路"的他们不得不硬着头皮一起开始了创业之路，基于在广州乐华电子有限公司的经历和对市场的深入分析，他们做起了熟悉的电视板卡生意。

然而，视源电子并未满足于现有市场，他们一直在寻找新业务方向。2009 年，视源电子有了自己的办公楼。或许是出于工程师的敏锐，创业团队在新装修的多媒体会议室里开会时发现，模糊不清的屏幕显示效果、烦琐的线材连接、多重设备的预热调试等问题严重影响了会议效率和体验。针对低效的会议体验，他们开始畅想："会议应该有清晰的显示大屏，没有限制的书写空间；设备应该是无线连接，会议不再用人手记录；无论在哪儿，与会人员都能有身临其境的沟通感……"在团队的努力研发下，想象一步步变成现实，他们相继在触摸控制、人机交互、无线信号双向传输、语音和图像处理等领域取得了技术突破，前后在交互智能平板的细分市场中创立了自主品牌"希沃"（seewo）和"MAXHUB"。截至2023年，希沃的教育交互智能平板已覆盖全国超过280万间教室，服务于800多万教师、数千万学生；MAXHUB的会议平板产品以29.5%的全年市场份额居国内会议平板行业榜首，广泛应用于金融、医疗、制造、互联网等诸多行业。

目睹自己曾经所在企业衰落的经历，给了视源电子创始人很深的感触，他立志要创立一套科学合理的企业管理体系，"选育人才要适度宽松，企业管理要简单化和民主化，对数据要严格控制，尽量避免前人所犯的错误"。同时，军人出身的他也深深感受到军队在后勤保障、协调机制、团队组织与执行力等方面的优势，这段经历直接影响了视源电子在公司管理、人才保障、后勤保障等方面的设计。

十几年过去了，视源电子早已从"小黑屋"走向更大的舞台。2017年1月19日，视源股份在深圳证券交易所中小板上市，成了生产全球千万个智能屏幕的科技"小巨人"；之后还获得了"2022全国科技创新企业500强""2022中国制造业企业500强""2022年度最爱雇主奖"等多个荣誉称号。

资料来源：根据网络资料整理。

请思考：

1. 视源电子创业团队选择创业的原因是什么？他们在创业初期抓住了哪些机遇？

2. 根据视源电子创业团队的创业经历，你认为成功的创业者需要具备哪些素质？

3. 基于本案例，中小企业在创业过程中可能会遇到哪些挑战？应该如何应对？

管理学家彼得·德鲁克（Peter Drucker）将创业者定义为那些能寻找变化，并积极反应，把它当作机会充分利用起来的人。这些创业者（entrepreneur）通过发挥、运用创造力，凭借毅力、奉献精神、辛勤工作和运气，把设想变成了有竞争力的小企业，这些小企业经过不断的发展而变成了中型甚至大型企业。在导论中，我们已经了解到中小企业的界定标准，分析了中小企业的重要作用及其发展趋势。现在有必要谈谈人们为什么要创办中小企业，检测自己是否具备成功拥有中小企业所必需的个人素质，并透视中小企业的创业机遇（entrepreneurial opportunity）。

第一节　创建中小企业的原因

目前，中国正面临着巨大的就业压力，而创业型就业成为解决就业问题的重要途径。美国

1999 年的一份报告显示，每 12 个美国人中就有 1 个人期望自己做老板。截至 2023 年年底，中国个体工商户超过了 1.24 亿户，占经营主体总量的 67.4%，支撑了近 3 亿人的就业。2023 年全年新设个体工商户 2 258.2 万户，同比增长 11.4%。这些个体创业项目，如同产业链和消费链的"毛细血管"、市场的"神经末梢"，显示出中国经济的强大活力和韧性。如今，各国政府积极宣传、鼓励创业，个人除能从政府获得各种优惠条件外，还能获得各种技术支持和资金援助。中国政府先后出台了一批政策鼓励个人创业，比如，2015 年国务院印发的《关于大力推进大众创业万众创新若干政策措施的意见》，作为推动中小企业创业的系统性、普惠性政策文件，从 9 大领域、30 个方面明确了 96 条政策措施，在创业体制、税收政策、投融资、创业服务、创业平台等方面对中小企业创业给予支持，形成了有利于创业创新的良好氛围。而产业结构的调整、第三产业的加速发展，也为个人自主创业提供了发展空间。创业意识在大众心中日益形成。

人们创建中小企业有很多强大的动因，如想拥有自己的事业、可以自由支配个人时间、从事业中赚钱、实现个人梦想等。这些雄心大志，怎能不让有志者心向往之呢？创业的过程就是自身价值实现、收入增加、财富积累的过程，也是造福社会、实现企业目标的过程。因此，可能没有其他任何一种选择比这更实在、更诱人的了。

一、实现自我理想

个人受到一系列强有力的动机驱动而成为企业主，拥有一家中小企业有助于实现个人目标。上海明略市场策划咨询有限公司对北京、上海、广州、杭州、成都的 904 家注册资金在 5 000 万元以下的中小企业的企业主进行了一次调查。该调查显示，76.4% 的被访者是为了实现自我理想而自主创业，而 45%～47% 的被访者是为了工作环境、利益和实现自我价值而自主创业。根据中国企业创新创业调查联盟 2021 年对中国中小微企业创新创业的调查，超过 70% 的创业者对自身的健康情况和生活状态都表示满意，近 80% 的创业者对自己未来发展充满信心。英国经济研究结果与此相似，46% 的个体经营者都"非常满足"，在美国这一数字是 63%。因此，为了理想而工作，可能是世界上最愉快的工作了。通过创业实现自我理想主要体现在利润回报、独立性、帮助自己的家庭等方面。

（一）利润回报

创业的理由有很多种，但终归离不开一个"钱"字——累积财富，获得利润回报。事实上，有许多创业者在创业初期更多地考虑经济利益，利润这个动因对一些创业者来说要比其他动因具有更强的推动力。对其他企业主来说，利润也可能只是"记分"的方式或是成功的符号而已。的确，确定的效益对一个公司的生存是必要的。任何一个企业在真正的效益确认之前，其资金的返回都必须补偿企业主投入的个人时间（相当于薪水）和个人资金（相当于利息和红利）。而企业家们期望的回报不仅包括对他们投入的时间和资金的补偿，而且包括对他们开办企业所冒的风险和对他们首创精神的很好回报。

（二）独立性

虽然有很多创业者在创业初期更多考虑经济利益，但是当企业发展到一定阶段时，更多的创业者开始注意实现其他目标和更大的自我价值。这突出表现为独立性的工作和令自己满意的生活方式。自主创业的最大优势在于完全由自己为自己的事业设计发展方向和模式，能用自己的方式做事，以自己的方式赚钱，制定自己的日程。这些创业者乐于自主地从事创造工作和施展抱负，虽然独立性并不能保证生活轻松，但自由活动常常可以产生创新和更具有灵活性，创业者能在经济因素和其他环境因素施加的紧张局面中自己做决断。

（三）帮助自己的家庭

创业者不但受到利益的驱动，还受到个人和家庭的驱动。他们创办和经营这些企业以帮助他们的父母、子女和其他家庭成员。很多人都是迫于家庭的困苦和艰难才走上了创业之路。另外，在家族企业里子女帮助他们的父母也成了一种趋势。另一种趋势是夫妇一起在创业企业工作，这可能是 21 世纪增长最快的一类新型企业。

二、实现企业目标

企业主的重要作用之一就是为企业制定目标，这是所有企业活动的最终方向。本质上，目标决定了企业的特点，给出了企业的发展方向和衡量个人成就的标准。对企业来讲，比较重要的目标包括：服务目标（service target）、利润目标（profit target）、社会目标（society target）、增长目标（gain target）。

（一）服务目标

一般来讲，企业的目标是通过生产和销售产品或提供服务来满足顾客的需求，并在保证价格合理的基础上获得足够的利润。因此，渴望经营中小企业的人必须将服务作为一个主要目标，而把利润仅仅当作服务的必然结果。

（二）利润目标

利润是企业所获得的超过支出的那部分收入。利润对于创造工作机会、添置新设备和开发新产品是必要的。利润并非自我产生的，而是由企业以足够低的、能获得利润的成本生产商品和提供服务，同时顾客愿意并接受高于成本的价格这两个条件共同达到而产生的。因此，利润是企业承担风险和提供产品或服务所得到的报酬，也是企业持续运营的必要保证。

（三）社会目标

成功的企业必须要有社会目标，即帮助社会的不同群体，包括顾客、员工、供货商、政府和社会本身。即使是中小企业，除了追求利润，也有责任保护所有团体的利益。利润目标和社会目标并非不相容，许多成功企业都实现了二者的兼顾。

（四）增长目标

中小企业主必须关注企业的增长，并选择增长目标。这取决于对"我是否满足于企业的小规模""我的企业是否要增长和向大企业挑战""我是否仅追求所谓满意的利润，还是考虑到我付出的努力和投资，想办法使利润更大"等问题的回答。

当然，以上谈到的企业主的个人目标和企业目标应该结合起来。因为在利润、顾客满意和非金钱报酬之间经常有紧密的联系。当企业的目标——获取利润与企业主的个人目标结合起来时，成功的可能性会大大增加。

第二节　成功中小企业创业者的特点

一、创业者基本类型及自我测试方式

（一）创业者基本类型

基于国内上千例创业者案例的研究发现，国内创业者基本可以分成以下三种类型。

1. 生存型创业者

生存型创业者的创业动机主要是解决温饱问题，他们通常是因为生活所迫而进行创业，例如被裁人员、刚毕业找不到工作的大学生等。生存型创业者的创业行为具有被动性，通常具有起点低、规模小、以商业贸易为主的特点。清华大学发布的《全球创业观察 2016/2017 中国报告》数据显示，中国创业者类型中机会型创业者的占比已由 2009 年的 50.87% 提升到 2016—2017 年的 70.75%，创业机会已经取代生存需求成为创业的主导动机，反映出我国创业活动质量的稳步提高。

2. 变现型创业者

过去在各类机构担任一定职务的人，在任职期间积累了大量资源，在机会适当的时候，跳足下海，开公司办企业，实际是将过去积累的资源变现，将无形资源变现为有形资产。

3. 主动型创业者

主动型创业者又可以分为两类：一类是盲动型创业者，另一类是冷静型创业者。盲动型创业者大多极为自信，做事冲动。有人说，这种类型的创业者，大多同时是博彩爱好者，喜欢买彩票，不太喜欢研究成功的概率，所以这样的创业者很容易失败。冷静型创业者是创业者中的精华，其特点是谋定而后动，不打无准备之仗，他们或是掌握资源，或是拥有技术，一旦行动，成功概率通常很高。

（二）自我测试方式

让我们来看一个未来中小企业主的自我测试。[①] 下面的自测题涉及企业主个人所能控制或

---

① 科林·巴罗. 小型企业. 高俊山，译. 北京：中信出版社，1998.

施加影响的有助于其成功开创一个企业的重要因素。若偶尔适用，记 1 分；若通常适用，记 2 分；若几乎总是适用，记 3 分。

（1）我清楚地了解个人和企业的目标。

（2）我能够迅速地完成任务。

（3）市场条件改变时，我可以迅速调整方向。

（4）我喜欢承担完成工作的责任。

（5）我喜欢单独做事和独立决策。

（6）我不怕有风险的环境。

（7）我能够从容地面对不确定性。

（8）我能够推销自己和我的经营思想。

（9）我从未因病停止过一天工作。

（10）我能够确立自己的目标和目的并努力去实现它们。

（11）我的家庭全力支持我的事业，他们知道这意味着长时间的艰苦工作。

（12）我欢迎批评——总能从别人那里学到有用的东西。

（13）我能够找到同我一起工作的正确人选。

（14）我精力充沛。

创业自测题
示例

（15）我不浪费时间。

总分 30 分以上为优，20～30 分为良，20 分以下为一般。高分并不能保证创业成功，但低分者若要从事这项事业肯定需要认真考虑。

除此之外，还有各种针对创业精神、创业能力、创业兴趣的自测题，示例详见二维码。

二、成功企业主的素质要求

不是任何人都能成功创建新企业，要想成功，企业主的经营思想不仅要适应市场，而且创业的时机也必须恰当。企业主的能力和个人素质对一个中小企业的成功有很大影响。成功企业主的素质，是指一个企业主必须具备的各种条件的综合平衡，是在先天心理、生理的基础上，通过企业主后天的学习、教育和锻炼而逐渐形成的，在其创业过程中经常发挥作用的内在要素，是品格、个性、气质、知识、情操、能力、体质等诸要素的综合体现。由此可见，有天才的创业者，但没有天生的创业者。创业者后天的学习、锻炼和培养，对其素质的形成和发展起着重要作用。那么，成功中小企业主的特点是什么？人们已经做过很多努力研究什么样的人最可能成为企业所有者。研究发现，成功的创业者都是相同的，失败的创业者则各有各的原因。通过研究掌握那些成功创业者的共性，并以这些共性反观自己，至少可以明白自己是否适合创业。这里仅列举一般公认的中小企业主的"必要"特点，但需说明的是，这些特征的重要性仍缺乏严谨的证据，且现实生活中不符合这些特点的人也可能成为成功的创业者。

（一）有创业欲望和热情

创业欲望和热情是一个中小企业创业者创业的先决条件。"欲望"，实际就是一种生活目标，一种人生理想。创业者的欲望往往超出现实，需要打破现在的立足点，打破眼前的樊篱，欲望才能够实现，所以，创业者的欲望往往伴随着行动力和牺牲精神。一个真正的创业者一定是有强烈欲望的人。这些人想拥有财富，想出人头地，想获得社会地位，想得到别人的尊重。因为欲望，而不甘心，而创业，而行动，而成功，这就是大多数白手起家的创业者走过的共同道路。中小企业主在创业时除了强烈的欲望外，还展现出一定程度的激情，即创业热情，而创业热情又可以产生坚韧的毅力和辛苦工作的意愿。加利福尼亚企业家培训大学的校长约翰·古德曼说："我要找的第一个关键东西就是热情。当评估新企业时，我就询问：'有没有热情？'"现在学生创办并经营中小企业已经屡见不鲜了，而这在很大程度上源于他们强烈的创业热情。

（二）能够全身心地投入工作，有强烈的进取心

仅有创业欲望和热情还远不够，全身心地投入和极强的进取心是保证创业成功的基础。中小企业创业者都坚信自己的经营思路。他们通常十分固执，能够一天工作18个小时以上。这往往会影响到他们生活的其他方面，多数成功企业创业者的家人也同他们一起拼搏。中小企业主在这种强烈进取心的驱动下，为实现个人理想和企业目标，一般都把自己全部奉献给企业了。他们向企业投入了如此多的时间、精力、金钱和感情，这是一些大企业的经理无法相比的。

（三）接受不确定性，承担风险

创业本身就是一项冒险活动。接受不确定性和承担风险的意愿之所以成为创业者的重要特征，就在于它使得这些创业者们做事果断，而不像一般人前怕狼后怕虎地畏葸不前，因此他们也更易于抓住机会，获得成功。事实上，创业者感兴趣、欢迎，甚至更喜欢具有一定不确定性的决策。有资料显示，发达国家中小企业能生存18个月的占总数的50%，能生存10年的仅占总数的10%；而美国高科技企业能生存10年的只占总数的10%。上海非正规就业劳动组织成活率也仅为70%左右。高失败率表明，中小企业面临众多风险，资金一经投入就承担着财务风险。没有稳定的工作，创业者的人生就处于风险之中，创业压力使其家庭也处于风险之中，并且其还要承受企业可能倒闭所带来的精神压力。因此，创业者必须具有承担较高风险的意愿。而这种意愿则是以他们的毅力和自信心为支撑的。创业者必须增强风险意识，懂得风险管理，以避免因决策失误而创业失败。

（四）有毅力、自信心和忍耐力

创业不易，不易在哪里呢？首先是要忍受肉体上和精神上的折磨。毅力和自信是一个人的心智活动，是指敢于面对困难，敢于接受挑战。有毅力和自信心的人，就是那种定好目标后便不辞辛苦、不畏艰难、全力以赴、愈战愈勇之人。有了毅力和自信心就能使创业者产生一种忍耐力。俗话说："吃得菜根，百事可为。"如果有心自己创业，一定要先在心里问一问自己，

面对从肉体到精神上的全面折磨，有没有宠辱不惊的定力与精神。

（五）灵活并勤恳做事

创业者当然要勤恳，但勤恳不一定可以赚很多钱，因为他可能缺乏创业所需的远见和规划意识。一般说来，一个人既灵活，又勤恳做事，更有利于抓住创业成功的机会。通常创业之初，很多工作必须由创业者承担，若本人不勤恳，很容易知难而退，放弃创业。

（六）善于学习，具有国际化意识

要善于学习，懂得高新技术。对创业者来说，要有求知好学的精神，不断学习和汲取新知识和信息，掌握高新技术的基本知识，使自己眼界开阔，思考面广，决断正确。只有真正见多识广，其素质才能跟得上时代步伐，把握知识经济的脉搏。

要懂得跨国经营。在知识经济时代，创业者需要有国际化意识，明白创新国际化、人才国际化和跨国经营对知识经济发展的重大促进作用，并能够开展跨国经营来促进企业发展。

（七）有健康的身体

创业过程不可能一帆风顺，各种挫折不仅会对创业者的精神产生压力，也会对其身体产生压力。对于一个企业的创办者，高强度和长时间的工作都是很常见的。为了适应这种工作和生活方式，就必须有健康的身体，以保证在任何情况下都有充沛的精力来完成工作任务。

第三节　中小企业创业机遇

什么因素会有利于创办中小企业获得成功？即创办中小企业有哪些机遇？可考虑的因素有：市场机遇，获得相关的信息、技术和专利，有志同道合的合作者，获得充足的资金，有利的政策制度环境，人工智能催生的机遇等。

一、市场机遇

我国加入 WTO（世界贸易组织）后，国内多个领域向外资及民间资本解禁，这些领域都成为创业的热点。特别是服务业，值得创业者重点关注。有关资料显示，发达国家服务业占GDP 的比重平均超过 70%，而相比之下我国这一比重仍有差距。加入 WTO 后，我国逐步对金融、保险、商业、外贸、交通、运输、旅游、邮电等服务产业实施开放或限制性开放。按照WTO 规则，对外资开放的产业都要对内资开放，一些没有对外资开放的服务业也要优先对内资开放，我国迎来了一个服务业大发展的机遇。与工业投资不同，服务业中除金融、保险等行业所需资本金额较大以外，大多数服务业所需投资本金不大，个人以及中小企业都可以从中找到成长空间。而且服务业所需的知识含量不同，既有强调高科技含量的，也有强调劳动熟练程度的，不同创业者都有施展才华的空间。此外，纺织、服装等行业放松限制，也提供了广阔的创业舞台。

2013 年共建"一带一路"倡议的提出，为我国中小企业提供了新的发展机遇和广阔的发展空间。中小企业是"一带一路"沿线国际经贸合作中重要的主体，也是促进各国经济社会发展的重要力量。2017 年，中国工业和信息化部联合中国国际贸易促进委员会，发布了《关于开展支持中小企业参与"一带一路"建设专项行动的通知》，提出要"深化我国中小企业与沿线各国在贸易投资、科技创新、产能合作、基础设施建设等领域的交流与合作，构建和完善支持中小企业国际化发展的服务体系"；"支持中小企业技术、品牌、营销、服务'走出去'，鼓励中小企业引进沿线国家的先进技术和管理经验，加快培育中小企业国际竞争新优势"。"一带一路"沿线大多为发展中国家和新兴经济体，总人口约为 44 亿，经济总量约在 21 万亿美元，分别约占全球的 63% 和 29%，展现了广阔的市场前景。同时，这些国家和地区普遍处于经济转型升级阶段，中小企业既可以通过承接重大工程项目，以服务外包的形式参与"一带一路"建设，也可以充分利用当地土地、能源、劳动力成本相对低廉的比较优势，拓展海外市场。

此外，《区域全面经济伙伴关系协定》（RCEP）于 2020 年 11 月签署并于 2023 年 6 月对东盟 10 国、澳大利亚、中国、日本、韩国、新西兰这 15 个签署国全面生效，是世界上涵盖人口最多、成员构成最多元、发展最具活力的自由贸易协定，为区域经济一体化注入了强劲动力。得益于 RCEP 对海关程序的简化和贸易便利化的提升，以及区域内货物贸易关税的降低，中小企业开拓国际市场将迎来更广阔的发展空间，从而进一步为外贸的稳健发展带来新的增长点。

二、获得相关的信息、技术和专利

计算机和现代科技持续改变着企业的经营方式。各类企业都在应用信息技术以提高效率。因此，必须了解影响企业财务和市场的各种因素，同时分析和评价相关信息并制定出有利于企业的计划。新技术、信息化的到来，使中小企业能够有效地在全世界范围内做生意。而如何熟练地利用这些技术带来的崭新的和强有力的工具，对中小企业是一种挑战。此外，创业要尽可能立足于自主知识产权。中国加入《与贸易有关的知识产权协定》后，中国的知识产权保护受到 WTO 争端解决机制的有力约束。有关专家指出，这一点对于学生创业更显重要，现在学生创业失败的多，一个重要原因就是忽视技术创新。一般来说，学生创业应该具备以下四个条件：

（1）有自主知识产权的创造发明。

（2）这一发明能转化为有市场前景的产品。

（3）这一产品有预期销路。

（4）有可靠的资金提供者。

三、有志同道合的合作者

中小企业主特别重视人才，与大企业的经理相比，他们与员工非常亲近，甚至还和员工有私人关系，是志同道合的合作者（copartner）。中小企业的员工是很好的信息和观点的源泉，如果能够与他们一起分享好的观点，特别是如果企业主能意识到他们的贡献并给予奖励，他们的工作效率将会有很大的提高。例如，视源电子就十分重视建立包容和自由的企业文化，基于一系列管理制度把员工变为合伙人与公司共同成长。视源电子的运营、归属和继承遵循了共同管理、民主决策、能者居之的共识，在十余年的创业历程中，企业不断地把股份分给员工，到提交IPO申请前，共有116位员工成为公司股东。视源电子的第一和第二自然人股东都不是当初的几位创业者，而是通过杰出贡献而晋升的高管。此外，视源电子也给员工提供再创业的孵化器，鼓励员工在公司内部创业，不仅提升了员工的积极性和创造力，还增强了团队的凝聚力，从而推动了公司的长期发展。

四、获得充足的资金

中小企业主面临的一个主要问题是以合理的成本获得充足的资金（fund），也就是获得启动和经营企业所必需的资源。中小企业在正式盈利之前考虑生存问题是很有必要的，企业应该有资金计划，合理使用资金，并在资金用完之前及时引入新的投资。创业者应客观评价现有资金和财产——有多少银行存款、股票、债券或别的投资；能从亲朋好友那里筹措到的资金数目，以及能从其他公司和银行获得的贷款数目。近年来，国家和地方政府积极出台各项支持性政策，引导金融机构通过金融手段合力解决中小企业融资难、融资贵、融资慢的难题，扩大首贷、续贷、信用贷、中长期贷款规模，加大对重点领域、困难行业中小微企业支持力度，为中小企业创业获得充足资金提供了更多来源。例如，2021年国务院办公厅印发《加强信用信息共享应用促进中小微企业融资实施方案》，该方案提出通过加快信用信息共享步伐，深化数据开发利用，创新优化融资模式，助力银行等金融机构提升服务中小微企业能力，不断提高中小微企业贷款可得性，有效降低了中小企业创业获得"第一桶金"的融资成本。

五、有利的政策制度环境

自21世纪以来，为改善中小企业经营环境，促进中小企业健康发展，发挥中小企业在国民经济和社会发展中的重要作用，党和国家针对中小企业颁布了一系列支持性的法律和政策。2002年，《中华人民共和国中小企业促进法》颁布，这是我国第一部针对中小企业的专门性法律，从财税支持、融资促进、创业扶持、创新支持、市场开拓、服务措施、权益保护、监督检查等方面为中小企业发展保驾护航。2015年，国务院发布《关于大力推进大众创业万众创新若干政策措施的意见》，推动为中小企业构建普惠性的政策扶持体系，以资金链引导创业创新链，以创业创新链支持产业链，以产业链带动就业链。2021年，工业和信息化部会同国家发展改革委、科技部、财政部等十九部门联合发布了《"十四五"促进中小企业发展规划》，进一步明确了支持中小企业发展的工作重心和中小企业未来发展的重点方向。近年来，我国还出台了一系列促进中小企业发展的重要政策制度，这些政策制度都为中小企业创业提供了难得的机遇。

我国促进中小企业发展相关政策

六、人工智能催生的机遇

伴随云计算的普及，数据规模越来越大、特征迅速增多、应用场景更加复杂，简单的统计分析已无法满足人们的需求。机器学习算法的产生与发展使大量人工智能企业应运而生。人工智能具有巨大的发展空间，能催生巨大的创业机遇。

2017年，我国首部人工智能发展规划《新一代人工智能发展规划》正式发布，规划中提出，到2030年，人工智能核心产业规模将超1万亿元，由此带动的其他产业规模将超过10万亿元。

场景、数据和技术是人工智能落地的三要素，缺一不可，处理好这三方面的关系才能发挥人工智能的最大作用，如金融、医疗都将成为人工智能最有应用价值的领域之一。

（一）人工智能在金融领域的应用

金融是最能够与人工智能结合并产生价值的领域。金融领域已经被充分地数据化，为人工智能的应用提供了充分的数据基础；同时，金融体系内各个分支领域界限相对明确，银行、证券、保险等业务相对独立，使得人工智能在垂直领域中进行应用。近年来，金融科技（FinTech）成为炙手可热的创业和投资领域。按照国际金融稳定理事会（FSB）的定义，金融科技是指通过互联网、大数据、云计算、人工智能、区块链等技术在金融领域的应用，重塑传统金融的业务运作模式和流程，并衍生出新的产品及服务，最终形成供给能力更充沛、经营成本更低廉、风控能力更强大、客户获取更便利、运转效率更便捷的全新的金融生态。

目前，国内金融科技领域最为活跃的三个技术方向是人工智能、大数据和区块链。其中人工智能技术是核心。人工智能通过强大的深度学习能力可以对海量数据进行处理，寻找其中的关联性，从而发现靠人类的思维方式不能完全发现的数据价值，再结合区块链等技术，便可以大大防范风险，提高金融运营的效率。大数据技术是基础。只有通过大量数据的积累，才能为人工智能的应用提供源源不断的分析及学习的素材。区块链技术为金融科技带来新变革。作为一种去中心化、分布式和不可篡改的账本技术，区块链中的数据具有高度安全性和透明性，其最典型的应用是数字货币，包括比特币和以太坊等。

（二）人工智能在医疗领域的应用

人工智能能够缓解医生资源紧缺的问题，提高医生工作效率，医院可以利用人工智能在一定范围内进行居民健康管理，通过人工智能模拟医生诊疗过程并给出诊疗建议，比如服用日常药物，或者就近联系医生等，满足常见病咨询需求。这既给患者和医生节省了大量的时间，也保证了患者生命的安全。

人工智能目前在医疗临床领域主要应用于四个方面：一是智能影像，二是智能语音，三是医学机器人，四是临床智能决策。智能影像和语音是基于图像和语音识别技术发展起来的，由于医学影像资料获取门槛较低且更为标准化，语音数据识别技术较为成熟，所以智能影像目前发展最为成熟，临床接受程度最高。

本章小结

目前，创业型就业正成为解决就业问题的重要途径。创业的过程就是自身价值实现、收入增加、财富积累的过程，也是造福社会、实现企业目标的过程。因此，可能没有其他任何一种选择比这更实在、更诱人。

企业者的能力和个人素质对创业的成功有很大影响。创业者主要包括生存型创业者、变现型创业者和主动型创业者三类。成功创业者具有的共性主要体现在：有创业欲望和热情；能够全身心地投入工作，有强烈的进取心；接受不确定性，承担风险；有毅力、自信心和忍耐力；灵活并勤恳做事；善于学习，具有国际化意识；有健康的身体。

具备了创业动力和创业能力后，还必须把握创业机遇。需要考虑的因素主要有：市场机遇，获得相关的信息、技术和专利，有志同道合的合作者，获得充足的资金，有利的政策制度环境以及人工智能催生的机遇。

关键术语

创业（entrepreneurship）

创业者（entrepreneur）

创业机遇（entrepreneurial opportunity）

自我理想（self-ideal）

服务目标（service target）

利润目标（profit target）

社会目标（society target）

增长目标（gain target）

创业者特点（entrepreneur characteristic）

合作者（copartner）

资金（fund）

制度环境（system environment）

复习思考题

1. 谈谈人们创办中小企业的原因。
2. 成功的中小企业创业者应具备哪些素质？你认为哪些素质最重要？
3. 在中国创立中小企业有哪些机遇？
4. 如何把握中小企业的创业机遇？
5. 依据测试表测试你的创业素质。

即测即评

请扫描二维码，参加即测即评。

案例讨论

砺芯慧感：好政策让"硬"企业驶入发展"快车道"

在千级洁净车间里，全自动激光调阻机开足马力。一项科技感十足的产品——薄膜铂电阻传感器芯体，正在西安砺芯慧感科技有限公司（以下简称"砺芯慧感"）生产车间内有序生产。这个小小的芯体，由西北工业大学研发和创业团队精心设计而成。

实验室里诞生的"硬产品"

传感器是连接现实世界与数字世界的桥梁，也是信息化社会的基石。传感器可以将温度、压力和流量等物理参量转化为机器可识别的信息，从而实现机器对现实世界的感知。上至航空航天、智能辅助驾驶、脑部疾病医疗，下至恒温电饭锅、自动空调、体感游戏装置等，传感器早已深入每个人的生活，在许多看不见的地方发挥着重要作用。

但是，相较于传统传感器，基于微机电系统的微传感器具有体积小、能耗低、精度高和成本低等优势，因此成为传感器发展的重要趋势。作为航空航天技术产业链上的"隐形神经"，微机电系统和纳米技术早在 20 世纪 90 年代初就成为世界高新科技竞争的制高点。美国等发达国家将其列为前沿核心技术，并纳入国防科技攻关计划。相比之下，我国在 21 世纪初才开始探索这一新兴领域，发展仍然相对落后。目前，我国的传感器产业多集中在封装、调试等后端工序，微传感器进口占比达到 90%，尤其在航空航天领域发挥重要作用的薄膜类高精度传感器技术，被国外供应商牢牢控制在手中。

"要瞄准国家重大需求和国际前沿开展科研。"当年开学典礼上校长的教导，让西北工业大学机电学院的科研团队瞄准薄膜传感器的研发与制造，决心啃下这块硬骨头，力图打破国外对薄膜铂电阻传感器近 30 年的垄断，助力我国航天、航空、航海事业摆脱掣肘之困。2022 年的春天，研发团队终于突破了微传感器制造工艺、特种封装技术和多传感器一体化集成方法的核心技术与关键生产工艺，薄膜铂电阻传感器的生产成本与国外产品相比降低了 20%。

从实验室到生产线的桎梏

从实验室到生产线的道路并不平坦。优秀的技术需要好的市场，要将自主研发的颠覆性核心技术应用到更广泛的领域，必须走产业化之路。一想到可以将科技成果转化为实际生产力，解决国防行业的关键部件供应困境，研发团队就有了一种使命感。每年薄膜铂电阻传感器的国内市场需求达 3 亿支，国际需求约 10 亿支，而砺芯慧感是目前国内唯一能生产出达到国际标准的产品的企业。这将改变关键核心芯片受制于人的被动局面，产业化发展正当其时。

然而，即便手握如此"硬核"的产品，砺芯慧感的研发团队在创业之初还是有不少顾虑。在之前，职务科技成果属于西北工业大学国有资产，但是拿出来转化就是市场化行为，在复杂的市场化竞争下万一经营亏损，就有可能触及国有资产流失的"红线"。当时陕西拥有百余所高校、千余家科研机构、上百万名专业技术人才，科研资源成果丰厚，但成果转化难一直制约着经济高质量发展。

除了创业失败的风险以外，创业过程中所涉及的一系列复杂烦琐的手续和流程，也让奔波往返于教室和实验室两点一线的科研团队人员望而却步。新企业的成立，需要完成企业注册、工商登记、税务报告等工作，同时还需要与政府相关部门进行有效沟通和协调。尽管产品硬核、技术高端，却万事俱备只欠"开张"，将科研成果从实验室转化为商业产品并非易事。要想让科研成果走出实验室，登上企业生产线，他们和许多高校研发团队一样，面临着重重困难。

"好政策"为产业化开启"快车道"

就在团队一筹莫展之际，2022年3月，为破解科技成果转化中"不敢转""不想转""缺钱转"等难题，陕西省在75家高校院所开展"三项改革"试点，包括职务科技成果单列管理改革、技术转移人才评价和职称评定改革、横向科研项目结余经费出资科技成果转化改革，构建起科技成果转化的全新体系。

其中，职务科技成果单列管理试点对创业团队的帮助最大。在管理责任方面，该试点政策明确高校国有资产管理部门不再管理职务科技成果，而由科研管理部门承担管理职责；在处置方式上，规定以作价入股等方式转化职务科技成果形成的国有资产，不纳入国有资产保值增值管理考核范围，让成果管理、成果转化"风险免责"。这有助于高校科技工作者打消对创业风险的顾虑。

新政策的支持和保障，坚定了团队创业的勇气和信心。通常而言，一项科研成果要转化为市场化产品，过程仍十分复杂和艰难。好在自2022年3月签约入驻秦创原创新驱动平台（以下简称"秦创原"）以来，秦创原创新促进中心、沣东信息产业园以及沣东创智云谷帮助创业团队完成了从向学校申请成果转化，到公司注册成立、建造洁净车间和生产线的全流程，并提供了房租免租金和设备购买返还等政策支持。场地、资金和政策方面的支持，为产品研发和生产提供了有力保障。在服务方面，秦创原与沣东信息产业园以及沣东创智云谷园区建立了数个服务站，在资金、法律、人才引进等方面对企业进行全方位帮扶，让企业"足不出园"就可完成各种服务对接；针对初创型企业，秦创原还派出多个专家工作组，对企业一对一帮扶，在产业链分析、相关企业对接和销售渠道建立等方面提供了许多专业建议，帮助企业申请高新技术企业和科创小微企业等资质。

在多方的共同支持和努力下，砺芯慧感的创业团队仅用一个月，便走完了公司审批、评估、专利出资到位等流程。砺芯慧感成立后，仅用了4个月时间就建成了国内首条覆盖常温、超低温、超高温薄膜温度敏感芯片自动化生产线，实现了从原材料到生产设备，再到全套生产工艺的百分之百国产化。2022年11月，公司生产线顺利投产，目前良品率满意，产品质量优越，生产设备可以进行远程控制，实现24小时不间断加工，科技成果顺利从"书架"走向"货架"。

正是"三项改革"政策和秦创原的大力支持，极大地降低了初创企业的组建难度。享受政策红利的，不只是砺芯慧感一家企业。截至 2023 年 3 月，陕西省 75 家试点高校院所中，3.8 万余项科技成果已单列管理，3 449 项成果正在实施转化，其中 232 个项目已经成立公司；184 名科研及管理人员凭借科技成果转化贡献晋升了职称；53 个项目利用横向结余经费出资成立科技成果转化公司，形成"技术入股+现金入股"的投资组合。在试点基础上，陕西省出台深化科技成果转化"三项改革"的十项措施，充分激发全社会创新创业活力，让科技成果不再束之高阁。

相信在未来，随着利好政策的持续实施，会有越来越多的"科学家+工程师"队伍出现在新创企业中，推动产学研合作不断出现新成果。

资料来源：根据砺芯慧感官网和其他网络资料整理。

讨论题：

1. 砺芯慧感创业团队进行创业的原因和机遇有哪些？同时面临哪些挑战？

2. 陕西省提供的政策支持，是如何帮助砺芯慧感创业团队实现从科研成果到产业化的转变的？解决了创业过程中的哪些关键问题？

3. 结合砺芯慧感创业历程，讨论成功的创业者应具备的特点。

4. 基于砺芯慧感的案例和本章学习内容，你对中小企业创业有哪些思考？

参考文献

1. 王忠明. 中小企业创业. 北京：经济科学出版社，2000.

2. 刘平青. 掌控创业型企业：转轨期中国组织发育与企业成长解密. 北京：清华大学出版社，2009.

3. 杰斯汀·隆内克，卡罗斯·莫尔，威廉·彼迪. 创业机会. 郭武文，等，译. 北京：华夏出版社，2002.

4. 埃里克·泰森，吉姆·谢尔. 如何经营中小企业. 韩劲，雷世和，刘炜，译. 北京：企业管理出版社，2000.

5. 尼古拉斯. 创办你自己的企业. 焦叔斌，宋丽芳，徐京悦，译. 北京：中国人民大学出版社，1999.

6. 威廉·梅金森，等. 小企业管理：企业家指南. 3 版. 李刚，范存会，俞海，译. 北京：电子工业出版社，2002.

7. 埃里克·莱斯. 精益创业：新创企业的成长思维. 吴彤，译. 北京：中信出版社，2012.

8. 龚焱. 精益创业方法论：新创企业的成长模式. 北京：机械工业出版社，2015.

9. 林传科，刘军，丁芹伟. 科学创业. 北京：机械工业出版社，2019.

第三章
中小企业组织形式与创业类型

学习目标

1. 知识探索：帮助学生通过学习中小企业各类组织形式，全面掌握新建、特许经营和收购三种中小企业创业类型，让学生构建中小企业创业类型的分析框架。

2. 能力提升：通过对比、分析和讨论不同组织形式的中小企业案例，培养学生在实际情境中运用不同创业模式的能力，让学生系统掌握创业的方式方法，提升创业决策能力。

3. 价值引领：通过讲好中国故事，在分析与讨论中让学生明晰中小企业各种组织形式的特点与适应条件，引导学生树立正确的创业观、强化社会责任意识。

4. 品格养成：通过案例分析，让学生了解和掌握选择合适的组织形式是中小企业创业的重要因素，培养勇于创新和积极进取的精神。

喜茶：可规模化的生意 难复制的品牌

2012 年 5 月，在广东江门，一家名为"皇茶"的奶茶店开张。在当时的茶饮行业里，奶精、奶粉盛行，奶茶是廉价和不健康的代名词，而皇茶率先使用真牛乳、新鲜水果、真茶、真糖等天然原料，还创新性地在饮品中加入咸香的芝士，创造出了第一杯芝士茶，开创了大家所熟知的"新茶饮时代"。到 2015 年后半年，皇茶在广东已经开出了 50 多家门店，但由于商标难以申请下来，大量山寨门店盛行，参差不齐的奶茶品质严重损害了品牌形象和用户感受。深思熟虑之后，创始人决定舍弃"皇茶"品牌，更名为如今大众耳熟能详的"喜茶 HEYTEA"。

虽然"皇茶"和"喜茶"本质并无区别，但是前者是企业创业的起点，具有重大意义；而后者则是企业初具规模的成果，也确保了企业品牌的建立和发展。此后，喜茶开始在全国范围内进行扩张，一步一步拿下了更多市场。2017 年 2 月，喜茶在上海人民广场开设上海首店，开业即出现现象级的排队点单盛况，引爆新茶饮潮流。2018 年 6 月，喜茶自主研发的小程序"喜茶 GO"上线，通过各项独创交互和视觉设计，有效改善了用户的点单体验，开创了茶饮行业的线上点单时代。2018 年 11 月，喜茶走出国门，在新加坡爱雍·乌节购物中心开设门店，成为首个进军海外市场的新茶饮品牌。截至 2022 年 12 月，喜茶已经覆盖了全球 78 个城市，在海内外开设了 800 多家直营门店，"喜茶 GO"小程序会员数超过 6 600 万，2022 年新增会员数达到 1 300 万。

2014 年前后，喜茶的前身"皇茶"曾经短暂开放加盟，但期间多次接到顾客投诉品质问题。公司调查后发现部分门店存在违规、管理混乱、为降低成本选择从其他渠道进便宜货的现象。因此，喜茶成立后一度坚持采用直营模式，一方面是为了最大限度地保证单店质量，另一方面是为了维护喜茶的品牌形象。毕竟，喜茶之所以能够发展到目前的规模，主要依靠的还是自身高要求和高标准的企业文化。其实，许多餐饮零售企业家都认为开放加盟会有损企业品牌、文化，因为他们坚信自己的品牌是不可复制的。一个新生的餐饮品牌毕竟不像智能手机或者皮质包具，有复杂的历史和复杂的链条可以嵌入无数细节，同其他品牌拉开距离；一次不稳定的出品质量、一次不愉快的用餐体验，就可能彻底损害品牌在消费者心中的形象。

然而，随着企业规模逐渐扩大，所有创始人似乎都面临着在品牌和规模之间的权衡。如今，星巴克全球 35 000 多家门店里，已经有约一半是授权店——可理解为管理更严格的加盟店。就在喜茶努力依靠直营争取高端市场的时候，它的竞争对手依靠加盟模式快速铺开。2021—2022 年，蜜雪冰城新开近 15 000 家门店，门店数量是喜茶的 30 倍；中端品牌茶百道、古茗等也新开超过 3 000 家门店。

在"内忧外患"的情况下，喜茶的直营模式虽然能够在产品质量把控上拥有一定优势，但存在开拓市场速度过慢与效率低下的短板；开放加盟，采用规模化经营迅速开拓下沉市场，或许是品牌快速增长的捷径之一。2022 年春节后，喜茶开始大幅降低产品价格，从价格上为进入三四线城市大众市场做准备；2022 年年底，喜茶正式开放加盟，并在 2023 年元旦发布全员信，称喜茶要成为服务大众的品牌，"没有什么高端市场或者下沉市场，只有属于大众的消费市场"；又过了几天，第一批喜茶加盟店在江苏盐城、湖南郴州、四川宜宾等地开张……

面对激烈的行业竞争，喜茶为了从一二线城市走向全国，全面开拓下沉市场，在经营模式上开放加盟或许是一条必经之路。然而，这一转变也引起了许多担忧和质疑：正式开放加盟，预示着喜茶正式从直营模式转化成了连锁经营模式，究竟喜茶的连锁经营店能否如品牌预设的那样，坚持以产品质量为根本？或许这只是又一场资本狂欢中对规模的盲目追求和对品牌初心的舍弃？喜茶能否通过连锁经营模式，真正提升品牌的市场占有率和营利能力，实现长期经营的目标？……一切还需拭目以待。

资料来源：根据喜茶事业合伙助手平台和晚点 LatePost 平台资料修改整理。

请思考：

1. 喜茶在创立之初采用了什么样的经营模式？这种模式是如何影响喜茶发展的？

2. 喜茶为什么要从直营模式转变为加盟模式？结合案例，谈一下两种模式各自的优缺点。

中国大量传统行业正迎来科技创新、数字化转型带来的巨大机遇，这也为中小企业创业模式的转变带来了更多选择。在具备了创业者素质和抓住创业机遇之后，创业者还必须选择适合企业发展的组织形式和所有权模式。

第一节　中小企业的组织形式 ▪▪▪

　　企业在设立之前，必须确定其组织形式。按照有关法律，目前我国企业有三种基本的组织形式：独资企业、合伙企业、公司制企业。对个人创业来说，一般采取独资企业和合伙企业的形式。当企业发展到一定规模，就可能改组为公司制企业形式。此外，中小企业还可能采用合资企业和中小企业集群的组织形式。

一、独资企业

　　独资企业（sole proprietorship）是指依法设立，由一个自然人投资，财产为投资人个人所有，投资人以其个人财产对企业债务承担无限责任的经营实体。这种企业在法律上称为自然人企业，通常规模较小，是被普遍采用的企业法律形式。据"中国私营企业研究课题组"的抽样调查，我国由个人独资投资设立的企业占调查总数的 47.3%。

　　（一）独资企业的优点

　　（1）创办手续简单，易于组建、经营和终止。
　　（2）筹办费用最低。
　　（3）所有税后利润都归自己所有。
　　（4）享受优惠税收待遇，企业主只交个人收入所得税。
　　（5）不必对外公开任何信息。
　　（6）没有专门的法规制约，行政干预少。
　　（7）可以按照个人意愿经营企业，实现个人目标。
　　可见，独资企业是一种很有吸引力的组织形式，大部分中小企业，尤其是创业者在创业初期都喜欢采用这种组织形式。

　　（二）独资企业的缺点

　　（1）企业主对企业债务承担无限责任，如果破产，企业主的一切个人财产需用来偿债。
　　（2）个人资金有限，筹措资金的能力弱。
　　（3）个人能力有限，可能难以应对企业发展中存在的各类问题与挑战。
　　（4）企业与所有者是统一体，企业的存在取决于企业主本人。
　　（5）规模小，留不住人才。
　　为了避免最坏的情况发生，企业主可以从法律上将个人财产划归自己的子女、配偶所有，当然还可以通过保险予以保护；对于个人能力、资金和其他问题都可以采取相应的措施以弥补其不足。

（三）企业主在采取独资企业形式之前应该做的事

（1）为企业在银行开一个单独的账户。

（2）向会计师或税务检察员询问哪些经营费用可以减税。

（3）如果投资，对所有的设备进行完全保险。

（4）购买个人伤病保险。

二、合伙企业

合伙企业是指依法设立，由各合伙人订立合伙协议，共同出资、合伙经营（partnership）、共享收益、共担风险，并对合伙企业债务承担无限连带责任的营利性组织。建立合伙企业后，几个人的资源集中在一起，资本更加雄厚；合伙人可以将各自不同的经营经验带入企业；个别人不到位或临时有事并不会影响企业运营。据"中国私营企业研究课题组"的抽样调查，我国合伙投资的企业合伙人平均为 3.6 人，其中多数为主要投资者的亲属、邻居或同乡。且调查发现，绝大多数私营企业所有权和经营权紧密结合。90% 的私营企业主兼任企业总裁、（总）经理。企业重大决策主要由企业主负责（36.9%），企业日常管理也主要由企业主和重要管理人员（53.1%）、企业主（39.1%）负责。家族成员在私营企业人才结构中占有重要的比例。

（一）合伙企业的优点

（1）可以获得较高的启动资本（假定合伙人都投入资金）。

（2）合伙人可以互相鼓励，并能够分担责任。

（3）合伙人之间可以形成技能互补，如某一合伙人专长于某种技术，另一合伙人具有管理能力，还有合伙人善于理财。

（4）与有限公司相比，资本、资产、经营范围等不受限制。

（二）合伙企业的缺点

（1）不论是谁的过失，每个合伙人都对企业的债务负责。

（2）可能发生合伙人之间的个人冲突。

（3）除非合伙约书另有约定，只要任一合伙人去世或破产，合伙关系即自动解除。

（三）如何选择合伙对象

合伙企业要想成功，合伙人就必须互相信任，做到密切配合。此外，合伙人承担无限财务责任。当企业发生问题时，不管谁的过失，债权人都可以要求用所有合伙人的个人物品抵债。合伙关系几乎同婚姻关系一样密切。因此，选择合伙对象必须像找婚姻对象一样认真和慎重。

如果某人想建立一个合伙企业，首先应该考虑自己的性格是否适合当合伙人。有的人个性太强，不能平等地接受他人的想法和与人共享资源，就不适合当合伙人。并不存在如何选择合伙人的简单易用准则，不过，大多数成功的合伙关系建立时，合伙人往往已经互相认识相当长的时间，可能是朋友，也可能是生意伙伴，并且他们的技能和性格通常可以互补。比如，由精通技术的合伙人负责生产，善于交往的合伙人负责销售。一位善于出点子的谋士和一位勤于实践的实干家有成为优秀搭档的潜力。

（四）如何制定合伙协议

合伙人之间未签订其他协议时将引用合伙关系法案。因此，请律师起草合伙约书虽不是建立合伙关系的必要手续，但仍不失为明智之举。在这份约书中可以规定不同于合伙法案的安排，也可以就法案中未涉及的问题做出补充。这份约书还可以对企业经营做出详尽约定。合伙约书应包括下述内容。

1. 利润分配方式

约定如何分享利润和分担损失。例如，按照投入资金比例、完成合同数量、投入工作日或其他方式分享利润和分担损失。

2. 现金提取限制

规定每个合伙人每月可以提取的现金数量是十分重要的。只有这样，才能保证企业有足够的流动资金。

3. 休假安排

休假安排包括节假日天数及休假天数，以及如何处理合伙人的病假。只要具有合伙人身份，就应该有权分享应得的利润份额。因此，最好在约定中规定保持合伙关系不变的病假上限。

4. 投票权

如果不做特殊规定，合伙人拥有相等的投票权。与此不同的安排必须在约书内写清楚。

5. 合伙有效期限

合伙关系持续的时间是 1 年、3 年、5 年还是 10 年？对合伙期限也可以不做规定，终止合伙关系需要提前 3 个月通知有关方面。

6. 接受或开除合伙人

接受新人入伙需要全体合伙人的一致同意。因此，如果某合伙人有意保留其接受其他人入伙的权利，最好将其写入约书。除非在合伙约书中另有规定，驱逐合伙人需要经法院判决。因此，制定合伙约书时应详尽列出什么情况下可以驱逐合伙人。

7. 解除及废除合伙关系

如果约书中没有另行约定，当合伙人死亡或破产时，合伙关系自动解除。如果某人发现合伙人向其提供了虚假信息，他可以向法院申请废除合伙关系。

8. 抽走资本

合伙解体时，合伙人有权处置合伙财产并分割所有资产，除非在合伙约书中有其他约定。偿还债务后所剩资产应在合伙人之间平均分配。合伙资产处置收入按下述顺序使用，当然，合伙约书也可做出不同的约定。

（1）支付所欠非合伙人的债务。

（2）支付合伙人提供的贷款。

（3）支付合伙人的资本投入。

（4）余下部分在合伙人之间均分。

（5）所余合伙资产不足以补偿企业的亏欠，合伙人需按利润分享比例出资补空。

9. 退出合伙通知

约书应对合伙者希望退出合伙关系时如何向其他合伙人通报做出约定。应当指出，合伙人退出合伙后对其退出前对本企业与其他企业所做的承诺仍然负有责任。合伙人退出还应通知所有客户和供应商，确保从本企业的各种文件上把退出人的名字删掉。

10. 利益冲突

除非约书另有约定，合伙人从事其他经营业务不受限制。但是，合伙人可能从事与合伙企业相近的业务。有些情况下可能确立有限合伙关系更为合适。

（五）有限合伙关系

仅向合伙企业投入资本（或财产），但不参与企业经营的合伙人可以在企业登记处登记为有限合伙关系。这样，合伙人对企业债务和其他义务的责任仅局限于他所投入的资本数量。通常这类合伙人也被称作"隐名合伙者"，因为按法律规定，这些合伙人不能参与企业管理，不能对外签订合同及签署企业支票。

三、公司制企业

为扩大企业规模和资金来源，创业者往往不选择独资企业，而选择创办合伙企业。但是，合伙企业同样存在合伙人负无限责任和企业寿命短暂的缺陷。因此，可以选择另一种企业组织形式——公司制企业（corporation）。按照《中华人民共和国公司法》，公司是指在中国境内设立的有限责任公司和股份有限公司，二者都是企业法人。美国和日本的公司制企业主要是股份有限公司，英国和德国的公司制企业主要是有限责任公司和股份有限公司。

公司是企业三种基本组织形式中最复杂也是最符合现代企业制度的一种。公司与独资企业和合伙企业的最基本区别在于：

（1）公司是法人企业，而独资企业和合伙企业是自然人企业。

（2）公司的财产属于公司所有，不属于股东个人所有。

（3）公司的经营业务由公司组织机构执行，与股东本人没有直接关系。

（4）公司是法人，在法律上具有独立的人格，有权以自己的名义从事经营活动并参与其他有关的民事活动。

（一）公司制企业的优点

1. 股东的有限责任

企业的所有者或股票投资者以一定价格购买股权，这些投资是他们对企业承担的全部责任。股东的个人财产与公司财产分离。由于公司形式保护了投资者除股金以外的其他个人财产，因此很受投资者欢迎。但是，由于开办公司有风险，金融业对筹办公司的小投资者的贷款申请仍要求其提供个人财产担保。据估计，约有95%的美国小公司投资者在接受贷款时提供了个人财产担保。

2. 公司制是筹集资金最有效的企业组织形式

企业可以通过发行股票和债券吸收大量资金。虽然增股并不是筹措扩展资金的唯一途径，但的确是最便捷的途径。

3. 企业寿命可以延续很久

公司的生存与任何股东或高级管理人员的命运无关。这一点与独资企业完全不同，与合伙企业也不一样，如果任何一个合伙人死亡，合伙企业往往会解体或重新组建，而公司的某个股东死亡，其股权可由其合法继承人接受，公司作为法人实体存在，不受任何影响。

4. 所有权转移方便

在大多数情况下，股东可以根据个人意愿出售股票，公司的经营不受影响。但在许多小公司里，股权往往由少数人控制，这些人包括公司创办人及其家族成员或主要管理人员。这些小公司的产权转移比已经上市的大公司要难得多。

5. 管理效率高

随着公司规模的扩大，所有者与经营者逐渐分离，公司的经营管理职能转由各种专业人员承担，他们往往是各个领域的行家里手，可以更有效地管理企业。但是，管理效率仍然要依靠管理人员的精心策划才能实现。

6. 可以更多地接受社会监督

这主要体现在企业上市和增加股东人数等问题方面。

7. 通用性

通用性是公司这种组织形式的主要优点。公司形式对大小企业都适用，例如在美国有些州，用500美元股本即可注册成立公司。

（二）公司制企业的缺点

1. 组建工作较复杂，开办费用高

有的国家规定开办公司必须聘请律师。在中国成立公司制企业，虽然并不强制要求聘请律师，但通常成立公司涉及的法律手续和行政程序比较复杂，包括公司名称注册、营业执照申请、税务登记等环节，聘请律师或者法律服务机构可以确保各项程序按照法律规定正确执行，避免因手续不符合法律规定而产生的法律和财务问题。此外，律师还可以协助起草和审查公司章程等重要文件。虽然企业主也可以自己完成这些程序，或者使用相关代理机构的服务，但聘请律师可以帮助简化流程并提供有价值的法律咨询，对新企业尤其有益。

2. 双重税负

公司除了盈利后须缴纳企业所得税外，股东还要在从公司得到股息和红利时缴纳个人所得税。在这种情况下，公司所得要缴双重税。而非公司制的企业盈利后，创业者只需要缴纳一次个人所得税即可。

3. 对管理人员的激励会逐渐削弱

由于所有者与经营者分离，公司的经营业绩与管理人员的所得和前途没有直接关系，产生委托代理问题。因此，一些小公司采用利润分成及员工持股等措施来提高员工对公司的关切度。

4. 接受政府的管理

公司是一种现代企业形式，但必须接受政府的监督管理。筹办公司前必须提出申请，经过批准后再注册登记。公司投入营业后必须逐年向政府报告财务情况。

5. 难以保密

按《中华人民共和国公司法》规定，公司要有经营活动的记录并向政府报告或接受检查。公司还要向股东提供年度财务报告，如果股东很多，可能会难以保守公司机密。

四、其他中小企业组织形式

中小企业主还可以采取其他合法的组织形式，现在流行的主要有合资企业和一种新型的企业组织形式——中小企业集群。当然，这些组织形式从严格意义上说只是一种企业联盟，还不能脱离上述三种法律规定的组织形式，但这里单独列出来是为了说明这些组织形式正成为中小企业发展壮大的一种趋势。

（一）合资企业

近年来，非竞争企业之间的工作关系日益紧密，未来这种关系将进一步加强。而实现这种合作的一种常见的安排是合资企业（joint venture），即由两个或多个企业为了获取利润而临时组成一个合伙企业。例如，两个或多个投资者合资购买一块地，然后开发并出售它。合资企业随着经营活动的结束而解散。许多中小企业以它们的研究和开发资源与大企业合作建立合资企业，而大企业可以提供营销和财务以及其他专业人员。

现在合资企业在世界范围内越来越流行。当任何一方都不能单独达到目标时，合资就变成了合理的选择。通常，合资企业的收入按合作企业的标准来缴税。现在，在中国投资开办外资企业可享受政府的各项优惠政策，如税收、购买土地。开办外资企业不但在税收上可享受"两免三减半"政策（从获利年度起，2年免征、3年减半征收企业所得税），且具有独立的自营进出口权，在设备及货物进出口方面还可享受更多的免税及减税优惠。

（二）中小企业集群

中小企业集群（SMEs cluster）是指在某一特定领域中通常以一个主导产业为核心，大量产业联系密切的大中型企业以及相关支撑机构在空间上集聚所形成的集合体。中小企业集群是一种颇具特色的经济组织形式，对外它是一个企业组织，有自己的品牌、销售渠道、情报网络，甚至研发中心等，其功能类似于一个大型企业；对内它与其他企业之间没有上下级关系，也没有纵向一体化的关系，各中小企业主是基于相互的信任、认同、互惠和优先权行使等原因参与到集群组织中的。组织内各企业均有明确细致的分工，相互之间的经济交往仍按市场规则进行。集群组织的权力机构是管理委员会，委员会成员由组织内中小企业选出的代表组成，集群组织的战略决策一般由管理委员会选举或外聘的经理提出，交委员会批准实施。集群组织可以由部分中小企业发起，也可以由地方政府倡议组建，其财产属于所有参与集群的中小企业。

随着我国经济不断发展，以珠三角、长三角为代表的乡镇企业集群和以中关村为代表的高新技术企业集群日益兴起，为我国经济注入了新的生机和活力。例如，机械五金模具是东莞长安镇的特色，该镇 1 500 多家外资企业中有 400 多家从事机械五金模具生产，950 多家民营企业中有 450 多家专注这一行业的生产和销售，43 000 多家个体工商户中有 6 000 多家从事这一行业的销售和服务，从业人员近 10 万人，年产值超过 40 亿元。该镇拥有一个国家级模具技术实验室、一个模具研发基地、一个市级行业协会、一个著名机械五金模具交易会品牌、一条五金饰品专业街和四个大型机械五金模具专业市场。长安镇的机械五金模具产业集群在全国行业内已有较高的知名度，机械五金模具业已成为该镇名副其实的特色产业，带动了其他相关行业的发展，形成了较明显的集群经济效应。

广东东莞的电子信息企业集群、上海浦东新区外高桥保税区的微电子信息企业集群和长江高科技园区的生物医药企业集群等都对当地经济发展发挥了重要的作用。上述中小企业集群的形成与发展，既有利于农村产业结构的调整和优化，也有利于富余劳动力的转移和乡村全面振兴，并且对促进我国技术创新和产业升级、推动经济的增长都发挥了重要的作用。2022 年 9 月，为促进中小企业高质量发展，提升中小企业产业集群专业化、特色化、集群化发展水平，我国工业和信息化部发布《促进中小企业特色产业集群发展暂行办法》，提出要在"十四五"期间，在全国范围内认定 200 个左右中小企业产业集群，引导和支持地方培育一批省级集群，突显了中小企业产业集群化发展对促进我国经济高质量发展的重要意义。

总之，独资企业、合伙企业、公司制企业或者其他企业组织形式各有优劣。在选择企业组织形式时，必须根据自身条件以及要求达到的目标，避害趋利，经过全面分析后再做决策。

第二节　新建中小企业

在讨论了中小企业的组织形式后，接下来讨论如何成为中小企业主的问题。中小企业有三种创业类型：新建、特许经营和收购，如图 3-1 所示。这一节主要阐述新建中小企业，包括家族创业和团队创业两种形式，分别对应家族企业和创业团队新建企业。后面两节将探讨特许经营和收购中小企业两种类型。

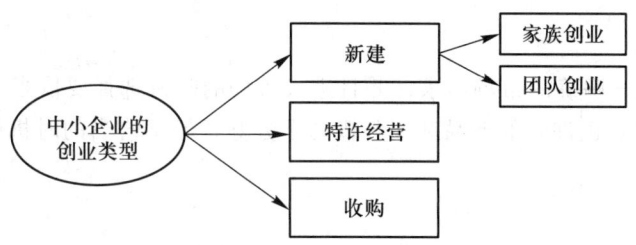

图 3-1　中小企业的创业类型

新建（startup）即从零开始创建一个企业。许多创业者的观念非常新，希望完全通过自己的能力选择企业规模、新产品、新员工和新地点等，于是选择创建新企业。新建中小企业，从零开始，需周全地考虑、策划，有较大的风险。

一、新建中小企业的原因

（一）确定市场竞争力

利用新发明、新技术、新产品或新服务填补已有产品没有涉及的市场空白，确定其市场竞争力。

（二）选择竞争环境

新建中小企业能充分利用选址、设备、产品或服务、雇员、供给方和银行方面的优势，选择竞争环境。

（三）获得独立决策权

新建中小企业可以避免不理想的先例、政策、程序等，获得独立决策权。

新建中小企业固然令人激动，但是，新建中小企业的风险要高于特许经营和收购中小企业的风险。因此，在决定是否新建中小企业时还要考虑这些问题：能否找到适合自己的企业、能否顺利使用各种资源以及可能面临的生产、市场、销售渠道和管理体系等方面的困难。这就需要进行鉴定和评价，以确定新建中小企业这种创业类型是否真的适合自己。

二、新建中小企业的评估

事实证明，好的创建思路并不一定能带来好的投资机会，当人们过多地痴迷于某个思路时，他们往往低估了按照这一思路开拓市场所遇到的困难。要确认一个良好的投资机会，产品的功能、质量、耐用性和价格必须与市场的真正需求相吻合，成果最终依赖于消费者对产品或服务的信赖度。据哈佛商学院的阿莫·比毕德教授的说法："投资于一项需求不明的产品，将无望于被足够多的消费者发现和接受。"因此，市场将最终决定一个创建思路是否会带来一个有潜力的投资机会。判断一个新的商业创意是不是一个好的投资机会可以从以下方面进行分析评价。

（一）机会

产品必须有清楚、明确的市场需求，并且进入市场的时机选择要恰当。机会在被称为"真正的时机"时才出现。也许新的产品和服务概念十分好，但不恰当的时机可能会妨碍它成为真正的市场投资机会。

（二）竞争优势

新建企业需要构建持续稳定的竞争优势。对竞争优势的本质和重要性缺乏了解已经导致很多中小企业遭受失败。比如，很快红遍半个中国的亚细亚、红高粱等昔日寄托着无数国人民族感情的品牌却在一片叹息声中轰然坍塌。

（三）高收益

新的商业创意需要得到回报，甚至要求丰厚的利润和巨大的增长潜力。这就是说，边际利润（销售利润率）和投资回报（投资回报率）必须足够高，以抵消投资中的失误，并且还能带来显著的经济收益。

（四）人才

人才是企业发展的基石，没有人才的支持，新建中小企业将难以持续，更难以取得成功。新建中小企业的发展需要不断地吸引和培养优秀的人才，从而推动中小企业发展壮大。

（五）环境

新的商业创意应不具有致命的缺陷。这就需要对宏观和微观环境进行考察，避免不利因素对新建中小企业的负面影响。

三、新建中小企业的步骤

创业者可以通过整理新建中小企业思路的来源、总结新建中小企业的创意类型，以及完善新建中小企业的思路三个步骤来分析如何增加创业成功的可能性。

（一）整理新建中小企业思路的来源

研究发现：新建中小企业思路的来源中工作经验占 45%，个人兴趣占 16%，机遇占 11%。实际上，尽管新建中小企业思路的来源多种多样，但仍然可以归结为四种可能的来源：个人经验、业余爱好、偶然发现和周密的研究。

1. 个人经验

个人经验是在日常生活或工作中产生新建中小企业思路的首要基础。在近期工作中积累的经验常常使一个人调整现有的产品，改进服务，或将一种经营理念应用到不同的场合。

2. 业余爱好

业余爱好有时会超出自身的娱乐范畴而发展成商业。

3. 偶然发现

新建中小企业思路的这个来源常与运气或偶然产生的购买欲望有关。任何人都可能在日常生活中产生一些有价值的想法。

4. 周密的研究

新建中小企业的想法可能是在创业者有目的地寻找新思路的探索中产生的。周密的研究对创业者而言是有帮助的，因为它可以激发其思维的敏捷度，使其真实地体会到新建中小企业的思路，更易于接受来源不同的新思想。产生新思路的方法之一就是参考其他企业的创业历程。创业者可以根据企业自身的生产能力，考虑企业可能生产的新产品或新服务，或者先在市场中找到需求，再将这些需求与企业的生产能力联系起来。许多成功的企业，尤其在消费和服务领域，都是这样产生的。

总之，一个真正富有创造力的人能够以多种不同的方式找到有价值的创意。因此，无论创业者身处何境，都应努力寻找和思考新的创业思路。

（二）总结新建中小企业的创意类型

新建中小企业的创意有三种基本类型：市场创新、技术创新和商业模式创新。

1. 市场创新

许多新建中小企业的思路都是由新市场发展而来的。这种新建中小企业的思路主要是向顾客提供一种已经存在但在当时还没有市场的产品或服务。

2. 技术创新

一些新建中小企业的思路是由技术创新发展而来的，即引入新的或较新的技术进行生产。目前，欧美国家的大学更多地倾向于通过创建新企业的方式来实现大学研究成果的商业化，而不是向现有企业转让其知识产权。

3. 商业模式创新

商业模式创新是以创造新的价值主张、捕捉新的市场机会以获得竞争优势的创新。随着消费者越来越注重个性化体验，创业者设计创意时应深入了解目标客户群体的个性化需求，通过提供定制化的产品或服务，开辟新的市场空间。

（三）完善新建中小企业的思路

对新建中小企业而言，从创建的第一天起，几乎每一种创建思路都要经过完善和优化。例如，麻省理工学院企业论坛就以精练思路为创办基础。在这里，首先，创业者将自己的商业计划呈递给熟悉新建中小企业的研究小组成员，并向参加论坛的听众口头陈述；然后，小组成员逐一提出建议以优化创建思路；最后，听众提出问题和建议。如今，此类企业商业计划论坛已经遍布美国的各大城市，并成为创业者寻求专家意见的工具。

四、家族企业

（一）家族企业的重要性

根据调查，家族企业（family firm）是全球最普遍也是最主要的企业组织模式。一项统计数据表明，43%的欧洲企业是家族企业，而在 68%的欧洲家族企业中，主要行政人员均来自控股家族的委派；美国约有 90%的企业为家族企业；英国有 70%的企业为家族企业。在亚洲，东亚以下几个国家或地区最大的 15 家家族控股公司的市价总值分别占其 GDP 的百分比为：中国香港 84.26%、马来西亚 76.2%、新加坡 48.3%、菲律宾 46.7%、泰国 39.3%、印度尼西亚 21.5%、中国台湾 17%、韩国 12.9%、日本 2.1%。世界各国绝大部分中小企业为家族企业，然而世界上很多跨国公司也是家族企业出身，如微软、福特、杜邦、柯达、通用电气、迪士尼、强生、默克、宝洁、惠普等。家族企业在我国企业中的占比也不小。中国社会科学院社会学研究所、全国工商业联合会研究室共同组织对 21 个省、自治区、直辖市的 250 个市、县、区的 1 947 家中小私有企业进行的抽样调查表明，有近 80%是家族企业。我国大部分家族企业规模很小，但也有一些大中型家族企业的家族资产已达上亿元，如天通股份、世茂集团、万向集团、海星集团、用友集团、东方希望集团、太太药业等。

（二）家族企业的特征

家族企业的类型比较多，不仅包括夫妻店、父子店、兄弟店和"泛家族管理"的高科技企业，还包括大量上市公司。综合以往研究成果，家族企业是指以血缘关系为基本纽带，以追求家族利益为首要目标，以实际控制权为基本手段，以亲情第一为首要原则，以企业为组织形式的经济组织。[①] 一个家族企业具有以下特点。

1. 组织基础

家族企业的组织成员结构大多以血缘关系为核心，沿着血缘、姻缘、地缘、业缘、关系缘的方向，组成一个同心圆的网络结构。

2. 基本目标

实现家族利益是家族企业的首要目标，并把实现经济利益作为家族成员的基本凝聚力。

3. 产权结构

家族企业都倾向于通过控制所有权来实现其他权力安排。家族企业的关键岗位均由家族组织的核心成员任职，以此维持组织的团结与成员的忠诚。

4. 领导制度

家族企业基本都实行家长制的集权化管理模式。

5. 组织结构

家族企业组织结构大多为直线职能式结构，因为这种结构与家族企业的集权理念相适应，也与家族企业规模小、产品品种少等特点相适应。

6. 治理原则

家族企业主要以人治方式进行管理，即主要依靠个人经验与智慧、情感的好恶和亲朋好友关系来管理企业，管理方式的主观性较大。

7. 形式表现

家族企业的组织结构具有现代企业的特征，但其内部可能存在着某种对企业决策管理有着重大影响的非正式组织，其成员具有同一家族或亲缘关系背景，有着共同的感情与需要。

8. 观念倾向

家族企业在生存发展中形成了一种独特的做事方式和有别于其他企业的内部倾向性信念，这就是常说的家族文化。

（三）家族企业的优势

1. 凝聚力强

创业时期，家族企业凭借家族成员之间特有的血缘关系、亲缘关系和相关的社会网络资源，以较低的成本迅速集聚人才，从而能够在很短的时间内获得竞争优势，较快地完成原始资本的积累。

---

① 姚贤涛，王连娟. 中国家族企业：现状、问题与对策. 北京：企业管理出版社，2002.

2. 集权式的组织模式

家族企业的创立者或继承者，依托家族的血缘关系，将企业的决策权集中在自己手中或家族内部，从而建立起集中、稳定而强大的领导团队。

3. 反应迅速

家族成员重视家族整体利益，利益的一致性使得各成员对外部环境变化具有天然的敏感性；同时，家长制的权威领导，使家族企业具有较快的决策速度。

4. 总代理成本低

家族成员彼此间的信任及了解的程度远高于其他非家族成员，因此成员之间的心理契约成本较低；成员之间特有的血缘、亲缘关系，使家族企业具有强大的凝聚力，再加上经营权与所有权的合一，使家族企业的总代理成本相对于其他类型的企业较低。

5. 恩威并用的管理方法

家族企业不仅注重严格管理员工，而且更注重改善劳资关系。其软硬兼施、以软为主的管理手段，构成了家族企业的管理优势。

6. "家长"的示范效应和家族精神

家族企业的创业者或领导者的创业精神在家族企业中具有良好的示范作用。例如，荣氏"和衷共济、力求进取"的家族精神，已内化为企业员工和家族成员的经营哲学，成为荣氏家族的传家之宝。

(四) 家族企业的劣势

1. 难以得到最优秀的人才

企业要做大，要发展，如果仅在家族成员中选择人才，其结果就是选择面变得越来越窄，可用的人越来越少；而长期的家长制管理，可能会使领导者变得自负，总觉得自己是最能干的，这就不利于吸引社会上更优秀的人才加盟。

2. 结构及内部错综复杂的关系

由于血缘关系和亲缘关系的介入，家族企业的内部结构和关系会比非家族企业更复杂一些。家族企业的领导者能否处理好私人情感与企业利益间的关系，确实是一个巨大的挑战。

3. 经营易出现危机

家族企业艰苦创业，打下天下，过三关——分金银、论荣辱、排座次后，原先创业的家族成员很容易居功自傲，从遇事快半拍变为凡事慢半拍，引发企业的经营危机。

4. 战略易出现危机

由于外在环境复杂多变，如果家庭企业在战略上不能及时调整以应对环境变化，创业初期帮助家族兴起的主业，甚至会成为公司亏损的主因。

5. 重人治、轻法治

家族企业的领导者在登上"宝座"后，自我膨胀，刚愎自用，经常置企业规章制度于不顾，做出草率的决定，致使企业经营陷入困境。

(五) 家族企业的管理理念

好的管理理念对于任何企业的成功都是必需的，家族企业也不例外。为此，本书提倡以下三种与家族企业密切相关的管理理念：

（1）一个家族企业需要依靠全体专业人员和管理人员的能力。不应依靠那些没有专业能力或缺乏发展潜力的家族成员。

（2）在人事任免中需要避免个人偏好。对家族成员的评价应客观公正，避免个人偏好。

（3）影响家族企业发展的重大事项都应集体讨论决定以帮助家族企业发展壮大，并保持和谐家族关系。否则可能会产生家族利益冲突。

（六）家族企业的文化

同其他企业组织一样，家族企业也有自己独特的做事方式和区别于其他企业的独一无二的优异之处。这些独特的行为方式和信念就是常说的"家族文化"或"家族精神"。家族的核心价值观通常也会深深地植入企业的土壤之中，这是因为家族成员要经受它们的长期熏陶。家族精神决定着整个公司的态度、理念和价值观。家族成员表现出的价值观构成了全体雇员的共同目标，能帮助他们确立一种认同感和承诺感。

1. 家族与企业的一致性

任何一个家族企业都由一个家族和一个企业构成。虽然家族和企业分别是独立的组织，它们有各自的成员、各自的目标、各自的价值，但在家族企业里，家族的功能和企业的利益具有一致性。当两者目标在家族企业里重叠在一起并趋于一致时，一起工作的家族成员之间的感情纽带就可以创造以下优势并最终促进企业目标的完成。

（1）彼此之间的信任以及对企业的忠诚。

（2）激励家族成员为完成企业事务而做出努力的强烈使命感。

（3）即使需要做出牺牲和奉献也要帮助家族企业的强烈使命感。

（4）雇员之间坚实的信任感。

（5）了解每位家族成员的长处并知道如何有效地加以利用。

（6）对如何与他人沟通有透彻的了解。

2. 家族与企业的矛盾性

如果家族企业中的成员在企业中的级别与家族中的级别不匹配，就可能出现问题。当家族成员试图改变现有的级别制度时，会导致激烈的冲突。因此在家族企业中，家族成员之间的关系远比其他雇员间的关系微妙。例如，一个经理可能会对一个经常迟到的雇员大发雷霆，但如果他（或她）是家族成员的话，对他（或她）进行纪律约束就更为棘手。

3. 蕴含在企业中的家族利益

家族企业陷入困境可能会促使非家族成员管理者离开企业寻找新的发展机会。然而，家族成员不一定情愿离开，即使当家族的名声、家族的幸福，甚至可能是家族的命运都危在旦夕时。另外，作为家族成员之一，个人的声誉可能会和他（或她）能否将上辈创立的企业持续下去联系在一起。因此，关系亲密、健康的家族通常可以共同渡过很多困境，因为他们可以齐心协力追求共同目标。而这种齐心协力追求共同目标的精神便是家族文化。

4. 家族企业文化的继承和发展

当一个家族企业的发展需要更多的专业技能时，现实会迫使家族企业摆脱家族权力优先而忽视专业能力的父权模式。同样，创业者年龄日益增大及继承者的日益成熟，也会逐渐削弱父权家族文化的主导权威。领导权的改变会在文化变革、打破传统经营方式方面起到一定作用。当然,某些价值观念如诚实和负责是永久的、不可改变的。企业的一些传统会因为在实践中失效而需要改变,而家族文化的核心价值观则是企业保持竞争力的基石。事实上,真正使家族企业久盛不衰的秘密往往是隐含在商品力和销售力中的文化力。探索如何将现代企业制度和管理模式与家族文化有效融合,将家族文化隐含于企业经营之中,是我国家族企业实现持续发展的重要课题。

(七)家族企业的继承

将企业从一代管理者手中移交给下一代,可能是保证家族企业长期发展最重要、最富挑战性的问题。这包括两方面问题:移交企业管理权和移交企业所有权。成功地移交管理权会使企业比以往更兴旺。不过,在家族企业固有的感情倾向性下为家族企业培养接班人并最终使之取得领导权的任务是艰巨的。因此,家族企业的继承就成为一个难题。

1. 领导权继承的阶段性

子女通常并不能及时地在某一特定时刻就获得家族企业的领导权。子女获得家族企业的领导权要经过一个长期的、有计划的准备过程,可能要经过几年,甚至是几十年。家族企业领导权的继承过程可以分为以下七个阶段:[①]

(1)基础期。在这个早期阶段,熟悉企业成为潜在继承者成长过程的一部分,要建立培养继承者进入企业的正式计划,为继承的各阶段打下基础。

(2)接触期。这一阶段包括继承者成长到能够利用部分时间在家族企业中工作之前的所有时间。这个阶段不同于第一阶段,家族成员会有计划地让孩子接触一些直接或间接与企业有关的人。

(3)了解期。子女通常在假期或课余时间开始做兼职雇员。在了解期,孩子主要接受正规教育以及在其他组织进行实践。

(4)职员期。这一阶段通常始于准继承者完成了正规教育后进入专职工作时。在走向管理岗位之前,子女可能会在会计、销售或仓储管理等岗位上积累经验。

(5)经理期。当准继承者任职高级职位时,继承就进入了经理期。在这一阶段,准继承者的管理职位包括直接领导其他人工作,但并不是管理整个企业。

(6)适应期。在适应期,子女会在企业中任董事长或总经理。作为企业法定的首脑人物,他(或她)的经验应该高于部门领导,但父母仍然是靠山。继承者未必完全精通这个重要的角色,并且前任领导者也可能不愿完全放弃所有的决策权。

(7)成熟期。当领导权的传递过程全部完成后,继承就进入了成熟继承阶段,继承者就是名副其实的领导者了。在有些情况下,直到前任领导者去世后才会是这样。

2. 领导权的交接

家族企业的延续和发展,关键在于继承问题,安排合理的接班人不仅会使家族企业得以延续生命,更可以使它的潜力和活力得以长足发展,甚至实现飞跃。

(1)培养接班人。家族企业的发展依赖于家族中领导者的水平,如果家族人才不足,企业

---

① 杰斯汀·G.隆内克,卡罗斯·W.莫尔,J.威廉·彼迪.小企业管理.10版.《小企业管理》翻译组,译.大连:东北财经大学出版社,2000.

主需要引入外部领导者，才能避免家族企业在第二代或第三代家族成员的领导下走向衰败。家族企业选择继承人一般以血缘关系来确定，以直系血亲为主，旁系血亲为辅，但很多时候更为看重的是道德与能力。

（2）转交领导权。即使现任领导者能努力做到平稳交接，有几个重要方面仍需要注意，即由谁继承、何时接管、税收问题、企业该怎样继续发展。家族企业延续过程中的一个最终目的，也常是最复杂的一步就是移交所有权。遗产问题不仅影响到领导权的继承，也会影响到那些不参与企业经营管理的其他家族成员；税收问题也会使所有权移交复杂化。

计划和讨论所有权的传递并不是件容易的事情，特别是要避免潜在继承人之间发生争夺继承权的家族纷争。因为这种纷争要么会摧毁家族关系，要么会摧毁企业。经过一段时期后，所有者需要反思怎样发现家族中有才能和对企业感兴趣的人，因为他们和企业的未来联系在一起。这样，所有权的移交计划就可以得到巩固，并在和家族成员或其他潜在继承者讨论之后做出调整。

（八）家族企业的发展

虽然很多家族企业都非常成功，但不管是国内还是国外，都流行这么一种说法：家族企业是一代创业，二代守业，三代衰败。根据美国布鲁克林的家族企业学院的研究，约有70%的家族企业未能传到下一代，88%的家族企业未能传到第三代，只有3%的家族企业在第四代及以后还在经营。美国麦肯锡咨询公司的研究结果也有类似发现：所有家族企业中只有15%的企业能延续三代以上。上面已经分析了家族企业亲缘关系、家族企业文化、家族企业管理优势和家族企业的继承问题，下面就家族企业的持续发展和经济全球化下中国家族企业如何持续发展两个方面进行探讨。

1. 家族企业持续发展的关键

如何把家族企业建成百年老店是世界学术界和产业界共同关注的问题。像福特这类家族企业，为什么能经久不衰？有效的治理结构便是其中的秘密。长寿的家族企业在股权安排、内部治理和利用外部资源方面都有一些经验。

（1）股权安排。这是决定家族企业兴衰的杠杆。优秀的家族企业主要采用两大类股权安排，即分散化股权安排和集中化股权安排。此外，外部持股方式也是一种常见的股权安排。

分散化股权安排就是让尽可能多的家族成员持有企业股份，不论其是否在企业工作。分散化股权安排很少遇到阻力，因为所有家族成员都是平等的，无论他们在性别和能力上有什么不同。股权分散的家族企业有两种管理方法：外聘专业人员管理和家族成员管理。股权分散最主要的缺点是：当消极的家族成员不满意他们所获得的红利时，他们可能会出售股份，从而影响家族对企业的控制。

集中化股权安排是只向在企业工作或在企业任职的家族成员分配股权。这种方法注重控制所有权而非管理权，着眼于保证家族权力的世代延续。这是保证一个内部有矛盾的家族一代一代地保持企业控制权的唯一方法。

前面介绍的两种股权分配方法重点是在家族内部安排股权。需要说明的是，家族控制并不等于100%控股。为了筹集资金或留住关键人才，企业有时候需要让出少数股权。比如美国的沃尔玛，在20世纪70年代上市时，家族仅控制77%的股权，另外23%则成为公众股。

（2）家族议事会。不管采用哪种股权安排方法都需要建立家族议事会。家族议事会是家族做重大决策的委员会。家族议事会解决组织文化、战略制定等重大事件，调解家族成员间的纠纷，对重大问题如员工雇佣、股权转让、红利分配政策等进行协商，并达成一致。此外，家族议事会通过组织各种有助于家族成员团结的活动，将家族的价值观念传给下一代，提高家族成员共同的价值观。家族议事会一般由所有成年家族成员组成。家族议事会为充分履行其职责，需要定期召集家族会议。

（3）外部董事。家族企业聘请外部董事在欧洲一些国家比较流行。大多数家族企业规模都比较小，内部缺乏某些专业知识常常是个大问题。许多小企业不会做或做不好市场分析、战略研究和长期规划，也没有规范的管理系统。聘请咨询公司尽管有助于填补这种空白，但价格可能很昂贵，并且可能会造成内部冲突，因为企业经理可能觉得咨询或专业人员会对其权威形成威胁。利用外部董事可以从某些方面弥补这方面的不足。外部董事增加了企业决策的知识来源，但外部董事的建议不能代替企业家自己的决策。外部董事的来源可以是优秀大企业的中高层管理人员、大学有关专业的教授或离退休的专业人员。

2. 中国家族企业的持续发展

随着经济全球化持续发展，中国家族企业面临着巨大的挑战和更广阔的发展空间。如何利用这一契机更好地开展广泛深入的合作与竞争，是新经济时代对中国家族企业发展提出的新要求，也是中国家族企业在世界经济舞台实现新发展的需要。中国家族企业经过多年发展，已有一定能力适应市场环境的变化，但其中有些家族企业仍不具备足够的竞争力。因此，家族企业需要融入全球市场，需要拓宽视野、掌握国际规则，需要切实提高自身的综合实力。具体可以从以下几方面增强企业的竞争力，从而实现家族企业的持续发展。

（1）要有全球化视野和国际化发展思路。

（2）提高产品的科技含量，创建品牌。

（3）加快制度变革。家族企业天生有它的历史局限性，因此，需要建立现代企业制度。

（4）利用资本市场增强企业的资本实力。

（5）以人为本，吸引更多优秀人才。家族企业只有建立科学的体制与机制，才能吸引和留住更多优秀人才，以解决严重制约中国家族企业发展的人才问题。

（6）推进管理制度的科学化和服务水平的标准化。要改变大部分家族企业传统的管理模式，建立科学的现代企业管理制度和规范化的服务标准，以适应国际化竞争的需要。

五、创业团队新建企业

在新建中小企业时，许多人通过家族创业，依靠血缘和亲情关系将创业成员团结起来，共同创建并经营企业；也有很多人选择与一群才能互补、责任共担、目标一致的人组成创业团队，为共同的创业理想而奋斗。

（一）创业团队的重要性

经济全球化促进了技术创新和新兴产业的发展。在这样的背景下，越来越多的创业者选择团队创业的方式来新建中小企业。相对于个人创业，团队创业能够汇聚不同背景和专长的人才，激发创新思维，从而增强企业的生存能力，并且更有可能孕育出杰出的企业。然而，创业团队成员产生分歧甚至解散也是一个普遍存在的问题，无论出于自愿还是被动，重要成员的离开都可能影响中小企业的长期发展。因此，有必要充分了解创业团队的特征、组建原则和管理。

（二）创业团队的特征

创业团队的概念是建立在团队概念基础之上的。创业团队主要指创建中小企业的核心成员，既包括新建企业伊始的创业成员，也包括后来加入企业的核心成员。

表3-1对比了创业团队与普通团队的不同特征。首先，创业团队的目标通常是团队成员讨论后共同确定的，首要目标是创建新企业并确定其发展路径；而普通团队通常是为组织下达或第三方委托的目标工作，成员被动接受任务并完成工作。这种差异导致创业团队成员通常拥有更高的工作积极性和主动性，为了团队共同的目标而不懈努力。其次，任务依赖性是指团队成员必须相互依赖才能完成任务，是团队成员间信任和协作的基础。在创业团队中，成员之间的关系密切，每个成员的任务都会深刻影响团队其他成员；而在普通团队中，成员之间的关系较为疏远，团队的失败并不一定导致成员失业，同时，由于跨职能原因，各成员的任务之间影响较小。最后，创业团队的成员通常扮演不同的角色，如风险投资者、资本运营者和经营开发者，角色之间的界限较为清晰；而普通团队的角色主要包括跨职能部门成员、财务人员和营销人员等，角色之间的区分相对模糊。

表3-1　创业团队与普通团队的区别

维度		创业团队	普通团队
目标明确性	目标来源	创业团队成员自行确定目标	组织下达目标或第三方委托目标
	目标定位	建立新的企业，寻找合适的企业发展路径	完成组织安排的指定任务
任务依赖性	个体与组织关系	创业者与创业团队的关系密切	普通团队成员之间关系并不密切，普通团队的失败不一定导致其成员离职
	个体与个体关系	创业者之间相互依赖，每个成员的任务都会深刻影响其他成员	各成员之间关系并不密切，每个人的任务对别人的影响并不显著
角色合理性	角色类型	风险投资者、资本运营者、经营开发者等	跨职能部门成员、财务人员、营销人员等
	角色界限	比较明晰	相对模糊

资料来源：尹建华，刑小强，汪洋. 创业管理. 北京：对外经济贸易大学出版社，2017.

（三）创业团队的组建原则

创业团队组建要求成员多样化，即团队成员需具备不同专业技能和思维方式，以更有效地协作完成任务。团队成员之间的任务能力相互依赖，彼此之间比较信任，这会鼓励信息交换和开放沟通,从而促进团队的合作。

1. 目标明确

组成创业团队是一种结合愿景、理念、目标、文化和共同价值观的机制,创业团队是一个利益共同体。因此,在组建创业团队前,应该有一个清晰的目标,这个目标既是团队存在的理由,也有助于吸引更多志同道合的人才加入团队,为团队成员提供共同的奋斗目标。创业团队的目标应该明确具体,不但要规定具体的任务,也要规定完成任务的具体时间,甚至会深入团队成员的日常生活之中。

2. 能力的多样性与互补性

一个成功的创业团队,其成员之间的能力应该兼具多样性与互补性,包括技能、年龄、经验、性格等,从而有助于成员发挥各自的长处来建立和运营中小企业。一般来说,创业团队必须包括以下几类人:① 企业家:创新意识非常强,可以决定企业未来发展方向,相当于企业战略决策者;② 策划者:策划能力很强,能够全面周到地分析整个企业面临的机遇与风险,考虑成本、投资、收益的来源及预期收益,甚至包括企业管理规范、章程、长远规划等工作;③ 执行者:执行能力较强,具体负责战略的执行,包括联系客户、接触终端消费者、拓展市场等。

3. 责任明晰

创业团队既强调个人责任,也强调集体责任。创业团队成员并非简单地做完自己的本职工作,还需要承担其他成员的责任和集体的责任。尽管每个成员需要承担各自的责任,但当总团队目标未达成时,每个成员所担当的责任基本是相等的。

4. 创业团队要有领导者

创业团队的领导者通常是创业的发起人,负责整合团队成员,推动团队的发展和管理。领导者应具备良好的组织和协调能力,以确保团队的有效运作。

(四)创业团队的管理

在创业团队组建后,有效地管理创业团队,使团队成员各司其职、各取其长,有助于确保中小企业的成功创立,也有利于确保创业团队长期保持很高的效率和活力,对于未来中小企业的可持续发展具有重要意义。

1. 创业团队的生命周期

创业团队作为一种群体,是有生命周期的。创业团队的生命周期一般分为组建、发展和解体三个阶段。组建阶段指团队核心形成,可以在创意形成或企业创建前后发生。发展阶段包括中小企业的构想、商业化、成长和稳定等过程,在这一阶段还会涉及新成员的加入、团队成员身份角色的变化和团队结构的优化。解体阶段指团队核心成员合作破裂,同样可能发生在新建中小企业和中小企业发展过程中的任何阶段。

2. 创业团队管理的特点

(1)以结构管理而非过程管理为重点。创业团队的管理通常与普通团队的管理有所不同。对企业内部的研发团队、销售团队等普通团队而言,其管理更侧重于过程管理,强调通过沟通机制、决策机制、互动机制和激励机制来提升绩效。创业团队管理则注重结构管理,包括对知识结构、情感结构和动机结构的管理。具体而言,知识结构管理强调在创业团队中构建以创业任务为核心的知识和技能的互补性；情感结构管理强调平衡创业成员间的不可控差异，如年龄、学历、专业背景等；而动机结构管理则强调在创业团队成员间形成一致的目标和价值观。需要注意的是，创业团队的结构管理是兼顾三方面结构要素的平衡过程。一些创业者在管理创业团队时往往过分重视知识结构管理，忽视情感结构和动机结构管理，从而引发创业团队的内耗和内部冲突，甚至导致创业团队的解体。

（2）人治大于法治。创业团队管理通常是缺乏组织规范条件下的团队管理。在创业初期，往往还没有建立起规范的决策流程、分工体系和组织规范，因而通常采用以人为本的管理模式，即"人治大于法治"。创业团队的管理多依赖于个人的领导和决策，而非严格的规章制度。因此，团队成员之间的关系至关重要，他们之间的认同感和信任度直接影响团队的协作效率和决策质量。

（3）缺乏短期激励。创业团队管理面临着缺乏短期激励的挑战。相比于成熟企业内部的工作团队，创业团队在短期内难以提供明确的激励机制来补偿创业过程中成员在时间、精力和资金等资源上的高强度投入。这并非仅仅因为缺乏资源，更主要的是因为创业团队的期望与回报往往以长期的创业成功为前提。这种情况下，寻找合适的创业团队成员显得尤为重要，他们能够与团队共同承担风险，并在长期的创业过程中持续地保持激励和动力。同时，创业团队的管理者也需要重视激发团队成员的长期动力和忠诚度，从而保持并稳定团队凝聚力来实现创业目标。

（4）以协同学习为核心。创业团队管理以协同学习为核心。成熟企业内工作团队的学习主要依托组织共有的知识基础，而创业过程存在着大量不确定性，需要不断地试错和验证，从而使创业团队在不断的实践中创造并积累知识和经验。

3. 创业团队管理的原则

（1）建立合作式冲突的氛围和文化。创业团队中不可避免会发生冲突，关键在于如何处理。创业团队应该以共同目标为导向，鼓励成员看到对方观点和建议的价值，而不是视之为挑战。通过建立合作式冲突的氛围和文化，创业团队可以有效调动每个人的潜能和专长，在吸收多样性观点的同时确保快速做出决策，从而实现创立企业的共同目标。

（2）避免竞争式冲突。在创业团队中，竞争式冲突可能会导致僵局和分裂。竞争式冲突是指争论的目的并非达成共识或解决问题，而是维护个人观点或立场的正确性，并且可能表现为固执己见、不愿听取他人意见、拒绝妥协等行为。在竞争式冲突中，成员往往试图通过争论来证明自己是对的，而不是寻求共同解决问题的最佳途径。与合作式冲突不同，竞争式冲突往往阻碍团队的协作和决策效率，可能导致决策拖延、团队分裂以及资源的浪费。因此，团队管理者需要重视对竞争式冲突的处理，鼓励团队成员建立开放、包容的沟通氛围，促使他们将注意力集中在解决问题和达成共识上，而不是争夺个人利益或立场的正确性上。

（3）平衡统一领导和民主决策。在创业团队中，实现统一领导和民主决策之间的平衡至关重要。通过明确分工、建立有效的决策机制、促进沟通和协作、制定共同目标和愿景以及建立有效的反馈机制，团队可以更好地协调成员之间的关系，确保每个成员都能够发挥自己的作用，同时能够朝着团队的共同目标努力。此外，合理的股权分配也有助于实现团队的统一领导，同时充分发挥民主决策的优势。

第三节 特许经营

特许经营（franchise）是当今世界上流行的企业扩张和个人创业的途径之一。它适应现代化生产和消费变化的客观要求，能通过低成本扩张实现规模化经营，通过标准化服务实现科学化管理，是一种高效率的经营方式。历史上第一个特许经营是 19 世纪辛格缝纫机公司与它的销售商形成的分销关系。第二次世界大战后，特许经营方式在汽车公司、商店、药店和就业代理机构中盛行，此后，特许经营企业迅速增长，尤其以快餐业为典型，并开始强调全球特许经营。中国凭借巨大的市场优势已成为全世界最大、最有潜力发展连锁事业的市场。据中国连锁经营协会统计，特许经营已经进入快速发展时期。在美国，特许经营已经成为发展最快和渗透性最高的商业模式，40%～50% 的零售业销售额来自特许经营商，年销售额达 1 万亿美元。著名的未来学家奈斯比特就曾断言："特许经营将成为 21 世纪的主导商业模式。"

一、特许经营的内容

（一）特许经营的含义

我国《商业特许经营管理条例》指出，商业特许经营（以下简称特许经营）是指拥有注册商标、企业标志、专利、专有技术等经营资源的企业（以下称特许人），以合同形式将其拥有的经营资源许可其他经营者（以下称被特许人）使用，被特许人按照合同约定在统一的经营模式下开展经营，并向特许人支付特许经营费用的经营活动。

国际特许经营协会对特许经营的解释是：特许经营是特许人与被特许人之间的一种契约关系。根据契约，特许人向被特许人提供一种独特的商业经营特许权，并给予人员训练、组织结构、经营管理、商品采购等方面的指导与帮助，被特许人向特许人支付相应的费用。

本书使用广义定义，即特许经营是一种交易系统，它主要围绕一个双方协议而展开。根据协议，一方（被特许人）被授予以私营的方式经营企业的权利，但经营方式和经营期限必须由另一方（特许人）指定。这个协议称为特许经营协议，它所限定的权利为特许经营权。特许经营协议是一个赋予企业权利和规定具体条件的协议。特许人是拥有特许名称、标志，并有权准许其他企业销售其产品的企业。被特许人通常是接受特许条件、在特定地区经营的独立的地方企业经营者。被特许人有权销售特许人的产品或服务，但其营销行为必须符合特许协议。

（二）特许经营的方式

目前在国际上，特许经营已经成为一种十分流行的商业模式，像美国的麦当劳、肯德基、可口可乐等，均为特许经营的典范。国际上的特许经营方式主要有三种：专利特许经营、经营模式特许经营、背景式特许经营。此外，多级特许经营也是一种常见的特许经营方式。加盟特许经营其实很简单，只要与特许人签订特许经营合同，严格执行合同条款，按时缴纳特许费用，服从授权监督和管理，都可在特许人的授权之下从事连锁经营或直销商品。特许经营无国界，它几乎适用于任何形式并且可以避免文化、社会、经济及语言差异所产生的障碍。

1. 专利特许经营

这是一种赋予被特许人销售被广泛接受的产品或品牌的特许经营形式。比如，一个潜在特许经营人可能希望使用具有较高知名度的产品和商标。加油站、汽车特许经销商、软饮料瓶装商就是典型的专利特许经营。

2. 经营模式特许经营

这是一种特许人不仅允许被特许人建立完全相同的营销体系，而且在经营中还给予其帮助和指导的特许经营形式，即特许人可以要求完全的交易权利和传授产品生产或服务操作的程序。快餐店、饭店旅馆、商业服务就是典型的经营模式特许经营。自20世纪70年代初以来，通过经营模式特许经营方式组建的企业数量及其销售量在稳步增长。

3. 背景式特许经营

这是指利用主店（授权单位）的设施进行零售的特许经营。例如，在快餐店设立煎品专柜，在汽车交易所设立汽车电话专卖点。这种经营对两方都有益处：对主店来说，增加了产品服务内容；对特许经营方来说，获得了有大量客源的店面。

4. 多级特许经营

这是某一特许经营企业拥有多家经营机构的情况。这种特许经营人可以在指定的地区开办多家企业。

（三）特许经营的类型

特许经营的类型可以分为三种（见表3-2）。

表3-2　三种特许经营类型

类型 A	类型 B	类型 C
特许人是生产者或发明者	特许人是批发商	特许人是生产者或发明者
被特许人是批发商	被特许人是零售商	被特许人是零售商
例如：软饮料瓶装商	例如：五金商店	例如：快餐店

1. 类型 A

在类型A特许经营系统中，生产者或发明者（授权人）给予批发商（被特许人）特许经营权。这种方式经常在软饮料工业中使用，如可口可乐。

2. 类型 B

在类型B特许经营系统中，批发商是授权人。这种方式在超市和大众商店中比较流行。

3. 类型 C

类型C是最广泛使用的。在这种类型中，生产者是授权人，零售商是被特许人，汽车特许经销商和加油站都是这种类型的典型。近年来，它在快餐和出版业得到广泛发展。

二、特许经营的利弊

(一) 特许经营的优越性

通过特许经营建立自己的公司比新建企业成功的机会更大——70%的新建企业都以失败而告终，而90%的特许公司都获得了成功。美国有80%的店铺开业5年就关掉了，但是采取特许方式经营的店铺，关掉的仅为30%~40%。连锁经营的优势突出，原因是这种方式对特许人而言，不但可以减少人力、物力，而且可以在短时间内实现快速扩张；对被特许人而言，则可以借助总公司的名声及管理指导，只需付出少量资金，就能学习到并使用总公司的一切成功元素，在短时间内发展业务赚取利润。这对一些有资金而缺乏知识的创业者十分具有吸引力。特许经营的优越性具体表现在三个方面，即通过特许经营可以获得培训、资金援助、经营利润。当然，并不是所有的特许经营方式在各方面都有优越性，但这些优点激励人们接受特许经营。

1. 培训

授权机构给予的培训对被特许人来说是相当重要的，有助于消除很多中小企业主在管理技能上的短板。例如，麦当劳汉堡大学作为麦当劳企业最出色的特许经营培训中心而享有盛誉。自从1961年以来，每年大约有来自120多个国家的超过8 000名学员以27种语言接受培训，其中有业主、经理和雇员，麦当劳汉堡大学已成为国际性的管理培训中心。初始培训课程包括炸面圈的制作、会计和监督、广告及营销、劳务规划和生产采购。在很大程度上，培训使没怎么受过培训和教育的个人能成功地开办自己的企业。需要注意的是，虽然很多特许经营系统开设了优秀的培训课程，但不能排除一些不道德的发起人的虚假培训。

2. 资金援助

新建企业的成本通常很高，创业者在创业时借钱是相当困难的。通过特许经营方式，企业主容易获得资金。如果特许人认为申请者合格，能成功经营，通常会给予资金方面的帮助。例如，被特许人可以不用支付创建企业的全部费用；刚开业的被特许人通常会获得一个付款计划，这个计划通过成功经营就能完成；特许人还允许被特许人在许可条件下对产品或原料延期付款，从而增加被特许人的流动资金；与老牌特许人的联合还可以改善被特许人的银行信用状况。

3. 经营利润

许多特许经营的产品和服务具有很好的知名度，并被消费者所接受。因此，特许经营方式既可以提供开办企业的方式，又可以提供一个产品和服务的品牌。另外，特许人为被特许人提供的经营方式使其一开始就能很有效地开展经营并获得利润。这正是特许人坚持对经营方法的质量进行监督的原因之一。当然，良好的产品和方法并不能确保特许经营一定成功。不过，大量授权企业经营成功的事实证明了特许经营系统是能有效运行的。

(二) 特许经营的局限性

特许经营的局限性包括需支付特许经营费用、经营受特许合同限制、丧失独立性。[1]

---

① 杰斯汀·隆内克，卡罗斯·莫尔，威廉·彼迪. 创业机会. 郭武文，等，译. 北京：华夏出版社，2002.

1. 需支付特许经营费用

特许经营费用含有以下几个组成部分：

（1）特许注册费（initial franchise fee）。这项费用从几百元到几千万元不等。

（2）资金投入（cash investment）。租用或建设店铺以及仓库或其他设施的开销不是小数目。此外，还有保险费、法律费和其他的一些开业花销。信誉好的特许人可以提供一份投入成本的详细预算。

（3）特许权提成（royalty payments）。特许人普遍按特许经营的毛收入以一定的比例不断收取特许权提成。

（4）广告费用（advertising costs）。很多特许人要求被特许人支付广告费用以宣传特许经营。这部分费用一般占销售额的 1%~2%。

因此，如果企业主通过新建企业能达到相同水平的销售额，就可省下特许费用。不过，如果特许人能带来前面所述的诸多好处，则被特许人所支付的特许费就会是一笔很好的投资。

2. 经营受特许合同限制

特许人总是努力控制被特许人的一些经营方式。特许人经常运用的控制包括四个方面：

（1）对销售地域的限制。

（2）对会员要求现场认可，对店面外观有要求。

（3）对所提供的产品和服务的限制。

（4）对广告和营业时间的限制。

3. 丧失独立性

当签署特许协议后，被特许人就失去了很多独立性，作为特许企业的经营者只具有半独立商人的地位。企业主应认识到如果不遵守营业标准，或不支付特许权提成，就要失去特许权。即使特许人对企业经营的影响有助于确保成功，其所施加的控制程度对崇尚独立的企业主来说也可能会不舒服。

尽管特许经营存在风险与局限，但它的好处依然是显而易见的。作为企业初创者，选择加盟特许经营仍不失为一个明智之举。

三、特许经营的评估

当做出从事特许经营创业的决定之后，未来的被特许人必须进行自我评估和对特许人进行评估。

（一）自我评估

无论在何种环境下，创业者决定是否开展特许经营活动之前，要进行自我评估，对照企业开展特许经营所必备的条件进行自我分析，应慎重考虑以下四个因素：

1. 企业具有成功的单店管理经验，且企业的产品或服务具有合理的盈利能力

企业的产品或服务是否具有盈利能力是加盟者投资的重要考察依据，特许经营业务如果达不到合理的盈利，特许经营将不具备市场竞争能力。

2. 业务的独特性

出色的特许经营体系，其业务都应具有独特性。因此，要认真分析并强化企业目前的经营特点和独特性，使其在众多的特许经营业务中更具有吸引力，在消费者心目中建立一个清晰明确的形象，包括商标、商号、独有的业务、企业信誉等。

3. 产品或服务市场需求明确

市场对特许人通过特许体系所推广的产品和服务有明确的需求是被特许人开办加盟店的市场基础。特许人要对市场进行分析，在掌握充足信息的前提下确定加盟分店的合理布局。

4. 了解加盟市场

针对特许经营业务的特点，对有可能考虑开展该特许经营业务的被特许人市场进行定位，并在拟发展的市场中寻找潜在加盟者的信息。

（二）对特许人的评估

对特许经营所约定的职责需要认真地调查研究。了解竞争对手情况、相关政策情况等是必需的工作。在开始使用特许经营模式前，应当做好充分的可行性分析。评估过程是双向的：特许人希望调查被特许人，而被特许人希望对特许人和其所提供的条件进行评估。一般来说，被特许人应收集三种信息资料：独立的第三方提供的资料、特许人自己提供的资料、正在从业的被特许人提供的资料。

1. 独立的第三方提供的资料

政府和相关机构是很有价值的特许经营信息的来源；由国际特许经营协会出版的《特许经营指南》也可以提供相当多的特许人的资料；企业界的出版物也是特许人数据资料的来源；近年来，市场上出现了特许权顾问来协助被特许人寻找特许权创业机会。未来的被特许人在评价和分析相关问题时应寻求专业的帮助。总之，未来的被特许人要仔细寻找有利于自己的信息资料。

2. 特许人自己提供的资料

所要评估的特许人是资料的基本来源。未来的被特许人应当注意特许人信息册中所提供的财务数据仅仅是估计值。当企业主对某种特许权表现出进一步的兴趣，并填写了申请书，特许人对未来被特许人进行资格审查后，通常要安排一个会议来讨论特许经营技术说明文件（disclosure document），这是一种包括特许人的财务状况、经验、规模和相关诉讼事宜的详细技术说明文件。这个文件对特许经营评估起着非常重要的作用。

3. 正在从业的被特许人提供的资料

最好是从正在从业的被特许人那里获取特许人实际状况的资料。或者亲自访问，或者通过电话联系，或者与已经离开特许企业的特许人交谈，他们会提供一些很有参考价值的信息资料。

四、特许经营的应用

（一）特许经营在我国的发展

20 世纪 90 年代初期和中期，大量国际著名的特许经营企业纷纷进入我国市场。服装、餐饮业等特许经营的品牌开始为人们所熟知，如皮尔·卡丹、鳄鱼、肯德基、麦当劳等。与此同时，国内的一些企业也开始追随特许经营展开连锁加盟，其品牌有全聚德、华润万家、华联等。由于缺乏特许经营方面的法律法规，而且特许企业对品牌的认知度、标准经营管理模式缺乏认识，当时我国的特许经营仍处于探索期。90 年代后期，许多企业对特许经营有了深刻的认识，在率先开展的特许经营实践中获得了丰厚的收益。特许经营在产品促销、拓展服务贸易、保护消费者权益、广开就业渠道、发展个体经营等方面的作用也引起政府的高度重视。1997 年，国内贸易部发布了《商业特许经营管理办法（试行）》。1997 年，中国特许连锁经营协会成立。2007 年，国务院公布了《商业特许经营管理条例》。政府对特许经营活动的规范推动了特许经营的发展。目前，特许经营是连锁经营领域最具活力的经营方式，特许经营所涉及的行业既有传统的餐饮、零售、个人服务业，也有新兴的商业服务、家庭服务、汽车服务等行业。中国已成为最具发展潜力的特许经营市场。特许加盟合同管理、加盟手册、运营手册、标准经营模式正在逐步成熟，特许经营成为我国解决就业问题、拉动民间投资的一种重要方式。2024 年，国家发展和改革委员会（简称发改委）等六部门发布《基础设施和公用事业特许经营管理办法》，鼓励和引导社会资本参与基础设施和公用事业建设运营，提高公共服务质量和效率，保护特许经营者合法权益，保障社会公共利益和公共安全，促进经济社会持续健康发展。

（二）特许经营对我国经济的积极影响

中国特许经营的快速发展，为第三产业成长提供了广阔的市场，给我国社会经济生活带来深远的影响。特许经营方式可以吸纳广大小投资者加盟优秀大企业，为中小资本提供广阔的投资渠道和较为安全的投资方式，从而使个体、中小企业的资金、人力、场地被有效地利用，各取所需，以达到最大限度地调动整个社会资源、创造财富的目的。特许经营的引入，在一定程度上起到了规范市场行为、改善服务质量的作用。我国地域广阔、人口众多，有着巨大的市场潜力。特许经营运用无形资产效应，利用连锁加盟方式，可以有效地形成巨大的营销网络，其经营触角可延伸到众多领域，对启动我国的内需市场具有重要作用。近年来，我国餐饮、零售、清洗、家政、汽车维护等领域的迅速发展，均有特许经营的功劳。

（三）加盟特许经营应注意的问题

近年来，我国特许经营发展较快，但特许经营的市场还不规范。某些在特许经营市场上大做广告，许诺加盟有种种好处的特许人，往往只想骗取加盟费。因此，选择特许项目需慎重考虑。

1. 加盟特许网络

加盟前对特许项目要进行全面了解。统计资料表明，我国第三产业特别是服务业具有较大的发展空间，小店铺、网点分散的特许项目前景较好。

2. 考察特许人的情况

根据《商业特许经营管理条例》规定，特许人应具备以下条件：

（1）拥有注册商标、企业标志、专利、专有技术等经营资源。

（2）拥有成熟的经营模式，并具备为被特许人持续提供经营指导、技术支持和业务培训等服务的能力。

（3）拥有至少 2 个直营店，并且经营时间超过 1 年。

在这些条件中，应特别注意了解特许人的商标是否依法注册，商标或特许的品牌是否知名。其办法是通过顾客调查、广告的投放量及品牌的美誉度等方面进行了解。

3. 了解特许人的经营模式是否成功

了解特许人的经营模式是否成功，不能仅听其言，要看其宣传资料，还要到特许人的店里看一看，暗访三个以上的加盟者，看看加盟者对特许系统的评价。

4. 研究和了解特许人的营运手册

了解特许人的项目计划书和营运标准手册是否有效和可行。了解加盟店是否按计划书和手册行事，实际的运作是否与之相吻合。

5. 仔细研读特许经营合同

要认真了解合同的内容，调查合同的履约情况，应仔细研读特许人可提供哪些方面的培训，经营和技术上有哪方面的支持，加盟费是多少，加盟者有哪些权益等。

（四）我国特许经营目前存在的问题

1. 特许经营参与者的专业知识和风险意识不足

特许经营模式引入我国的时间不长，市场监管和法律规范仍在健全和完善中，特许经营的参与者（尤其是特许人和被特许人）普遍缺乏足够的专业知识和风险意识。被特许人往往注重盈利潜力而忽视法律风险，在没有达到一定条件时盲目投资于特许经营活动。而特许人由于信息不对称，可能有意或无意地隐瞒或简化合同条款、经营风险及法律责任，使得被特许人在做出投资决策时无法全面、准确地评估潜在的风险，造成投资失败、财产损失，甚至可能陷入非法经营或合同纠纷的法律困境。

2. 市场准入门槛低，行业竞争过度

相对于其他创业模式而言，特许经营的门槛较低，许多企业和个人为了追求短期盈利而盲目进入市场，导致市场竞争过于激烈。较低的准入门槛也导致许多被特许人并未经过充分的培训，特许经营企业缺乏专门管理人才和长期战略目标，经营质量参差不齐，有些企业的特许经营甚至采取了"走一步算一步，摸着石头过河"的短期化策略，制约了行业整体的可持续发展。

3. 缺少本土知名品牌和优质产品

知名品牌和优质产品是吸引消费者并支撑特许经营持续发展的关键。然而，目前我国特许经营市场的知名品牌大多来源于海外，国产品牌在市场影响力和认知度方面仍显不足。许多本土企业在品牌推广、市场定位和供应链管理等方面，与跨国企业相比存在明显差距，缺乏能够与国际品牌竞争的核心竞争力。这使得本土品牌在特许经营体系中难以发挥足够的引领作用，限制了市场的发展潜力。

第四节　收购中小企业

除了可以开办一家新企业、购买特许经营权，创业者也可以选择购买一家已存在的企业，通过收购（buyout）来实现梦想。

一、收购中小企业的原因

收购现有企业的原因可简要概括为以下两个方面：

（一）减少不确定性因素

一个成功的企业已证实了它吸引顾客的能力、控制成本的能力和盈利能力。尽管将来的运营可能不同，但是，企业的记录已经表明在实际的市场条件下它能做什么。例如，满意的营业地址可以减少很多不确定性。尽管交通路线在评价地理位置的潜在能力时是相当重要的，但是要更细致地做出评价，只能在企业于这个位置开张营业后才能进行。

（二）获得正在运行的企业及其企业关系

一个现存企业的购买者可以获得企业的组织管理人员、存货清单、有形设备、已经建立的银企关系以及供应商关系。从零开始获得这些要素则需要大量的时间和精力。当然，只有在一定的条件下购买一个现存的企业才具有优势，例如，只有在企业有技术，有经验的雇员仍继续为新的所有者工作，有形设备还没有过时，企业与银行、供应方、顾客之间的联系依然健全时，该企业才算是有价值的资产。

与其他创业途径一样，购买现有企业并不是件容易的事，在考虑购买企业优势的同时，还要注意其他的问题。例如，材料、设施已过时，应收账款无法收回，位置不佳，存货质量很差，财务状况及与金融机构的关系很糟等，这些都需要在购买之前做仔细的审查和评估。

二、收购中小企业的评估

除了考虑有益于购买的重要因素和需要注意的问题外，购买者对每一个商业机会都应进行审慎的背景审查和评估，具体需要审查和评估以下几个方面。

（一）企业背景

掌握目标企业的背景资料是首要步骤。可以通过个人的观察或与卖方的交谈获得，也可以向外界专家寻求帮助，还可以向曾经购买过企业的其他人咨询。在调查企业方面将会花费大量的时间和金钱，尤其是当买方缺乏经验时。未来的买方应寻求意见和忠告，但他们必须自己做最后的决定，而不能委托他人去做，这一点非常重要。背景资料可以帮助证实原企业主所说的出售企业原因的合理性。

（二）原企业主出售企业的意图

出售之前原企业主所说的与出售之后所发生的未必相符，买方一定要提防卖方就出售原因表面上所做的解释。出售企业常见的一些解释有：企业主年老、有疾病或准备在另一家公司任职，希望在其他地方重新选址，企业无利润或者缺乏增长潜力等。买方不能确定卖方是否诚实地提供该企业的所有真实情况，因此，要弄清原企业主出售企业的意图。

（三）环境因素及物质设施评价

人口特点、消费者的习惯、区域规划、交通模式及技术因素都会发生变化；另外，要想使其适合经营，设备必须进行合理的规划、有效的保养和更新。因此，买方要对环境因素及生产设备进行评价。

（四）原企业的经营效率和未来团队的发展

应谨慎地思考的问题有：购买之后，企业结构需要改变吗？员工的效率高吗？产品质量合格吗？库存是否合适？

（五）原企业的财务状况

原企业的财务风险情况，可以通过检验财务状况的合理性、现金流量、各种财务比率、债务的数量和条件及其成本数据来分析。评价一个企业的财务状况的第一步是复查过去五年的财务报表和纳税申报表。买方应能识别出那些虚假的财务报表，并使其规范化以恢复企业的真实面目。其他需调查的财务项目包括个人开支和工资或薪水支出，以及卖方收支平衡表，以检查资产账面是否真实。

（六）评估原企业的价值，明确投资额及其预期回报率

在完成初步的调查和评价之后，就要尽可能精确地评估原企业的真实价值，主要有四种评估方法：企业资产基础评价法、市场基础评价法、收益基础评价法、现金流量基础评价法。[①]

1. 企业资产基础评价法（asset-based valuation approach）

这种方法是通过评估企业基本资产的价值来决定企业价值的。这种方法需要三个变量：资产的账面价值、资产重置成本和资产清算价值。当然，企业资产基础评价法并不能有效地帮助买方决定企业的价值。但假如对企业进行清算，通过这种方法确实可以对可赚取价值进行评估。

2. 市场基础评价法（market-based valuation approach）

这种方法依靠金融市场进行价值评估，主要针对那些最近在股票市场上公开交易或出售的企业。

3. 收益基础评价法（earnings-based valuation approach）

这种方法中企业价值不是由原始成本或重置成本决定，而是由投资的未来收益决定的，即企业的评估价值取决于它的未来收益或利润。

4. 现金流量基础评价法（cash flow-based valuation approach）

这种方法不是普遍的方法，但它在以未来现金流量的金额和时间为基础对企业进行评估方面很有意义。对大多数小企业而言，投资收益率应明显高于15%；依据被评估企业的风险水平，风险报酬应为16%~30%。已知所评估企业的投资收益率，则可计算出企业未来现金流量的现值。

---

① 杰斯汀·隆内克，卡罗斯·莫尔，威廉·彼迪. 创业机会. 郭武文，等，译. 北京：华夏出版社，2002.

通过以上四种方法可以较客观地估计出投资额（包括买价与更新、改善及启动所需的资金）和投资预期回报（潜在的收益与损失）。

（七）合理的收购价格

价格是很重要的因素，有时价格偏低，则买方就应注意其潜在的问题。例如，一个零售商可能会以清偿负债后资产的限价出售企业，但可能会有许多拖欠的账款或积压存货。

（八）目标企业的竞争力及其市场容量

未来的买方应调查竞争企业的广度、密度，尤其要看目标企业在该行业的竞争力。另外，市场容纳购买企业和其他竞争企业的能力也需要确定，这时，市场调查、研究统计数据和个人在企业竞争中的临场观察变得更加必要。

（九）正确评估自己的管理能力

如果买方具有购买处于困境中的企业并使它渡过危机的能力，则会形成很大的社会价值并使自己挣到足够多的利润。

三、收购中小企业的步骤

通过以上分析，可知收购中小企业大致分为五个步骤：
（1）掌握目标企业的背景资料，了解购买现有企业的原因。
（2）寻找可购买的企业。
（3）调查目标企业的可行性。
（4）精确评估目标企业的价值。
（5）买卖谈判和达成交易。

前四个步骤前文已经介绍，这里就买卖谈判和达成交易进行分析。企业的买价由买卖双方通过谈判决定。尽管所计算的价值可能不是最终支付企业的价格，但它为买方提供了谈判价格时所用的估价。有些情况下，企业主选择只购买资产，而不购买整个企业。当企业作为一个整体被收购时，买方得到资产控制权，也承担了所有未偿还的债务，包括所有隐藏的和未知的债务，而即使审核财务记录，这些债务或许也不会被发现。如果买方只买资产，那么卖方将负责解决以前所有未偿还的债务。购买期限是谈判过程中一个重要的部分。在许多情况下，买方不能以现金支付全部价格，必须要求延长期限；而卖方可能关心销售利润税，当保证金额减少或再支付期限延长时，期限对买卖双方都变得更有诱惑力。这一交易通常由所有权公司或律师处理，买方应谨慎，即没有得到有经验的律师帮助，买方不应缔结交易。在交易过程中，需要完成大量的文件，其中包括销售账单、有关征税和其他政府规章的证明、有关定期支付的协议和卖方担保的协议，买方应申请新的税收许可证，以避免承担过去未偿还的债务。

在分析购买现有企业作为创业模式之一时，需要注意当前的企业并购浪潮。目前，外资并购内资企业的组织形式问题已引起国内理论界和商界的普遍关注。这里的外资包括两类：外国投资者和具有中国法人资格的外商投资企业。作为其并购对象的内资企业包括：国有上市公司、国有非上市公司、传统国有企业（如集体企业）、民营上市公司、民营非上市公司、民营企业（如私人企业和合伙企业）等。并购是兼并和收购的缩写。《中华人民共和国公司法》中规定的企业资产整合方式为合并，这与并购的含义有区别，这里的合并包括吸收合并和新设合并。前者相当于全资收购，是指公司接纳其他公司加入本公司，接纳方继续存在，加入方解散；后者相当于兼并，是指两个以上公司合并设立一个新公司，合并各方解散。合并的特点是参与合并的所有方或仅是被合并方的实体消失；而并购还包括并购方与被并购方实体均不消失，仅是并购方对被并购方实现控股。本节是对创业模式的分析，因此，关于企业并购问题不再详述。

本章小结

本章用四节内容讲述了创办中小企业的组织形式和创业类型。企业在设立之前，必须确定其组织形式。目前，我国企业的组织形式主要有：独资企业、合伙企业、公司制企业、合资企业和中小企业集群组织。个人独资企业是指依法设立，由一个自然人投资，财产为投资人个人所有，投资人以其个人财产对企业债务承担无限责任的经营实体；合伙企业是指依法设立的，由各合伙人订立合伙协议，共同出资、合伙经营、共享收益、共担风险，并对合伙企业债务承担无限连带责任的营利性组织；公司制企业是指在中国境内设立的有限责任公司和股份有限公司；合资企业是由两个或多个企业为了获取利润而临时组成一个合伙企业；中小企业集群是指在某一特定领域中通常以一个主导产业为核心，大量产业联系密切的大中型企业以及相关支撑机构在空间上集聚所形成的集合体。对个人创业来说，一般采取个人独资和合伙企业的形式。当企业发展到一定规模，就可能改组为公司制形式。合资企业和中小企业集群组织能够把不同中小企业联合起来，组成一个强大的企业联盟或编队，赢得市场优势。

本章分别介绍了中小企业的三种创业类型——新建、特许经营、收购，以及其优劣势、管理特点、评估和应用步骤等问题。

新建是指从零开始创建一个企业，意味着自己拥有所有权，可以自主选择企业规模、产品、员工和地点，但耗费时间较长，风险也比较大。新建中小企业既可以选择家族创业，也可以选择团队创业。家族企业是普遍且主要的企业类型。它具有凝聚力强、反应迅速、总代理成本低、组织结构集中、稳定的优势，但家族企业特有的组织结构使其具有重人治、轻法治的特点，还可能导致组织人才缺乏和创新能力丧失。创业团队新建企业可以汇聚不同背景和专长的人才，激发创新思维，可以增强企业的生存能力；但也可能出现创业团队成员间的分歧，甚至导致团队解散，需要充分了解创业团队的特征、组建原则和管理。

特许经营包括：专利特许经营、经营模式特许经营、背景式特许经营、多级特许经营四种类型。特许经营提供了管理经验和经营程序，购买特许经营权可以帮助创业者很快获得成功。但特许经营成本可能很高，特许人也可能违约。目前服务性行业的特许经营具有较大的发展潜力。

收购可以减少新建中小企业的不确定性和困难，获得现有企业的市场、设施、员工和关系，但购买者必须仔细审查和评估收购企业，确保该企业状态良好，而且不需要承担遗留问题。

关键术语

独资企业（sole proprietorship）

合伙经营（partnership）

公司制企业（corporation）

合资企业（joint venture）

中小企业集群（SMEs group）

新建（start up）

家族企业（family firm）

创业团队（entrepreneurial team）

特许经营（franchise）

收购（buy out）

企业资产基础评价法（asset-based valuation approach）

市场基础评价法（market-based valuation approach）

收益基础评价法（earnings-based valuation approach）

现金流量基础评价法（cash flow-based valuation approach）

复习思考题

1. 什么是独资企业、合伙企业、公司制企业、合资企业、中小企业集群？它们各有什么优缺点？

2. 什么是新建中小企业？它有何特点？与家族成员和创业团队创立企业分别应注意哪些问题？

3. 什么是特许经营？它有何特点？创立特许经营模式应注意哪些问题？

4. 收购中小企业与新建中小企业有何区别？收购中小企业应注意哪些问题？

即测即评

请扫描二维码，参加即测即评。

案例讨论

优材家：家族企业的传承与创新

2016 年，国内首家建材业供应链赋能服务 S2B 平台（supply chain platform to business）优材家信息技术有限公司（以下简称"优材家"）在北京成立。优材家以"赋能建材商家，引领行业变革"为使命，致力于构建中国最专业的建材行业供应链生态系统，基于其统仓统配联销体系，可以有效提升建材行业上下游供应链的综合运营效率，助力行业商家以最低的成本实现信息化和智能化转型。如今，优材家的平台业务已覆盖北京、石家庄、邢台、常州、芜湖等多个城市，建立多家分公司。然而，这并不是优材家创始人的第一次创业经历，从时代尖端的高新技术行业回归家族传统的建材行业，他依靠传承与创新、天赋与努力，闯出了自己的一片天地。

"家族遗传"的创业基因

优材家的创始人出生于东北的一座小城，父亲是那个年代为数不多的高学历人才，并且拥有令人羡慕的"铁饭碗"工作。1993 年，他的父亲追随改革开放的浪潮辞掉了在铁路系统的"铁饭碗"工作，卖掉房子来到石家庄。然而，"江湖闯荡"才刚刚开始，一家人就为了办理本地户口花费了大笔积蓄。年纪尚小的他和父母挤在一间小出租屋里，日子过得艰难而窘迫。3 年后，父亲与两位舅舅一起下海经商，从事建材销售。那是中国经济腾飞的初期，也是建材等传统行业崛起的时期，建材公司发展顺利，收益越来越好，体量越做越大，家族企业逐渐站稳脚跟。

然而，几年后建材公司内部因股权纠纷，矛盾愈演愈烈，他的父亲离开公司再次创业。得益于前期积累的经验和智慧，其所创企业经营稳定繁荣，在行业内逐渐有了越来越大的影响力。家族创业的经历使得优材家的创始人非常熟悉建材行业的运作流程和中间细节，中国式合伙家族企业的经验和教训，也让他在后来的创业过程中比别人多了一分冷静的思考，少走了很多弯路。

第一次创业：互联网行业的独立尝试

大学毕业后，优材家的创始人婉拒了父母继承家族企业的要求，只身来到国外留学深造。2008 年出国前夕，一个偶然的机会，优材家的创始人关注到 iOS 以及安卓（Android）这两个全新的智能操作系统，他意识到，安卓的开源优势很有可能会影响到整个移动终端市场，即存在着巨大的市场潜力。于是他申请了间隔年，开始自学程序研发并迅速掌握核心技能。

2009—2010 年，他拉上信任的伙伴在中关村成立了自己的第一家公司 Joinmobile，进行智能手机游戏/应用软件设计和开发。在国内几乎没有任何有关安卓知识的书籍、研究资料的情况下，创业团队通过对国外资料、论坛的钻研，推出了第一款产品"桔子换算"（Orange Converter），国外首发下载量超 20 万次，获得市场认可。2011 年，公司调整方向开始研发 3D 手机游戏，力图打造行业爆款。

放弃创业，回归家族企业

然而 2012 年研发进度过半时，优材家创始人因父亲突发重病，忍痛变卖 Joinmobile 离开北京，回到石家庄继承家族企业。

从高新技术行业回到传统建材行业，他在这个巨大转变的适应过程中经历了职业蜕变。蜕变的过程虽痛苦，但通过学习、钻研和思考，2013 年他带领公司完成了包括国内 15 家大型地产集团的建材销售及配送服务，实现了历史突破。

然而，工程建材的资金回笼周期过长，他意识到这种传统经营模式难以再实现跨越式发展，需要纵向拓展资金周转率较高的家装建材业务线。2014 年，公司拓展了家装建材销售业务，仅 4 个月便实现盈利。虽然建材生意给公司带来了非常轻松稳定的收益，但这种过度依赖关系的传统经营模式，对于企业管理者个人成长的帮助有限。与此同时，国内开始涌现一些快消、大宗 B2B（business-to-business）交易的公司。在此背景下，他再一次萌发创业的想法。

再次创业：传统行业的新玩法

彼时，国内 B2B 电商发展迅猛，找钢、美菜、中商惠民等 B2B 自营电商日新月异，他也开始思考是否可以采用 B2B 电商模式来拓展家装建材市场。2015 年，他与合伙人在石家庄共同出资成立了装饰材料电商平台"搜 X 材"，不到一年时间就成为当地最大的全品类装修辅材服务商，并获得东霖资本 800 万元的天使投资。

然而，自营电商的重资产模式对建材分销的区域化差异模式适配性较差，对行业来说，这种电商模式本质更趋近于一个区域市场的零和博弈，对整个产业贡献的价值微乎其微。对产业互联网而言，一个最好的商业模式是利他，而不是绝对的颠覆和取代，这个认知也让他对产业互联网平台进行了更深入的思考。

2016 年，他带领团队在东北、北京等地 7 个城市的建材市场进行了整整 2 个月的实地调研和模式复盘，重新确定了建材配销平台模式，创建了优材家。优材家通过构建 S2B 赋能平台模式，为传统建材经销商提供智慧型供应链服务，帮助传统建材商实现升级转型，从而实现传统建材行业配销体系的产业升级。

优材家的模式核心是通过上游货品的统仓共配进行仓配体系效率优化及极低成本的单城全品类货源集成，在配销体系中，结合 SaaS（软件即服务）工具为建材分销渠道商家赋能，平台商家通过调用平台的货品、仓储、配送、金融、系统等管理能力，实现平台商家零资金、零成本的电商化全品类材料销售转型，更好地满足平台商家下游用户的多、快、好、省的装修材料采购需求。

如今，优材家在石家庄、邢台、常州、南通等试点城市已实现单城模式财务盈亏平衡和县区下沉区域覆盖，也是装修建材行业内唯一一个以赋能渠道商为核心的互联网平台企业。对同时具备互联网行业和传统行业从业经历的创始人来说，产业互联网也许正是最适合他的商场。

资料来源：中国人民大学商学院 EMBA 公众号，2021 年 11 月 2 日，有改动。

讨论题：

1. 结合案例，分析家族式创业的特点是什么？需要注意哪些问题？

2. 结合本章知识，分析案例中优材家创始人两次创业的模式分别有什么特点？

3. 如何评价创始人离开互联网行业，回归家族传统建材行业的决定？家族创业经历对他后续的创业有什么帮助？

4. 案例中的几种创业模式对中小企业创业和发展有什么启示？优材家创始人的创业经历对你个人有什么启发？

参考文献

1. 姚贤涛，王连娟．中国家族企业：现状、问题与对策．北京：企业管理出版社，2002.

2. 郭跃进．家族企业经营管理．北京：经济管理出版社，2003.

3. 罗伊．现代老板创业与管理．北京：企业管理出版社，1997.

4. 刘平青．家族基因：家族企业生命力解读．太原：山西经济出版社，2003.

5. 埃里克·泰森，吉姆·谢尔．如何经营中小企业．韩劲，雷世和，刘炜，译．北京：企业管理出版社，2000.

6. 林汉川．WTO 与中小企业转型升级．北京：经济管理出版社，2002.

7. 杨中兴，胡丽丽．创业合伙人．天津：天津科学技术出版社，2018.

8. 李维华．特许经营新思维．北京：企业管理出版社，2021.

9. 茅理翔．传承十六论：茅理翔谈家族企业．浙江：浙江大学出版社，2023.

10. 尹建华，邢小强，汪洋．创业管理．北京：对外经济贸易大学出版社，2017.

第四章
中小企业创业计划

学习目标

1. 知识探索：帮助学生认真思考中小企业创业计划的功能和作用，全面掌握中小企业制定创业计划的内容、方法与技巧。

2. 能力提升：帮助学生学会在了解不同行业市场需求和发展趋势的基础上，撰写企业创业计划书，培养学生的逻辑思维和分析、解决问题的能力。

3. 价值引领：结合现实案例，理解一个好的创业项目如何能够帮助创业者实现梦想，进而学习创业者通过发挥才华生成创意，为实现自己梦想而努力的过程，学习他们积极进取、通过奋斗实现梦想的精神，引导学生树立正确的创业观。

4. 品格养成：让学生分小组合作撰写创业计划书，并在这个过程中合理分工、团队协作，合理分配资源和任务，从而激发潜力，培养团队合作能力和领导能力。

L 药业有限责任公司创业计划

一、公司介绍

L 药业有限责任公司是一家处于创始阶段的公司。公司宗旨是利用现代科技开发民间独特的中草药配方，弘扬传统中药文化。公司初定地址为贵州省遵义市高新技术产业园区。该公司提倡科技为本的绿色生活新理念，为消费者提供天然生物产品。公司注重短期目标与长远战略的结合。短期目标即寻找机会、防御威胁、强化核心竞争力，力争在 3 年内成为甲肝药物市场领导者；中长期目标即逐步拓宽产品领域，涉足治疗胃炎、肾炎、胆肾结石等药品领域，形成以甲肝药品为核心的多元化经营的集团公司。

二、产品与技术

公司的主导产品是治疗甲型（黄疸型）肝炎并对乙肝有辅助治疗作用的药物。该药物是以传承配方为基础，利用现代技术开发而研制成的。

三、市场与营销

（一）市场分析

市场潜力巨大。根据市场调查，中国每年大约有200万急性肝炎病例，其中甲型肝炎占半数（50%）。甲型肝炎病毒的抗体总流行率为81%。农村人群流行率（84%）高于城市人群流行率（73%）。南方多于北方。甲型肝炎可能主要流行于儿童群组中。据统计，2002年，全国甲肝用药市场规模为6亿元。公司对甲肝药物市场、农村市场、OTC市场、西南市场、中药市场做了详细的分析，确定了公司的市场定位：立足西南，服务周边，辐射全国。

（二）竞争分析

目前，我国有6 000多家制药企业，但只有数十家制药企业从事肝病药物的研究和开发。当今甲肝药物市场缺少强势品牌，有利于新产品的进入。根据公司的市场定位，公司将直接与贵州地区生产肝药的公司展开竞争。其他公司的药品基本上针对所有肝炎类型，而公司的产品定位的选择是有针对性的，即专做甲肝药物。另外，公司主要针对农村市场，所以不会给其他公司带来很大的竞争压力。

（三）营销计划

公司做出以下策略组合：

（1）按照市场的开拓和进入战略，逐步进入西南农村市场、西南整体市场和中国农村市场。

（2）由于公司药品是非处方药，主要通过药店和医院销售，所以，营销工作重点在于处理与医院、药房的关系。

（3）回避竞争对手主战场（城市），深挖其薄弱环节（农村），采取农村包围城市、各个击破的策略。

四、投资与财务

公司设在贵州遵义高新技术产业园区内，享受"两免三减半"的税收优惠政策。公司成立初期共需资金580万元。其中，风险投资480万元，创业团队内部集资100万元。资金用途：

（1）产品的开发和认证及改进费用。

（2）"农业订单"的原材料生产及合作和委托生产的生产模式的建立。

（3）建立相应的销售渠道及开拓市场。

（4）公司流动资金。

股本规模及结构暂定为：公司注册资本750万元。外来风险投资入股480万元（64%）；创业团队集资入股100万元（13.33%）；配方入股170万元（22.67%）。财务分析报告对偿债能力、获利能力、成长能力、资产管理能力进行了详细分析。公司的偿债能力较好，获利能力稳步上升，处于成长状态，财务状况乐观，财务能力较好。公司在资金方面将逐步加强管理。第二年估计盈利533.85万元人民币，第二年总资产回报率为30.55%。以后每年销售净利率21.16%左右，投资回收期为2年零10个月。

五、组织管理与团队介绍

公司性质是有限责任公司，初期组织结构采取矩阵形。公司所有权与经营权分离，实行总经理负责制。组织结构按照公司的成长规律及各时期的不同特点而建立。

公司以人为本，充分尊重人才，致力于通过打造良好的企业文化和建立相应的激励制度来提高职工的积极性。公司管理团队由在药检、公司运营、药品营销、会计等领域具有丰富经验的优秀人员组成，团队成员呈现出优势互补、层次突出的特点。

资料来源：世界经理人网站。

请思考：

1. L 药业有限责任公司的创业计划涵盖了哪几部分内容？你认为哪个部分是最重要的？

2. 从创业者的角度思考，为什么 L 药业有限责任公司要撰写创业计划？

3. 从投资人的角度出发，L 药业有限责任公司的创业计划可能会发挥哪些作用？企业撰写创业计划是否是必要的？

创业计划是有关新企业的想法、计划、战略等在孵化期的具体体现，其制定对于新企业的成功至关重要，它是创业者创立中小企业的一个关键工具。创业计划不仅是创业的蓝图与指南，也是创业者向外筹资的重要依据。创业计划通常既是包括筹资、融资等活动在内的企业战略谋划，也是一切经营活动的行动纲领和执行方案。那么，创业计划何以如此重要？主要包括什么内容？如何撰写和实施？这些内容都将在本章中论述。

第一节　中小企业创业计划的含义与功能

一、中小企业创业计划的含义

创业计划（business plan），也称作商业计划或经营计划。创业计划是创业者对拟创立业务的书面概要，是企业为完成某种经营目的而拟订的"计划"，包含企业构建的基本思想以及企业创建的各种安排等内容。从某种角度讲，这个"计划"落实于文字更像是报告或申请。所以，国内以前也常用可行性报告或项目论证书来替代创业计划。

创业计划是创办一个新企业的构想。创业计划的作用就在于为创业者想干的事情提供一个明确的设想，而企业本身就是创业计划的结果。创业计划还应能解释影响企业成功或失败的主要因素。它能够帮创业者对可能导致创业成败的因素预先做好准备，仔细考虑哪些因素有利于创业成功，哪些因素会导致创业失败。在某些情况下，创业计划涉及的也可能是正在运营的企业用来扩大规模的措施。例如，创业者开始时可能只创建了一个小型的地方性企业，随后注意到有创建分支机构或再发展的可能，此时就需制定一份计划来扩张企业。

制定计划是一个不间断的过程。也就是说，创业者应当把创业计划作为一个不间断的事情来考虑，而不单单是一个最终的计划。制定一个完整的创业计划需要投入相当多的精力，最终计划应做成一份结构清晰完整、可作为公司章程的业务文件。

二、中小企业创业计划的功能

一份创业计划是一份完整、独立的文件，用以介绍潜在的市场需求和企业满足这些需求的方式，并强调实施工作所需的资源。创业计划要提交给企业筹办合伙人、潜在投资者及投资公司、潜在雇员、合作伙伴及顾问、客户及供应商。中小企业创业计划应具备的功能包括：对投资者来讲，创业计划是企业获得融资的敲门砖，是自荐信；对创业者来说，创业计划将使企业建立起全局性、前瞻性的思考模式。

（一）供内部人员使用

1. 为创业者提供创业蓝本

创业计划是创业者最重要和最有用的材料。仔细考虑拟建的新企业，会使一些不成熟的想法更趋明确和缜密。一份书面的创业计划必须包括企业所有的主要特征，创业者通过确定影响企业成败的因素来判断预期回报。确立模式或制定计划将帮助创业者把注意力集中在重大回报或行动上。因此，准备一份正式的书面计划，是创业者和管理团队需要认真做的工作。

2. 为本企业员工提供指导

创业计划在向别人宣传企业理念时非常有效，在企业内部也是如此。在企业内部，创业计划为把创业者的构思传递给企业员工提供了一个规范的交流形式，这种情况对企业现有的雇员及未来的雇员都一样。创业者在创业前制定创业计划，实际上是为后续的创业活动确定了一个基本的操作框架或行动指南，能够显著提升后续创业活动的效果，有利于企业目标的实现。

总之，创业计划可以帮助创业者记录创业内容、创业构想，能帮助创业者规划成功的蓝图，整个营运计划如果翔实清楚，将更有利于创业者与参与创业的伙伴达成共识、集中力量，助力创业成功。

（二）供外部人士参考

在某些时候，创业计划除了能让创业者厘清创业内容，坚定创业目标外，还兼具说服他人的作用。在实际操作中，创业计划通常被递交给投资人，以便他们对企业或项目做出评判，从而使企业获得融资。例如，创业者可以借创业计划说服他人合资、入股，募集创业基金。

1. 创业计划是一种说服顾客和供应商的有效工具

创业计划能提高企业对潜在的供应商和顾客的吸引力。例如，创业计划有助于新企业提升商业信用，因为商业信用通常是新企业财务计划的重要部分。一份准备充分的创业计划，有助于企业获得供应商的信任并得到优惠的信用期限。有时，创业计划也能为企业带来销售机会，为新企业争取到那些向其提供服务或者持续提供资源的潜在客户。

2. 创业计划能为投资者提供一个详细的创业蓝图

几乎每一个投资创业的人都要对外筹集资金，因此，他们必须求助于银行、个体投资者或投资机构。一个风险资本公司或其他有经验的投资商在仔细研究创业计划之前不会考虑对一个新企业进行投资。制定创业计划也有助于企业与商业银行建立良好的关系，而这种关系对一个新企业而言极为重要。因此，创业者要做的第一件事就是利用创业计划增加外部投资者对项目的投资意向。

3. 创业计划是一种能测度和评价企业发展进度的工具

有效的计划不仅可以帮助企业吸引顾客和投资者，为筹资、开发产品、市场营销等活动描绘一个详细的蓝图，还可以帮助创业者管理新企业，使企业能够持续发展。当创业者着手制定计划时，投资者毫无疑问想多知道一些有关创业者和其经营企业的详情，并且想知道创业者将如何把企业一步步经营成功。如果创业者正在经营一个企业，并且计划扩大规模或进行多元化经营，投资者和债权人将会更想知道企业目前的经营状况以及创业者的未来目标和达到目标的途径是什么。创业者必须给他们提供一份能清楚地表明这一切的计划。

4. 创业计划有助于新企业获得合法性

制度视角下的相关研究表明，创业计划对于新企业获得合法性至关重要。制定创业计划是创业成功的必要条件，但并非充分条件。大量关于企业演化的研究表明，创业者的最初创业决策将对企业的长期发展轨迹产生持久影响。那些在创业初期就制定了创业计划的企业，其生存率通常高于那些未制定创业计划的企业。这是因为创业计划不仅是创业者启动新企业的操作指南，也是管理新企业的"首份"纲领性文件和实施方案。因此，一份完整的创业计划不仅表现出创业者的能力，也有助于新企业获得必要的合法性，并对其生存与发展产生积极影响。

创业是高风险的活动，除了好的技术与产品构想，资金、市场、专业管理也是创业成功的必要资源条件。此时，一份高品质且内容翔实的创业计划，就成为创业者向投资者传递上述信息的关键媒介。

第二节 中小企业创业计划的内容

创业计划类似于向别人推销产品的建议书，它要表明怎样让投资者和创业者都能赚到钱。创业计划是一份浓缩的经营计划，它突出的重点是对外展示企业将如何取得成功，从而向投资者推销企业。创业计划一般应涵盖以下内容：

（1）计划生产的产品。

（2）预期的市场规模。

（3）该产品的优势和劣势。

（4）营销策略，如价格、促销和销售计划。

（5）操作或生产方法和设施。

（6）财务状况，包括预计的收入、成本、利润（或亏损），所需投资和预计的现金流量。

因此，一份周密、完善的计划还应该明确以下问题：

（1）企业的组织结构完善吗？

（2）它对潜在的投资者有吸引力吗？

（3）在启动时，对投资者和员工来说，它有竞争优势吗？

（4）产品的生产率高吗？产品能销售出去吗？

（5）能有效地筹集到生产和销售产品所需的资金吗？

（6）能有效履行新企业的生产、销售、财务和人力资源等各项职能吗？

（7）能招募到所需的员工吗？

总之，制定创业计划需花费大量时间、精力和资金。因为一份周密、完善的计划不仅需要陈述事实，而且应有助于提高创业成功的机会和降低失败的风险。本书把中小企业的创业计划内容概括为五个主要方面：战略计划、运营计划、营销计划、管理计划和财务计划。

一、中小企业的战略计划

（一）中小企业战略计划应明确的工作

中小企业的战略计划（strategic plan）是指构建一个企业的基本思想以及对与企业创建有关的各项事项进行总体安排。战略计划是协调企业内部各种活动的总体指导思想。企业的战略计划是中小企业完成使命和实现愿景的规划。确定战略的一个基本问题是：企业做什么才能完成目标和实现愿景？因而，战略计划过程则是企业为生存和发展而制定的一系列重大步骤。在战略计划中，需要明确如下工作：

（1）确定企业的任务，包括阐述经营理念、企业目标和市场营销目标。

（2）树立企业形象，阐述企业的各种能力。

（3）评估企业的外部环境。

（4）分析企业面临的机会。

（5）找出与企业任务一致的可行发展方向。

（6）制定企业战略和长期目标。

（7）制定企业战略和长期目标相一致的年度目标。

（8）根据企业的各种资源实施战略。

（9）检查和评估战略管理过程，并对未来结果做出预测。

（二）中小企业战略计划应明确的管理活动

（1）发展企业的经营理念。

（2）确定企业目标。

（3）制定企业政策。

（4）建立企业组织机构。

（5）配备人员。

（6）建立管理程序。

（7）提供生产设施。

（8）筹措资金。

（9）制定各项标准。

（10）制定管理方案和经营计划。

（11）控制信息。

（12）调动职员的积极性。

二、中小企业的运营计划

运营计划（operational plan）提供生产产品的过程或提供服务的信息。它的重要性在不同的投资项目中是不尽相同的。运营计划要涉及一些诸如选址、设施等方面的事项——企业需要多大的空间，需要什么类型的设备。运营计划还应当说明保证产品质量、控制库存、使用转包合同或采购原材料等的建议和方法。

三、中小企业的营销计划

营销计划（marketing plan）是由直接识别目标市场，预测目标市场潜力，进行广告策划、宣传和沟通，并与市场需求相关的一系列活动组成的。企业营销计划又称市场分析活动计划，具体由市场细分、市场研究和销售预测组成。

投资者和债权人会优先考虑市场因素。一种产品可能技术精良，但未必是客户需要的，所以营销计划必须关注如何满足消费者的需求。依据产品或服务的类型，市场计划不仅要明确为消费者提供的价值，而且还要对之进行量化分析。在市场计划中也必须仔细分析市场竞争和市场策略要素。例如，通过具体说明销售的渠道、宣传和广告的方法来达到此目的。

四、中小企业的管理计划

管理计划（management plan）是企业战略计划的一部分，包括对新建企业的组织结构及其关键人物背景资料的说明。潜在投资者寻求管理优良的企业。在他们所考虑的因素中，管理团队的素质是首要的，这甚至比产品或服务的性质更重要。理论上，投资者希望企业拥有诸如财务和市场营销专长、生产经验和创新天赋的结构平衡的管理团队。拥有在相关企业和与企业创建有关的各种事项方面的管理经验，在潜在投资者的眼中是非常有价值的。因此，管理计划必须详细说明待建企业的组织结构和企业重要管理人员的背景。

五、中小企业的财务计划

财务计划（financial plan）构成了创业计划的另一重要内容。财务计划是指预算报表或企业制定的未来五年或更长时间的财务预算，包括资产负债表、现金流量表、利润表。现金预算通常在第一年以月为基础，在第二、第三年以季度为基础，在第四、第五年以年为基础。

尽管所有的财务报表都是重要的，但对现金流量表更应给予特别的重视。利润表中盈利的企业有时却不能产生正的现金流量。现金流量表说明了企业的现金资源——从投资者那里筹来多少资金，已从经营中获利多少，以及有多少钱用于诸如存货和设备之类的投资。现金流量表应当清楚地表明必须从未来的投资者手中拿到多少现金，并且要表明筹资的目的。投资者想知道他们收回投资的时间和方式，因为经验告诉他们，投资收益将很大程度上取决于收回现金的能力，所以财务计划应大致说明投资者退出的可行办法。

第三节　中小企业创业计划的要素结构

每个中小企业的创业项目都有其独特性，因此对应的创业计划在形式和内容上也不必完全一致。尽管如此，不同企业的创业计划仍然存在一些基本共同的要素结构。中小企业在编制创业计划时，可以将下面介绍的创业计划模板作为起点，并根据自身创业项目的具体情况对个别部分进行适当调整和增删，从而更好地反映项目的特点和需求。中小企业创业计划的典型结构要素有：封面、摘要、目录、企业历史背景、企业说明、市场定位、产品或服务说明、管理结构、经营目标、财务数据、补充性文件。

一、封面

封面（cover）主要说明创业企业的标志性信息，如企业名称、地址、电话号码、传真号码和网址；负责人的姓名、头衔、联系方式；创业计划的复印日期、复印的份数等。

二、摘要

摘要（executive summary）就是简要地概括创业计划的各个方面以及创业计划各部分的结论，即勾画出整个计划的轮廓，要描述主要目标，说明如何实现这些目标以及预期的结果。创业计划是投资机构的参考资料之一，投资者可能会从摘要出发来评价整个计划的价值。因此，可以将摘要先送给潜在投资者看，如果他们对此感兴趣，就把完整的创业计划给他们。摘要一定要简短并具有说服力，尽管有时要把如此多的内容用一两张纸表达出来是很困难的。虽然摘要属于整个计划的开始部分，但必须在整个计划的其余部分完成之后再去写。表4-1是企业摘要提纲的范本。

表4-1　摘要提纲的范本

A. 企业	1. 是什么企业 2. 项目及企业状况 3. 主要目标
B. 产品服务	1. 它是什么 2. 如何生产 3. 有何作用 4. 所有者的利益
C. 市场	1. 潜在消费者 2. 消费者数量 3. 市场增长率 4. 竞争（列出 3~6 个竞争对手并进行分析） 5. 产品优势 6. 企业将如何与对手竞争 7. 估计市场份额（1 年内、5 年内）
D. 操作	1. 如何生产和提供产品或服务 2. 设施/设备 3. 特殊程序 4. 工人需掌握的技术

续表

E. 销售渠道	最终消费者如何获得产品或服务
F. 管理团队	1. 各自的职能 2. 人员素质 3. 可行性
G. 资金来源和应用	1. 当前需求 2. 未来需求

资料来源：Enterprise Development Center. Entrepreneur Application Profile Used by Venture Capital Exchange. The University of Oklahoma.

三、目录

目录（contents）为读者提供了计划的概况和结构，它应该简洁明了、概括性强、格式美观清楚。

四、企业历史背景

企业历史背景（history background）包括企业创办者的背景、工作经历及贡献；企业的起源或企业历史的简要说明，涉及解释如何生产产品和完善创办企业设想；产品或服务的历史以及企业的组织结构等。

五、企业说明

企业说明（mission statement）就是要详细描述企业能干什么或计划要做什么，还应说明企业的功能、产品或服务等项目，应该说明企业如何满足顾客的需求，特别要区分开创业者对企业的看法和潜在顾客的想法。例如，创业者可采用以下思路撰写企业说明：

（1）打算卖什么？
（2）最大存货量是多少？
（3）最大利润来自哪里？
还可以从顾客视角来思考问题，例如：
（1）他们需要什么或想买什么？
（2）最好卖的产品是什么？
（3）什么产品或服务最占用个人时间？

六、市场定位

市场定位（market orientation）是制定计划最重要也是最难的部分，主要包括确定目标市场和销售范围，分析竞争对手和产业。市场定位回答这样的问题：谁买？买什么？为什么买？顾客喜欢什么？能消除竞争中的不利因素吗？市场定位需要建立在严密、科学的市场调查和分析之上，包括行业发展现状、顾客特点和偏好、市场容量和趋势、竞争者和各自的竞争优势、可达的市场份额和销售额预测等。

七、产品或服务说明

产品或服务说明（product or service introduction）主要介绍企业现有产品或计划生产的产品，说明所有研究和开发项目的状况，讨论有关法律方面的内容，如所有权、版权、商标专用权和法律规定等。有益于企业的产品目录和照片等如果可以得到，也应包括在内。

八、管理结构

管理结构（management structure）包括由谁执行计划、组织结构、管理流程、员工政策，尤其要突出管理队伍中的专家，说明为什么这些成员有助于计划的贯彻实施，提出雇用员工的政策和程序。在这部分中，描述管理者和员工的能力以及贡献是十分重要的。

九、经营目标

经营目标（operation objectives）包括利润计划、营销计划、生产计划、质量控制计划和财务计划，用来说明创业计划达到什么样的目标、什么时间完成、由谁来完成，应将销售预测及产量、服务、质量保证和财务计划都加以讨论。除此之外，还应讨论其他潜在投资者感兴趣的问题，如价格、预期利润、广告、促销和预算、产品的分配和销售、初期促销对象和后期促销对象。

十、财务数据

财务数据（financial data）包括预计利润表（3 年）、预计现金流量表（第 1 年，按月）、预计资产负债表（3 年）和成本利润分析。创业计划的一个重要目的是要阐明企业从经营中能获得的收益。创业计划要说明预期投资者或债权人的投资动机、偿还时间以及预期收益率，对其做出假设或合理的预测。预算是整个创业计划的一个重要组成部分。例如，必须对企业预期收益率、竞争对手的行动和市场行情做出估计。制定财务计划时必须考虑增加员工、购置设备和扩大规模对财务计划的影响。

十一、补充性文件

1. 保密协议

保密协议（non-disclosure agreement）的签署在创业计划的使用过程中至关重要。创业计划可能涉及大量商业机密，这会切实威胁到企业的业务发展和切身利益，因此与创业计划的使用者签署正式的书面保密协议十分必要。一方面，在与投资方进行谈判和投资实施过程中，涉及的商业机密是企业盈利的关键；另一方面，风险投资等早期投资在股权分配和企业估值方面较为灵活，谈判结果取决于双方的谈判力量，因此保密对双方都极为重要。

2. 融资说明

融资说明（funding requirements）详细阐述了企业寻求资金的目的、数额、方式及预期使用的具体方案，还包括预期投资回报、风险与缓解措施、投资者退出策略等风险投资方最关心的问题。这一部分的内容不仅能增强创业计划的说服力，还能帮助潜在的投资者更好地评估投资机会，理解投资的潜在价值和风险。

3. 附录

附录（appendix）应包括企业历史的详细说明；对企业发展有重要贡献的高级员工、董事、主管和员工的简历；历史财务状况和相关的文件；主要环境因素预测；产品说明小册子以及新条款、推荐信或许可证、照片和其他类似的内容。

第四节　中小企业创业计划的制定与实施

在明确中小企业创业计划的功能、内容和构成要素之后，就要着手制定一份周密的能提高中小企业创业成功机会的正式计划，并具体付诸实施。

一、中小企业创业计划的制定

创业计划对中小企业创业的重要性如今已被创业者普遍认识。从风险投资的角度看，风险投资家很容易就能在众多的创业计划中分辨出优劣来。以前，许多创业者还不太适应采用创业计划这种方式，而一份编制得不错的创业计划就使创业者的融资目标成功一半，因为它不仅能从感觉和心理上得到风险投资家的认同，也能向风险投资家表述出创业者所想表达的和投资分析需要的内容，提高了风险投资家投资决策的速度和准确度。如今，许多创业者已认识到这种状况并理解了创业计划的重要性，他们通过在各方面加强自己的学习和培训，或通过外包的方式使编制的创业计划越来越规范和出色。

制定创业计划应明确四个问题：制定创业计划的标准、制定创业计划的格式、制定创业计划需注意的问题、制定创业计划的方式。

（一）制定创业计划的标准

在制定创业计划时，应考虑企业的背景、起源、经营哲学、使命、目标以及完成使命和达到目标的途径。制定创业计划可以参考以下标准：

（1）调查消费者对产品的需求，并确定满足这些需求的方法。

（2）提出涵盖企业目标市场和竞争地位的所有问题。

（3）为企业制定一个长期战略计划。

（4）为企业的所有关联者，包括所有者、经理和员工制定详细的短期计划。

（5）为企业的各项活动制定计划，包括生产、营销、管理和分配等方面。

（6）制定一个有效的人力资源管理计划。

（二）制定创业计划的格式

编制创业计划时应遵照标准的格式要求，具体要注意以下方面。

1. 结构

章节安排适当、合理。具体按照前文分析的 11 个要素（封面、摘要、目录、企业历史背景、企业说明、市场定位、产品或服务说明、管理结构、经营目标、财务数据和补充性文件）逐个撰写。

2. 内容

内容要突出创业计划的 5 个方面。在创业战略计划中表明企业未来 3~7 年要达到的目标；在运营计划中从数量和质量上解释使用企业产品或服务的用户能够得到的利益；在营销计划中提供能证明产品或服务销售能力的强有力的证据和具体的销售方法；在管理计划中描述管理团队的丰富经验和管理技巧，并暗示企业产品发展和管理团队的成熟度；而在财务计划中则应包含有被解释过并做成文件的关键资料，显示投资者如何在未来 3~7 年从企业获得回报。

3. 设计

创业计划的设计应该美观又独具特色。注意封面、装订、字体和纸张等方面的质量，可用活页装订以便使用；可运用图、表、照片及其他可视化工具提高读者兴趣，并帮助读者理解。

4. 长度

创业计划要简洁、适中。不包括财务报表的创业计划应少于 30 页。

（三）制定创业计划需注意的问题

1. 注意计划的敏感性

如果创业项目是建立在高科技基础上的，则创业计划就具有特别敏感的性质。例如，技术设计的详细资料或者十分敏感的营销战略说明可能泄露关键商业信息。因此，为确保创业计划的绝密性，在封面和首页要注明计划中的所有信息均是专用的、保密的。另外，还应该制定一份详细的企业经营计划以供内部使用，然后从中选取合适的内容组成一份有效的对外创业计划用于筹资活动。

2. 阐述风险投资者最关心的四个问题

这四个问题是：独特性、管理团队、财务规划、退出路径。独特性是公司盈利的原因；管理团队是风险投资成功的关键因素，投资者宁愿选择二流的设备加一流的管理人才也不愿选择一流的设备加二流的管理人才；财务规划是第三个关键因素，创业者必须为企业制定一份切实可行的长远发展规划；退出路径是投资者决定投资与否的一个至关重要的因素。

3. 避免言过其实

一份好的创业计划应该通过其客观性来说服和吸引投资者。创业计划的内容必须客观真实、符合实际，避免过分乐观的描述和预测，否则会削弱创业计划的可信度。创业计划应该明确展示最好、最坏和最可能的各种情况。在实际情况中，风险投资者通常会采用一个"计划折扣系数"来处理创业计划中的预测数据，他们认为成功的新企业实际达到的财务目标通常仅为计划的50%。因此，在撰写商业计划书时应坚持实事求是的原则，切忌言过其实。

（四）制定创业计划的方式

创业者应该是创业计划的原始设计者。然而，在外界帮助下编写一份标准化、有说服力的正式创业计划是合理、明智之举。具体可借助以下力量：

（1）企业经营计划顾问。

（2）律师，能确保企业获得必要的专利保护、评估合同、提供债务和环境问题咨询，并为企业最优组织模式提供建议。

（3）市场营销专家，能为改进产品、确定产品技术可行性、制定市场营销方案提供帮助。

（4）会计师事务所，能制定书面指导计划、帮助进行市场营销财务预测、建议确立财务控制系统。

（5）中小企业孵化组织，能为新企业发展提供场地、对新企业组织提出建议。

二、中小企业创业计划的实施

中小企业在编制好创业计划后，就需要付诸实施，具体包括以下工作。

（一）发布创业计划，获得其他创业资源

（1）以标准格式提交详尽的创业计划并根据需要提供其他资料。

（2）介绍企业业务并与感兴趣的投资者联络。

（3）完成与投资者的价格谈判。

（4）审查和修改交易文件。

（5）确定文件、完成交易，并从投资者获得资金。

（6）建立合适的企业构架（如果尚未建立）。

（二）执行创业计划

（1）申办营业执照和许可证，并注意其他法律条款。

（2）添置设备、材料和物资。

（3）招聘和培训管理人员及员工。

（4）建立业务及财务控制系统。

（5）将已拥有或获得的资金存入支票账户备用。

（6）制作财务报表及预算。

（7）履行对投资者和股东的财务及运营情况进行报告的职责。

（8）加强与投资者的关系。

（9）准备下一轮融资。

（10）建立信息系统以保存企业经营所需的资料。

　　在完成所有这些工作之后，创业者的创业梦想就初步实现了。但是，创业常常会遇到一些意想不到的事。那么，对于致力于创业的当代大学生及其他的创业者，该如何面对这一切？本书用一份大学生创业计划上的一句话来结束本章的学习："面对心中的期许、内心的梦想、一展才华的渴望，体验年少轻狂的义无反顾，即便知道我们正用极大的代价来换得成就、荣誉与肯定，我们却仍像飞蛾扑火一样为梦想奋不顾身……"

本章小结

　　创业计划是创业者对计划创立业务的书面概要，通常被递交给投资者以获得投资。对投资者来讲，创业计划是企业获得投资的敲门砖和自荐信，有助于增加企业的合法性；对创业者来说，创业计划将使他们建立起全局性、前瞻性的思考模式。

　　创业计划应涵盖五个主要方面：战略计划、运营计划、营销计划、管理计划和财务计划。战略计划包含企业构建的基本思想以及创建企业的各项安排等内容；运营计划提供生产产品的过程或提供服务的信息；营销计划的内容具体由市场细分、市场研究和销售预测组成；管理计划是企业战略计划的一部分，包含对新组建企业的组织结构及其关键人物的背景资料的说明；财务计划包括估计收入、成本、所需投资额以及确定资金来源等内容。

　　创业计划的构成要素包括：封面、摘要、目录、企业历史背景、企业说明、市场定位、产品或服务说明、管理结构、经营目标、财务数据、补充性文件。当需要用创业计划进行筹资时，就应该突出关于预期销售额、利润和收益率的详细财务预算。

　　制定创业计划需要详细的调查和周密的分析。制定创业计划应明确四个问题：制定创业计划的标准、制定创业计划的格式、制定创业计划需注意的问题、制定创业计划的方式。编制好创业计划后，企业就可以通过发布和执行创业计划来获得创业资源，将创业梦想付诸实践。

关键术语

　　创业计划（business plan）

　　战略计划（strategic plan）

　　运营计划（operational plan）

　　营销计划（marketing plan）

　　管理计划（management plan）

　　财务计划（financial plan）

　　封面（cover）

　　摘要（executive summary）

　　目录（contents）

　　历史背景（history background）

　　企业说明（mission statement）

市场定位（market orientation）

产品或服务说明（product or service introduction）

管理结构（management structure）

经营目标（operation objectives）

财务数据（financial data）

保密协议（non-disclosure agreement）

融资说明（funding requirements）

附录（appendix）

复习思考题

1. 简述编制中小企业创业计划的重要性。
2. 中小企业创业计划包括哪些内容？
3. 编制中小企业创业计划包括哪些要素？
4. 编制中小企业创业计划有哪些程序？
5. 编制中小企业创业计划时需要注意哪些问题？

即测即评

请扫描二维码，参加即测即评。

案例讨论

A 电器有限公司商业计划书

一、公司介绍

A 电器有限公司（以下简称"公司"）是一家专业从事壁炉及生物质节能燃烧设备的高新技术企业，公司投资于"生物质燃料节能炉灶关键技术研究与产业化"项目研发，成功开发生产了生物质能集成灶系列产品。公司秉承"1+N"产业链运营模式的理念，公司使命是"通过生物质能专利技术实现能源应用的转变，节能减排，造福社会"，公司愿景是"整合上下游企业，打造中国生物质能产业链的领航者"。

二、产品说明

公司创立之初主要从事装饰性壁炉的生产销售，产品主要销往海外，旗下有 W、B 等知名品牌。近年来，公司在维持壁炉产品市场的同时，投入大量资源自主研发高科技生物质节能燃烧设备。该设备以可燃生物质为燃料，采用反烧原理来提高燃烧效率，实现环保和节能。

三、市场分析

（一）行业基本情况

生物质节能燃烧设备使用可再生资源作为燃料，符合国家对生物质能开发和利用的政策导向。在国家能源局、财政部、农业部（现农业农村部）联合实施的"绿色能源示范县"项目中，生物质炊事采暖炉具和热水锅炉被列为重要内容，行业内企业在政策支持下迅速增长，技术不断创新，产品的年产销量持续增长。据不完全统计，目前国内生物质燃烧设备年产销量约为 160 万台，未来市场规模有望继续扩大。

（二）公司竞争优势

1. 区域优势与政策支持

公司所在的义乌市为全国百强县之一，交通便利，区域优势突出。义乌市制定出台了一系列促进中小企业发展的政策措施，积极推进创业型城市建设，为公司的发展创造了良好的环境。

2. 技术创新领军市场

公司注重技术创新，拥有研发中心和认证实验室，通过了多项国内外重要认证，建立了完善的知识产权保护体系。公司具有多项国内和国际发明专利，多次参与行业标准的制定，进一步巩固了技术优势和行业地位。

3. 生物质颗粒燃料的经济、环境和社会效益显著

公司自主研发生产的生物质节能燃烧设备，以生物质颗粒为燃料，具备高效、安全和环保的特点，相较于传统的炊事和取暖设备，不存在泄漏、中毒、爆燃等危险，显著提高了燃料的热效率，降低了使用成本，具备明显的经济、社会和环境效益。

四、公司商业模式

公司通过与当地有影响力的合作伙伴设立合资子公司并进行控股，向目标市场客户（包括当地居民、餐饮企业、政府采购项目等）销售生物质节能燃烧设备，同时提供生物质燃料加工服务，将客户的秸秆等原料加工成燃料。此模式有效推广了公司产品，实现了公司与客户的双赢。公司已在国内某地区取得 4 000 套设备的政府采购订单，市场对公司产品和模式的认可度较高。

公司未来计划以生物质节能燃烧设备品牌和技术为核心，通过参股、联盟、上下游整合等方式，整合产业链上下游企业与品牌，打造低消耗、低排放、高效率的可持续发展模式。公司计划构建全产业链运营体系，覆盖"三农"、新能源制造、品牌运营、流通、商业及金融等领域，实现新能源应用品牌的规模化发展和品牌增值。

五、管理团队

公司管理团队由经验丰富的行业专家组成，兼具多年管理实践经验和卓越的科研创新能力，深刻理解生物质节能燃烧设备行业的生产和技术发展趋势。核心团队负责企业的整体战略规划和研发方向，确保决策的科学性和前瞻性。公司内部设置研发、生产、市场和财务等职能部门，各部门紧密协作，保障企业高效运作和创新能力。同时公司还聘请了外部顾问，为关键战略和技术决策提供支持。

六、融资计划

（一）资金需求额度

公司计划通过股权融资方式，以 15% 的股权，募集资金 3 000 万元。

（二）资金用途

（1）扩大再生产，投资 2 200 万元用于新增固定资产，形成年产 10 万套生物质节能燃烧设备的生产能力。

（2）配套流动资金 500 万元，用于招聘生产工人及采购原材料。

（3）市场推广费用 300 万元，用于广告投放和代理商网络的建立。

（三）资金使用计划

公司将在一年内合理分配上述资金，以提高产能、增强品牌影响力和畅通销售渠道。预计上述项目完成后，公司将年产 10 万套生物质节能燃烧设备，新增销售收入 2 亿元，净利润 3 000 万元。

（四）资金退出方式

（1）挂牌退出：公司计划于 20×× 年完成股份制改革并在浙江股权交易中心挂牌，次年申请在全国中小企业股份转让系统挂牌，投资者可通过上述平台转让股权。

（2）回购协议退出：投资者可与公司约定，在公司具备足够现金流的情况下，公司按公允市场价格或约定价格回购股份。

（3）IPO 退出：投资者持有企业股份至公司上市，通过首次公开发行（IPO）实现退出。

资料来源：基于东方财富网某公司商业计划书改写。

讨论题：

1. 结合案例分析一份成功的商业计划的核心指导思想和关键点是什么？应该包括哪些主要内容？

2. A 电器有限公司的商业计划是如何分析其所在市场情况的？

3. A 电器有限公司的商业计划是如何分析其技术实力和盈利模式的？

4. 你认为 A 电器有限公司的商业计划能成功吗？是否还有需要完善的地方？试举例说明。

参考文献

1. 威廉·梅金森，等. 小企业管理：企业家指南. 3 版. 李刚，范存会，俞海，译. 北京：电子工业出版社，2002.

2. 杰斯汀·隆内克，卡罗斯·莫尔，威廉·彼迪. 开发商业计划. 郭武文，等，译. 北京：华夏出版社，2002.

3. 科林·巴露，罗伯特·布朗. 小企业三步曲：创立、生存与发展. 宁光杰，李布，译. 北京：机械工业出版社，1999.

4. 张帏，姜彦福. 创业管理学. 2 版. 北京：清华大学出版社，2018.

5. 尹建华，邢小强，汪洋. 创业管理. 北京：对外经济贸易大学出版社，2017.

中　篇

中小企业成长管理

第五章

中小企业融资

学习目标

1. **知识探索**：帮助学生全面认识中小企业融资的重要性和面临的问题，系统掌握中小企业通过自筹资金、直接融资、间接融资、政府支持资金等模式进行融资的方法和策略，构建对中小企业融资模式的分析框架。

2. **能力提升**：引导学生结合案例和专业知识系统思考中小企业融资难、融资贵的症结，全面掌握资本结构与融资成本控制原理，培养运用多种模式帮助中小企业融资的能力，掌握分析中小企业融资结构和控制融资成本的方法，深刻认识中小企业融资的新模式、新趋势。

3. **价值引领**：中小企业融资难是一个世界性问题，帮助学生通过了解我国政府出台的一系列支持性政策和措施，感受国家和政府对中小企业发展的支持，进而培养民族自豪感和爱国情怀。

4. **品格养成**：通过学习和讨论中小企业融资的现实案例和中小企业融资的新模式、新趋势，帮助学生深刻认识中小企业家在解决融资难、融资贵等难题中展现出的智慧和勇于冒险创新的精神，从而培养敢于冒险、攻坚克难的精神。

专注打造小微金融优质"供应商"

小微金融"全国看浙江"，小微企业金融服务的"浙江模式"是公众关注的焦点，也是全国的风向标。2019 年以来，浙江银保监局[①]着力实施小微企业"增氧"计划和"滴灌"工程，出台"4+1"小微金融服务差异化细分工作方案，加大力度、增加精度、提高效率，不断提升小微企业金融服务获得感。温州银保监分局[②]积极谋划相关工作的落地对接，提出构建"13520"金融服务体系，制定普惠金融工作计划，引导辖内银行保险机构从组织体系、产品创新、流程优化等多个方面施力，破解小微企业融资的"难点、堵点、痛点"。截至 2019 年 9 月末，全市小微企业贷款余额 4 570.72 亿元，同比增长 18.58%。

----

① 浙江银保监局全称为中国银行保险监督管理委员会浙江监管局，2023 年更名为国家金融监督管理总局浙江监管局。
② 2023 年更名为国家金融监督管理总局温州监管分局。

优化社区共建体系   破解融资难点

温州银保监分局积极实施差异化监管政策，推动银行机构优化小微金融服务组织体系，支持设立专营机构、社区支行及普惠金融事业部，打造社区银行、园区银行。推动探索打造多维度的共建体系，支持多家银行机构探索银社共建模式，向社区（村）派驻金融指导员3 000余名。聚焦"三服务"活动，推动走访企业1 000余家，解决问题700余个。

如鹿城农商银行认真贯彻"三服务"精神，积极探索党建和业务深度融合，主动出击，优化社区共建体系，努力破解银企信息不对称的融资难问题。

该行与鹿城164个村居（社区）党组织签订共建协议书，打造党建联盟，探索建立业务合作平台、创新联动平台、社区银行服务平台，响应"百名行长进百企"行动，深化"金融骨干下基层"服务，开展银企一对一走访、银社一对一挂职，深入园区、社区，开展普及金融知识、深耕社区金融服务等工作，构建信息互动渠道。目前，已选派188名金融骨干至各街道、社区（村）挂职，为社区提供点对点的金融服务，在鹿城15个小微园区、工业园区进行走访调研，了解企业需求，解决企业困难。

"要不是他们主动联系上我，我可能还在烦恼，这资金到底去哪里借，怎么借，借不借得起。"老张是温州市双屿鞋都工业区从事皮鞋制造的小微企业主，近年来受市场竞争加剧、鞋厂收款账期长等因素影响，经营成本不断提高，鞋厂的资金链逐渐趋紧。

在走访双屿鞋都工业区期间，鹿城农商银行了解到了老张的"烦恼"，主动对接，对鞋厂的经营效益、客户群体、发展前景以及老张的信用情况等进行了评估，很快就为他授信50万元，解决了他的燃眉之急。

优化小微贷款产品   破解融资堵点

服务小微企业要有好的产品，推进小微金融要有"拳头"产品。温州银保监分局围绕小微客户"小、频、急"的融资特点，推动银行机构不断完善小微贷款产品体系。创新推广"年审制""分段式""增信式"等无还本续贷产品，目前累计转贷400余亿元；支持探索"农民资产/小微企业资产授托代管"融资模式，目前规模已超100亿元；大力推广小微企业信用贷款，力争2019年小微企业贷款中信用贷款占比达到12%。

如鹿城农商银行引进中国台湾地区微贷技术，结合实际进行改良，推进标准化授信，大力发展信用类贷款、循环类贷款，助推化解小微企业担保难、续贷难等融资堵点。截至2019年9月末，全行信用贷款余额62.17亿元，同比增加28.31亿元，增长83.61%；循环类贷款余额123.59亿元，同比增加48.62亿元，增长64.85%。

经营情况良好，但因为没有像大企业那样的实力和信用背书，寻找贷款担保常常成为小微企业融资路上的"拦路虎"。温州易邻信息科技有限公司就被这样的"拦路虎"拦在了融资半途中，无法前进。鹿城农商银行通过前期走访企业了解到该公司的困难，主动与其对接，为其提供了"企业信用贷"产品，无须抵押无担保，给予授信50万元，为企业发展"解渴"。

为帮助小微企业解决担保难问题，2019年6月，鹿城农商银行创新推出"企业信用贷"产品，为优质小微企业提供无须抵押无须担保的纯信用企业贷款，且支持企业网银线上自主放款、还款，提高了信贷资金使用的灵活性，大大降低了企业的融资成本。该行还与信保基金加强合作，推出小微企业"信保贷"，构建小微企业、金融机构、信保基金三位一体的信用保证体系，为小微企业解决担保难问题。

优化业务办理流程　破解融资痛点

温州银保监分局聚焦科技驱动、流程驱动，推动"最多跑一次""一次都不用跑"在小微金融领域落地。科技驱动，持续推广不动产登记信息查询、房地产押品价值咨询服务两大系统，节约小微金融服务全流程时间成本；流程驱动，要求银行机构结合自身风险管理制度和业务流程，探索建立贷款全流程限时制度，按业务类别对贷款办理时限做出明确承诺，精简耗时环节。

"从申请贷款到资金到账，前后只用了两天，这是过去想都不敢想的事情，真是解了我们再生产资金的燃眉之急。"鹿城农商银行营业部大厅里，高先生拿着丰收卡高兴地说，"现在我们可以把更多的时间和精力用在跑市场上。"

过去，办理抵押贷款需要拿着一堆材料往返于银行和不动产登记中心，如果资料不齐全，还要多次在住所、银行和登记中心之间来回折返，拿到登记证明到贷款资金到账，常常需要一周左右的时间，费时又费力。2019年，鹿城农商银行深化与不动产登记中心合作，在试点基础上推广抵押贷款线上登记（注销）"抵押直通车"功能，以银行网点窗口对接不动产登记中心，实现抵押房产登记（注销）线上化一站式办理，大幅提升抵押贷款办理效率，推进"最多跑一次"改革，让数据多跑路、客户少跑腿。自"抵押直通车"试点以来，截至2019年9月末，该系统实现线上登记1 299笔。

"抵押直通车"只是鹿城农商银行优化工作流程、提升服务质效的一个缩影。在推进小微金融服务数字化、智能化转型的过程中，该行不断探索创新，加快应用手机移动办贷模式，推出纯线上小微贷款产品，实现客户授信调查、建档、审批、放款全流程线上操作，提升业务效率和灵活性，受到客户广泛认可。

资料来源：浙江日报，2019年11月29日，作者：叶家佳。

请思考：

1. 小微企业融资有哪些难点、痛点和堵点？
2. 浙江银保监局从哪些方面采取了哪些措施助力小微企业融资？

中小企业从建立到成长，从弱到强，除了需要创业者个人的能力和创业团队共同的努力外，还需要多方面外部条件的支持。在这些外部条件中，资金就如同企业的"血液"，在企业经营发展中发挥着重要作用。那么，中小企业为什么要融资？中小企业融资问题的症结在哪里？中小企业可以选择哪些融资渠道和模式？这正是本章要讨论的问题。

第一节　中小企业融资概述

一、中小企业融资的重要性

企业融资是指企业根据生产经营和其他方面的需要，通过融资渠道和金融市场，运用一定的融资方式，经济有效地筹措所需资金的财务活动。资金是指用来为企业生产更多财富的一种生产要素。中小企业融资具有非常重要的意义，中小企业通过合理的融资渠道和融资策略，不仅可以解决生存和发展的资金来源问题，还有助于优化资本结构和强化管理能力。

（一）解决中小企业生存问题

1. 获取初始启动资金

任何中小企业的生存发展都要解决原始积累问题，民间也流传着"做买卖必须有本钱"的说法。资金是关系中小企业生死存亡、健康发展的不可或缺的资源。在为开办企业筹集初始资金时，主要有内源融资和外源融资两种渠道，都必须先估计企业所需要的资金量。通过创业者个人或合伙入股等来源筹集内部资金时，估计中小企业的资金需要可以最大限度地减少现金的消耗；通过天使投资、众筹、银行贷款等获得外部资金时，也要对中小企业未来资金的需要量有一个可靠的预计。中小企业初始启动资金主要包括：

（1）一次性开办费用。一次性开办费用包括：法律费用、执照和许可证费用、押金、家具、存货、租赁费用、标牌和其他一切开办企业所需费用。

（2）运作资本。运作资本包括保持中小企业运作所需要的资金，有进行中的、日常的支出，如存货和原材料的更新、应收账款、员工的工资，还有偿债利息和本金。

（3）备用金。备用金是指应付可预见的事务或弥补预算误差所需的资本。

2. 缓解现金流约束

现金是流动性最强的资产，现金流状况在中小企业生存与发展中起着至关重要的作用。很多中小企业之所以会陷入困境，就是由于现金流短缺而无法实现预定目标。有时，即使企业的资产负债表很健康，市场前景良好，但现金流断裂还是会导致企业无法正常运转、到期债务无法偿还，最终不得不清算乃至破产。市场研究机构 CB Insights 的调研数据显示，29%的新创企业因为现金流枯竭而倒闭。中小企业与大企业相比，在现金流管理上面临更多挑战，主要原因有以下三点：

（1）中小企业规模较小，信用记录不如大企业完善，往往难以从传统银行获得贷款，融资成本较高，融资方式也相对单一。

（2）中小企业在供应链中往往处于较弱地位，难以像大企业那样延长付款期限或降低采购成本，这直接影响了现金流的灵活性和稳定性。

（3）中小企业常常专注于特定市场或产品，缺乏多元化，这使得它们更容易受到市场波动的影响，现金流因此更加不稳定。

有效的融资策略对中小企业来说是维持健康现金流的关键。通过运用各种长短期融资工具，中小企业可以有效地管理和缓解现金流压力。短期融资工具，如信用额度或短期贷款，可以快速解决由客户延迟支付账款而导致的现金流断裂问题；而长期融资策略，如长期贷款或发行债券，可以提供稳定的资金来源，使中小企业能够投资于扩大生产能力、研发新产品或扩展市场等长期项目，带来持续的收益增长，从而从根本上改善现金流状况。

3. 增强中小企业韧性

融资不仅为中小企业提供必要的资金支持，还极大地增强了中小企业的韧性，使其能够在不稳定的经济环境中生存下来，防止因资金问题而破产。根据美国小企业管理局（SBA）的统计，有近30%的小企业在成立两年内消失，有近56%的小企业在四年内退出市场。与成熟大企业相比，中小企业面对经济危机、技术变革、市场需求变化、政策调整等外部冲击时往往显得尤为脆弱。这主要是因为中小企业资源有限，抗风险能力较弱，缺乏足够的资金储备来应对快速变化的市场环境。例如，在技术迭代快速的行业中，中小企业可能因为资金限制无法及时更新设备或软件，从而失去竞争力。此外，政策变动，如税收增加、环保规制压力增加等，可能迫使中小企业需要额外的资金来应对新的合规要求，从而导致中小企业难以快速适应这些变化。融资在这种情况下就会扮演至关重要的角色，通过建立多元化的融资渠道和灵活高效的资金管理策略，中小企业可以有效地增强自身的韧性，更好地应对各种外部冲击，保持持续稳定发展。

（二）助力中小企业发展壮大

融资对于中小企业的成长与扩张起到了至关重要的作用。合理有效的融资不仅可以解决中小企业的资金短缺问题，还可以助力中小企业开拓新市场、实现规模扩张、提升生产效率、增加研发投资，从而提升中小企业的竞争力。

1. 开拓新市场

利用融资获得的资金，中小企业可以积极开拓新市场，开设新的分支机构。例如，瑞幸、喜茶等企业，在获得风险投资后，短时间内在全国范围内开设了多家分店，迅速扩大了市场覆盖面，提升了市场份额。这种扩张不仅增加了中小企业的收入，也增强了其在行业内的影响力。另外，通过融资，企业也可以获得充足的资金来投入市场营销活动，提升品牌知名度和吸引潜在客户，从而驱动销售增长和市场份额的提升。

2. 实现规模扩张

通过融资，中小企业可以实现规模的快速扩张。资金的注入使企业有能力扩充生产设备、增加员工数量，或者扩充产品和服务的种类。规模的扩大不仅能提高企业的市场份额，还能增强其在行业中的竞争力和议价能力。

3. 提升生产效率

融资可以使中小企业有能力投资先进的生产技术和设备，这不仅能提高生产效率，还能改善产品质量。通过引入自动化设备或最新的技术，中小企业能够降低生产成本，提高产品竞争力，同时也能更好地满足消费者对高品质产品的需求。

4. 增加研发投入

持续的研发投入是中小企业维持和增强核心竞争力的关键。通过融资获取的资金可以使企业有能力开展新技术、新产品的研发，这有利于中小企业的持续成长和竞争力的提升。通过增加研发投入，中小企业可以开发新产品或改进现有产品，满足市场需求。稳定充足的现金流也可以帮助中小企业吸引和招聘到创新能力强的优秀人才。

（三）优化中小企业资本结构

对中小企业来说，优化资本结构是实现可持续发展的关键因素之一。通过合理的融资策略，中小企业不仅可以改善短期的资金需求，还能在长期发展中保持资本的健康和稳定，从而增加中小企业的财务灵活性，减少财务风险，提高企业价值。

1. 平衡债务和权益比例

合理的债务和权益比例是中小企业资本结构的核心。通过融资，中小企业可以调整其债务和权益的比例，以适应不同的发展阶段和市场环境。适当的债务水平可以帮助中小企业利用财务杠杆效应，增加投资回报率。然而，过高的债务水平则会给中小企业带来巨大的还款压力。因此，保持适当的债务比例，综合运用权益融资等多种融资手段，是保证中小企业长期稳定发展的关键。

2. 提高资金使用效率

外源融资，不仅可以满足中小企业的即时资金需求，还有助于提高资金的使用效率，优化资金流，如促进中小企业扩大生产或转型升级等。

3. 提升中小企业信用等级

良好的融资记录可以提升中小企业的信用等级，有助于中小企业在未来融资时获得更有利的条件。例如，中小企业通过银行贷款或发行债券等外源融资方式，能够在金融系统中建立正式的信用记录。这些记录反映了中小企业的借贷历史和还款行为，是评估中小企业信用等级的关键因素。良好的信用记录可以增强金融机构对中小企业的信任，提高中小企业获得未来融资的能力。此外，中小企业通过参与资本市场融资，可以加强与金融机构和投资者的互动，增强市场对中小企业的认知和信任。

（四）强化中小企业管理能力

1. 提升财务透明度和管理水平

许多融资方式都要求中小企业提供详尽透明的财务数据，包括利润数据、资产负债数据和现金流量数据等。这将迫使中小企业建立和维护规范的财务管理系统，提升财务透明度和管理水平。通过改善财务管理实践，中小企业能够更准确地理解和预测财务状况，优化资金使用，进而增加运营效率和盈利能力。

2. 建立健全内部控制机制

融资活动常常伴随着对中小企业内部控制系统的评估。投资者或金融机构需要确保中小企业能够有效管理其运营和财务风险。因此，融资可以倒逼中小企业建立和健全内部控制机制，如审核流程、风险管理政策及合规性检查等。这些控制机制的建立健全不仅有助于中小企业满足未来 IPO（首次公开募股）的要求，还能提升中小企业防范和处理内部及外部风险的能力。

3. 专业机构参与投后管理

风险投资等金融机构除了向中小企业提供资金支持外，通常还会参与到中小企业的日常管理中，通过"投后管理"帮助中小企业提升管理水平。这种管理支持包括提供管理咨询、帮助中小企业制定和优化战略规划、建立企业治理结构、引入行业专家顾问等。风险投资者利用其丰富的行业经验和资源网络，可以帮助中小企业提升管理能力，提高决策的效率和质量。此外，风险投资机构还会帮助中小企业建立高效的绩效监控系统，确保中小企业目标与市场需求保持一致，从而提升企业的整体运营能力和市场反应速度。这些措施不仅加强了中小企业的内部管理，还增强了中小企业应对市场变化的灵活性和创新能力。

二、中小企业融资面临的问题

发改委调查显示，中小企业贷款被拒绝率超过 56%。国家统计局调查显示，有近 4% 的民营企业的流动资金部分来自高利贷，其中，有近 1% 的企业 25% 以上的流动资金是靠高利贷筹措的。融资难和融资贵成了制约我国中小企业发展的主要问题之一。2018 年 11 月，习近平在民营企业座谈会上强调："要优先解决民营企业特别是中小企业融资难甚至融不到资问题，同时逐步降低融资成本。"

（一）中小企业融资难、融资贵的表现

1. 融资缺口普遍存在

无论是发达国家还是发展中国家，中小企业的融资缺口问题都普遍存在。联合国经济合作与发展组织（OECD）数据显示，发展中国家比发达国家面临着更严重的中小企业融资缺口问题。国际金融公司（IFC）2018 年测算的数据显示，发展中国家中小企业的总体融资需求约为 8.9 万亿美元，其中仅有 3.7 万亿美元的融资需求可以得到满足，总体融资缺口占比超过 58%；其中，中国有约 5 600 万家中小企业仍然面临着约 1.89 万亿美元的融资缺口，融资缺口占比超过 43%。可见，大多数中小企业在正常经营中都会面临融资缺口问题，具体表现为：

（1）中小企业难以像大企业那样，利用发行企业债券和股票等手段，从资本市场上募集资金，融资渠道较为有限。

（2）从金融机构借钱很困难。

（3）利润留成、设备折旧的内部资本积累有限。

（4）融资审批过程较为漫长和复杂，对急需资金的中小企业而言是一个重大负担。

2. 融资条件比大企业苛刻

（1）一般中小企业的财务实力较弱，信用度低，因此，金融机构在向中小企业贷款时，对财产抵押条件和担保人的资格要求非常严格，还会提高融资条件，比如，提高实质性利率、缩短融资期限等。

（2）借钱手续繁杂，既费时又费力。

（3）若靠企业之间互相借贷筹资，则资金成本很高。

此外，随着金融形势的变化，金融机构的融资条件、融资数量和比例往往会出于自身的考虑发生变更，很不稳定。

3. 融资成本相对较高

中小企业在面临融资难问题的同时，还面临融资贵问题。中小企业普遍具有较高的发展不确定性且财务信息披露状况不佳，银行在精准评估其信用状况、发展前景及资金运用效率等方面时面临挑战，这在一定程度上推高了中小企业的融资风险溢价。此外，由于多数中小企业难以通过发行债券或公开上市等渠道筹集资金，其融资渠道相对较少；即使是能够在市场上公开发行债券的优质中小企业，其债券发行成本相对于无风险的国债仍然高出很多，这进一步导致了其实际融资成本的上升。

（二）中小企业融资难、融资贵的原因

中小企业融资现状与其在国民经济中的数量和地位是不相符的，其主要原因有：

1. 中小企业自身方面的原因

（1）中小企业经营规模小，抵抗风险能力较弱，行业竞争激烈，生存难度较大。银行从贷款安全性考虑，更愿选择大中型企业为贷款对象。同时，一些地方中小银行普惠金融产品结构单一、贷款利率高，为了降低风险，其普惠金融产品普遍附加担保抵押要求，这也增加了中小企业的融资成本。

（2）在抵押贷款上，银行一般以土地、房产等不动产作抵押，或采取担保贷款的形式。由于我国的中小企业目前多为租赁、承包经营形式，无自有资产抵押，而那些挂靠集体或采取合资、合作经营方式的私营企业在机器设备和房屋所有权、土地使用权的取得上存在一定的法律障碍，这使得银行对中小企业的抵押贷款较难实施。相对较少的可选融资渠道，一方面使中小企业融资的难度有所上升，另一方面降低了中小企业融资过程中的议价能力，抬高了其融资成本。

（3）部分中小企业财务管理水平有待进一步规范。由于部分中小企业的财务报告制度落后，信息不透明，缺乏审计部门确认的财务报表和良好的经营业绩，增加了银行对企业财务信息的审查难度，银行经营面临的风险较大。即使是资质达标、财务状况良好的中小企业，在开展融资的过程中也需要聘用律师事务所、会计师事务所等外部机构，准备财务报表等大量材料，由此产生的成本对中小企业而言也是一笔不小的负担。

（4）中小企业信用等级较低，也影响了银行贷款的积极性。例如，在江苏、浙江的有关调查中，60%以上的中小企业信用等级都在 3B 或 3B 以下；在部分地区的企业改制中，一些中小企业以"金蝉脱壳"的办法逃避银行债务的现象时有发生，使得银行对中小企业的贷款非常谨慎。同时，由于具有较低的信用等级和较高的贷款风险，中小企业往往更容易获得短期贷款而非长期贷款。短期贷款需要频繁续签或偿还，导致中小企业频繁面对重新融资的高成本和不确定性，进一步增加了融资的难度和成本。

2. 融资体系方面的原因

中小企业融资难、融资贵问题具有长期性和必然性，其根源深植于融资体系的复杂结构中。近年来，我国持续致力于优化中小企业的融资制度，与经济合作与发展组织（OECD）国家相比，我国中小企业的融资环境已处于世界较好水平，但仍存在一些问题：

（1）银行信贷融资方面，中小企业的信用贷款和中长期贷款保障机制有待完善。具体而言，我国中小企业贷款抵押率（需提供抵质押品的比例）通常在 50% 左右，较高的贷款抵押要求不仅增加了企业的融资成本，还导致中小企业中长期贷款占比较低，限制了中小企业进行长期投资和可持续发展的能力。此外，一些中小银行近年来因法人治理结构不完善、技术与人才储备不足、外部激励约束机制缺乏等原因，偏离了服务社区、支农支小的主责主业，未能有效服务中小企业融资需求。

（2）直接融资方面，股权融资和债券融资对高科技中小微企业的支持力度有待加强。目前我国股权融资体系整体支撑能力较弱，债券市场分层结构有待进一步细化。以股权融资为例，我国目前创投基金与风险资本在规模与单项投资额度上与美国相比仍有较大差距；在债券融资

方面，截至 2019 年年末，我国中小微企业债券在所有类型债券余额中占比仅为 1.3%，且主要依赖银行发债，中小微企业的股权和债券市场亟待进一步发展。

（3）融资风险分担方面，融资担保、抵质押品管理等方面的体制机制有待健全。中小企业面临着担保难、抵押难的困境，办理财产抵押需经历烦琐的程序，涉及多个部门并需提供大量资料，且抵押登记和评估费用高、随意性大。目前，我国中小企业融资担保业务的覆盖面和杠杆放大效率有待提升，抵质押品管理机制亦需优化，以更好地支持中小微企业的融资需求。

三、中小企业融资模式

中小企业融资模式是中小企业筹集资金所采取的具体模式，它旨在说明中小企业财务管理人员从各种渠道筹措所需资金的具体策略。不同的融资模式各具特点，中小企业应根据自身条件选择适当的融资模式以及各种不同融资模式的有效组合，以达到提高融资效益和降低融资风险的目的。

中小企业融资的模式多种多样，主要可以划分为以下四种：

（1）自筹资金（self-financing）。

（2）直接融资（direct financing）。

（3）间接融资（indirect financing）。

（4）政府扶持资金（government financing）。

这四种融资模式，将分别在第二节至第五节中详细论述。

第二节　中小企业自筹资金模式与策略

一、中小企业自筹资金的渠道

这里的自筹资金是从狭义角度上来界定的，属于内源融资，指开办企业的资本是由创建者自己或其家人和朋友提供的，是企业不断将自己的储蓄（留存盈利和折扣）转化为投资的过程。许多创业者在早期就运用自筹资金的方式为企业融资。自筹资金具有原始性、自主性、低成本性和抗风险性的特点，是企业生存和发展不可或缺的重要资金来源。

自筹资金首先是从自家开始的，主要有企业主（或合伙人、股东）自有资金、向亲戚朋友借用的资金。尤其对创办小企业而言，在从外部筹资之前，创办者必须投入大量的个人资金。在自筹资金中，又以企业主（或合伙人、股东）自有资金的比重最大，从亲戚朋友借用的资金次之。美国中小企业资金来源中居首位的是企业主自身的储蓄，其次是亲戚朋友的借款。

企业融资是一个会随经济发展而由内源融资转向外源融资的交替过程。外源融资是企业吸收其他经济主体的闲置资金使之转化为自己投资的过程，包括直接融资和间接融资两部分（下面将有讲述）。由于企业内源融资成本低于外源融资，企业合理的资本结构应该以自有资金为主，借入资金为辅。中小企业的资本构成中，自筹资金的比重相比大企业要高得多。其中，美国中小企业自筹资金的比重最高，一般要超过 60%；法国、意大利等欧洲国家的中小企业，自筹资金的比重在 50% 左右。自筹资金成为企业开办费用的主要资金来源的好处有：

（1）可以使企业主不受资金供应的限制，放开手脚高效率地工作。

（2）由于使用这笔自己的、家人的或朋友的资金必须慎之又慎，创业者就会合理利用好自己开创企业所筹集到的第一笔资金，有强大的动力工作，并且甘愿吃苦受累，从而有利于取得事业上的成功。中小企业在创立之初，由于市场需求狭小，生产规模有限，难以承担高额负债成本，所以十分重视自有资金的积累，避免过度负债经营，从而主要依靠内源融资来积累资金追加投资、扩大生产规模。

例如，惠普公司就是依靠自有资本的积累（利润）进行筹资发展的。戴维·帕卡德和比尔·休利特于 1939 年 1 月 1 日创办了合伙企业——休利特-帕卡德公司（以下简称"惠普公司"），到年底公司就开始盈利。惠普公司将大部分利润用于再投资，再加上员工购买股票的资金和其他现金收入，作为发展所需的资金，而不依赖长期贷款。惠普公司自 1959 年以来实行员工购买股票计划，使员工可依照其工资的一定比例按照优惠价格（优惠部分由公司补足）购买一部分惠普公司的股票，这为惠普公司筹措了可观的发展资金。

二、中小企业自筹资金的策略

自筹资金策略是指中小企业在自筹资金时基于自身特点，依据一定的筹资方式，决定采取什么筹资渠道，从而获得企业所需资金的方法。中小企业在筹资时，必须三思而后行，遵循科学合理的筹资策略。

（一）企业主要本着利润最大化的原则，使成本最小而收益最大

对于自筹资金决策，企业主可以凭着以往的经验，进行成本与收益的判断。

（1）要预测资金的需求量，以防资金多余或短缺。

（2）寻找备选方案。在寻找备选方案时要注意收集方案的数据资料，以此为基础计算方案的资金成本。

（二）清查自己的资产和负债，运用自筹资金的黄金法则

筹资黄金法则就是在竭尽自己全部财力之前，不要去向自己的亲戚朋友筹钱。企业主可以通过这些渠道寻找资金：

1. 储蓄、投资和可出售资产

理论上讲，就是把自己的资产从一种投资形式（如储蓄账户）转变为另一种投资形式（创办企业），这样虽会增大自己的风险，但是获得回报的机会也增大了。

2. 家人和朋友的关系网

一定要最大限度地利用自己的创业投资关系，并尽可能地使之正式化，即使借款，也要有固定的利率和偿还期限的约定。

3. 信用卡

在竞争日益激烈的市场上，信用卡既不需要个人担保，也不需要银行调查，可以考虑作为

经营企业的资金来源。

4. 个人房产抵押

在全部审查自己的财务状况后，可考虑这种方式。

（三）争取得到亲朋好友的帮助和支持

这个来源又被称为关系投资或关系借贷。我国是一个比较重视亲情的国家，在新的形势下，有必要将这种亲情关系引导到一种正常的、规范的创业投资关系上来。对筹办企业的创业者，这不失为一种办法。把自己的创业计划详细地告诉家人、亲戚，如果他们确信计划可行，会积极地支持。同时，这种方法也存在风险，因为投资可能危及创业者的亲戚关系，如果企业陷入困境时他们可能失去其全部的投资。因此，这种筹资也会促使创业者加倍努力地工作来取得成功。

第三节　中小企业直接融资模式与策略

直接融资是资金短缺部门在资本市场上以债券和股票的形式公开向社会筹集资金，或者得到企业外部直接投资的融资行为。直接融资对繁荣我国资本市场，促进中小企业发展有着极其重要的作用。直接融资模式包括股权融资、股票融资、债券融资、资产证券化融资、中小企业非正式渠道融资等。

一、股权融资渠道与策略

（一）股权融资特点

股权融资，是指企业通过出售部分股权来筹集资金的融资方式。投资者通过购买企业的股份，成为企业股东并拥有企业一定比例所有权，与老股东共同分享企业的盈利与增长。需要注意的是，本部分所讨论的股权融资主要指非上市公司通过出售其股份给投资者或投资机构来筹集资金的融资模式；关于在公开市场上通过发行股票的融资模式，将在下一部分股票融资中进行详细介绍。

中小企业采用股权融资具有如下好处：

（1）没有还款压力：与债务融资不同，股权融资不需要定期偿还本金和利息，这可以减轻中小企业的财务压力，特别是那些现金流紧张的中小企业。

（2）长期资金使用：股权融资提供的资金通常没有具体的还款期限，中小企业可以将这些资金用于长期发展计划，如扩大生产线、市场拓展等。

（3）获取资源和网络：股权投资者往往能提供除资金外的其他资源，包括管理经验、行业关系等，这有助于中小企业的成长和发展。

（4）提高中小企业声誉：成功的股权融资可以提升中小企业的市场知名度和品牌影响力，吸引更多的客户和合作伙伴。

但同时，股权融资也存在一定问题：

（1）稀释所有权：股权融资意味着出售公司的部分股权，这会稀释原有股东的持股比例，可能导致对公司控制权的部分丧失，这也是中小企业在采取股权融资时最需要注意的问题。

（2）决策分歧：新进股东可能对中小企业的运营和战略方向有不同的观点和想法，这可能会导致与原股东在重大决策上产生分歧，影响中小企业运营效率。

（3）退出机制：股权投资者通常在一定期限后需要退出，获取投资回报。如果签订了对赌协议，则需要中小企业在规定时间内达到约定的业绩指标，否则需要按照协议条款对投资方进行补偿或者回购股份，这将给中小企业带来额外的压力。

（二）股权融资渠道

在中小企业的成立和发展过程中，股权融资扮演着至关重要的角色，为中小企业提供了从创立初期到成熟阶段不同需求的资金支持。在不同的发展阶段，中小企业可以选择不同的股权融资渠道，主要包括天使投资融资、风险资本融资、私募股权融资等。2020年，工业和信息化部联合国家发展改革委、科技部、财政部等17个部门发布的《关于健全支持中小企业发展制度的若干意见》中也明确指出，"大力培育创业投资市场，完善创业投资激励和退出机制，引导天使投资人群体、私募股权、创业投资等扩大中小企业股权融资，更多地投长、投早、投小、投创新"。

1. 天使投资融资

天使投资（angel investment）是中小企业一种重要的早期股权融资方式，通常由个人投资者（称为"天使投资者"）提供，专注于支持初创企业及早期阶段企业的成长。天使投资者通常是有相当财富积累、管理和创业经验丰富的投资者，主要包括几种类型：富有的个体投资者、家族型投资者、天使投资联合体、合伙人投资者。天使投资对中小企业尤为关键，是风险投资的先锋。在中小企业初创时期，甚至还只是一个构想时，难以从传统金融机构获得资金支持，而天使投资者基于对企业潜力的信任及对创业者个人能力的认可，不仅能够为中小企业创立提供资金，而且还能够与中小企业建立合作关系，为他们带来创业指导、行业联系以及管理经验。此外，天使投资的一个显著特点是其投资决策过程相对快速，手续较为简便，能够迅速为中小企业提供所需资金。尽管天使投资带来的资金可能不如其他后期融资方式那样充足，但其在中小企业关键成长期的资金支持和其他非财务价值是非常关键的。

相关数据显示，截至2022年5月13日，我国天使投资活动合计有2.45万起，单笔天使投资金额从2013年的432万元增长到2022年上半年的2816万元，10年增长了6倍。近年来，生物制药、食品饮料和集成电路成为国内天使投资的前三大热门细分领域。未来天使投资将呈现五大趋势：天使投资者+孵化器模式、超级天使投资者投资崛起、天使投资者年轻化、天使投资者机构化、天使投资者联盟化。

2. 风险投资融资

风险投资（venture capital，VC），也称为创业投资、风险资本。根据美国风险投资协会的定义，风险投资是指由职业金融家投入新兴的、迅速发展的、有巨大竞争潜力的企业中的一种权益资本行为。欧洲风险投资协会则认为风险投资是一种由专门的投资公司向具有巨大发展潜力的成长型、扩张型、重组型的未上市企业提供资金支持并辅之以管理参与的行为。经济合作与发展组织提出，凡是以高科技与知识为基础生产与经营技术密集的创新产品或服务的投资，都可视为风险投资。我国《关于尽快发展我国风险投资事业的提案》指出，风险投资是一种把资金投向蕴藏着失败风险的高技术及其产品的研究开发领域，旨在促进高技术成果尽快商品化，以取得高资本收益的投资行为。

综上可知，风险投资是以一定的方式吸收机构和个人的资金，投向那些不具备上市资质的中小企业，尤其是高新技术企业。风险投资从本质上讲是高科技企业的孵化器，它按照投资、培育、出售、再投资的循环方式进行，以实现"滚动式"开发。可见，风险投资不同于一般投资，具有以下特点：

（1）具有高风险、高收益性。风险投资的对象是刚刚起步或还没有起步的高技术中小企业，其成长面临着很大的不确定性和风险性。据统计，美国风险投资基金的投资项目中有50%左右是完全失败的，40%是不赚不赔或有微利的，只有10%是大获成功的。与高风险相联系的是高收益。一般来说，投资于"种子"式创立期的公司，所要求的年投资回报率在40%左右；对于成长中的公司，年回报率要求在30%左右；对于即将上市的公司，要求有20%以上的回报率。投资额一般占风险投资企业股份的20%~30%，为了分散投资、规避风险，风险投资一般不会选择控股。

（2）是一种长期性股权投资。风险投资从投资到回收通常需要3~7年，投资项目一般经历创立、开拓、成长、成熟四个阶段。以美国为例，风险投资在项目创立阶段要投入300万~500万美元。在投资期间，风险投资者还会根据中小企业发展的不同阶段给予不同性质的资金融通，分阶段地继续注入风险资本。

（3）具有周期流动性。风险投资者的着眼点是权益增长而不是短期利润，风险投资的目的是尽量以高价将投资企业卖掉，以便收回投资，实现风险资本与产业资本的置换。因此，风险资本也呈现出一种周期流动性特征。

（4）具有很强的参与性。为了保证投资项目的顺利实施和降低风险，风险投资机构还会进入中小企业决策层。因此，风险投资机构不仅要精通专业科技知识，熟谙最新技术发展动态和发展趋势，也需要具备较高的管理技能，精通金融等方面的知识。

（5）大都投向高新技术领域。风险投资是以高风险为代价来追求高收益的。而高新技术产业正迎合了风险投资的特点，成为风险投资的热点领域。新兴产业因具备巨大发展潜力吸引了风险资本的追捧，如人工智能和机器学习、清洁能源和可再生能源、医疗科技和生物技术、电子商务和在线服务等。

一个典型的风险投资过程可分为七个阶段：寻找投资机会，筹集资本以供投资，寻找可投资的公司，筛选、评价交易，评估、谈判并达成交易，运作资本以求最大化收益，策划并实施退出、寻求新的投资机会。风险投资循环模型如图5-1所示。

中小企业除应在创业过程中积极创造条件来吸引风险资本外，还应具有挑选风险资本的能力，要在众多的风险资本中选取最符合企业经营理念和发展目标以及对其最有利的风险投资。

获得风险投资基金一般需要经过以下程序：

（1）初步的意向目标。寻找风险投资的中小企业，必须明确自身的初步意向目标，即通过了解风险投资市场的行情，了解不同风险投资公司的偏好及能力，然后根据本企业的特点和资

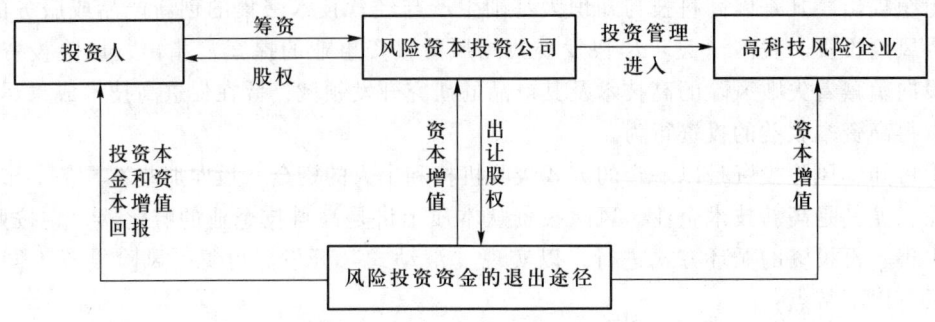

图 5-1　风险投资循环模型

金需要筛选出若干个可能会对自己的创新项目感兴趣及有能力的风险资本。同时，如果中小企业家觉得自己的项目较难吸引投资者的注意，就更要注意选择适当特性和数量的风险投资者，在以后各步骤中尽可能提高自己项目的吸引力，以成功地获得风险投资。

（2）准备文件。在访问风险投资者之前，中小企业应准备好所有的必要文件，投资者会通过这些文件的准备情况以及中小企业家的应对情况来评估投资项目。需要准备的文件包括：业务简介、经营计划、综合调查与分析或审慎的调查分析、营销资料、商业计划书等。

（3）会谈。在接到中小企业所提供的文件之后，风险投资者会初步审查这些文件，如果认为有谈判价值，他们就会决定与资金申请者进行会谈。在多数会议过程中，中小企业家和风险投资者之间将会围绕经营计划进行沟通。对风险投资者来说，了解中小企业的产品或服务是非常必要的，因此，在会议时带上一件产品会对投资者了解产品或服务大有帮助。

（4）价格谈判。双方在初次会谈成功之后，就要对投资项目的价格进行谈判。风险投资者在考虑每个投资项目的交易价格时，需要考虑补偿其他交易的损失。一般而言，由于初创中小企业的失败率较高，创业投资者对初创中小企业所期望的回报率常常达到10：1，而对非初创中小企业所期望的回报率则为5：1。随着中小企业的成长和经营风险的降低，中小企业的价值也会不断上升。所以投资中小企业的阶段越早，其投资的价值也越低，当然，风险投资的营利潜力也越大。在对投资项目价格进行评估时，风险资本会着重考虑四个因素：资本增值的潜力、资本流动的潜力、未来的资本需求、中小企业家的能力。所以中小企业在吸引风险投资的整个过程中，必须密切把握风险资本的偏好、评估重点、选择标准等，采取有针对性的措施提高自身项目的吸引力。

（5）签署文件。文件的签署标志着中小企业家吸引风险投资过程的结束，同时也标志着双方建立长期合作关系的开始。在投资合同书中，中小企业家和投资者双方必须明确两个基本问题：双方的出资数额与股份分配，其中包括对投资企业的技术开发设想和最初研究成果的股份评定；明确中小企业的管理团队构成和双方各自担任的职务，以及双方基于平等互利合作关系的权利和义务。

另外，风险投资的退出机制是风险投资机构在其所投资的风险企业发展相对成熟后，将所投的资金由股权形态转化为资金形态（即变现）的机制及相关配套制度安排。风险投资退出的途径主要有五种：公开上市、风险企业并购、风险企业家回购、破产清算和失败（见表 5-1）。

表 5-1　风险投资的不同退出方式所需平均周期及所获平均收益值

退出形式	平均周期/年	平均收益值/%
公开上市	4.2	610
风险企业并购	3.7	70
风险企业家回购	4.7	110
破产清算	4.1	−80
失败	3.7	−100

资料来源：李国麟，吴若陶. 风险投资与科技企业. 北京：中国经济出版社，2000.

3. 私募股权融资

私募股权投资（private equity，PE），是指通过私募形式对非上市企业进行的权益性投资。广义上的 PE 投资包括企业首次公开发行之前各个阶段的股权投资，而狭义上的 PE 投资主要指对已经形成一定规模并产生稳定现金流的较为成熟的企业的私募股权投资。在中国，PE 投资主要是指这一类投资。

目前，我国私募股权基金累计投资规模已超过 10 万亿元，在支持中小企业科技创新中发挥着越来越重要的基础性、战略性作用。投中研究院的数据显示，2020 年境内外上市的 565 家中国企业中，386 家企业得到了 VC/PE 机构支持，渗透率高达 68%；在科创板首批上市的 25 家企业中，私募股权投资的渗透率更是超过 90%。

与天使投资和风险资本不同，私募股权投资更加注重企业的现有价值和营利能力，投资规模通常较大，投资周期也更长。近年来，随着中国经济转型升级，许多私募股权基金更加重视投资于高科技、新能源、环保等战略性新兴行业，推动了这些领域企业的快速发展和技术创新。私募基金持续发挥促进中小企业创新创业功能，截至 2022 年年末，私募股权和创投基金在投中小企业项目 8.47 万个，在投本金 2.59 万亿元。

（三）股权融资策略

股权融资是中小企业获取资金的重要途径之一，特别是那些处于初创期或成长期的企业。在选择天使投资、风险资本和私募股权融资等不同的股权融资渠道时，中小企业需要注意以下几个问题，并制定相应的策略方法：

1. 根据中小企业发展阶段，选择合适的股权融资类型

（1）天使投资融资：适合于早期或创业阶段的中小企业，特别是那些尚未产生稳定收入的初创企业。天使投资者通常不仅提供资金，还会提供管理指导和行业联系。

（2）风险投资融资：适用于成长快速的创新型中小企业。风险投资通常在企业发展初期介入，提供较大规模的资金，以支持中小企业的快速发展和市场扩张。

（3）私募股权融资：更适合较为成熟的中小企业使用，尤其是那些寻求进一步扩大规模或进行市场整合的中小企业。

2. 明确股权融资目标和条件

中小企业在进行股权融资前，要确定融资的具体目标，如资金用途、期望的融资金额和股权出让比例。同时，要明确投资者的期望回报和参与管理的程度，合理设定股权结构和投资者权利。

3. 评估和提升企业价值

中小企业在接触潜在投资者之前，应对企业进行全面的财务审计和市场评估，提升企业透明度。同时，通过商业计划书和路演等方式，显示企业的增长潜力和市场竞争力，从而达到吸引投资者的目的。

4. 合理借助外部资源

在进行股权融资时，中小企业既可以直接与投资者进行谈判，选择符合双方利益的投资条款，也可以借助专业的金融顾问或投资银行来协助处理复杂的融资安排和法律事务。

二、股票融资渠道与策略

（一）股票融资特点

股票融资是指企业以"股票"这种有价证券向全社会公开募集资金的融资方式，主要通过在资本市场上市进行融资，既可在国内市场进行，也可在国外市场进行。通过股票发行上市融资的意义在于：① 可以广泛而迅速地聚集资金，而且具有融资成本低、融资金额大、融资连续性以及资金的非偿还性等特点，有利于企业的生产与发展；② 可以促进中小企业改善治理结构和转化经营机制，彻底解决由产权不清和家族化管理带来的各种弊端，建立新型的企业员工奖励、激励机制，吸引人才，稳定队伍；③ 还能迅速提高企业知名度，直接获得市场经济效益。发达国家股票市场发展经验证明，经济越发达，股票市场发展规模越大，证券占金融资产的比重也就越大。

（二）股票融资渠道

1. 国内直接融资渠道

中小企业可以采用的国内直接融资渠道主要有三种：

（1）直接上市融资。直接上市融资是一种有效而常见的融资方式。直接上市融资是指企业直接在股票市场挂牌交易，通过公开发行股票的方式一次性获得大量股权资金。直接上市融资有助于提高企业的资金使用效率、提升企业透明度、扩大其品牌知名度和市场影响力，以及吸引更多的战略合作伙伴。近年来，我国为满足不同成长阶段企业的上市融资需求，构建了包括主板、创业板、科创板及北京证券交易所（北交所）在内的多层次资本市场体系，具体如下。

① 主板（又称一板市场）：是指传统意义上的证券市场，由上海证券交易所（上交所）和深圳证券交易所（深交所）负责运营，主要面向规模大、经营时间长、财务结构健全且具有稳定盈利能力的成熟中大型企业。深交所于 2004 年设立中小板，作为主板的一部分，为规模较小但相对成熟的中小企业提供上市平台。2021 年，深交所合并主板与中小板，从而进一步统一了主板的市场结构。

② 创业板（又称二板市场）：主要服务于暂时无法在主板上市的创业企业，尤其是成立时间较短、规模较小、技术创新能力强、市场发展潜力大的中小型创新企业。创业板自 2009 年启动，由深交所运营，与主板相比在成立时间、资本规模和盈利能力等方面的要求更加灵活，具有低门槛进入、严要求运作的特点，是有潜力的中小企业获得融资的重要途径，增加了中小

企业股份的流动性，便于中小企业实施股权激励计划等，也为风险投资提供了退出渠道，有助于提高投资资源的流动和使用效率。

③ 科创板：是我国资本市场的另一重要板块，于 2019 年在上交所正式启动。科创板是独立于主板的新设板块，以支持和鼓励"硬科技"企业上市为核心目标，重点服务那些符合国家战略、突破关键核心技术且市场认可度高的科技创新型企业。科创板实行注册制，相较于盈利能力，更加注重企业的信息披露，从而降低了科技创新型企业的上市门槛，激励了新一代信息技术、高端装备、新材料、新能源、节能环保和生物医药等高新技术产业的快速发展。

④ 北交所：于 2021 年经国务院批准设立，是我国第一家公司制证券交易所。北交所的设立旨在为培育专精特新中小企业提供更具针对性的融资平台，通过上市、交易、转板、退市等基础制度，形成了契合中小企业特点的差异化安排。截至 2023 年年末，北交所上市公司数量达 239 家，总市值 4 496 亿元。其中，中小企业占比超八成，国家级专精特新"小巨人"企业占比近五成。

综上所述，不同市场针对的企业类型和发展阶段都有所不同，主板主要适合成熟中大型企业，创业板和科创板则适合那些具有较强成长性和创新能力的企业，而北交所专注于服务专精特新中小企业。因此，中小企业可以根据自身实际情况，选择最适合自己的上市渠道，从而最大化融资效率和市场影响力。

（2）全国中小企业股份转让系统。全国中小企业股份转让系统于 2013 年正式揭牌运营，隶属于中国证监会，简称"全国股转系统"，俗称"新三板"。作为一个全国性的股份转让系统，新三板为赢利能力和规模较小的中小企业提供了一个相对灵活的股票发行和转让平台。新三板分为基础层、创新层和精选层三个层次，其中精选层的企业在满足一定条件后，可以向北交所过渡，实现进一步的公开发行和交易。新三板的设立，丰富了中小企业直接融资的渠道，使它们能够利用资本市场的力量来加速发展；也为私募股权基金等投资者通过股票转让实现资本回收提供了相对便捷的退出通道。

（3）地方性股权交易市场。地方性股权交易市场就是某地区公司（企业）股权买卖集中交易的场所。在西方国家以及亚洲一些新兴工业化国家和地区，场外交易市场是中小企业股权流动的重要市场，其交易量十分庞大，管理组织系统也较完善。而在我国的这些具有地域性的地方性股权交易市场在运作过程中由于交易程序不规范、交易程序规章不健全，曾造成地方企业产权纠纷，使部分国有资产流失，使股权持有者蒙受损失等，因而被国家金融监管部门勒令关闭。

2. 国外直接融资渠道

国际上成熟的资本市场，均在主板市场之外设置有专供新型中小企业特别是高技术中小企业融资的二板市场，如美国的 NASDAQ 小盘股市场、欧洲的 EASDAQ 市场、英国的 AIM 市场、欧洲新市场（EURO-NM）、日本的场外交易所（OTC）、吉隆坡证交所第二交易部（KLSE）、韩国的 KASDAQ 市场、新加坡二板市场（SESDAQ）等。在利用国外的二板市场进行直接融资的过程中，中国证监会也会严格把关以提高我国中小企业境外融资的信誉度和知名度，实现国际资本市场直接融资。

（三）股票融资策略

1. 充分把握多层次资本市场体系

随着中国资本市场体系的持续发展和完善，现已形成包括主板市场、中小企业板市场、创业板、科创板及新三板（北交所）在内的多层次资本市场体系，为中小企业提供了广泛的直接融资途径。中小企业应充分理解各个市场板块的定位和要求，选择与自身发展阶段、行业属性、资金需求和市场定位最匹配的资本市场。例如，特定行业的科技创新型中小企业可以选择在科创板上市，尤其那些在高新技术领域需要大量资金进行研发和市场扩张的中小企业；创业板适合成长性强的中小企业；北交所的定位尤其适合专精特新中小企业；而对于那些尚未满足主板或其他板块上市条件的中小型企业，新三板为其提供了更为灵活的融资渠道。

2. 积极备战上市

在充分了解各种板块的特点和上市条件后，中小企业还需要做出多方面的努力。

（1）评估上市成本与收益。中小企业在决定上市前，需要全面评估与之相关的成本和潜在收益。这包括直接费用（如承销费和法律费用），以及间接费用（如管理时间和资源的投入）。

（2）进行股份制改造，建立完善的内部治理结构。中小企业，特别是民营中小企业大多是有限责任制或合伙制，普遍存在产权关系不清、治理结构不合理、家族化管理等问题，上市前必须建立起现代企业制度。

（3）规范经营与提高管理团队素质。中小企业要得到市场的认可，必须按照市场和监管机构的规范要求运作，提高管理团队的专业性和执行力，确保中小企业运营的透明度和效率。

（4）进行外围运作。中小企业在上市前就应选择能为企业长期服务的合格投资银行作为保荐人。对中小企业而言，到金融市场上市是一个专业性、技术性很强的工作，要经过资产、财务、税务、法律等一系列结构设计，非常需要中介机构从信息提供、关系协调、操作程序指导等多方面提供帮助。

（5）选择合适的上市时机。中小企业应根据自身的扩展计划和资金需求来选择上市时间，确保筹集到的资金能够有效支持中小企业的长期发展计划。在上市时，应确保企业已达到一定的成熟度，拥有稳定的收入来源和清晰的成长战略，企业内部管理结构完善，财务报告透明且符合监管要求。

三、债券融资渠道与策略

（一）债券融资渠道

债券是社会各类经济主体为筹集负债资金而向投资人出具的、承诺按一定利率支付利息并到期偿还本金的债务凭证。债券融资是另一种重要的直接融资方式。在现代市场经济国家，大部分企业会优先发行债券而不是发行股票。发行股票，出售公司未来收益是它们最不愿做的选择。因此，在完善的证券市场中，债券市场的规模甚至超过了股票市场。从筹资者角度看，债券投资安全性大，风险小，发行成本较低，收益也高于银行储蓄；有的债券品种还可以在二级市场流通，增加了流动变现的能力。所以，对稳健的投资者来说，债券投资不失为一种降低风险、增加收益的投资方式。目前，债券市场上以中小企业为发行主体的投资品种主要有中小企业集合债券、中小企业集合票据和中小企业短期融资券。其中，前两个品种是专门针对中小企业的金融创新，而中小企业短期融资券则是在原有短期融资市场中引入中小企业作为发行主体。

1. 中小企业集合债券

中小企业集合债券是以信用资产联盟为基础，由一个核心机构作为牵头人，多个中小企业共同参与的企业债券形式。中小企业捆绑发债，对发行主体来说，可以将个体信用提升至集群信用，突破债券市场的门槛，获取低成本的长期资金；对投资者来说，在保证合理收益的同时，通过分散投资降低了单一主体的违约风险。从这个意义上来说，集合债券的制度创新实现了发行主体与投资者双赢，是一种帕累托优化。集合债券实际上可以追溯到 20 世纪 90 年代。1998 年原国家科委就统一组织过高新技术企业的捆绑发债工作，只是当时没有冠以集合债券的名义。2007 年 11 月，第一只中小企业集合债券——"07 深中小债"获批发行。该债券由深圳市贸易工业局牵头，发行人为远望谷等 20 家深圳市中小企业，主承销商为国家开发银行，发行规模为 10 亿元人民币，票面利率为 5.7%，期限 5 年，本金分期偿还，2010 年偿还 4 亿元，2011 年和 2012 年分别偿还 3 亿元，信用等级为 AAA，由国家开发银行提供全额无条件不可撤销的连带责任保证担保。当年还发行了另一只中小企业集合债——"07 中关村债"。

2. 中小企业集合票据

中小企业集合票据是指 2 个（含）以上、10 个（含）以下具有法人资格的企业，在银行间债券市场以统一产品设计、统一券种冠名、统一信用增进、统一发行注册方式共同发行的，约定在一定期限还本付息的债务融资工具。中小企业集合票据与中小企业集合债券类似，也是中小企业捆绑发债的一种形式。区别主要在于，集合票据是中期票据的一种特殊形式，由央行授权银行间市场交易商协会实现自律管理，而集合债券属于企业债券的范畴，由发改委负责监管。中小企业集合票据发行始于 2009 年 11 月，晚于集合债券约 2 年，但由于不需履行审批手续、市场化程度高，其发展速度远快于集合债券。

3. 中小企业短期融资券

短期融资券是公司债券的一个重要分支，期限短、流动性好。短期融资券最早出现在 1988 年，1997 年停止发行。2005 年恢复发行，当年就达到 1 392.5 亿元的发行规模，占当年公司债券融资规模的 68%。为拓宽中小企业融资渠道，2008 年 7 月，银行间市场开始试点中小企业短期融资券，首批获准注册的中小企业有 6 家。短期融资券注册资金总额度 2.52 亿元，首期计划发行 1.97 亿元。中小企业短期融资券试点效果并不理想，首批注册的 6 家企业中，一家因发生重大伤亡事故而取消短期融资券发行，一家有集团担保于当天完成发行，其余 4 只中小企业短期融资券都受到市场冷遇，当天的发行工作均没有顺利完成。因市场反响不佳，首次发行后尚有剩余额度的 2 只中小企业短期融资券均未续发。

（二）债券融资策略

债券融资策略涉及两个主要问题：如何设计对企业最有利的债券，满足企业融资需求；如何成功地把债券发出去。这两个目标的实现要依靠对债券发行量、价格、利率、偿还期限等要素的合理确定；另外，为了成功地发行债券，还必须选择适当的发行方式和争取较高的信用评级。

1. 设计对企业最有利的债券

这个问题可从以下五个方面考虑：

（1）债券品种选择。企业应该发行什么类型的债券，取决于这几个方面：企业的融资需要；企业自身状况、实力、经营状况、信用等级、社会知名度；宏观经济条件；投资者的需要。只要企业在债券品种的创新上具有优势，企业就能够取得满意的融资效果。

（2）债券票面金额的确定。确定合理的债券票面金额应该既顾及发行量又顾及发行成本。

债券面额要同投资者的投资能力和要求相适应。

（3）确定合理的偿还期限。偿还期限的长短对于企业发行债券具有重要意义。中小企业在确定债券偿还期限时更多的是选择中期债券。

（4）确定合理的债券利率。确定企业债券利率一般要考虑企业自身状况、债券市场利率、债券偿还期限、市场供求状况等因素，从而以较低成本筹集到所需资金。

（5）发行量的确定。发行量是发行人一次发行债券的面值总额。一般来说，资产规模大、资产负债率低、财务状况良好的企业，可发行的债券数量较大；反之，则较小。

2. 成功地发行债券

为了成功地发行债券，需要做好以下三个方面工作：

（1）发行方式的选择。债券发行方式一般分为两种：直接发行和间接发行。根据《中华人民共和国证券法》规定，证券的发行只能采取间接发行的方式，即由证券经营机构依照协议包销或代销发行人向社会公开发行证券。如果企业有足够的实力，信誉好，社会知名度高，则可以采取代销方式，这样可以节省发行费用。

（2）争取高的信用评级。决定企业债券信用等级的因素主要包括：企业财务状况、投资项目、企业的发展前景和偿债能力。

（3）做好广告宣传工作。企业债券对于金融市场来说，就是一种产品，必须做好广告宣传工作，提高产品知名度，才能为投资者所接受。

四、资产证券化融资渠道与策略

对于成长性好，暂时不具备条件在资本市场上市的中小企业，应该为之提供其他融资渠道。资产证券化便是此类中小企业重要的直接融资方式。

（一）资产证券化融资渠道

资产证券化（asset securitization）是一种衍生的直接融资工具，指金融机构将若干流动性低的贷款汇总成债权群组或贷款组合，将债权群组或贷款组合划分为证券发行标准单位，再于资本市场出售。常见资产证券化的类型有房地产、汽车贷款、助学贷款、信用卡应收账款、设备租赁等。具体的操作过程是：由发起人把若干笔资产进行捆绑组合，构造一个资产池，然后将资产池出售给信托机构，信托机构以购买到的资产为基础发行债券，并委托发起人处置资产，资产处置形成的现金流用于向债券购买者支付债券本息。资产证券化除了提升金融机构债权资产的流动性，增加金融机构资产负债管理的灵活度，并提高资金管理运用效率外，也与资本市场直接相结合，是提供给投资大众的另一种长期投资工具。

目前国外中小企业信贷资产证券化业务已比较成熟，其起源可以追溯到 20 世纪 80 年代美国小企业管理局的担保贷款证券化。而欧洲目前是中小企业资产证券化的主要市场，1999—2014 年共发行中小企业资产支持证券（SMEABS）近 7000 亿美元，超过欧洲资产证券化发行总量的 11%。据统计，欧洲证券工具的违约率一直在 0.6%～1.5% 波动，中小企业贷款支持证券的违约率甚至保持在更低的 0.1%，表现出超出传统视角的整体信用水平。韩国政府于 1999 年年底通过其成立的政策性金融机构小企业局（SBC）尝试了基础债券抵押凭证（P-CBO）

模式，为韩国中小企业开创了全新的债券融资模式。

2012—2015 年，我国试点发行中小企业私募债券业务，高收益债券明显增多。中小企业私募债券是指我国中小企业在境内市场以非公开方式发行的，发行利率不超过同期限银行贷款基准利率 3 倍，期限在 1 年（含）以上，对发行人没有净资产和盈利能力的门槛要求，完全市场化的公司债券。2012 年 5 月，上交所、深交所分别发布《中小企业私募债券业务试点办法》，中国证券业协会发布《证券公司开展中小企业私募债券承销业务试点办法》。中小企业私募债券开始登上我国债券市场的舞台。2012 年 6 月，苏州华东镀膜玻璃有限公司发行了 5000 万元中小企业私募债券（"12 苏镀膜"），成为我国首单中小企业私募债券。2013 年和 2014 年，中小企业私募债券发行规模持续增长，2014 年发行期数和发行规模分别达到 389 期、639.03 亿元，分别为 2012 年的 3.7 倍和 5.6 倍。2015 年 1 月，证监会发布《公司债券发行与交易管理办法》，扩大公司债券发行主体范围，丰富公司债券发行方式，推出了公司债券"大公募"（面向公众投资者公开发行）、"小公募"（面向合格投资者公开发行）、"私募"（非公开发行）三种发行方式，并且约定可以在公司债券附加认股权、可转换成相关股票的条款。与此同时，上交所、深交所停止了中小企业私募债券的备案，以中小企业私募债券为代表的高收益债一级市场明显回落。

（二）资产证券化融资策略

有效利用资产证券化融资策略需要考虑以下几方面的因素：

（1）有较高素质的风险企业家。风险企业家必须有献身精神，有决策能力，有信心，有勇气，思路清晰，待人诚恳，有出色的领导水平，并能激励下属为同一目标而努力工作。

（2）既有远见又符合实际的企业经营计划。这个计划要阐明创办企业的价值，明确企业的发展目标和发展趋势，明确企业的市场和顾客，明确企业的优势和劣势，指出创办或发展企业所缺少的资金。

（3）有市场需求或有潜在市场需求的新技术、新产品。有需求就会有顾客，有顾客就会有市场，有市场就有了企业生存发展的空间。

（4）经营管理的经验和能力。有技术和营销人员配备均衡的管理队伍，有能高效运转的组织机构。

（5）资金支持。任何没有资金支持的企业都只能是空想。

（6）充分发挥担保机构的作用。资产证券化也需要高资质的担保机构，以降低资产证券化的实际运作成本。

（7）要能够准确界定"真实销售"行为，增加实际的可操作性，要满足资产证券化的质量要求，资产证券化必须使收益大于成本，且能在未来产生预测的稳定效益。

（8）通过法律规范使机构投资者进入资产证券市场，降低由于法律法规不明确而对证券投资机构和各种基金的过度干预，完善资本市场主体地位，优化资产证券化的融资环境。

五、中小企业非正式渠道融资

由于中小企业进入资本市场直接融资面临诸多限制与困难，一些中小企业不得不通过其他融资形式来支持企业从初创到成长这一特殊发展阶段的资金需求。中小企业非正式渠道融资主要有以下三种形式。

(一)企业内部融资

企业内部融资是中小企业较普遍采用的融资形式,它以本企业员工作为融资对象,以股权证和融资券为主要融资工具,是在特定的范围内进行的一种非正式渠道的融资行为。

(二)众筹

众筹是一种新兴的融资模式,它通过互联网及社交网络平台向公众展示创意项目,并争取支持和资金。众筹的特点是低门槛、多样性、依靠大众力量和注重创意。这种模式为中小企业拓宽了融资渠道,丰富了公众的投资途径。

(三)基层行政组织融资

基层行政组织融资实质上是一种社会融资,是由企业主管部门、社区街道办事处,以及其他组织以基层政府作为担保主体的融资行为。这种融资一般借用高息债券的融资方式,既向企业内部融资,又向社会公开募集。在不少地区的融资行为中,这是一种影响面较大、群众响应程度较高的融资形式。

第四节 中小企业间接融资模式与策略

直接融资和间接融资的区别主要是融资流程,如果企业融资要通过银行等金融中介机构就是间接融资,如果不通过金融中介机构而直接向资金所有者筹借资金则属于直接融资。一般来说,间接融资主要包括银行贷款和其他金融机构贷款等。其中,信贷融资、融资租赁、外资融资、商业信用融资是世界各国间接融资的主要渠道。

一、信贷融资渠道与策略

(一)银行信贷融资渠道

1. 银行信贷融资是间接融资最重要的形式,也是最典型的银行业务

目前,向银行贷款是中小企业获得外源资金最主要的融资方式。另外,一些以民间融资为主要方向的金融机构的诞生为中小企业融资开辟了新的信贷融资渠道。然而,我国的商业银行长期把大中型企业作为主要的服务对象,忽视了与中小企业之间的业务沟通和联系。近年来,随着中小企业的迅猛发展,国家对中小企业的重视程度明显提高,中国人民银行先后颁布了《关于进一步改善对中小企业金融服务的意见》和《关于加强和改进对小企业金融服务的指导意见》。2008年,面对国际金融危机的影响,中国人民银行、财政部、人力资源和社会保障部、银监会相继出台了四项与中小企业信贷及为中小企业提供金融服务有关的金融政策。各商业银行也结合各自的具体情况,制定出相应的办法和措施,积极调整信贷结构,加强信贷管

理，主动联系、培育和扶植了一批有前途、有信用的中小企业客户群。

2. 我国信贷资本的主要提供者是商业银行

我国商业银行包括国有商业银行、其他商业银行、区域性商业银行和外资银行等类型。国有商业银行是指四大专业银行——中国工商银行、中国农业银行、中国银行和中国建设银行，它们是根据金融体制改革的要求转变经营机制而成的。其他商业银行则包括先后成立的交通银行、中信银行、光大银行、华夏银行、招商银行、中国投资银行、中国民生银行等全国性商业银行。而区域性和地方性银行则数量众多，如深圳发展银行、广东发展银行（简称广发银行）、浦东发展银行（简称浦发银行）以及在城市信用合作社基础上组建的城市商业银行等。这些银行从成立开始便实行了商业银行的管理和经营机制，具有较强的市场经济适应性和竞争力。我国的非银行金融机构包括信托投资类公司、保险类公司、财务公司、融资租赁公司、证券公司、邮政储蓄机构和典当行等。为了培育和发展资本市场，我国还批准设立了部分投资基金和中外合资的资产管理公司。

3. 中小企业信用担保体系是解决中小企业贷款难的重要举措

中小企业普遍存在规模实力小、管理不规范、财务不健全、信用等级低等问题，使得银行由于害怕风险而不敢轻易对其发放贷款。现实情形是：一方面，银行拥有的大量资金因找不到合适的项目而闲置；另一方面，许多中小企业需要资金周转而贷不到款，形成了"两难"局面。如何缓解这个"两难"局面，已成为社会普遍关注的问题。建立中小企业信用担保体系是世界各国扶持中小企业发展的通行做法。我国于 2002 年通过的《中华人民共和国中小企业促进法》将中小企业信用担保体系建设的相关问题以法律形式进行了规定，标志着我国中小企业信用担保体系步入了法治化、规范化轨道。中小企业信用担保体系成为各国政府重塑银企关系、强化信用观念、化解金融风险和改善中小企业融资环境等的重要手段。

（二）银行信贷融资策略

1. 树立自身良好形象，加强与银行之间的信息沟通

中小企业要获得信贷部门的进一步支持，就必须加强信用意识，自觉还贷，规范自身的金融行为；同时，要及时将企业的生产、经营、财务状况的信息反馈给银行，实现信息的实时沟通，与银行建立一种相互信赖的合作关系。

2. 规范财务管理

中小企业要赢得银行的信任和支持，就必须提供准确、真实、有效的会计报表，如实反映企业的经营状况，确保自身的各项经济活动和财务收支的真实性和合法性。

3. 加大技术投入，提高管理水平，规范公司结构

现在商业银行纷纷将扶持高科技中小企业作为工作重点，中小企业要想获得贷款支持，就必须进行技术改造，增加产品的技术含量。中小企业要获得更好的发展，就要进行科学的管理，在经营体制和管理方式方面努力向现代企业靠近，才能在信贷部门的评估中获得较好的评级。

4. 在贷款方式上以押谋贷

抵押贷款是以自己的财产作为偿债的保证。抵押物可以有效地降低银行的贷款风险，当然，企业采取这种方式争取贷款，应争取尽可能高的抵押率，同时要争取获得其他方面的优惠，如贷款期限、利率等。

5. 充分发挥保证的作用

企业信用状况不佳时，可以通过提供一定的保证来提高企业的信用程度。通常的做法是找一个信誉、实力皆佳的保证人，或者利用与实力雄厚的企业发展业务关系来取得银行的信任。借款企业要取得企业、银行或政府的担保，一方面要靠企业过去的偿债表现，另一方面企业要有较好的经营业绩，更重要的是企业要向保证人表明自己还款的决心和能力，充分说明借款的用途和投资的有利前景。

二、融资租赁渠道与策略

（一）融资租赁渠道

融资租赁（financial lease）是 1952 年诞生在美国的一种金融工具，按照《国际融资租赁公约》的定义，融资租赁是指"出租人按承租人设定的条件，向承租人指定的供货人购买实物财产，并以摊提（即分期偿还）该财产的全部或大部分购置成本为基础，向承租人收取租金的一种交易"。融资租赁的内容是融资，表现形式却是融物。从本质上来讲，融资租赁是对设备的投资，是一种以实物为载体的间接资金融通。

融资租赁把金融、贸易、生产三者紧密结合，将银行信用、商业信用、消费信用有效叠加，这是实现资源优化配置的重要方式。融资租赁在发达国家是仅次于银行信贷的金融工具，该行业在全球发展势头迅猛，其市场渗透率一般为 15%～30%，全球近 1/3 的投资是通过这种方式完成的。我国的融资租赁始于 1981 年中国东方租赁有限公司的成立。我国融资租赁业多年来虽取得了飞速的发展，但由于种种原因，仍未能满足市场经济发展的需要。

（二）融资租赁策略

1. 融资租赁有利于中小企业融资

一般中小企业很难从银行取得贷款。融资租赁由于有轻松回收、轻松处理以及参与经营等银行不能经营的活动范围，对承租企业的资信要求不是很高，主要看项目的现金流量是否充足，因此，填补了银行贷款的空白。融资租赁对企业的信用要求较低，大多数中小企业都能通过该方式进行设备更新和技术改造。

2. 融资租赁可以加大中小企业的现金流

中小企业若从银行贷款购买设备，其贷款期限通常比该设备的使用寿命短得多。而租赁同类型的设备则不然，它可以接近这项资产的使用寿命期限，因而其成本可以在较长的时期内分摊。这对资金紧缺的中小企业来说，可带来双重好处：

（1）使大部分资金能保持流动状态，因为现金支付可在资产全部使用寿命期限内分摊，使每期支付的租金量减少。

（2）成本分摊在资产的全部使用寿命期间，可以更密切地同企业营业收入相匹配。这一方面可避免引进设备时大量耗用资金而造成资金周转困难，另一方面则带来了较高的投资收益。

3. 融资租赁需注意的风险问题

因融资租赁具有金融属性，金融方面的风险贯穿于整个业务活动之中。例如，对出租人来说，最大的风险是承租人的还租能力，这直接影响租赁公司的经营和生存。租赁公司给企业的利率结构若与自身融资的利率结构不相符，则会导致利率风险。如果融资租赁合同使用的是外币，其风险就更大，特别是国际支付，支付方式、支付日期、支付时间、汇款渠道和支付手段选择不当，都会加大风险。

为规避风险，最根本的一条就是融资租赁合同应规范化。除此之外，有些风险是可以避免的，如汇率风险，可以采取用本币结算租金、远期汇率或汇率调期的方法来避免。融资租赁的另一种避免损失的方法是用租金偿还担保。因为出租人在融资租赁业务活动中承担的风险最大，几乎每个租赁合同都附有一个对出租人有利的担保函，这是租赁业务的基本保证。在以外币支付的融资租赁合同中，还可以通过汇率、利率调期把利率风险大的债务转化为风险小的债务。在贸易方面购置设备的过程中，可以用信用证方式支付货款，把商业信誉转变为银行信誉，减少贸易风险。

在经济活动中，风险不可能完全避免，为此应事先有所准备。例如，在财务管理上，可以在平时储备一些基金，如呆账准备金等。平时从费用里提取一定的准备基金，发生损失时，应立即控制损失的扩大，用准备基金补偿损失。另外，还可以通过保险的方式来补救风险损失。

三、外资融资渠道与策略

（一）外资融资渠道

外资渠道融资是指国际上的企业、政府和其他投资者以及我国港、澳、台地区的投资者向企业提供的资金。企业可利用的外资融资方式主要有借用外资和吸引外资两大类，这也是中小企业不可忽视的间接资金来源。

1. 企业借用外资融资

企业借用外资融资的方式包括国际商业银行贷款、国际金融组织贷款和企业在海外各主要资本市场上的债券融资业务。

（1）国际商业银行贷款是指在国际金融市场上，一家或几家国际商业银行向企业提供的贷款。

（2）国际金融组织贷款是国际金融组织按章程及其自身运作规定向会员国家提供的各种贷款。目前，与我国关系最为密切的是国际货币基金组织、世界银行和亚洲开发银行。国际上的创业基金进入中国市场主要投资于成熟的产业。

（3）海外股票市场及债券市场融资。海外股票市场及债券市场是围绕国际上的几个重要金融中心形成的，如纽约、伦敦、法兰克福、东京、新加坡、巴黎等。海外融资将逐步成为中小企业，尤其是民营中小企业的重要融资渠道。

2. 企业吸引外资融资

企业吸引外资融资的方式包括收购、兼并、战略联盟、联营等。

（二）外资融资策略

随着经济全球化和我国对外开放程度的加深，融通国际资本将成为中小企业不可忽视的重要融资渠道。中小企业家应不断加强国际融资方面知识的学习，重视通过国际渠道进行融资。对需要发展资金的中小企业来说，为了获得国际资本的青睐需要考虑以下几个方面。

1. 在海外融资风险管理方面

为了避免贷款风险，保证贷款回收，国际商业银行要求对贷款对象进行严格的风险审查，包括资信、财务、偿还能力等。国际商业银行一般以政府、金融机构、大型企业集团为贷款对象，对一般企业的贷款要求提供资产抵押或金融机构担保。这是我国中小企业在申请国际商业银行贷款时应格外加以注意的。对金额大、期限长的融资，由多家国际商业银行共同参加组成银团贷款，可以分散贷款风险。贷款的成本除利息外还包括管理费、代理费等。这些对资金不足的中小企业来说都是应该注意的。

2. 在吸引外资融资的利弊方面

吸引外资融资，有助于吸入新资金，引入新的管理方式和管理队伍；有利于利用国际上的大企业的开发能力尽快完成集成开发和工艺设计，迅速完成产品的试验并形成生产能力；有利于利用大企业的销售渠道，使产品迅速占领市场，从而增强企业竞争力。但吸引外资融资也会使股权分散，使企业的控制权、经营收益权分散，协调不好有可能影响企业的发展。因此，我国中小企业在采取这种融资方式时应考虑这些问题。

3. 在获得国际风险资本方面

（1）拥有较高素质的核心队伍是获取资金注入的首要条件。

（2）企业应有明确的发展目标。对投资项目的发展前景应制定商业计划，指明市场潜力所在，对于企业潜在的风险也应如实相告，使双方的合作建立在坚实的基础上，为企业的国际化发展铺平道路。

四、商业信用融资渠道与策略

（一）商业信用融资渠道

商业信用融资是企业利用其商业信用在销售商品、提供服务的经营过程中向客户筹集资金的行为，具体的信用形式包括商业票据、信用证、信用卡、担保、租赁、预付款、商业定金、分期付款、赊购、购买券等。在短期融资中商业信用融资占有相当大的比重，例如，房地产行业中的预售楼款、零售业中的商品销售柜台预收入场费、经销商的赊销后付款、原材料赊购和产品预售等都可以获得商业信用的融资。

（二）商业信用融资策略

1. 企业要有较高的商业信用基础

商业信用的直接资金来源是存在交易关系的企业，商业信用融资只能在互相充分了解和信任的企业之间和在有商品交易的情况下进行，范围受到较多的地域和行业限制，超出一定的地域和行业范围，需要获得银行信用的支持。但是，商业信用的活动成本一般要比银行信用低，也没有抵押物要求和因抵押物而产生的一系列资产评估、公正和登记手续费，使用灵活，有弹性，如果中小企业的相互信用比较好，又有银行信用做后盾，利用商业信用进行短期的融资是一种比较好的选择。这样，商业融资才可以做到"借鸡生蛋"。

2. 要让别人有所收益

企业通过商业信用获得别人的资金，除了要让自己获利，更要让利给别人，达到双赢才能使商业信用得以延续，让企业的商业信用水平得到提高。

3. 商业信用是企业获得短期流动资金的重要来源

商业信用只能解决企业的货币需求，而不能解决企业的创业资本来源和服务业的融资问题。创业企业和服务业的融资需要寻找其他融资渠道来解决。企业如果缺乏信誉，容易造成企业之间相互拖欠，形成三角债，影响资本周转。因此，企业要谨慎使用商业信用，千万不要在自己的支付能力范围外透支信用，否则会给企业带来支付危机，严重的就变成了商业欺诈。

4. 中小企业家应重视商业信用融资方式

不同的行业有着不同的商业信用融资方式，而且商业信用融资创新、变通的机会很多，给企业提供了一个巨大的融资想象空间，是考验中小企业家融资创新能力的一个大舞台。

商业信用的健康发展需要有比较完善的市场经济法规制度做保证。因此，我国政府应加快制定商业信用管理的法律制度，明确在市场经济中，失信的法律边界是什么，失信到什么程度将受到何种程度和形式的制裁，从而改变目前我国商业流通立法滞后、监管无法可依的被动局面。这样，我国中小企业的商业信用才能较快地建立和规范起来。

第五节　中小企业政府扶持资金

中小企业资金来源主要由自筹、直接融资、间接融资和政府扶持资金四部分组成，根据各国中小企业资金来源的结构情况，政府的扶持资金比例最小，一般仅占企业总资产的 5% ~ 10%。其中，日本、韩国、法国等国家政府扶持资金比例较高；德国、意大利、英国等国家居中；而美国政府对中小企业的直接资金扶持的比例最低。各国对中小企业资金援助的方式主要包括税收优惠、财政补贴、基金资助、贷款援助和开辟直接融资渠道等。

一、政府资金援助方式

（一）税收优惠

税收优惠是最直接的政府资金援助方式，有利于中小企业资金积累和成长。为减轻这些企业的税收负担，各国都采取了一系列措施，主要包括降低税率、税收减免、提高固定资产折旧率等。通过各种税收优惠可使中小企业的税负减少一半以上，其中以德国最为典型。我国各地的税收优惠情况各有不同，中小企业应该留意当地的税收优惠政策，如高新科技企业、农业和农产品企业、进出口企业的优惠政策。

（二）财政补贴

财政补贴的目的包括鼓励中小企业吸纳就业、促进中小企业科技进步和鼓励中小企业出口等。财政补贴可以通过建立中小企业贷款担保机构、创立"中小企业发展基金"等方式实现。主要的财政补贴类型有：就业补贴、研究与开发补贴、出口补贴等。政府帮助中小企业获得贷款的主要方式有：贷款担保、贷款利息、政府直接的优惠贷款等。财政补贴以美国和日本为主要代表。我国的贷款援助以及对中小企业的财政补贴主要是通过贴息贷款、基金拨款等方式进行的。

（三）基金资助

我国国家财政每年拨款 10 亿元，贴息贷款 20 亿元，支持中小企业科技创新。由科技部出资的中小企业技术创新基金，科技发展、科技成果产业化等基金以贴息贷款、无偿援助、资本投入等形式支持科技企业的技术创新。由科技部和财政部共同组织实施的科技型中小企业技术创新基金于 1999 年启动，主要扶持中小型科技企业。同时，创新基金已与中国工商银行、中国银行、中国建设银行、中国农业银行四家国有商业银行签署了合作协议，对列入创新基金的贴息贷款项目给予优先支持。当然，政府基金资助是为了启动各方面的资金，政府不可能提供大量资金，因此，这种融资方式的条件较苛刻。

（四）贷款援助

目前，我国各大商业银行都实行了严格的资产负债管理制度。由于中小企业还贷能力相对较弱，银行贷款偏向于实力雄厚的大企业。尽管一些银行设立了中小企业贷款处，但发挥的作用尚显不足。专门的中小企业金融机构则不同，在政府大力扶持下，可以专门从事对中小企业的融资活动，提高中小企业融资质量，促进金融和中小企业的共同健康发展。据悉，我国正对一些信用社等现有地方金融机构进行重组和职能转换，建立真正意义上的为中小企业服务的银行、金融机构。

（五）开辟直接融资渠道

金融支持是解决融资问题、促进中小企业持续稳健发展的有效办法。近年来，我国紧紧围绕服务中小企业这个主题，以优化投融资结构为依托，以关键制度机制创新为突破，深入推动深化新三板改革，推进北京证券交易所的高质量发展，为我国中小企业开辟了有力的直接融资渠道。

二、获得政府资金援助的策略

既然政府、银行已开始重视对中小企业的融资支持，并已经或将要出台一系列可操作的具体扶持政策、行动，中小企业需抓住有利的外部机会，争取成为被扶持的对象，不断发展壮大起来。

（1）通过对相关政策的分析，高科技型、解决当地就业压力型这两类中小企业往往会成为政府扶持的对象，因此，中小企业可以以这两方面为切入点，争取获得政府资金的扶持或银行贷款。

（2）有条件的中小企业可参与星火计划、火炬计划及技术成果推广计划，吸收高新技术成果，并将之商品化、产业化，这样就有条件申请国家相关创新基金，充分利用国家关于加大对利用高新技术改造传统产业的支持力度的政策，从而获得政府无偿的资金支持。在国家创新基金的资助下，科技型中小企业已成为我国技术创新和发展高科技产业的重要力量。

（3）国家重点扶持吸收残疾人等社会弱势群体的福利型中小企业。因此，有条件的中小企业可以向当地民政部门申请登记，大量吸收社会弱势群体，将企业转型为福利型企业，享受减免所得税等各种税收优惠，从而增加企业的自有资金。

第六节　中小企业融资新趋势

一、供应链金融

供应链金融（supply chain finance）是一种基于供应链各环节交易活动，通过银行或非银行金融机构提供的融资服务。这种融资方式特别适合帮助中小企业解决融资难题。供应链金融借助互联网、大数据分析和信用评估等创新手段，依托核心企业的信用优势，为中小企业提供了一种有效的融资解决方案。

供应链金融可以有效缓解上下游中小企业融资难、担保难的问题，通过优化融资结构，降低整个供应链的融资成本，并提高核心企业及配套企业的竞争力，从资金供给角度推动供应链系统的生态平衡与发展。

供应链金融的核心在于识别供应链中的主导企业，并以该企业作为切入点来提供金融支持。一方面，这种方法可以将资金有效地投入相对弱势的上下游配套企业中，解决中小企业融资难和供应链失衡的问题；另一方面，这种方法可以通过银行的信用支持上下游中小企业的购销行为，增强商业信用，促进中小企业与核心企业之间建立长期的战略合作关系，从而提升整个供应链的竞争力。

我国工信部中小企业局、中国人民银行等均出台了相应政策，强调推动以产业链龙头企业为核心，对上下游的中小企业提供有针对性的供应链金融产品，满足中小企业融资需求。其中，比较新颖的是陕西省推出的"一链一行"的主办行制度。对于一条产业链，选取一个核心银行作为主办行，在已有业务合作基础上，积极对接产业链骨干企业，畅通上下游"链上企业"，配置专项信贷资源，开辟绿色服务通道，提高重点产业链小微企业的首贷率、信用贷款占比。

供应链金融的融资渠道主要包括以下几种：

1. 应收账款融资

中小企业可以将应收账款转让给金融机构，提前获得账款款项的部分或全部资金。这种方式直接减轻了中小企业的现金流压力，加快了资金周转。

2. 预付款融资

供应链中的上游供应商在收到下游买家的预付款后，可以利用这笔资金进行生产或进一步融资。

3. 库存融资

库存融资允许中小企业以其存货为抵押，向金融机构申请贷款。这种方式适用于库存周转率较高，需要快速补充流动资金的中小企业。

4. 订单融资

基于中小企业已获得的销售订单，中小企业可以向金融机构申请融资，以保证订单的顺利完成。金融机构通常要求查验订单的真实性和可执行性。

5. 供应链金融平台融资

随着数字化技术的发展，许多金融机构和科技公司开发了供应链金融平台，通过这些平台，中小企业可以更便捷地接触到各类金融产品和服务，实现融资的数字化、自动化处理。目前供应链金融平台融资主要有 8 种模式：B2B（企业对企业）电商平台的供应链金融、B2C（企业对消费者）电商平台的供应链金融、支付平台的供应链金融、ERP（企业资源计划）系统的供应链金融、综合平台的供应链金融、基于 SaaS（软件即服务）模式行业解决方案的供应链金融、产业集聚区的供应链金融、大型物流企业的供应链金融。

二、互联网金融

互联网金融（internet finance），是一种在互联网技术基础上发展起来的新金融业务模式，其利用互联网和信息通信技术实现资金融通、支付、投资理财、保险和信息中介服务等业务模式。互联网金融不是互联网和金融的简单结合，而是在实现安全、移动的网络技术水平基础上，随着网络技术的普及和电子商务的接受度提高，自然演化出来的一种创新业务形态，具有普惠化、平台化、信息化和碎片化等区别于传统金融的特征。

（一）互联网金融的特点

互联网金融对于推动中小企业的发展和扩大就业具有重要作用，为大众创业、万众创新提供了资金支持。具体而言，互联网金融具有以下特点：

1. 成本低

在互联网金融模式下，交易双方可以通过网络平台直接完成交易，大幅减少传统中介成本。金融机构可以减少实体网点，降低房租、设备及人员成本；中小企业则可以在网络平台快速找到匹配的金融产品，处理各类金融业务，从而减少信息不对称的问题。

2. 效率高

互联网金融的业务操作主要由计算机自动处理，流程标准化，无须人工干预，提升了业务处理速度，改善了用户体验。例如，基于电商数据的小额贷款可以通过数据分析快速完成风险评估和贷款发放，实现即时贷款。

3. 覆盖广

互联网金融打破了空间和时间的限制，使得金融服务可以覆盖到更广泛的区域和人群，尤其是传统金融体系难以触及的小微企业和个人用户。

4. 风险大

互联网金融面临的主要风险包括信用风险和网络安全风险。信用体系的不完善和相关法规的缺乏可能会导致违约和欺诈行为。同时，网络安全问题如黑客攻击也可能威胁到金融交易的安全和个人数据的保护。

（二）互联网金融的融资渠道

1. 网上银行

网上银行又称网络银行、在线银行或电子银行，是传统银行在互联网上设立的虚拟交易柜台。客户可以在全球任何地点通过互联网访问，进行账户管理、资金转账、信贷服务、在线证券交易和投资理财等活动。网上银行的优势在于低经营成本，24 小时无时空限制服务，提供便捷、高效的客户服务体验。

2. 互联网众筹

互联网众筹是通过网络平台连接项目发起人与资金提供者的一种创新融资方式。互联网众筹主要由发起人、跟投人、平台三方构成，具有低门槛、多样性、依靠大众力量、注重创意的特征，它允许个人或组织通过网络公开募集资金以支持各类项目，如艺术创作、科研发明或社会活动等。这种模式具有开放性和多样性的特征，依靠广泛的群众力量支持创意项目，为小规模项目提供了启动资金。

3. 电商金融

电商金融是电商平台基于交易数据提供的金融服务，包括互联网支付、在线信贷、预售订单融资和跨界合作金融等。阿里巴巴的小额信贷服务就是一种典型的电商金融，这种信贷产品无须抵押或担保，依赖于用户在平台上的交易历史和信用评分进行贷款审批，极大地简化了借贷过程。

4. 大数据金融

大数据金融利用海量的非结构化数据，通过互联网和云计算对数据进行深度挖掘和分析，与传统金融服务结合，创新金融产品和服务。这一模式推动了金融行业的变革，使金融服务更加个性化和精准化，也带来了平台金融和供应链金融等新融资模式的兴起。

本章小结

企业融资是指企业根据生产经营和其他方面的需要，通过融资渠道和金融市场，运用一定的融资方式，经济有效地筹措所需资金的财务活动。中小企业主要通过内源融资和外源融资两种渠道筹集资金。中小企业通过合理的融资渠道和融资策略，不仅可以解决企业生存问题、助力企业发展壮大，还有助于优化企业资本结构、提升企业管理能力。

中小企业融资是一个世界性难题，主要面临融资难、融资贵两大问题。中小企业融资难和融资贵，具体表现为中小企业融资缺口普遍存在、融资条件比大企业苛刻、融资成本相对较高等方面。这既有中小企业自身的原因，也有融资体系方面的原因。

中小企业的融资模式主要包括自筹资金、直接融资、间接融资和政府扶持资金四种。自筹资金指开办企业的资本是由创建者自己或其家人和朋友提供的，是企业不断将自己的储蓄（留存盈利和折扣）转化为投资的过程。许多创业者在创业早期运用自我筹资的方式为企业融资。直接融资是资金短缺部门在资本市场上以债券和股票的形式公开向社会筹集资金，或者得到企业外部直接投资的融资行为，包括：股权融资、股票融资、债券融资、资产证券化融资、中小企业非正式渠道融资等。间接融资是通过金融中介机构而向资金所有者筹借资金的行为，包括银行贷款、其他金融机构贷款等，其中，信贷融资、融资租赁、外资融资、商业信用融资是世界各国间接融资的主要渠道。各国政府对中小企业资金援助的方式主要包括税收优惠、财政补贴、基金资助、贷款援助和开辟直接融资渠道等。近年来，供应链金融和互联网金融为中小企业提供了新的融资渠道。

关键术语

自筹资金（self-financing）

直接融资（direct financing）

间接融资（indirect financing）

政府扶持资金（government financing）

天使投资（angel investment）

风险投资（venture capital）

私募股权投资（private equity）

商业信用（trade credit）

融资租赁（financial lease）

融资方式（financing way）

产权融资（property financing）

债务融资（debt financing）

资产证券化（asset securitization）

供应链金融（supply chain finance）

互联网金融（internet finance）

复习思考题

1. 简述中小企业融资的重要性。

2. 简述中小企业融资难、融资贵的原因。

3. 中小企业自筹资金模式包括哪些渠道？如何利用这些渠道？

4. 中小企业直接融资模式包括哪些渠道？如何利用这些渠道？

5. 中小企业间接融资模式包括哪些渠道？如何利用这些渠道？

6. 如何利用政府扶持资金帮助中小企业融资？

7. 简述创业板、科创板、新三板、北交所之间的区别，说明中小企业应如何选择合适的上市渠道？

8. 中小企业融资有哪些新的发展趋势？中小企业如何利用这些新的融资渠道？

即测即评

请扫描二维码，参加即测即评。

案例讨论

颖泰生物：乘转板东风，迎高质量发展

坐落于北京中关村昌平生命科技园的北京颖泰嘉和生物科技股份有限公司（以下简称"颖泰生物"）办公大楼，门口矗立着 18 根棕色的大立柱，它们分别代表公司的 18 位创始人。这 18 位创始人大多有农药专业或国际贸易背景，且其中 9 位是名校硕士、博士。近年来，颖泰生物被他们带上以研发促进贸易、以贸易带动生产的发展道路，成为农化行业的一匹"黑马"。

创业初期资金掣肘发展

农化行业作为农业发展的重要支柱产业，受到国家高度重视。近年来，国家相关部门和行业协会制定出台了诸多产业政策，引导农化行业向着更加规范、现代、绿色的方向发展。

2003 年到 2015 年是我国农化行业发展的红利时期。一方面，随着过去几十年全球人口的增长，耕地面积随之减少，使用农药提高农作物产量成为解决粮食问题的主要途径，农药产品成为刚需产品，全球农药市场规模也呈现出有序增长态势。另一方面，农药产业链呈现典型的微笑曲线结构，国外农化巨头掌握复配农化制剂的核心能力，在研发端和销售端享有较高利润，而国内企业主要向它们销售原药，在全球农药生产向新兴国家转移的大背景下，中国已经成为全球主要的原药供应国之一。

颖泰生物成立于 2003 年，正好抓住了全球农化行业生产转移的风口。一开始，创业团队凑起来的 1 300 万元启动资金，只够支付基本的研发仪器和租赁办公室费用，再加上创业团队里大部分人都有研发和国际贸易背景，因此，颖泰生物创立之初的业务模式就是给跨国公司小批量供应次新的非专利化合物，靠研发和贸易两端的轻资产模式实现盈利。

随着全球农化工业形成新的格局，全球市场中呈现出三个梯队的发展格局。第一梯队是以德国的拜耳等为代表的跨国巨头，它们专注于制剂生产及新产品开发，垄断了农药创新，在全球农药市场的份额达到 60% 以上；第二梯队以仿制药为主，具有较为明显的优势销售区域，其农药营收规模在 20 亿美元以上，主要包括中国的安道麦、日本的住友、澳大利亚的纽发姆等公司；而第三梯队是以原药生产（农药中的有效成分为主）为基本模式，其农药营收规模低于 20 亿美元，主要为第一梯队和第二梯队供货，颖泰生物等发展中国家企业就是其中代表。

作为一家中小企业，颖泰生物显然难以在研发和销售上与第一、第二梯队的企业竞争。我国农化企业的优势主要集中在生产制造能力方面，而颖泰生物虽然依靠人才和研发投资，表现出在研发与市场方面的能力，其发展却一直受到生产短板的掣肘。随着对客户需求的把握和商业规模的逐步扩大，颖泰生物不得不触及生产投资问题，亟须资金建立生产线。

获取资本支持　抓住行业红利

颖泰生物的第一笔直接融资来自华邦生命健康股份有限公司（以下简称"华邦健康"），这是一家生物医药企业。颖泰生物的创始团队成员与华邦健康的创始团队成员是同学关系，基于同学之间的情谊，加之两家企业所在行业存在一定相关性，2007年颖泰生物拿到了来自华邦健康的融资。在合作了4年之后，颖泰生物的发展又一次面临生产规模的限制，需要更多的资金投资来增建更多的工厂和生产设施。因此，基于过去4年的成功合作经验，2011年，华邦健康收购了颖泰生物77.26%的股权，颖泰生物重组并入了华邦健康的上市公司主体。进入华邦系之后，颖泰生物可以依托上市公司，借力资本市场进行融资，加快进行生产基地建设和布局。

在资金短缺问题得到缓解后，颖泰生物大力布局创新和研发，以研发带动市场，建立了涵盖生物技术研发、植物保护研发及技术分析三大板块的研发体系。同时，公司借助资本市场赋能，逐渐建立起稳定的生产能力。经过多年的积累和创新，公司于产品工艺开发、制造水平的建设方面在同行业处于领先地位，拥有工艺技术较为先进的除草剂、杀菌剂、杀虫剂三大品类百余种产品，客户覆盖安道麦、科迪华、先正达等跨国公司。这些国际知名企业有着悠久历史，为保障自身品牌声誉、产品质量，其对于供应商的选定有着严格的标准和流程，一旦关系确定，不会轻易变更。

农化行业竞争充分，集中度较高，除了必须掌握先进的工艺技术外，还要具备规模化生产能力，才能保持产品成本优势，进而在市场中立足并获得发展。简而言之，规模化生产是赢得市场的关键。虽然依靠之前的融资，颖泰生物得以摆脱生产能力的掣肘，但要想快速建立起规模化生产优势，所需要的资金即使对于其依托的华邦系上市公司来讲也是一个不小的负担。

抓住新三板机遇　多种融资方式并进

2013年开始，新三板发展与改革的东风为颖泰生物带来了转机。颖泰生物于2015年成功作为华邦健康的子公司在新三板挂牌，同时完成了第一次非公开定向发行，向做市商和公司管理层的合伙人团队发行了将近2亿股的股权，募集到了10亿元资金。

2016年，颖泰生物跻身新三板的第一批创新层，并在同年以定增换股的方式并购了华邦健康旗下的制造商山东福尔，完成了第二次扩张，实现了产业链的补充完整。2017年，颖泰生物通过发行12亿元公司债，从原来靠大股东借款融资的模式转换为更合理的间接融资模式，也开始倾向于银行贷款。2017年，拿到融资资金的颖泰生物斥资4亿多元收购了另一家新三板挂牌企业禾益化工，这是一家集农药杀菌剂、杀虫剂、除草剂的研发、生产、销售为一体的高科技精细化工企业。

2019年，为强化与供应商的合作关系，颖泰生物向供应商又做了一次小规模定增，获得1亿元左右的融资。到了2020年，颖泰生物成为第一批新三板精选层公司，并在这个过程中通过对非特定合格投资者公开发行，又募集到了5.45亿元资金，全部用于核心工厂的产业升级和项目建设。

自2015年挂牌新三板以来，颖泰生物经过多次形式多样的融资，有效扩大了生产规模和研发投入，在营业收入和盈利上都取得了质的增长。一方面，资本市场融资解决了企业壮大的资金问题；另一方面，在监管机构的持续督导下，企业内部的治理结构得到不断改善，内控不断加强，在信息披露和路演过程中，也让更多投资者认识了企业，提升了企业的知名度。

行业红利面临终结　北交所转板谋求新发展

近年来，颖泰生物面对的国内外行业背景正在发生重大变化。首先，在中国政府加大环保监管力度以后，农药供应端门槛大幅提高。其次，在经历国内外供给端剧变后，国际农药制造业转移至中国的红利期已经结束，2018年中国农药出口数量创下新低，同比下降13.5%。那颖泰生物未来将何去何从？

经过分析，颖泰生物管理层认为，公司的核心竞争力在于技术先进的丰富产品组合。在与国际客户合作过程中，公司逐渐形成了自己的产品特色，不做草甘膦、麦草畏等大宗农药，而做一些非专利、全球年销售数量1万吨以下的细分品类，其中有些品种，颖泰生物占据了中国市场五成份额。近几年，颖泰生物将全力专注其中30个至40个品种，使其成为行业领头产品。一篮子组合丰富的原药产品也增强了颖泰生物的客户黏性。

以农药原药为主的颖泰生物，还计划通过拓展下游制剂业，加强与巴西等南美市场客户在制剂方面的合作，通过多元化来分散风险。

2021年，北交所正式设立，颖泰生物作为新三板精选层公司顺利转板，成为北交所第一批上市公司，这为公司后续的高增长增添了一股新动能。公司借助这一优质平台进一步完善了上下游产业链，提升了规模化经营能力。如今，颖泰生物已经逐步转型为集研发、生产、销售为一体的重资产制造型企业。可以说，颖泰生物发展的每一步，都离不开中国金融市场为创新型中小企业提供的阵地与平台，未来公司在资本的支持下，也将进一步优化产业布局，完善产品结构，加大力度布局高效低毒绿色农药，提升工艺先进性，推行清洁生产。

资料来源：基于上海证券报、证券时报、新浪财经、颖泰生物公司公告等编写。

讨论题：

1. 颖泰生物在成立初期遇到了什么困难？又是如何克服这些困难的？

2. 颖泰生物在不同发展阶段，采取了哪些融资方式？试比较各种融资方式对颖泰生物长期发展的好处和局限。

3. 融资决策如何影响颖泰生物的业务模式转变及企业成长？

4. 政府的支持性政策（如新三板、北交所）在颖泰生物及其他中小企业的发展中起到了什么样的作用？

参考文献

1. 林汉川，魏中奇. 中小企业发展的国别比较. 北京：中国财政经济出版社，2001.

2. 林汉川. 构造我国中小企业融资服务体系探析. 中小企业发展论坛研讨会论文集. 2002.

3. 胡小平. 中小企业融资. 北京：经济管理出版社，2000.

4. 张玉利，等. 风险投资与中小企业成长. 天津：天津人民出版社，2003.

5. 白钦先，薛誉华．各国中小企业政策性金融体系比较．北京：中国金融出版社，2001.

6. 李扬，杨思群．中小企业融资与银行．上海：上海财经大学出版社，2001.

7. 陆世敏．中小企业与风险投资．上海：上海财经大学出版社，2001.

8. 张利胜，狄娜．中小企业信用担保．上海：上海财经大学出版社，2001.

9. 安纳利·萨克森宁．地区优势：硅谷和 128 号公路地区的文化与竞争．曹蓬，杨宇光，等，译．上海：上海远东出版社，1999.

10. 郭励弘，张承惠，李志军．高新技术产业：发展规律与风险投资．北京：中国发展出版社，2000.

11. 吴瑕，千玉锦．中小企业融资：案例与实务指引．北京：机械工业出版社，2021.

12. 鲁政委，陈昊，张文达．"隐形冠军"长成之路．北京：人民日报出版社，2023.

第六章
中小企业运营管理

学习目标

1. 知识探索：通过对中小企业运营过程的讲解分析，让学生掌握中小企业存货、设备、质量、供应链管理与控制的内容和方法，帮助学生建构起中小企业运营管理的知识框架。

2. 能力提升：通过对中小企业运营过程的深入分析和讨论，让学生更加切实地认识到中小企业发展过程中面临的具体问题，从而提高解决实际运营问题的实践能力。

3. 价值引领：中小企业运营中严格的质量控制需要工匠精神，同时数智化生产、绿色生产等运营管理新理念对中小企业提出了新要求。通过案例让学生切实感知中小企业管理者在解决实际运营问题时所展现出的精神风貌。

4. 品格养成：通过分析对中小企业在运营过程中精益管理的案例，让学生深刻体会中小企业管理者脚踏实地做实事的信念和精益求精的工匠精神，培养学生的责任感和敬业精神。

宝塔山漆：借助供应链成为"小巨人"

陕西宝塔山油漆股份有限公司（以下简称"宝塔山漆"）的前身是兴平县社会福利加工厂，成立于1958年7月，至今已有60余年的历史。60多年前，宝塔山漆还只是一个不知名的小作坊式企业。然而，如今它已经发展成为西北地区最大的涂料企业，产销量居全国前列。从最初艰难地维持生产，到2017年9月26日正式在新三板挂牌，进入资本市场，宝塔山漆成为西北地区唯一挂牌新三板的涂料企业。从一个名不见经传的小企业成长为国家级的专精特新"小巨人"企业，供应链构建在宝塔山漆的发展过程中发挥了至关重要的作用。

1979年，宝塔山漆在国家政策的引导下开始从计划经济向市场经济转型。转型过程中，宝塔山漆面临着原材料价格上涨和销售渠道不畅等一系列问题。为解决原材料采购问题，宝塔山漆先尝试摒弃中间商，直接从生产商采购原材料。然而，由于企业体量过小，无法达到直接采购的标准，这一尝试以失败告终。于是，宝塔山漆转而想办法扩大销售渠道，通过企业垫资让员工走出去建立销售网点。1988年，第一个销售点在宝鸡成功建立。随后，时任总经理带领员工深入山西等地，与商户建立更广泛的销售网络，成功开拓了新市场，年销量实现两位数增长，市场占有率和品牌形象也不断提升。尽管销量飞速增长，但原料采购价格仍然居高不下。为解决这一问题，宝塔山漆与原料厂家进行了洽谈，并最终与多家原材料供应商达成合作，取消了中间商供货环节。同时，公司对生产设备进行了全面改造，采购人员每次购买原料都要严格检查质量，公司也投资增加了成品库容量，以满足生产的需要。

宝塔山漆在供产销环节的优化完善促进了企业发展壮大，但在信息流通环节，各部门间缺乏协调配合，降低了经营效率。为解决这一问题，宝塔山漆引入了用友 ERP 信息系统，实施了供应链系统、成本管理核算系统等，并通过该系统整合了供应链上下游信息，实现了信息共享和协同。通过这些措施，宝塔山漆逐步构建了完善的供应链体系，包括上游供应商、企业产研销、下游经销商和分销商，同时形成了专业的物流体系。宝塔山漆因供应链成绩备受认可，被评为中国建筑材料流通协会建设工程供应链委员单位。

近年来，宝塔山漆积极响应国家绿色低碳发展的号召，与供应商共建绿色供应链，在产品的原料采购、加工、包装、仓储、运输、回收等环节，最大限度减少对环境的污染，实现绿色采购、绿色仓储、绿色生产、绿色运输和绿色使用，坚持可再生、可持续、循环发展的理念，处理好长期利益和短期利益的关系，不断创新合作模式。

资料来源：根据搜狐网资料整理。

请思考：

1. 宝塔山漆是如何构建供应链体系的？

2. 供应链体系的构建对宝塔山漆的成长发展有哪些好处？

所有中小企业都有各自的运营过程（operation process），或称生产过程（production process），它由为顾客生产产品或提供服务的一系列活动组成。

第一节　中小企业运营概述

一、企业运营的内涵

（一）企业运营的含义、特征与过程

1. 企业运营的含义

运营是在生产、运作的基础上发展起来的概念。由于管理学科源于制造业，最初主要限于对有形产品的生产研究，被称为生产管理（production management）。后来，随着经济的发展、技术的进步，人们除了对各种有形产品有需求之外，对有形产品相关服务的需求也不断增加，形成了流通、零售、金融、房地产等服务行业；此外，随着生活水平的提高，人们对教育、医疗、保险、理财、娱乐、人际交往等方面的需求也在增加，相关行业也在不断扩大。因此，人们开始把对无形产品（即提供服务）的"生产"的管理研究纳入生产管理的范畴，即生产管理的范围从制造业扩大到了服务业。这种扩大了的"生产"概念，在西方管理学界被称为"operation"，即运营（有的译为运作、作业、业务）。

2. 企业运营的特征

运营过程是人们创造产品或服务的有组织的活动过程。一般而言，运营是把投入的资源（生产要素）按照特定要求转换为产出（产品和服务）的过程。例如，医院输入病人、医务人员、药品和各种医疗设施，进行检查、手术、用药等一定的治疗之后，输出康复的人；饭店输入食物、厨师、服务员和顾客，通过美味的食物、周到的服务，输出满意的顾客等。无形产品的生产过程与有形产品的运营过程具有下述共同的特征。

（1）都能够满足人们的某种需要，即都具有一定的使用价值。

（2）都存在着"投入—变换—产出"的过程，即都要投入一定的资源，经过一系列形式的变换，向社会提供某种形式的产出（有用的产品），实现价值增值。

（3）都需要面对市场，把设备和人员组织起来，进行计划、组织、控制。例如，旅游业中，游轮需要设备维修、物资采购（食物、药品、燃油、设备备件、卧具）、计划安排（航行计划、旅游日程计划、旅游点游览计划）、员工管理（雇用、培训、激励）。这些过程与制造业的设备管理、员工管理、计划管理及质量控制具有许多相同点。

3. 企业运营过程

虽然不同行业有各不相同的工作内容，但都可以分为投入、转换和输出三个部分。

（1）生产要素投入。投入所对应的生产要素即人们平常所说的经济资源。根据它们在运营功能中所起的基本作用，可分成生产对象、生产手段、生产劳动、生产资金、生产信息五类。

（2）生产过程转换。生产过程一般分为形态转换、场所转换、时间转换三种。

（3）生产结果输出。生产结果是输出有形的产品或无形的服务，实现价值增值（获取利润）。生产高质量的产品并提供优质服务是运营管理的精髓，对运营管理人员来说，至少应该具备时代观念、整体观念、生命周期观念和质量经济观念。

（二）中小企业运营的新趋势

中小企业的产品生产过程和各种服务提供过程日趋复杂，加之信息技术突飞猛进的发展和普及，为运营管理增添了新的有力手段，使企业的运营管理进入一个新的阶段。掌握新的发展趋势对于提升中小企业的整体运营管理水平具有重要意义。

（1）中小企业运营管理的涵盖范围越来越大。有形产品运营管理的职能范围可用图6-1表示。其生产活动的中心是制造部分，为了进行生产，生产之前的一系列技术准备活动不可或缺，而生产技术活动是基于产品设计的。产品更新换代速度的加快和市场需求的多样化，一方面，要求加大新产品的研究与开发力度；另一方面，要求根据科技发展和新产品特点，对生产系统进行选择、设计。因此，运营管理的范围必然从原来偏重生产系统的内部运行管理发生"前向"和"后向"的双向延伸。前向延伸是指向狭义生产过程的前一阶段延伸，即向产品的研究与开发以及生产系统的选择、设计方向延伸；后向延伸是指向制造过程后一阶段延伸，即向产品的销售（即市场）与售后服务延伸。

提供无形产品的服务业，在当今信息技术飞速发展的形势下，同样面临着不断推出新产品、提供多样化服务、调整运营系统的课题。例如，保险公司需要不断推出新险种；大学需要不断开设新课程并改进其教学方式等。

总之，无论是制造业企业还是非制造业企业，或是其他形式的社会组织，运营管理的职能

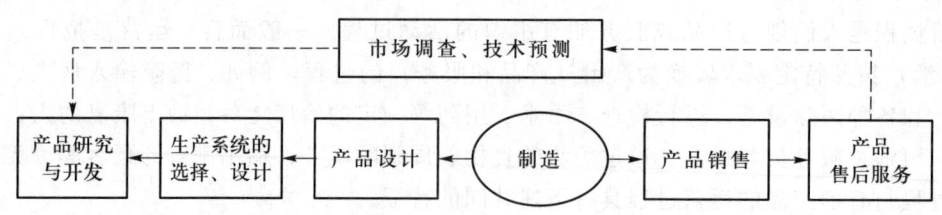

图 6-1　有形产品运营管理的职能范围

范围都在扩大。

（2）随着市场需求日益多样化、多变化，多品种小批量混合生产方式成为主流。

（3）信息技术已成为生产运作系统控制和运营管理的重要手段，随之带来的管理模式和管理方法变革已成为运营管理的重要研究内容。数智化成为中小企业运营的新趋势。数据驱动的决策制定，人工智能和机器学习应用，云计算和大数据、物联网的应用，以及自动化和智能化生产等为中小企业的运营带来了更多机会和挑战。

（4）重视运营战略。随着经济全球化进程加快，全球运营管理也越来越成为运营管理学中的一个新热点，运营战略日益受到企业的广泛关注。运营战略很少关心单个流程，它更多地考虑整个企业的总体变化过程。运营战略是一种总体运营决策模式，这种决策对于一个运营组织的长期运营能力会产生重要影响。这种决策主要表现在：总的运营能力大小，与客户、竞争对手、供应商和合作伙伴相处的方式，获取或开发技术流程的方法，资源的组织方式等方面。

（5）跨企业的集成管理（integration management）、供应链管理、业务流程再造等已成为企业运营管理中的重要方面，企业开始致力于整个供应链上物流、信息流和资金流的合理化和优化，与供应链上的多个企业结成联盟，以应对日趋激烈的市场竞争。

（6）绿色生产成为运营管理所面临的重要新课题。进入 21 世纪后，如何保护环境和合理利用资源成了全人类所面临的一个重要问题，更成为企业运营管理中的一条基本准则。党的二十大报告指出加快发展方式绿色转型。中小企业应该正确应用绿色生产理念和思想，提升企业的竞争实力。

二、中小企业运营系统

企业运营系统是一个帮助企业实现高效运转和持续发展的综合运营体系，主要涵盖运营战略和运营管理两大部分（见图 6-2）。

（一）企业运营战略

企业运营战略主要包括企业财务策略、运营策略和营销策略三大部分。企业运营战略关系到企业运营的长期发展。例如，企业如何根据市场需求和自身条件来确定目标市场？企业采用怎样的生产技术、加工方法和组织形式来生产产品或提供服务？企业怎样进行生产设施的布置以缩短生产周期和提高柔性？企业需要多大的生产能力来满足市场需求，同时实现规模经济效

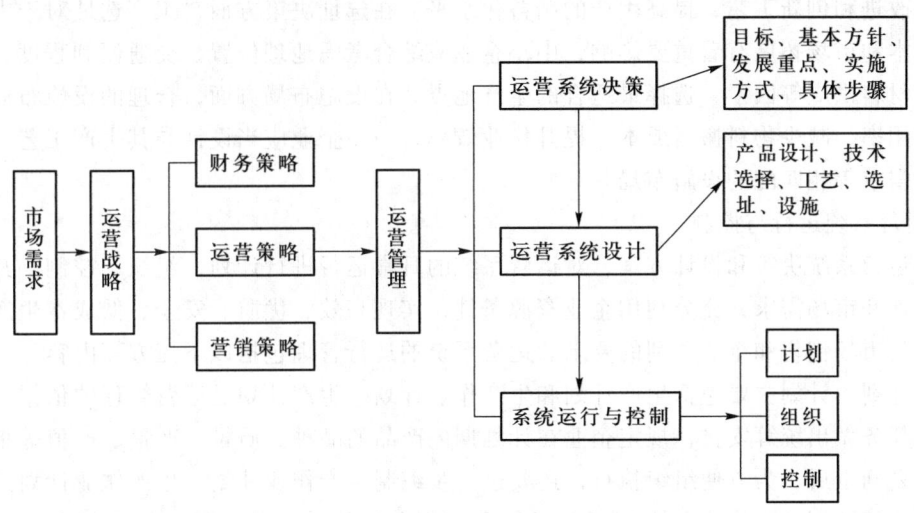

图 6-2　企业运营系统结构图

益？企业如何选择合适的时机扩大生产能力？企业如何建立一个稳定、持久的质量保证体系和信用体系等。

中小企业管理者如果能抓住企业运营的关键要素，当企业处在不同运营阶段时，可根据市场的变化及竞争环境的变化，调整产品结构或产品技术等，以增强企业核心竞争力，确保企业成功运营。构建企业运营系统就是要树立着眼全局、抓住重点的战略思想，解决主要矛盾，保全企业并使企业获得长足发展。

（二）企业运营管理

企业运营策略主要是通过企业运营管理来实现的。企业运营管理是指对一个企业运营系统的决策、设计、运行与控制。

1. 运营系统决策

运营系统决策是企业运营管理的基础，主要包括确立企业运营系统及其子系统的目标、基本方针、发展重点、实施方式、具体步骤等。具体而言，中小企业通过确定清晰的目标，让企业上下明确发展方向；通过制定基本方针，为各项具体工作提供原则性指导；通过界定发展重点，集中资源在关键领域取得突破；通过选择实施方式，决定企业实现目标的路径；通过规划具体步骤，将目标分解为一个个具体的阶段任务，使企业的发展进程更加有序。

2. 运营系统设计

运营系统决策确定以后，需要有一个有效的运营系统来实施，即需要进行运营系统设计。运营系统设计旨在构建和优化企业运营流程和结构，主要包括产品设计、技术选择、工艺流程、选址决策、设施布局等。在产品设计方面，中小企业需要深入了解市场需求和客户偏好，开发出具有独特价值和优势的产品，同时不断进行产品创新和升级，以满足不断变化的市场需求。在技术选择方面，先进的技术可以提高生产效率、降低成本、提升产品质量，中小企业应积极关注行业技术发展趋势，加大技术研发投入，引进和应用先进的技术设备和管理系统。在工艺流程方面，合理的工艺流程可以减少浪费、降低能耗、提高生产的自动化程度，中小企业需要不断改进和创新工艺，提高生产的精益化水平。在选址决策方面，工厂选址对于中小企业的运营成本和市场拓展有着重要影响，中小企业应综合考虑地理位置、交通便利程度、劳动力成本、原材料供应等因素，选择最适合的生产地点。在设施布局方面，合理的设施布局可以提高空间利用率、减少物料搬运成本、提升作业效率，中小企业应当设计与其生产工艺、物流需求、员工需求等相匹配的设施布局。

3. 运营系统运行与控制

根据运营系统决策和设计方案，对运营系统的日常运行进行计划、组织、控制。其目的是按技术文件和市场需求，充分利用企业资源条件，实现高效、优质、安全、低成本生产，最大限度地满足市场销售和企业盈利的要求。运营系统的运行管理包括以下三方面内容。

（1）计划。计划主要包括生产计划和生产作业计划。生产计划是运营管理的依据，它对企业的生产任务做出统筹安排，规定企业在计划期内产品的品种、质量、产量、产值等指标。企业生产计划确定后，为方便组织执行，还要进一步编制生产作业计划。生产作业计划是生产计划的具体执行计划，它把全年生产任务具体分配到各车间、工段、班组甚至每个工作地和工人，规定他们在月、旬、周、日乃至轮班和小时内的具体生产任务。

（2）组织。组织是指生产过程组织与劳动组织的统一。生产过程组织，就是合理组织产品生产过程中各阶段、各工序在时间上和空间上的衔接协调。在此基础上，正确处理劳动者之间的关系，以及劳动者与劳动工具、劳动对象的关系，则是劳动组织的任务。生产过程组织和劳动组织不是固定不变的，而是动态的，即随着企业经营方针、生产战略的变动而变化，但同时又要具有相对的稳定性。在市场经济的条件下，运营管理要十分注意提高生产过程组织形式和劳动组织形式的应变能力。

（3）控制。控制是指对生产过程实行全面的控制，包括生产进度控制、产品质量控制、物质消耗与存货控制、设备管理与生产成本费用控制等。生产控制是实现生产计划、提高产品质量、降低生产消耗和产品成本的重要手段。对现代企业来说，重要的是实行事前控制，即预防性控制，因此要加强对危机的管理与控制。实行预防性控制的前提是建立健全各种控制标准，加强信息收集和反馈，并根据反馈信息制定正确的方针和对策，这就要加强对中小企业的信用管理以及信息系统的构建等。

三、不同类型中小企业运营过程的差别

从管理的角度看，有形产品的生产与无形产品的生产实际上是有许多不同点的，具体可见表 6-1。生产产品和提供服务的企业运营有很多区别，主要可以归纳为以下六种。

表 6-1　制造业与服务业的区别

特征	制造业	服务业
产品	产品有形、可触、耐久	产品无形、不可触、不耐久
质量可控性	质量易于测量、评估	质量难以测量、评估
顾客接触	顾客与生产系统极少接触	顾客与服务系统接触频繁

特征	制造业	服务业
产品储存	产品可储存	产品不可储存
服务范围	可服务于地区、全国、国际市场	主要服务于有限的区域范围
生产设施	设施规模较大	设施规模较小
资金密集度	资本密集型	劳动密集型
生产效率	自动化程度和生产效率高	自动化程度和生产效率低

（一）产品的物理性质不同

制造业企业所提供的产品是有形的、可触的、耐久的；而服务业企业所提供的服务是无形的、不可触的，寿命较短。

（二）绩效的评估方法不同

制造业企业的绩效，如质量、交货期、成本等，可以直接、定量地测量和评估；而服务业企业的绩效是令顾客满意，其性质是无形的，无法直接、定量化地测量和比较。这使得测量服务业企业的产品和控制服务业企业的质量十分困难。顾客满意程度往往受个人偏好的影响，因此，如何客观评价服务业企业的质量和效率就比较困难。例如，可以比较一件有形产品修理前后的性能来评价其修理的质量，但对咨询服务业来说，这种无形的产品很难加以测量。

（三）与顾客的接触程度不同

制造业企业的顾客基本上不接触或极少接触产品的生产系统；而服务业企业的顾客往往需要参与到服务性运作过程中。例如，销售人员或餐馆服务人员的服务态度是众多企业最关心的问题。因此，如何满足顾客的需求，对服务业企业运作过程的设计提出了更高的要求。

（四）产品储存方式不同

制造业企业的运营，尤其是标准产品的重复性运营，可积累或减少其成品的存货。但是，服务业企业，例如理发店，却不能在理发淡季将其服务储存起来以便在理发需求高峰时提高服务效率。提供服务的企业经常努力拉平这种需求的高峰与低谷以克服其限制。

（五）产品服务范围不同

制造业企业的生产设施可远离顾客，从而可服务于地区、全国甚至国际市场。这意味着它们比服务业企业有更集中、更大规模的设施，但对流通、运输设施的依赖性也更强。而服务业企业的产品——服务，不可能被"运输"到远地。因此，服务设施必须靠近其顾客群，从而使一个设施只能服务于有限的区域范围。这导致了服务业企业的运作系统在选址、布局等方面与制造业不同。

（六）资本的密集程度不同

制造业企业多是资本密集型的，而服务业企业相对来说通常是劳动密集型的。总体上看，服务业的进入壁垒、自动化程度以及生产率水平都远低于制造业。

第二节 中小企业存货管理与控制

存货管理也是企业运营管理的一项重要内容。存货投资越大，存货管理就越重要。对小规模的零售商和批发商来说，其主要的财务投资就是存货。因此，中小企业应管理好流动资本并控制好存货成本。

一、存货的定义与类型

（一）存货的定义

广义的存货（inventory）是指一切闲置的、用于未来的资源，可以理解为企业储存起来的生产能力，它涉及企业系统输入、转换和输出的所有因素和环节。存货的表现形式多种多样，如人力、资金、设备、原材料和能源等。我国《企业会计准则》规定：存货，是指企业在日常活动中持有以备出售的产成品或商品，处在生产过程中的在产品，在生产过程或提供劳务过程中耗用的材料和物料。在制造业中，存货是指对产品有贡献或构成产品一部分的物资，一般分为原材料、产成品、备件、低值易耗品和在制品等；在服务行业，存货一般指用于销售的有形商品和用于管理的低值易耗品。

（二）存货的类型

1. 根据物料在组织中的流程分类

（1）原物料。订购的组件已进入库存，但未进入制造流程者。

（2）半成品。已进入制造流程的原料，正在被加工或等待加工者。

（3）完成品。制造流程末端的成品，等待入库或销售者。

（4）配销品。置于配销系统的成品。

（5）消耗性材料。生产辅助材料，如润滑油及相关设备等。

2. 根据存货的功能分类

（1）预期存货。预期存货是预期未来需求量会增加而提前储存的物料或半成品，例如，为迎接一个高峰销售季节、完成一次市场营销计划等而预先建立起来的存货。这是为未来而储备的工时和机时。

（2）安全存货。安全存货是由于销售和生产的数量与时机不能被准确地预测而持有的存货，主要用于应对各种意外变化而不需改变生产水平。

（3）批量存货。批量存货是指为保证或平衡生产过程中各个环节的相对独立（如实行经济订货批量等），保证生产过程连续、稳定进行而准备的存货。生产调整时间是确定此类存货的主要因素。

（4）运输存货。运输存货是为了避免缺货，缩短供货周期，使物料从一处移动到另一处而存在的存货。这些在运送中的存货又称管线（pipeline）存货，如输油管中的油料。

（5）屏障（投机性）存货。屏障存货是指为吸收季节性需求波动或为了节约成本而买进预计将要涨价的物品，通过价格投机而获取利润也基本属于这种类型。

（6）隐藏存货。隐藏存货是指维护设备所需的物品和员工的日常用品等存货。

（7）展示性存货。展示性存货是指为使顾客了解产品而用来展览陈列的存货。

二、存货成本控制

保持最佳水平的存货，既不造成存货短缺，又不至于存货过多而浪费资金，对企业营业利润十分重要。为此，经营者必须重视对采购数量的控制，因为采购数量直接影响存货水平。最理想的采购数量就是能使存货成本最小的采购数量，即经济订货批量（economic order quantity，EOQ）。通常，存货成本由存货库存成本和采购成本组成。存货库存成本包括仓储成本、保险费用、存货过程中发生的其他成本以及损坏、报废造成的损失。存货量越大，其库存成本越高。采购成本包括与材料的准备、采购实施过程和所购货物的接收与检验相关的费用。如果每次采购量不大而采购次数频繁，则总的采购成本就会较高；如果大量的采购有数量上的折扣，则对企业就更为有利。

有关存货库存成本最小化的数学模型有很多种，其中最简单、最重要的是在确定情况下的固定订货量库存模式。所谓确定情况，是指需求均匀、各种成本数据固定、订货提前期确定、交货提前期为零、无缺货和数量折扣的情况，在这种情况下，库存系统的变化如图6-3所示，库存控制的目标就转化为确定合适的订货批量和订货点。

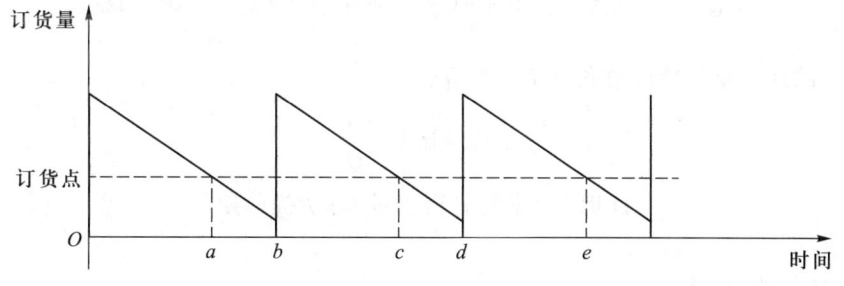

注：*ab*、*cd*——订货提前期；*ac*、*ce*——订货间隔期

图6-3 确定性固定订货量系统模型

资料来源：陈福军. 运营管理. 大连：东北财经大学出版社，2002：115.

此时，库存总费用=库存保管费用+订货费用+物品价值

　　　　　　　　=平均库存×保留费率+每次订货费用×年订货次数+

　　　　　　　　　年需求量×物品单价

即：
$$TC = \frac{1}{2}QH + \frac{D}{Q}S + PD = \frac{1}{2}QPh + \frac{D}{Q}S + PD$$

式中，TC——库存总费用（成本）；

　　　Q——订货批量；

　　　H——年保管费率；

　　　D——年需求量；

　　　S——订货成本/次；

　　　P——物品单价；

　　　h——资金效果系数。

使 TC 最小化，求导：
$$\frac{\mathrm{d}TC}{\mathrm{d}Q} = \frac{1}{2}Ph - \frac{DS}{Q^2}$$

令其等于 0，得：
$$Q^* = \sqrt{\frac{2DS}{Ph}}$$

此即经济订货批量。经济订货批量相当于图 6-4 中的库存成本最低点。此时的订货成本与储存成本相等。

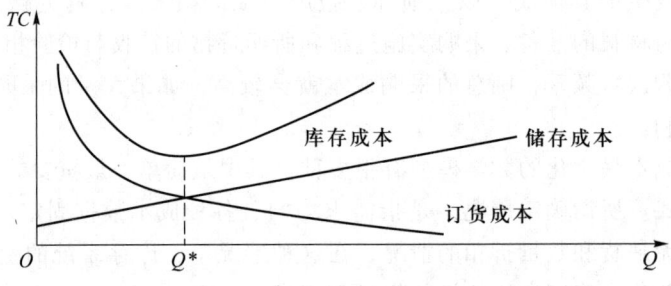

图 6-4　经济订货批量示意图

资料来源：陈福军. 运营管理. 大连：东北财经大学出版社，2002：118.

与其相关的还有年订货次数和订货点计算：

$$年订货次数 = \frac{D}{Q^*}$$

$$订货点 = 平均日需求量 \times 订货提前期$$

三、存货控制方法

存货控制的基本方法分为连续检查控制法（perpetual review）、周期检查控制法（periodic review）两种，与之交叉的常用方法还有库存重点控制法——ABC 控制法、准时制（just in time，JIT）库存控制法等。

（一）连续检查控制法

采用连续检查控制法的运营系统在每次物资出库时，均需盘点剩余物资，检查库存量是否低于预先设定的订货警戒线，如果低于订货警戒线，则应该发出订货指令。连续检查控制法的特点是每次的订货批量固定，通常是经济订货批量。连续检查控制法的库存控制要点是订货批量的确定与订货警戒线的设立，前者影响整个库存平均水平，后者影响服务水平。一般来说，价值较低、需求数量较大，并且市场上容易采购的物资以及价格昂贵需要严格重点控制的物资，适宜采用连续检查控制法控制。连续检查控制法常采用收发卡片法或双堆法确定订货时机。

（二）周期检查控制法

周期检查控制法通过定期盘点库存，并根据库存情况，结合下一计划期预计的需求确定每次的订货批量。由于每两次订货的时间间隔是固定的，这也称固定订货期法。这种控制法的关键是确定订货期。一般来说，价值较高和具有相同供应来源（同一厂家生产或产地在同一地区）的物资，以及需要定期盘点和定期采购的物资，较多采用统一采购策略。这不仅能够节约订货和运输费用，而且可以获得一定的价格折扣，降低购货成本，因而多采用周期检查控制法控制。

（三）库存重点控制法——ABC 控制法

在存货控制工作中，应该强调重点管理的原则，将管理重心放在重点物资上，ABC 控制法便是最常用的方法之一。ABC 控制法是根据存货项目的相对价值将其分类排队，分清重点和一般，从而有区别地确定管理方式的管理方法。其目的就是在管理上对重要的存货项目加大重视力度。

A 类存货项目通常数量较少，是总存货价值中最高的一部分，对企业生产过程也是至关重要的，应对其尽可能地进行严密控制。高层次管理人员对其应精确计算、采取一定的技术性措施进行保管等。B 类存货项目价值居中，作为总存货价值中较重要的一部分，也应按正常的企业经营方式来调节库存数量。C 类存货项目数量大、价值低，应尽可能简单控制，减少管理工作量。

（四）准时制库存控制法

准时制生产方式是日本丰田汽车公司首创的一种管理体制，是指将企业的存货降到最低水平（几乎接近于零）以减少库存成本的一种先进生产方法，其目标是要彻底消除无效劳动与浪费，如过剩的零部件、在搬运和操作上的无效劳动、空闲待工、库存积压和产品质量问题等。实施准时制生产方式的企业在加强质量管理与计划控制的同时，应特别注重存货控制，将存货控制有机地融入企业发展的整体战略中。采用准时制生产方式的企业，在采购过程中如果某一环节出了问题，就会造成停产或怠慢顾客。因此，采用准时制库存控制法的企业需要建立安全存量制度，以防止或减少特殊情况时存货的大量提取或因供货方延误所造成的损失。

第三节　中小企业设备管理与控制 ■ ■ ■

设备是企业中用于生产、运输、检验、科研等各个环节的机器、仪器、仪表及各种设施的总称，是企业进行生产经营活动的物质基础。中小企业的设备管理与控制是指围绕设备的选择评价、维护修理、更新改造和报废处理等任务而开展的一系列计划、组织与控制工作。中小企业的设备数量有限，在安排生产时可供选择的设备少，回旋余地小，几台甚至某一台设备的停顿，就会影响交货期和企业信誉，影响占领市场的份额和竞争成败。因此，合理使用设备、精心维护设备、适时更新设备、正确购置设备以及对其进行全面综合管理与控制就成为生产运营活动的重要保障。

一、设备的选择和评价

当中小企业创建、扩建或对原有设备进行更新时均需添置新设备，这时，在很多情况下需要从市场购置。这就要对所需购置的设备从技术性和经济性等方面进行选择和评价，一般包括技术性评价和经济性评价两部分内容（见表6-2）。

表 6-2　设备选择和评价的内容及应考察的因素

设备选择和评价的内容	设备选择和评价应考察的因素
技术性评价	1. 生产能力；2. 可靠性；3. 可维修性；4. 互换性；5. 安全性；6. 配套性；7. 操作性；8. 易于安装；9. 节能性；10. 对现行组织的影响；11. 备件供应；12. 售后服务；13. 法律及环境保护
经济性评价	1. 设备费用：设备的寿命周期费用，主要由两部分构成： ● 固定费用：购置费、运输费、安装调试费、人员培训费等 ● 运转费用：直接或间接劳动费用、服务及保养费用、维修费用 2. 设备的收益问题：从设备所生产产品的产量及质量、成本节约等多方面予以综合评估。用于设备经济性评价的常用方法有： ● 投资回收期法：用于单方案评价或多方案比较 ● 费用比较法：用于多方案比较 ● 效益费用比较法：用于单方案评价或多方案比较 ● 费用效率比较法：用于多方案比较

二、设备的合理使用与维护

设备投入使用后，企业要不断地投入运行费用、保养维护费用、监测维修费用和技术改造费用等。中小企业在这些费用投入之前，要从经济角度对各种设备运行方案及各种保养维护、监测维修、技术改造等方案进行分析评价，选择经济上更合理的方案，并在方案执行中严格控制费用支出，在方案执行后认真核算，最终实现以较低的设备使用费用保证设备有效运行。这里主要从设备合理使用及其有效维护和检查两方面来分析（见表6-3）。

表 6-3　设备合理使用与有效维护和检查分析因素

设备合理使用	经济要素	1. 设备使用费用：主要指运行费用、保养维修费用、监测维修费用和技术改造费用等 2. 设备折旧方法主要有四种： • 年限平均法：将设备的价值平均分摊到设备使用期限内的各期。计算公式为： $$年折旧额 = (原价 - 预计净残值) / 预计使用年限$$ • 工作量法：基于设备的实际使用量来计算折旧费用，通常以设备的产量、运行时间或里程数等指标来衡量设备的使用量。计算公式为： $$单位工作量折旧额 = 原价 \times (1 - 预计净残值率) / 预计总工作量$$ • 双倍余额递减法：根据每期期初设备原价减去累计折旧后的金额和双倍直线法折旧率计算折旧，是一种加速折旧的方法。计算公式为： $$年折旧额 = 2 / 预计使用寿命(年)$$ • 年数总和法：是一种复合折旧方法。计算公式为： $$年折旧率 = 尚可使用寿命 / 预计使用寿命的年数总和$$
	技术要素	1. 确定设备使用的规章制度：设备使用规程、岗位责任制、检查维护规程、交接班制度、润滑制度、操作合格证制度等 2. 确定合理的设备配置：当企业采用生产线生产时，须合理配置生产线上的各种设备和进行生产线的优化 3. 确定合理的生产任务：以设备的性能、生产能力、技术特性、使用范围、工作条件、设备精度等技术资料为依据，既不能超负荷、超范围、超精度、超条件，也要尽可能地避免"大机小用"或"精机粗用"，造成设备效率低下或设备功能浪费 4. 合理利用设备，这是通过一系列指标分析来进行的： • 设备数量利用情况分析：常用现有设备实际利用率和现有设备计划利用率进行差异分析，制定改进方案。其中： $$现有设备实际利用率 = \frac{实际使用设备数量}{企业拥有设备数量} \times 100\%$$ $$现有设备计划利用率 = \frac{计划使用设备数量}{企业拥有设备数量} \times 100\%$$ • 设备时间利用情况分析：合理安排设备的检修，增加设备的实际工作时间，提高设备的时间利用率 • 设备能力利用情况分析：在实际工作中多采用实际生产能力与计划生产能力或与该设备的历史最高生产能力进行对比分析，从中找出影响设备生产能力利用的因素。其中： $$设备实际生产能力 = \frac{合格产品质量}{设备工作时间} \times 100\%$$
设备的维护和检查	设备维护	1. 一级保养：根据设备使用情况拆卸、清洗零部件，调整间隙，消除表面油污，疏通油路等。一般由操作工人在专业维修工人指导配合下定期进行 2. 二级保养：指对设备进行局部群体检查、清洗与换油、修复或更换易损件、局部恢复精度并检查电气、冷却等系统。一般由专业维修人员在操作工人参与配合下定期进行
	设备检查	1. 按检查时间可分为日常检查、定期检查、修理前检查 2. 按检查内容可分为机能检查、精度检查 3. 按检查范围可分为机台检查、区域检查与巡回检查 设备的维护和检查是不可分割的两个方面，二者的许多日常工作是结合进行的

三、设备的修理与更新

(一) 设备修理

设备修理的含义、功能和种类如表 6-4 所示。

表 6-4 设备修理的含义、功能和种类

设备修理的含义	修复和更换已经磨损严重或腐蚀老化的零部件,使设备劣化的性能得到全部或部分恢复,使设备的有形磨损得到局部补偿的工作。其主要作用在于恢复设备精度、性能,提高效率,延长使用寿命,保持生产能力
设备修理的功能	1. 恢复性修理:通过更换或修复已经磨损、腐蚀或老化的零部件,使设备的功能得以恢复,并延长其物质寿命 2. 改善性修理:结合修理对设备中故障率高的部位进行改进或改装,使设备故障率减小或不再发生故障
设备修理的种类	1. 小修:对少量易损零件的修复更换、调整以及设备的清洗 2. 中修:对设备的主要零部件进行局部修复和调整,并更换一些经鉴定不能继续使用至下次小修时的主要零部件 3. 大修:对设备整体进行拆卸更换,修复已经磨损和腐蚀的多数零部件,以求基本恢复设备的原有性能

设备在完成表 6-4 中三种维修后都必须进行试运转,并按规定分别由使用单位、操作人员和有关部门验收。重点设备还应由设备主管部门派员参加验收。设备小修、中修和大修的具体内容因企业的不同而有所不同,企业应根据各自特点分别加以具体规定。

(二) 设备的更新

1. 设备更新的基本理论

设备更新是指用技术性能更完善、经济效益更显著的新型设备来替换原有在技术上不能继续使用或经济上不宜继续使用的设备。设备更新是消除设备的有形磨损和无形磨损的重要手段,进行设备更新的目的是更快地形成新的生产能力,以更好地实现企业目标,提高企业效益。

从广义上说,凡是对因磨损而消耗掉的设备进行的补偿都可视为设备更新。设备更新的基本理论是设备磨损理论和设备寿命理论。

(1) 设备磨损理论。设备在使用和闲置过程中会逐渐降低和失去设备原来的功能,使设备贬值。设备的磨损包括有形磨损 (物质磨损) 和无形磨损 (精神磨损) 两种形式。设备维护主要是对设备的物质磨损进行补偿。

(2) 设备寿命理论。设备的寿命,是指设备从投入生产开始,经过有形磨损和无形磨损,直至在物质上、技术上或经济上不能或不宜继续使用,必须更新为止所经历的时间。

由上述设备的磨损理论与寿命理论可以看到,设备的更新是由设备本身的自然磨损决定的,也是科学技术发展的客观要求,更是企业提高经济效益的需要。

2. 设备更新期的分析方法

从经济角度确定更新期的定量分析方法有两种：

（1）追踪测算法。这种方法是通过追踪测算每次大修理的实际费用和当时的设备残值并与新设备价值进行比较来确定更新周期。其思路是将测算出的一次大修理费用与设备残值相加，得出的数值等于或超过新设备价值时，即可做出更新决策。

（2）经济寿命法。这种方法是指通过计算设备的经济寿命来确定设备更新期。设备经济寿命的计算依据是设备的年费用。设备的年费用由两部分组成：一部分是设备的一次购置费均摊到使用期限内每年的费用；另一部分是设备的年均经营费用，包括运行费用和维修费用。当设备残值不为零时，设备的年费用公式为：

$$C = \frac{K-L}{N} + Q$$

式中，C——年费用；

K——设备购置费；

N——设备使用年限；

Q——平均经营费用；

L——设备残值。

由这个公式可知，随着设备使用年限 N 的增长，年均投资费用会逐渐减少；而平均经营费用 Q 则因设备使用年限的增长、设备劣化程度增加而增长。设备年费用曲线如图 6-5 所示。从图中可以看到，年费用 C 随着设备投入使用逐年下降，到 N_0 年年费用降至最低，超过 N_0 年之后，年费用又逐年上升。设备的经济寿命就是指从设备开始使用到设备年费用最低时的年限。

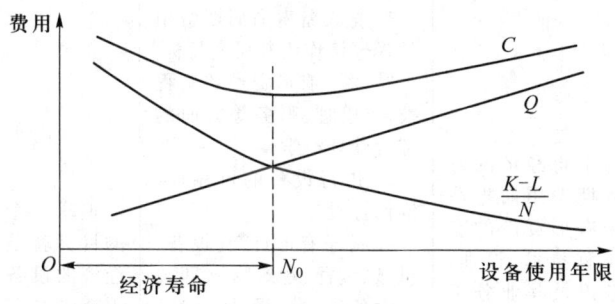

图 6-5　设备年费用图

资料来源：刘启生，张英奎，司马锡生，等. 现代生产与运营管理. 上海：华东理工大学出版社，1999：388.

四、设备全面综合管理与控制

为实现现代工业生产无事故、无缺陷、无伤亡、无公害的要求，发达国家先后提出了设备全面综合管理理论。20 世纪 60 年代，美国基于寿命周期成本、可靠性工程及维修性工程等现代理论形成了后勤学（logistics），又称物流学；1971 年，日本提出了全员生产维修（total productive maintenance，TPM）；1974 年，英国提出了设备综合工程学（terotechnology）。对这三种理论进行的对比分析见表 6-5。

表 6-5　三种设备全面综合管理理论对比分析

名称	时间	国家	定义	内容	共同点	分配对象
后勤学	20世纪60年代	美国	研究资源需求、设备、供应和维修,并以后勤保障、计划作为对象的管理艺术、管理科学和工程技术活动	一个系统应包括基本设备和相应的后勤支援两部分。基本设备和后勤支援的各个组成部分都必须在集成的基础上发展,建立最优平衡,以生产出一项费用效果良好的产品	追求一个共同的目标就是获取经济的设备寿命周期成本	制造的产品、系统规划、信息和设备
全员生产维修	1971年	日本	全员参加的,以提高设备综合效能为目标,以设备寿命周期为对象的生产维修制度	1. 目标使设备的综合效能最大 2. 建立生产维修系统 3. 参与部门包括与设备有关的所有部门,如设备规划、设备使用、维修部门等 4. 从最高管理部门到基层员工的全体人员都参加 5. 开展小组自主活动,推进生产维修与管理	追求一个共同的目标就是获取经济的设备寿命周期成本	只针对设备用户
设备综合工程学	1974年	英国	为求得经济的寿命周期费用而把适用于有形资产的有关工程技术、管理、财务以及其业务工作加以综合的科学	1. 把设备寿命周期费用的最经济作为其研究目标 2. 关于有形资产的工程技术、管理、财务等方面的综合管理科学 3. 进行设备的可靠性、维修性设计 4. 关于有形资产(设备、机械、装置、建筑物),即关于设备(方案、设计、制造、安装、运转、维修保养、改造和更新等)机能的管理学 5. 关于设备设计、使用效果、费用信息反馈的管理学	追求一个共同的目标就是获取经济的设备寿命周期成本	针对设备(有效资产),包括设备供应商、工程技术公司和设备用户

　　总之,在新型生产方式下,中小企业设备管理必须与其外部环境、生产制造技术、经营管理、设备资产特点、员工素质相适应,没有一成不变的管理模式,只有适应了企业特点的模式才是最有效的管理模式。

第四节 中小企业质量管理与控制 ▪▪▪

质量管理和控制（quality management and control）是为了保持某一产品、过程或服务的质量所采用的作业技术和有关活动。我国 2016 年的《政府工作报告》中所倡导的"工匠精神"就是质量追求的代表。质量管理和控制已成为企业运营管理的重要内容，对中小企业提升产品和服务质量、促进自身高质量发展具有重要意义。

一、中小企业的质量管理现状

（一）当前我国中小企业在质量管理方面存在的问题

目前，我国大部分中小企业设备落后、技术老化、管理水平低、融资能力弱，特别是中小企业的产品质量合格率低、企业质量管理水平低、企业经济效益低的"三低"状况，已成为影响社会市场经济秩序、制约中小企业发展的重要问题。一些中小企业不仅产品质量抽查合格率低，而且产品的实物质量也偏低。有相当一部分中小企业制定的企业标准低于国家推荐性标准或行业标准的要求，根据这种低水平的企业标准生产出来的产品，即使在国家产品质量监督抽查时依企业标准被判为合格，其产品的实际质量水平和使用价值也不高。

（二）导致中小企业产品质量问题的主要原因

1. 企业内部因素

（1）经营思想问题。部分中小企业，特别是一些个体私营企业质量意识淡薄，危机感、责任感差，经营思想不端正，生产中偷工减料，粗制滥造；有的企业为了追求眼前利益，甚至违法生产假冒伪劣产品；有些企业为了降低生产成本，连国家强制性标准也不遵守；有些企业则减少或去掉必备的安全保护装置，导致安全事故频频发生。

（2）技术装备问题。相当一部分的中小企业生产技术和设备水平落后、工艺陈旧、工序能力不足，且缺乏相应和必要的检测设备，难以保证产品质量。

（3）质量管理问题。质量管理落后也是造成中小企业产品质量差的重要原因。许多中小企业质量管理松弛、混乱，在生产过程中不开展产品检验和控制。甚至某些中小企业几乎没有开展过质量管理和质量检验工作。

（4）企业没有健全的质量管理体系。费根堡姆理论指出："质量管理的主要任务是建立质量体系。"而我国不少中小企业恰恰没有建立和完善质量管理体系。

2. 企业外部因素

中小企业由于自身资金、技术等方面的限制，需要具有专门技术能力的中介组织、行业协会等来提供诸如技术支持、市场咨询、企业职工培训、管理培训和法律咨询等社会化服务，但目前我国社会化服务体系不健全，中小企业很难得到中介机构的服务。可见，中小企业外部的不利因素也限制了其产品质量及管理水平的进一步提高。

二、质量管理和控制方法

随着质量运动的迅速开展，人们耗费了大量时间和精力在企业内实施质量管理，并研究制定了许多行之有效的质量管理方法。下面介绍全面质量管理的内容、标准和质量控制的几种工具以及如何运用它们解决质量管理问题。

（一）全面质量管理的内容和标准

全面质量管理（total quality management，TQM）代表了质量管理发展的新阶段。根据ISO9000（1994 年版）标准的定义，全面质量管理是指"一个组织以质量为中心，以全员参与为基础，目的在于通过让顾客满意和本组织所有成员及社会受益而达到长期成功的管理途径"。这一定义反映了全面质量管理概念的最新发展，获得质量管理界的广泛共识。全面质量管理的内容包括从市场调研、产品设计开发、生产（作业），到销售、服务等全部有关过程的质量管理。换句话说，要保证产品或服务的质量，就要搞好生产或作业过程的质量管理。ISO9000 认证在打破贸易壁垒，提高产品知名度，降低生产成本，提高经济效益，维护消费者权益，减少系列考核负担等方面的作用越来越为企业界所认可。企业获得认证是使其产品获得"通行绿卡"最直接、最有效的途径。中小企业推行全面质量管理，必须重视和贯彻实施 ISO9000标准。

（二）质量控制的方法

1. 质量控制的统计方法

统计方法的采用使得产品或服务质量的控制更容易，成本更低并且效率更高。高效率的统计方法可节约资金。

（1）抽样验收（acceptance sampling），就是随机抽取产品总体中具有代表性的一个或几个样品进行检验以判断总体是否合格。好的抽样验收方法能在避免检验成本增加的同时又将抽样检验的风险降至最低。

（2）统计生产过程控制（statistical process control），即应用各种统计方法对生产过程进行控制以保证产品质量。精确的测量可确定其差别，将这些差别绘成一条曲线，对于利用统计方法控制生产过程很有用。另外，通过统计分析可制定公差范围以限制变量的变化范围。

（3）质量控制图（control chart），是在统计生产过程控制中采用的表示控制生产过程界限的一种图表。随着生产过程控制中数据的不断获得，质量控制图可用于分析和判断生产工序状态是否稳定。

2. 质量控制的工具

日本在开展全面质量管理的过程中通常将因果图法、排列图法、直方图法、控制图法、散布图法、分层图法、调查表法称为"老七种工具"；而将关联图法、KJ 法、系统图法、矩阵图法、矩阵数据分析法、PDPC 法以及箭条图法统称为"新七种工具"。这七种新工具是日本科学技术联盟于 1972 年组织一些专家运用运筹学或系统工程的原理和方法，经过多年的研究和现场实践后于 1979 年正式提出用于质量管理的。"新七种工具"的提出不是对"老七种工具"

的替代，而是对它的补充和丰富。

（1）"老七种工具"的含义简述如下。

① 因果图法，也称鱼刺图法、特性要因图法等。它是利用头脑风暴法，集思广益，寻找影响质量、时间、成本等问题的潜在因素，然后用图形形式来表示的一种十分有用的方法。

② 排列图法，又称主次因素分析法、帕累托图分析法。它是将质量改进项目从最重要到最次要进行排列而采用的一种简单的图示技术。

③ 直方图法，又称质量分布图法。它通过对收集的数据进行处理来反映产品质量的分布情况，判断和预测产品质量及不合格率。

④ 控制图法，又叫管理图法。它是一种带控制界限的质量管理图表，利用现场收集到的质量特征值，绘制成控制图，通过观察图形来判断产品的生产过程的质量状况。

⑤ 散布图法，它是将影响质量特性因素的各对数据用直角坐标系表示成图形，通过该图形，能够了解当一个变量发生变化时另一个变量相应出现的变化情况，从而观察判断两个质量特性变量之间的关系，对产品或工序进行有效控制。

⑥ 分层图法，又叫分类法、分组法。它是按照一定的标志，把收集到的大量有关某一特定主题的统计数据加以归类、整理和汇总的一种方法。

⑦ 调查表法，它是根据以往的资料，将某一质量特性项目的数据分布范围分成若干区间，而后制成表格，用以记录和统计每一质量特性数据落在某一区间的频数。

（2）"新七种工具"的含义简述如下。

① 关联图法，也叫关系图法，是指用连线图来表示事物相互关系的一种方法。其可用于制定质量管理的目标、方针和计划以及质量故障的对策，分析不合格品的原因，规划质量管理小组活动的展开。

② KJ法，名称取自其提出者日本学者川喜田二郎的英文名缩写。它是从错综复杂的现象中，用一定的方式来整理思路，抓住思想实质，找出解决问题新途径的方法。

③ 系统图法，是表示某个质量问题与其组成要素之间的关系，从而明确问题的重点，寻求达到目的所采取的最适当的手段和措施的一种树枝状示意图，也是一种倒立树状逻辑因果关系图。它是系统工程理论在质量管理中的一种具体运用。

④ 矩阵图法，是指借助数学上矩阵的形式，把与问题有对应关系的各个因素列成一个矩阵图，根据矩阵图的特点进行分析，从中确定关键点（或着眼点）的方法。它在质量管理中，可用于寻找新产品研制和老产品改进的关键点，寻找产品质量问题产生的原因等方面。

⑤ 矩阵数据分析法，与矩阵图法类似。它与矩阵图法的区别是：不是在矩阵图上填符号，而是填数据，形成一个分析数据的矩阵。它是一种定量分析问题的方法。应用这种方法，往往需要借助电子计算机来求解。

⑥ PDPC（process decision program chart）法，又称过程决策程序图法。它是制定达到研制目标的计划阶段，对计划执行过程中可能出现的各种障碍及结果做出预测，并相应地提出多种应变计划的一种方法。

⑦ 箭条图法，又称矢线图法。它是计划评审法在质量管理中的具体运用，使质量管理的计划安排具有时间进度内容的一种方法。它有利于从全局出发，统筹安排，抓住关键线路，集中力量，按时和提前完成计划。

一般来说，"老七种工具"的特点是强调用数据说话，重视对制造过程的质量控制；而"新七种工具"则基本是整理、分析语言文字资料（非数据）的方法，着重用来解决全面质量管理中 PDCA 循环①的计划（P）阶段的有关问题。因此，"新七种工具"有助于管理人员整理问题、制定方针目标和安排时间进度。

（三）质量控制新方法

随着经济全球化的发展，各国开发并利用了很多新的质量控制方法以改善其企业的经营成果。这些新方法主要包括：质量功能展开、田口方法、故障模式和影响分析、头脑风暴法、六西格玛（6σ）法、水平对比法、业务流程再造等。

1. 质量功能展开

质量功能展开（quality function deployment，QFD）是一种顾客驱动的产品开发方法。QFD 于 20 世纪 70 年代初起源于日本，已成功地用于电子仪器、家用电器、服装、集成电路、合成橡胶、建筑设备和农业机械的生产管理中。福特公司于 1985 年在美国率先采用 QFD 方法。美国的福特公司、通用汽车公司、克莱斯勒公司、惠普公司等，在汽车、家用电器、船舶、变速箱、涡轮机、印制电路板、自动购货系统、软件开发等方面都有应用 QFD 的报道。

2. 田口方法

田口方法是田口玄一博士创立的。它强调产品质量的提高不是通过检验，而是通过设计。把产品的稳健性设计到产品和制造过程中，通过控制源头质量来抵御大量的下游生产或顾客使用中的噪声或不可控因素的干扰。

3. 故障模式和影响分析

故障模式和影响分析实际是一组系列化的活动，其过程包括：找出产品/过程中潜在的故障模式；根据相应的评价体系对找出的潜在故障模式进行风险量化评估；列出故障起因/机理，寻找预防或改进措施。

4. 头脑风暴法

头脑风暴法又被译为脑力激荡法。它是采用会议的形式，引导参加会议的每个人围绕某中心议题（如质量问题等）广开言路，激发灵感，在各人头脑中掀起思想风暴的一种集体创造性思维的方法。

5. 六西格玛法

六西格玛法是以数据为基础，追求几乎完美的质量管理方法。西格玛是希腊字母 σ 的中文读音，统计学用来表示标准偏差，即数据的分散程度。六个西格玛的合格率是 99.999 66%。六西格玛自 20 世纪 90 年代中期开始从一种全面质量管理方法逐步发展成以顾客为主体来确定企业战略目标和产品开发设计的标尺。

6. 水平对比法

水平对比法（benchmarking）又称标杆法，是对照最强有力的竞争对手或已成为工业界领袖的公司，在产品的性能、质量和售后服务等各方面进行比较分析和度量，并采取改进措施的连续过程。采用水平比较法不是单纯地模仿，而是创造性地借鉴。为了更好地贯彻水平对比

---

① PDCA 是计划（plan）、执行（do）、检查（check）和处理（act）的首字母缩写。

法，应当建立有关的数据库，并不断更新。水平对比法在美国已获得广泛的应用并取得明显的成效。

7. 业务流程再造

业务流程再造（business process reengineering，BPR），是美国管理学家迈克尔·哈默（Michael Hammer）和詹姆斯·钱匹（James Champy）首先提出的。根据哈默与钱匹的定义，"业务流程再造就是对企业的业务流程进行根本性的再思考和彻底性的再设计，从而获得在成本、质量、服务和速度等方面业绩的显著改善"，使得企业能最大限度地适应以"顾客、竞争和变化"为特征的现代企业经营环境。

总之，为了实现质量目标，中小企业必须综合应用各种先进的管理方法和技术手段，学习和引进国内外先进企业的经验，不断改进本组织的业务流程和工作方法，不断提高组织成员的质量意识和质量技能。

三、质量经营与质量成本

（一）质量经营

在全球范围内，质量管理的理论与实践已经突破了全面质量管理的范畴，正在向质量经营发展。质量经营概念的提出是质量管理科学不断发展而走向成熟的必然。

1. 质量经营的内容

质量经营（quality operation）是日本质量管理专家久米均提出的。它是以质量文化为主导，以行为科学为基础，以无缺陷管理为出发点，以优化质量、功能、成本结构、提高质量效益为前提，以顾客满意为目标，以质量体系为保证的经营方式和经营战略。

现代质量经营是一种集各种质量管理理论与实践精华于一体的质量经营体系，它标志着质量管理进入了一个新的发展阶段。从"质量把关检验"到"制造过程的质量控制"，从"全面质量管理"到"质量经营"，并非简单的演进，这是对全面质量管理理论与实践的拓展，反映了企业经营思想观念的变化和经营机制的变化，是企业经营管理思想的一场革命。其基本理念主要包括以顾客为中心、预防、源头控制、全面质量管理和永续经营五个方面。

2. 制定有效的质量经营战略

当组织对整个流程所涉及的人员、部门和活动实施全面管理时，组织应获取实施质量经营战略和实现质量经营目标所需要的资源，这些资源包括人力资源、基础设施、工作环境、信息、供应商和合作者、自然资源和财务资源，并进行相关资源的配置和整合。

价值链模型（见图6-6）将组织的一般活动分为两大类：基本活动和辅助活动。质量经营将组织的两大类活动有机地串联起来，并向组织价值链贡献价值。组织的基本活动是为组织的输出增加价值，包括：产品设计与开发、生产制造、市场营销、售后服务等；组织的辅助活动只是支持组织目前和未来的增值活动，包括：基础设施、人力资源管理、物流、技术开发等，而基础设施向整条价值链提供支持。因此，质量经营是从提高顾客满意与忠诚的角度出发，通过输入与输出的转化过程，为顾客创造价值，同时不断追求组织的边际利润最大化。价值链的实现过程，也是质量经营的基本战略。

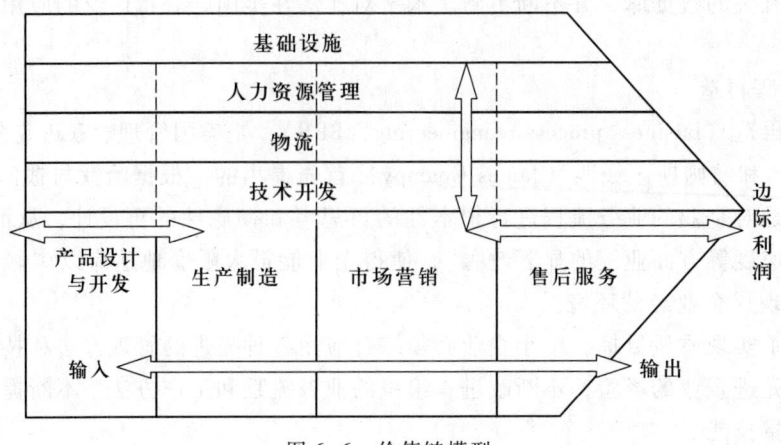

图 6-6　价值链模型

（二）质量成本构成

根据国内外的经验，质量成本（quality cost）构成中各项成本的最佳比例通常是：预防成本占 10%，鉴定成本占 40%，故障成本占 50%。随着鉴定成本和预防成本的增加，产品的质量水平随之提高，产品的缺陷大大减少，总质量成本也会随之下降；但质量水平达到一定程度后，预防和鉴定成本增加较快，虽然故障成本仍会下降，但总质量成本会增加。这里存在一个临界点，即最佳质量成本。在达到最佳质量成本之前，故障成本在总质量成本中占主导地位，此时应以改进质量为主；在达到最佳质量成本之后，鉴定成本在总质量成本中占主导地位，此时应该着手研究原有标准，纠正对质量标准的过度追求，提高检验工作效能以降低鉴定成本。在实际工作中，最佳质量成本往往不是一个点，而是一个区域（损失成本一般在 50% 左右）。并且，其大小和水平位置都可能随时变化。在此区域内，如果一时找不到有利的改进突破点，则应该把注意力集中在质量控制工作上，使总质量成本保持在最佳水平（见图 6-7）。

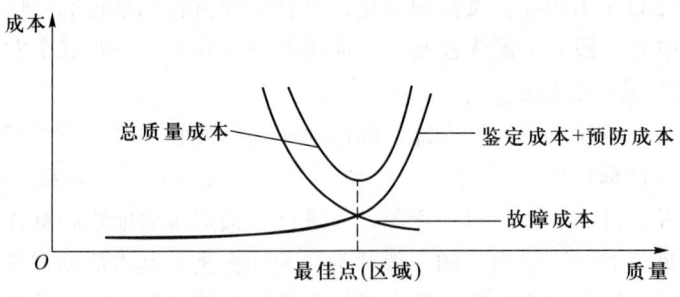

图 6-7　最佳质量成本点（区域）示意图

在不同发展水平的国家和不同类型的企业中，质量成本的构成是不同的，甚至差别很大。质量成本的构成是由企业质量管理现状决定的。从我国的情况来看，由于中小企业质量管理相对落后和质量支出不恰当，企业的故障损失较为严重。

鉴于我国中小企业在质量管理中存在一些共性问题，诸如制度不完善、人员执行力差、产量与质量无法兼顾等，政府出台了一系列措施帮助中小企业提升质量管理能力。例如，武汉市2021年面向激光、电气、汽车零部件、食品、食品包装材料及其保障设备5个行业开展质量提升工程，共为205家中小企业提供质量服务，帮助中小企业解决超过1 200个质量问题，带动行业制定3项团体标准、5份行业质量提升实施指南，开展行业质量培训和经验推介会共计12期，培训质量人员超过2 400人次，帮助中小企业产生直接质量效益约6 700万元、间接质量效益约2.95亿元。河南省市场监管局也出台了《2024年河南省重点产业链中小企业质量管理体系认证提升行动实施方案》，聚焦机电、装备制造、新材料、艾草等产业，选取100余家中小企业作为试点，开展企业质量管理体系认证提升行动。这一行动在河南省已连续开展多年，2023年平均每家试点企业降低成本255万元，降本增效约5亿元。由此可见，加强质量管理，适当增加预防和鉴定成本并加以有效使用，优化质量成本控制，可以有效提升中小企业效益。

（三）质量成本控制

中小企业进行质量成本控制的目的是通过比例控制，在保证产品质量的前提下，使总的质量成本降到最低。

1. 全过程的质量成本控制

产品质量要达到质量标准，必须靠产品形成全过程的各个环节工作质量来保证，从产品开发设计到生产制造，再到产品销售以及售后服务，任何一个环节出了问题，都会影响产品质量，所以，必须对产品生产的全过程实施质量成本控制，使中小企业的质量成本控制在最适宜的质量水平附近。由于质量管理成本是一种为了减少损失而花费的费用，可以带来经济效益，而质量故障成本是一种浪费，不能带来任何经济效益，因此，在质量成本核算中应加强对故障成本的核算与控制。全过程的质量成本控制应包括：产品设计阶段的质量成本控制，材料采购、耗用的质量成本控制，生产制造过程的质量成本控制，销售过程质量成本控制四个方面。

2. 质量成本总额分析及质量成本构成分析

在加强全过程质量成本控制的基础上，需要进行质量成本总额分析以及质量成本构成分析，以查明实际质量成本偏离目标值的原因。通过质量成本总额分析，能够找出质量成本的变化趋势和变化原因，掌握企业质量整体上的情况；通过质量成本构成分析，可以判断质量成本的项目构成是否合理，为改进质量、降低质量成本、寻求最佳质量水平指明方向。

总之，质量成本控制是提高中小企业经济效益的有效途径之一，对故障成本比例较大的中小企业来说，加强质量成本控制，采取有效措施对生产制造过程实施管理，会起到立竿见影的效果。

第五节 中小企业供应链管理与控制

中小企业供应链管理与控制（supply chain management and control）是整合供应和需求的管

理。供应链是由涉及生产和交付产品或服务的企业设施、职能和活动所组成的序列。由于资金和规模限制，许多中小企业未能充分重视企业的整体供应链流程。在供应链的供应、生产、销售过程中，存在的各种不确定性因素，都会对中小企业产生影响。因此，对中小企业供应链的管理和控制尤为重要。

一、中小企业供应链管理的内容

（一）中小企业采购管理

采购是指获得生产产品或提供服务所需的物料、零件、补给和服务。

1. 采购流程

采购的基本流程包括：采购需求—采购计划—寻找供货商询价、比价、议价—采购洽谈—合同的签订（确定付款条件、配送方式、售后服务）—交货验收（仓管）—质检（不合格退货）—入库—计划对账—财务结算。

采购员根据采购单和公司销售计划制定采购计划，然后根据经营情况、供应能力、品质能力、质量、运货、价格、逾期率、是否配合等方面选择和考核供应商。采购员与供应商经过询价、报价、议价、比价等过程后签订有关合同。采购合同要根据采购商品的要求、供应商情况、企业本身的管理要求、采购方针等来签订，需与财务部门核实确定付款条件、货运方式、售后服务等情况。交货验收时采购员必须确定货物品种、数量、质量、交货期的正确无误。以采购员确定的结果和合同为验收依据。货物质检合格则入库，不合格的需安排补救和退货。货物入库后，财务结算。

2. 中小企业采购管理存在的问题

一方面，许多中小企业缺乏明确的采购计划和标准流程，每次采购都是根据需求临时下单，导致采购过程混乱不堪。另一方面，中小企业的采购往往存在两个极端：一是可能会过度采购，导致资金浪费和库存积压；二是可能会采购不足，导致产品断货。

3. 中小企业采购管理策略

（1）建立采购计划。中小企业应当建立完善的采购计划，根据销售计划和实际需求进行采购，避免盲目下单和库存积压。

（2）建立供应商管理机制。制定供应商选择与考核标准，建立合格供应商名录，并与供应商建立长期合作关系，确保供应稳定、质量可控。

（3）加强沟通与协调。与供应商及时沟通，了解材料的交期变化和价格走势，以便及时调整采购计划。

（4）利用采购管理系统。中小企业可采用合适的管理信息系统，实现采购全流程管理，包括订单管理、库存管理、财务结算等，提高采购效率和准确性。

（二）中小企业供应商管理

1. 中小企业供应商管理存在的问题

（1）中小企业对原材料的购买需求无法与大企业相提并论。在物料紧缺的情况下，需求大的企业更容易被供应商优先供货。

（2）中小企业的回款和财务状况容易出现问题，对供应商的付款可能不准时，引起供应商卡货或者延期发货。

（3）中小企业的供应商很多也是中小微企业，供应商的管理水平较低，容易发生交货不及时、交货数量不够、信息反馈滞后等问题。

2. 中小企业供应商管理策略

（1）供应商选择与考核。中小企业应该制定供应商选择与考核标准，包括供货能力、质量管理水平、交货准时率、售后服务等。根据评估结果建立合格供应商名录，为采购部门提供参考，确保选择合适的供应商。

（2）建立合作伙伴关系。中小企业与供应商建立长期稳定的合作关系，共同发展、共赢合作，这意味着更少的供应商、更长期的合作关系、共享信息以及在制定计划中的合作。建立合作伙伴关系有利于获得更高的质量、更低的库存和成本、更快的运输速度以及更高的运营效率。

（3）供应商绩效管理。中小企业可以建立定期的供应商绩效评估机制，评估供应商的交货准时率、产品质量、服务态度等。对于表现优异的供应商给予奖励，如提升订单量、提前支付等；对于绩效不佳的供应商给予警告或调整合作关系。

（4）改进与合作。中小企业可以通过定期与供应商召开会议，共同探讨合作中的问题和改进措施，不断提升合作效率和质量水平。此外，也可以与供应商开展技术研发和创新合作，共同开发新产品或提升现有产品的技术水平，增强双方竞争力，从而实现共赢。

（三）中小企业物流管理

1. 中小企业物流管理存在的问题

（1）对物流管理重视不够。中小企业经营者对物流管理的理念相对薄弱，缺乏对现代物流和供应链管理的深入了解。他们往往将物流活动看作为生产和销售服务的次要环节，而不是将其视为优化运营过程、提高市场竞争力的关键。

（2）物流分割严重，缺乏一体化的综合物流。在中小企业内部，物流活动通常分散在不同的部门，如仓储、运输、采购等，缺乏统一的规划和管理。这导致企业内部物流系统协调性差，难以形成相互协作的价值链，削弱了企业的快速响应能力和竞争力。

（3）信息技术应用不足。中小企业的信息技术应用程度不高，管理水平相对落后。许多中小企业仍采用手工处理方式，信息系统不完善，数据处理技术落后，无法及时准确地处理相关物流信息，严重影响了物流管理水平。

（4）缺乏动态适应性。由于缺乏与外部环境互相作用的管理机制，中小企业无法灵活应对外部环境变化，导致中小企业物流管理的动态适应性不足。

2. 中小企业物流管理策略

（1）选择合适的运输方式。根据货物特性、运输距离和时间等因素，选择合适的运输方式，包括公路运输、铁路运输、航空运输和海运等。

（2）物流配送优化。优化物流配送路线和计划，降低运输成本，提高配送效率。

（3）物流信息管理。建立物流信息管理系统，实现物流信息的实时监控、采集、分析和共享，提高物流管理的精细化和智能化水平。基于物流信息数据进行分析，根据发现的问题及瓶颈来制定优化措施，以提升物流管理水平。

（4）优化组织结构提高物流运作效率。中小企业可以进行组织结构调整，建立能够综合协调各部门资源的物流管理部门。

（5）采用第三方物流。中小企业需要高度重视第三方物流的作用，因为随着市场竞争加剧和利润空间的减小，采用第三方物流可以帮助企业降低物流成本、提高运作效率。

二、中小企业供应链管理的趋势

（一）全球化

越来越多的中小企业积极融入全球市场，它们通过融入全球供应链体系来参与全球竞争。这需要中小企业与国际市场接轨，充分利用互联网、物联网等技术，实现在全球范围内整合资源和寻求合作。

（二）生态化

构建生态伙伴关系，融入共生、互生、再生的供应链生态圈，成为未来中小企业供应链管理的重要方向。通过与各参与主体的协同合作，实现产品供应链的高效运营和资源共享。

（三）智能化

利用信息技术实现供应链管理的智能化发展。通过数据采集、分析和预测等手段，实现供应链运营的自动化和智能化，提高供应链管理的效率和精确度。

（四）金融化

中小企业可借助供应链金融来解决资金不足的问题，提高供应链的稳定性。通过银行和电商等机构提供的金融服务，实现对供应链上游和下游中小企业的融资支持，促进供应链的良性发展。

（五）绿色化

随着环保意识的增强，中小企业应重视绿色供应链管理。这包括重新评估产品设计、减少包装、选择绿色供应商、实施回收管理等措施，以降低对环境的影响，并满足消费者对可持续发展的需求。通过整合绿色制造理念和供应链管理，实现经济效益和社会效益的协调优化。

（六）精益化

中小企业可以借鉴精益理念来改进供应链绩效。通过消除不增值的环节、优化产品流程等方式，来提高供应链的效率和灵活性，满足顾客需求。

三、数字时代中小企业供应链管理的机遇与挑战

数字时代的技术发展给中小企业供应链管理带来了新的机遇与挑战，具体分析如下。

（一）机遇

1. 数字化工具的应用

云计算、大数据、人工智能等数字技术的应用为中小企业提供了优化供应链管理的机会。这些工具提高了供应链管理的透明度和效率，使企业能够实时追踪库存、精准预测市场需求，从而优化采购管理和资源分配。

2. 电子商务平台

电子商务平台为中小企业带来了新的销售渠道，同时也提高了对其供应链管理的要求。将中小企业供应链与电子商务平台紧密集成，以实现自动化订单处理、库存更新和客户沟通，从而提高供应链管理效率和提升客户体验。

3. 数据驱动制定决策

数据分析在供应链管理中变得至关重要，它可以帮助中小企业洞察市场趋势、客户需求和潜在的供应链瓶颈。通过收集和分析供应链数据，中小企业可以做出更合理的业务决策，优化生产计划和库存水平。

4. 提高供应链透明度

透明的供应链有助于增强客户对品牌的信任，并提升品牌忠诚度。通过实时跟踪和追溯系统，消费者可以了解产品的制造过程，从而提升客户满意度和忠诚度。

5. 选择技术先进的合作伙伴

在数字经济时代，与技术领先的供应商和分销商合作有助于基于双方的技术兼容性来产生协同效应，从而提高中小企业供应链管理效率和灵活性。

（二）挑战

1. 快速变化的市场需求

数字技术的发展大大提升了顾客获取信息的能力和沟通能力，数字化赋予了顾客更多选择、期望和要求，他们对产品和消费体验的预期也随之提高，这就需要中小企业快速响应市场变化，及时调整供应链管理策略，从而不断满足顾客需求，保持竞争力。

2. 数字技术人才短缺

数字化供应链管理需要企业拥有数字技术人才，而中小企业可能面临数字技术人才短缺的挑战。这就需要企业投入资源，积极吸引和招聘数字技术人才。

3. 信息安全和隐私保护

在数字化供应链管理中，信息安全和隐私保护是一个重要挑战。中小企业需要采取合理措施确保数据的安全性和隐私性，防止数据泄露和被恶意攻击。

4. 成本控制和效率提升

尽管数字化工具可以提高供应链管理效率，但采用数字化工具本身也会增加中小企业的成本。这需要企业不断优化供应链流程，以降低成本和提高效率。

总之，中小企业可以利用数字化工具，抓住市场机遇，同时解决随之而来的挑战，以实现供应链管理效率的优化和提升，不断提升竞争力并实现可持续发展。

本章小结

　　企业的运营是把投入的资源（生产要素）按照特定要求转换为产出（产品和服务）的过程。企业运营系统就是把工厂、供应链和业务连接在一起的实时管理系统，分为运营战略和运营管理控制两大部分。企业运营战略包括企业财务策略、运营策略和营销策略三大部分。企业运营管理是指对一个企业运营系统的决策、设计、运行与控制。制造业有形产品的生产与服务业无形产品的生产是不同的。

　　存货是指企业在生产经营过程中为销售或者耗用而储存的各种资产，依其功能分为：预期存货、安全存货、批量存货、运输存货、屏障存货、隐藏存货、展示性存货。保持最佳水平的存货，对企业获取利润很有利。为此，经营者必须依据经济订货批量对采购数量进行控制。存货控制的基本方式有：连续检查控制法、周期检查控制法、ABC 控制法、准时制库存控制法等。

　　中小企业的设备管理与控制是指围绕设备的选择评价、维护修理、更新改造和报废处理等任务而开展的一系列计划、组织与控制工作。中小企业的设备数量有限，因此，合理使用、维护、更新、购置设备以及对其进行全面综合管理与控制就成了企业运营活动的重要保障。

　　质量管理与控制已成为企业生产运营管理的重要内容以及运营过程控制的重要组成部分。目前，我国中小企业的产品质量合格率低、质量管理水平低、经济效益低的"三低"状况已成为制约中小企业发展的重要问题。因此，中小企业必须综合应用各种先进的管理方法和技术手段，学习和引进国内外先进企业的经验，不断提高质量意识和质量技能，制定有效的质量经营战略，合理控制质量成本。

　　中小企业供应链管理与控制的内容主要包括采购管理、供应商管理和物流管理。中小企业供应链管理的新趋势包括全球化、生态化、智能化、金融化、绿色化和精益化。数字时代中小企业供应链管理面临一系列的机遇与挑战。通过合理利用数字技术，中小企业可以实现供应链管理的优化和提升，提升自身竞争力并实现可持续发展。

关键术语

　　运营过程（operation process）

　　生产管理（production management）

　　库存管理与控制（inventory management and control）

　　经济订货批量（economic order quantity，EOQ）

　　连续检查控制法（perpetual review）

　　周期检查控制法（periodic review）

　　准时制（just in time，JIT）库存控制法

　　设备管理与控制（equipment management and control）

　　寿命周期成本（life cycle cost，LCC）

物流学（logistics）

全员生产维修（total productive maintenance，TPM）

设备综合工程学（terotechnology）

质量管理和控制（quality management and control）

全面质量管理（total quality management，TQM）

抽样验收（acceptance sampling）

统计生产过程控制（statistical process control）

质量控制图（control chart）

质量功能展开（quality function deployment，QFD）

头脑风暴法（brainstorming）

六西格玛法（6σ）

水平对比法（benchmarking）

业务流程再造（business process reengineering，BPR）

质量经营（quality operation）

质量成本（quality cost）

供应链管理与控制（supply chain management and control）

复习思考题

1. 中小企业运营过程包括哪些内容？谈谈重视中小企业运营过程的重要性。
2. 不同类型中小企业运营过程有何差别？
3. 企业运营过程有哪些控制方法？举例谈谈如何应用这些控制方法。
4. 如何应用设备全面管理与控制方法？举例说明。
5. 如何理解存货控制与企业成本的关系？
6. 谈谈如何应用存货控制的模型与方法，举例说明。
7. 如何利用数字技术改进中小企业的供应链？举例说明。

即测即评

请扫描二维码，参加即测即评。

案例讨论

叮咚买菜：一样的菜，不一样地卖

成立于 2017 年的叮咚买菜是国内领先的在线生鲜电商平台。其定位是为消费者提供新鲜、安全、健康的商品，并通过线上直采和供应链管理优化来降低价格。通过产地直采、前置仓配货和最快 29 分钟配送到家的服务模式，叮咚买菜使消费者能够方便、快捷地买到新鲜食材。独特的运营模式使叮咚买菜在生鲜电商行业脱颖而出。

生鲜电商行业的运营挑战

受制于互联网技术、用户消费习惯等因素，早期生鲜电商发展较为缓慢。2014—2015 年，生鲜电商行业受到资本方的高度关注，迎来爆发期，但随后一些中小型生鲜电商企业倒闭或被并购，行业进入洗牌期。紧接着，资本巨头不断加码冷链和生鲜供应链投资，布局新零售创新模式，打通线上线下消费场景，前店后仓、前置仓等新型电商模式迅速发展。2019 年，因面临长期亏损及融资难等问题，呆萝卜、妙生活、吉及鲜等多家生鲜电商平台出现危机，生鲜电商行业在 2019 年下半年陷入寒冬。2020 年，大量用户涌入生鲜电商平台，让行走在困境边缘的生鲜电商行业重新迎来了发展契机。

由于生鲜产品具有价格低、保质期短、损耗高等特点，只有把控供应链、降低折损率，才能够控制成本。而想要做到规模化运营，传统供应链早已不能有效匹配生鲜消费升级的发展需要，一套成熟高效的供应链必不可少。但生鲜供应链建设周期长、耗资大、技术要求高，因此，目前市场上许多生鲜巨头往往选择采取外包或者联营方式，将供应链的重任交给成熟的第三方运作。

在激烈竞争中，坚持自营的叮咚买菜迅速发展了起来，这得益于其独特的运营模式。

叮咚买菜的采购管理

生鲜电商的采购模式至关重要，对于蔬菜、水果等难以长时间保存、运输的生鲜产品，如果没有把控好采购环节，很容易产生生鲜损耗和价格亏损。叮咚买菜主要利用供应商直供的采购模式，但其不同之处在于这些供应商直供是面向各大社区配送站的，这样能够避免生鲜在长途运输中变质，同时进行补货也会更容易。由于社区配送的范围有限，所以在一定时期内，生鲜的价格不会有很大的浮动，并且直接与供应商合作，可以有效避免高昂的配送成本，这也让生鲜的价格变成了优势。《叮咚买菜 2020 年产地笔记》数据显示，其农产品直供基地已达 350 个，直采商品占采购总量的 85%。产地源头直采不仅能够保障菜品质量、降低采购价格，同时缩短了供应链，避免了中转环节过多带来的损耗，为上游供应商增加了利润空间，从而保证了供应商队伍的长期稳定。

叮咚买菜的供应商管理

叮咚买菜注重集结优质供应商，通过举办供应商峰会等活动，向供应商发出合作要约，获取一手的优质商品资源。叮咚买菜与供应商建立合作关系，不仅仅是单纯地完成采购，更强调共同提升商品销售。通过合作伙伴关系，叮咚买菜希望与供应商形成一体化、协同关系，共同赋能，以实现双方的利益最大化。叮咚买菜通过实行大单品策略，集中采购具有明显销售优势的商品。这种策略不仅可以提升供应商的订单量，也有助于叮咚买菜实现商品销售的增长，进一步巩固其在市场上的地位。叮咚买菜还致力于建立新型供应链生态，帮助供应商解决信息不对称问题，为其提供确定性强且规模化的订单。同时，叮咚买菜通过灵活的供应商合作机制，从源头发现更多优质供应商。叮咚买菜还通过与供应商合作，从产品原料、生产工艺、口味创新等方面做出差异化，不断提升商品质和差异化。

叮咚买菜的库存管理

叮咚买菜采用了以前置仓为核心的仓库模式，即主要提供线上超市服务，通过在距离客户较近的地方建仓储点，缩小配送范围、降低配送成本。社区配送的平台，需要遵循生鲜品质最高、配送时间最快的原则。所以，叮咚买菜将前置仓建在社区周围，确保在客户下单后，能够及时接收订单，根据规划路线将商品最快送达。同时，前置仓还可以利用生鲜商品的相关性，使用生鲜配送管理系统为用户推荐搭配套餐，形成一站式的购物体验。

叮咚买菜的质量管理

菜品新鲜程度、质量和安全是生鲜电商的立身之本。叮咚买菜从成立之初就严格管控菜品质量，基本上按照 1∶1 的比例配备品控人员。目前，叮咚买菜已经形成货源品控、加工仓品控、加工过程品控、前置仓品控、巡检品控、分拣品控、客户品控以及售后服务"7+1"品控管理流程。

- 货源品控：建立专业采购团队，每天到直采、直购源头现场采购，保障菜品源头质量。
- 加工仓品控：新鲜菜品运至加工仓后进行第二次品控筛选，筛选完成后再验收入库。
- 加工过程品控：菜品加工分装时实施第三次品控。
- 前置仓品控：加工完成的菜品运送到各个前置仓时进行第四次品控，验收合格方可入库。
- 巡检品控：前置仓每天对在库菜品进行两次巡检，发现问题菜品及时登记上传平台并清理出库。
- 分拣品控：前置仓收到订单后，在拣货时对菜品质量进行最后一道把关，确保出仓菜品质量合格。
- 客户品控：配送人员将菜品送达客户时，主动提醒客户查验所购菜品。如客户对菜品质量不满意，可直接退货。
- 售后服务：客户可无条件退货，退货速度极快，秒退秒换。叮咚买菜还通过微信群与客户沟通，及时接收客户体验和建议反馈等。

叮咚买菜的物流管理

叮咚买菜通过建设自有配送团队，包括配送车辆和专业配送员，为客户提供快捷高效的配送服务。多种配送服务包括即时配送、当日达、次日达等，能够满足客户不同的需求，提升了客户的购物体验和品牌认知度。在冷链配送方面，叮咚买菜与京东物流合作，在全国范围内建设冷链物流中心，以确保商品在配送过程中的新鲜度和品质。冷链中心采用国际先进的技术和设备，对商品进行精准温度控制和监测，从而保障了商品的质量和安全性，提升了客户的购物体验。

叮咚买菜的数字化运营

叮咚买菜在供应端、配送端和客户端都运用了数字技术。其中，在供应端，叮咚买菜运用大数据对不同区域市场需求进行科学预测，帮助供应商合理调整菜品生产供应品类和产量，避免了由信息不对称导致的盲目生产和货品积压风险，降低了滞销率，提高了供应链的效率和稳定性。在配送端，叮咚买菜利用大数据分析确定前置仓选址以及不同区域前置仓库存量、物流配送力量等，实现前置仓库存与客户需求相匹配，确保新鲜菜品在任何时间、地点均能及时配送给客户。通过数字化运营平台智能规划配送路线，提高配送效率，降低成本，提升客户体验。在客户端，叮咚买菜根据客户积累的喜好、购买习惯等信息进行客户画像。通过向客户精准推送菜单，解决客户吃什么、怎么吃的问题，提高购物体验，培养客户对叮咚平台的使用习惯和忠诚度，增强客户黏性，提高复购率，从而促进平台的长期发展。

资料来源：根据网易、搜狐网资料整理。

讨论题：

1. 叮咚买菜是如何利用数字技术优化运营的？

2. 叮咚买菜是如何对运营的各个环节进行管理与控制的？其选择运营策略的依据分别是什么？

3. 叮咚买菜的运营管理对其他中小企业有什么启示？

参考文献

1. 杰斯汀·隆内克，卡罗斯·莫尔，威廉·彼迪. 小企业运营. 郭武文，等，译. 北京：华夏出版社，2002.

2. 陈福军. 运营管理. 大连：东北财经大学出版社，2002.

3. 叶守礼. 企业运营管理. 上海：立信会计出版社，2004.

4. 武拉平，张东军. 中小企业生产管理. 北京：中国农业出版社，2002.

5. 唐菊裳. 中小企业风险防范. 北京：中国经济出版社，2002.

6. 宋克勤. 创业成功学. 北京：经济管理出版社，2002.

7. 威廉·史蒂文森. 运营管理. 马风才，译. 北京：机械工业出版社，2012.

第七章
中小企业人力资源管理

学习目标

1. 知识探索：通过对中小企业人力资源管理的讲解分析，让学生系统掌握中小企业招聘、培训和薪酬管理等的方法、特征、问题与对策，建构中小企业人力资源管理的知识框架。

2. 能力提升：通过对中小企业人力资源管理各环节的深入探讨，帮助学生提高解决中小企业人力资源管理问题的实践能力，切实感知中小企业在人才招聘、培训和员工关系等方面面临的挑战。

3. 价值引领：深入实施人才强国战略要求尊重劳动、尊重人才，中小企业人力资源管理需要关注员工成长和企业社会责任。通过案例教学来展现中小企业在培养员工和承担社会责任方面的努力，引导学生树立尊重劳动、尊重知识的价值观。

4. 品格养成：通过学习中小企业在人力资源管理中诚信守法、勇于负责的典型案例，培养学生的社会责任感和诚信守法意识。

上海飞力：适应组织变革的人力资源管理

上海飞力勋铖电气科技有限公司（以下简称"上海飞力"）是一家专注于电气设备高品质关键元器件的研发、制造和技术服务的先进制造科技企业。2014年，上海飞力引入阿米巴经营模式。阿米巴经营模式以分权为核心，通过让员工像经营者一样思考，培养更具主人翁意识的人才，使企业更好地适应外部环境变化。上海飞力希望通过阿米巴经营模式变革，激发员工的潜能，解决公司长期以来面临的用人难问题，为公司发展注入新活力。在实施阿米巴经营模式变革的过程中，上海飞力也采取了一系列与组织变革相适应的人力资源管理措施。

首先，用人方面，为了提高对优秀人才的吸引力，上海飞力引入了多种奖励机制，如提供赞助、设立奖学金、与商学院合作研究项目等，来增加公司的吸引力。在企业内部，上海飞力实行巴长负责制，巴长拥有用人权，可以决定员工的去留，这极大地激发了巴长的责任心。巴长则通过内部竞聘产生，让班组长以上的干部发表竞聘演讲来锁定巴长的席位，从而提高员工对岗位的认同感。

其次，育人方面，飞力勋锹创造学习型组织氛围，鼓励员工不断自我学习、自我成长。上海飞力强调学习的重要性，鼓励阅读，将经典书籍作为必修教材，如《阿米巴经营》和《给经理人的第一课》。通过各级巴长逐级验收下属员工的学习情况，推动学习的落实。同时，上海飞力支持员工继续学习深造，如鼓励大专学历员工自考本科，给予学费报销。上海飞力还组织员工开展读书交流会，加强思想动员，为大家梳理阿米巴经营模式变革的必要性和正当性。上海飞力还专门设立了育才巴作为人才培训中心，培养具有主动经营意识的管理人才。

最后，上海飞力采取了一系列激励措施来管理人力资源。公司实行了薪酬与业绩挂钩的制度，将巴长的薪酬总额与业绩直接相关联，以激发员工的工作积极性。通过定期沟通，上海飞力确保员工充分理解新的薪酬体系，并鼓励员工提出反馈与意见，将其视为改进的机会。同时，公司坚持赏罚分明原则，通过公开表彰员工来增强员工的自我效能感。此外，上海飞力还实行了人性化管理，关注员工的个性需求，比如根据员工的实际情况安排工作地点，以提升员工的工作满意度和工作绩效，推动企业持续发展。

通过赋予员工更多的责任权利，上海飞力成功激发了员工的创造力和主人翁意识，公司内部逐渐形成了更加积极向上的氛围，员工开始更加关注企业的长远发展，并主动参与到企业变革中来。未来，上海飞力将继续秉承"为同事谋幸福，为客户创价值，助力绿色电气企业，造福世界"的使命，不断推动企业发展，为行业进步贡献力量。

资料来源：根据上海飞力官方公众号等资料改编。

请思考：

1. 上海飞力为什么要进行人力资源管理变革？
2. 上海飞力的人力资源管理在其成长发展过程中起到了怎样的作用？

通过在用人、育人和激励等方面所做的努力，上海飞力成功实施了组织变革，并取得了显著的成果。上海飞力的成功经验表明，中小企业人力资源管理的重要性不可忽视。只有采取有效的人力资源管理措施，才能够激发员工潜能，促进组织持续发展。

第一节　中小企业人力资源管理概述

随着我国经济发展和市场改革的推进，民营企业，尤其是中小企业的人力资源管理变得日益重要。人力资源管理通过现代化的科学方法和管理理论来有效管理员工的思想和行为，以实现组织的战略目标。人力资源管理部门的角色在于为企业发掘和培养优秀员工，为员工提供合适的岗位，创造积极向上的工作环境，并制定激励机制和薪酬制度，以提高员工的工作积极性和效率。在竞争激烈的市场环境中，优秀的人才是企业取得成功的关键，因此，中小企业必须注重人力资源管理，以保障组织的长期发展。

一、中小企业人力资源管理所面临的环境

中小企业在我国经济体系中的地位不断上升，是吸纳就业的重要阵地。一方面，专精特新中小企业吸纳了大量高校毕业生和高素质、高技能的专业人才；另一方面，对于就业能力弱、就业渠道窄的农民工等群体，中小企业也有较强的吸纳作用。央视网 2022 年报道数据显示，我国 1.4 亿户的中小微企业贡献了超过 85% 的就业岗位，中小企业已成为稳就业的主体。然而，由于受中小企业规模等的限制，其所面临的人力资源管理环境复杂多变。

（一）外部环境

1. 劳动力市场

（1）人工成本上升。随着经济发展和人口老龄化的加剧，劳动力成本逐渐上升。据国家统计局数据，2023 年，全国居民人均工资性收入 22 053 元，增长 7.1%。除了工资以外，企业还需为员工缴纳社保。这些人工成本的增加直接影响了中小企业的运营成本和盈利空间。

（2）人才流动性增加。随着竞争加剧，优秀人才的流动性增加，中小企业往往难以留住人才，面临员工流失和用工缺口的挑战。员工更倾向于追求更好的发展机会和更高的福利待遇，这给中小企业留住人才提出了更高要求。

（3）人才竞争激烈。大型企业在薪酬福利、职业发展和品牌吸引力等方面优势明显，中小企业往往无法与之抗衡，这也导致中小企业难以吸引高素质管理和技术人才。

2. 科技发展

随着技术变革与数字化转型加速，企业不仅要具备传统的人力资源管理能力，还需要跟上科技发展的步伐，提升数字化人力资源管理水平，以适应新时代的发展需求。

3. 政策环境

我国政府高度重视中小企业发展，出台了一系列扶持中小企业发展的政策。政府持续深化惠企税费政策，提高了小微企业所得税、增值税、营业税的起征标准，同时降低了失业保险、工伤保险和生育保险的费率，减免了 42 项行政事业性收费，有效减轻了小微企业的用人负担。

（二）内部环境

1. 组织形式

中小企业的组织结构通常较为简单，决策权高度集中在企业负责人手中，导致决策效率高但灵活性较差，对环境变化的适应能力弱。中小企业常采用直线职能制，快速决策的同时容易导致信息不畅通和工作效率低下，影响了企业的灵活性和反应速度。

2. 组织文化

许多中小企业缺乏企业文化，或者只是模仿其他企业而缺乏自己的文化，这就影响了员工凝聚力和企业竞争力。另外，许多中小企业采取家族式管理，家族成员掌握着企业的所有权和经营权，导致企业决策单一，员工晋升受限，影响了企业的长远发展。

二、中小企业人力资源管理的作用

中小企业人力资源管理扮演着至关重要的角色，具体表现在以下几个方面。

（一）支持企业战略实施

人力资源管理有助于将员工目标与企业战略对齐。通过制定明确的人力资源策略和计划，中小企业可以确保拥有符合企业战略发展需要的人才队伍。例如，通过招聘适合岗位的员工、提供定制化的培训和发展计划，以及实施绩效管理，将员工的目标与企业战略紧密结合起来，从而实现企业的战略目标。

（二）培育核心竞争力

中小企业的核心竞争力通常来自其人才的创新能力和学习能力，而人力资源管理有助于培养员工的创新能力和学习能力。通过提供持续的培训和发展机会，鼓励员工参与创新和改进技术，以及建立激励机制来奖励员工创新，从而促进中小企业培养高素质、有竞争力的员工队伍，增强企业的核心竞争力。

（三）增强企业凝聚力

有效的人力资源管理有助于建立和维护员工之间的良好关系，增强企业凝聚力。中小企业的成功往往依赖于团队成员的协作和合作。通过建立开放、透明的沟通机制，倾听员工的声音并回应其需求，创建积极向上的工作环境和文化，有利于中小企业增强员工的归属感和忠诚度，凝聚员工力量，为实现企业目标共同努力。

（四）树立企业品牌

良好的人力资源管理可以提高员工的满意度和忠诚度，从而直接或间接地提升企业的形象和声誉。员工是企业最重要的品牌代言人之一。通过为员工提供良好的工作条件、发展机会和福利待遇，中小企业可以塑造积极向上的企业形象，增强企业的吸引力和竞争力，从而吸引更多优秀人才加入中小企业。

（五）帮助企业应对动态环境

在不断变化的市场环境中，中小企业需要灵活应对，不断创新。人力资源管理的有效实施有助于增强中小企业的适应能力和灵活性。中小企业可以通过建立灵活的组织结构和流程，以及培养适应能力和创新能力强的员工，及时调整战略和策略，快速应对市场的变化和挑战，保持竞争优势。

综上，有效的人力资源管理不仅可以提升中小企业的绩效和竞争力，还可以为中小企业的可持续发展奠定坚实基础。

三、中小企业人力资源管理的特征

不同于大企业，中小企业在人力资源管理方面有其独有的特征，了解这些特征对于认识和理解中小企业人力资源管理至关重要。

（一）规模限制

由于规模相对较小，许多中小企业没有雇用专职的人力资源管理人员。即使在员工数量不多的情况下，中小企业仍需要进行员工招聘、培训、绩效考核和薪酬管理等一系列人力资源管理工作。在大部分情况下，这些任务由中小企业所有者或某助手来完成，导致管理人员工作时间长，工作量大。

（二）工作重心

中小企业的经营者更关注企业的生存和发展，往往将重心放在业务领域，如产品销量、市场占有率等，具有重业务轻管理的特点。相关研究也发现，相比于大型企业，中小企业较少关注人力资源管理问题，因为它们面临着较大的产品销售压力和财务压力。

（三）非正式性

由于缺乏专业人才和资源，中小企业的人力资源管理活动通常是非正规化的。如招聘、培训、绩效考核和薪酬设计等活动往往以非正式方式进行，培训活动也常常缺乏系统性和完整性，通常是简单的工作交代或依赖同事或上级进行的在职培训。

（四）创业者控制

中小企业创业者往往会掌控企业经营管理，包括企业的主要目标、工作条件、薪酬政策和内外部沟通等，逐渐形成了独裁式的管理文化。

四、中小企业人力资源管理的优势

中小企业在人力资源管理方面也具有一些独特的优势，这使得它们能够更加灵活地应对市场挑战，提高管理效率，吸引和激励人才。

（一）组织结构扁平化

中小企业内部人员规模小，管理层次少，结构扁平化，这种扁平化的组织结构使得企业内部沟通更为直接，决策更加迅速。例如，一家小企业的老板可以直接与员工交流，快速了解市场动态和员工需求，有利于及时调整企业的发展策略。

（二）避免"内部人控制"

大多数中小企业由个人或少数人经营，避免了像大型企业因所有权与经营权分离而形成

"内部人控制"。在这种情况下，企业所有者可以更加直接地了解企业内部运营，不需要建立复杂的监督机制。例如，企业主可以直接参与员工培训，了解员工需求，进行有效的人才管理。

（三）招人用人机制灵活多变

中小企业在招人和用人方面更加灵活，能够更快速地吸引并筛选合适的人才。这种灵活性使得中小企业能够更快地适应市场变化，保持竞争力。

五、中小企业人力资源管理的不足

尽管有上述优势，中小企业的人力资源管理也存在一些不足。

（一）缺乏科学的聘用、晋升制度

中小企业在人员招聘方式上，主要是以内部人推荐为主。这从短期来看是一种比较好的引进人才的方法，因为这能够增强员工团结。但这种招聘方式也存在许多弊端，容易使内部人员形成小团体，在工作中感情用事。随着中小企业的发展，其对各类人才的需求增加，仅靠内部人推荐，很难找到一流的人才。

中小企业在人员晋升管理方面，通常缺乏科学合理的选拔标准，没有规范的选拔程序，对员工能力强弱仅凭借主观来制定，以亲疏远近来决定任用与否或重用与否。

（二）薪酬制度不科学，报酬结构不合理

许多中小企业尚未建立起合理的薪酬体系，也没有将薪酬和员工的表现、绩效很好地融合在一起。另外，薪酬制度只鼓励个人绩效，薪酬结构也不能有效鼓励团结合作，不利于激发员工的集体主义精神。

（三）培训体系不完善

中小企业虽然也注重培训员工，但其主要培训产品知识，目的是促进员工提升业务能力，提高生产效率。中小企业的培训安排缺乏对人才培养的长期规划，也缺乏对员工职业发展的指导，这就不利于员工在中小企业中找到个人发展方向、看到成长机会，进而导致员工离职。

（四）缺乏有效的绩效考核制度和激励机制

很多中小企业尚未建立完善的绩效考核制度，对员工绩效评价仅仅依靠企业主对员工的印象和感觉，缺乏有效的考核办法，上级的个人偏好、上级与下属的关系或者个人冲突等因素都会影响员工的绩效考核。

此外，中小企业还缺乏有效的激励机制。薪酬激励是中小企业最常用的方式。很多中小企业受企业主偏好的影响，以发红包（奖金）的形式对员工进行奖励；还有一些企业则主要依据考核结果给予奖励。这种一刀切的薪酬制度在短期内可能会有一定效果，但是容易忽视员工的精神需要，难以长期有效地吸引和留住人才。

（五）缺乏规范的人力资源管理工具

中小企业缺乏规范化的人力资源管理工具，多数中小企业仍依赖人工记录的方式来处理人力资源信息。这也导致工作效率低下、数据不准确，无法适应现代企业发展的需求。

（六）缺乏职业化的人力资源管理专家

许多中小企业没有设置专门的人力资源管理部门，缺乏职业化的人力资源管理专家。这会使得中小企业因不重视法律法规方面的问题而增加经营风险。

（七）缺乏人力资源管理信息系统

中小企业往往没有引入先进的人力资源管理信息系统，仍然采用手工记录的方式管理人力资源数据。这可能会导致信息记录不准确、不全面，如员工信息流失和错漏，不利于企业精确地进行人才管理和决策。

第二节　中小企业人力资源开发与管理

党的二十大报告指出"坚持尊重劳动、尊重知识、尊重人才、尊重创造，实施更加积极、更加开放、更加有效的人才政策"。吸引、留住和激励人才对于中小企业的发展至关重要。因此，中小企业需要在招聘、培训、薪酬和奖励等各环节做出努力。

一、中小企业的招聘管理

中小企业在招聘（recruitment）管理方面面临着独特的挑战和机遇。为了有效地吸引和留住人才，需要采取一系列的改进策略。

（一）建立明确的人才需求规划

中小企业应该在招聘之前制定明确的人才需求规划，包括确定所需岗位、岗位职责、技能要求等。这有助于企业更好地理解自己的招聘需求，避免因招聘不当而浪费资源。

（二）建立规范的员工招聘选拔体系

中小企业应该建立明确的员工招聘选拔体系，以确保招聘与选拔工作的公平性和有效性。这一体系应基于企业战略目标，确保企业为特定的岗位配置符合企业发展要求的工作人员。通过科学的外部招聘和内部选拔方法，综合考虑候选人的胜任力、经验和性格匹配度，从而提高人力资源管理的公平性和专业性。

（三）优化招聘渠道

中小企业可以利用多种渠道招聘人才，包括在线招聘平台、社交媒体、校园招聘、行业协会等。针对不同岗位，选择合适的招聘渠道，可提高招聘效率。

（四）加强品牌建设

中小企业可以通过加强品牌建设吸引更多优秀人才。建立良好的企业口碑、参与公益活动、提高员工福利等都是提升企业品牌形象的有效途径。

（五）降低招聘成本

中小企业应该注重降低招聘成本，提高招聘效率。降低招聘成本的方法不仅包括对外部招聘渠道的选择和优化，还包括内部推荐制度的建立、简化招聘流程等措施。

（六）利用数据分析持续优化招聘策略

中小企业应该持续优化招聘策略，根据招聘数据分析和市场需求变化进行调整。中小企业可以优化的招聘策略包括根据招聘数据分析不断改进招聘渠道、更新招聘流程、提升面试效果等方面。中小企业还可以利用招聘数据进行分析，了解招聘效果、招聘渠道的优劣、人才流失率等情况，为招聘策略的调整提供依据。持续优化招聘策略可以帮助企业适应市场变化，提高招聘效率和质量。

二、中小企业的培训管理

在中小企业中，培训（training）管理是提高员工能力、激发员工潜力和增强员工竞争力的关键环节。

（一）员工培训的改进策略

中小企业可以通过以下环节的优化来改进员工培训管理。

1. 制定培训计划

中小企业应根据岗位特点和员工需求制定个性化的培训计划，以满足员工的发展需要。员工的培训计划包括中小企业在一定时间内用于培训的费用及其分配方案。培训计划可分为长期计划（3~5 年）、中期计划（2~3 年）和短期计划（2 年以下）。就中小企业来说，最常用的是年度培训计划。培训计划中，培训费用的计划是最重要的，要根据企业的经营规模和资金规模按一定比例做计划。一般是年度初始流动资金的 3%~8%，这个比例的下限是银行活期存款利率的 4 倍，上限是 5 年期存款的 4 倍。这种做法的目的是，花费在员工培训上的回报是花费在金融投资上的 3~5 倍。有的企业根据自身情况投入更多的培训资金也是合理的。

2. 内部培训机制建设

为了提升员工技能和激发员工潜力，中小企业可以建立导师制度，让有经验的员工担任导师，帮助新员工快速适应工作。此外，实施工作轮换制度和开展针对不同岗位的培训课程也是有效的培训手段。

3. 外部培训资源整合

中小企业可以聘请专业培训机构提供针对性的培训课程，也可以组织员工参加行业内的会议、研讨会等，以促进知识共享和技能提升。

4. 技术培训和创新意识培养

为了跟上行业发展的脚步，中小企业应提供针对新技术和新工具的培训，同时鼓励员工提出创新想法，并设立相应的奖励机制以激励创新。

5. 培训需求分析

结合绩效评估结果，中小企业可以识别员工的培训需求，并有针对性地进行培训。定期开展培训需求调研也是必要的，这有助于了解员工的实际需求并及时调整培训计划。

6. 建立培训评估机制

中小企业应建立培训评估机制，通过反馈调查、考核等方式评估培训的实际效果，并根据评估结果及时调整培训内容和方式。培训评估有效果评估和效益评估之分。

（1）效果评估。

效果评估是指将受训者达到的水平与培训的目标进行比较，从而评价培训成功与否的过程。一般从评估受训者完成培训的内容、达到的水平和技能的提高程度等方面来进行。有如下几种评估方法：学员考核、学员收获列表、学员评论法、承担业务考查法。

（2）效益评估。

效益评估是指培训结束后，对受训者工作给企业带来的影响进行评估。效益评估是一个复杂的过程，其中很多方面不为人所见，导致评估很困难。尽管如此，效益评估对中小企业还是很重要的。效益评估不仅可以促进中小企业提高效益，也是对培训的反馈和培训方法的检验。就中小企业而言，进行效益评估时，要从以下几个方面进行考虑：受训者是否士气高昂、信心十足、精神饱满；受训者的技能水平和熟练程度是否得到提高；受训者的业绩是否得到提高；受训者是否有意识地应用培训内容；受训者是否更清楚自己在企业中的位置和预期变化的轨迹。

7. 文化塑造和激励机制

建立学习型组织文化是中小企业的一项重要任务，同时设立培训激励机制，如晋升、加薪、奖金等也是必要的，这有助于激励员工积极参与培训活动。

8. 持续跟踪和改进

中小企业应定期跟踪员工的学习和发展情况，及时发现问题并给予支持。同时，不断总结经验，改进培训管理策略，保持培训工作的持续性和有效性。

（二）员工培训的方法

目前，中小企业员工培训主要有如下方法。

1. 演示法

演示法（presentation method）是指将受训者作为信息的被动接受者的一种培训方法，主要包括传统的讲座法、远程学习法和视听教学法。

（1）讲座法。讲座法（lecture）是指培训者用语言传授培训内容给受训者。讲座法形式多种多样，表7-1描述了不同形式的讲座法。不管何种形式的讲座，都是单向沟通——从培训者到听众。尽管交互式视频和计算机辅助讲解系统等新技术不断出现，但讲座法仍是员工培训最普遍使用的方法。

表 7-1　不同形式的讲座法

讲座的形式	具体采用的方式
标准讲座	培训者讲，受训者听，并吸取知识
团体讲座	两个或两个以上的培训者讲不同的专题或对同一专题的不同看法
客座讲座	客座发言人按事先约定的时间出席并介绍、讲解主要内容
座谈小组	两个或两个以上的发言人进行信息交流并提问
学生发言	各受训者小组在班上轮流发言

资料来源：雷蒙德·A. 诺伊.雇员培训与开发.徐芳，译.北京：中国人民大学出版社，2001：133.

讲座法的优点是：成本低、节省时间；有利于系统地讲解和接受知识，易于掌握和控制培训进度；有利于受训者更深入地理解难度大的内容；可同时对许多人进行教育培训。因此，讲座法可作为其他培训方法的辅助手段，如行为模拟与技术培训，讲座可在培训前向受训者传递有关培训目的、概念模型或关键行为的信息。

讲座法的缺点是：受训者的参与、反馈与工作实际环境的密切联系会阻碍学习和培训成果的转化。它的内容具有强制性，不易引起受训者的注意，信息的沟通与效果受教师水平影响大。

（2）远程学习法。远程学习法通常被一些在地域上较为分散的企业使用以向员工提供关于新产品、企业政策或程序、技能培训以及专家讲座等方面的信息。远程学习的方式包括电话会议、电视会议、电子文件会议以及利用计算机等形式。培训课程的教材和讲解可通过互联网或者用可读光盘分发给受训者。

远程学习法的优点是：参与培训项目的受训者可同时进行学习，能为分散在不同地点的员工提供培训机会，为企业节省大笔差旅费。

远程学习法的缺点是：受训者与培训者缺乏互动，而且需要一些现场的指导人员来回答某些问题。

（3）视听教学法。视听教学法是利用幻灯片、电影、录像等视听教材进行培训。这种方法比单纯讲授给人的印象深刻。

视听教学法的优点是：

① 视听教材可反复使用，能更好地适应学员的个别差异和不同水平的要求。

② 教材内容与现实情况比较接近，易于使受训者借助感受去理解。

③ 视听教材能使受训者受到前后连贯一致的指导，项目内容不会受到培训者兴趣和目标的影响。

④ 将受训者的反应录制下来，能使他们在无须培训者进行解释的情况下观看自己的现场表现，受训者也无法将业绩不佳归咎于外部评价者的偏见。

视听教学法的缺点是：视听设备和教材的购置需花费较多的费用和时间，且合适的视听教材不易选择，学员易受视听教材和视听场所的限制。

2. 专家传授法

专家传授法是一种要求受训者积极参与学习的培训方法。这种方法有利于开发受训者的特定技能，使受训者亲身经历一次工作任务完成的全过程，从而理解技能和行为如何用于工作中。专家传授法包括在职培训、情境模拟、商业游戏、个案研究、角色扮演、行为塑造等。

（1）在职培训。在职培训（on the job training，OJT）是指缺乏经验的员工通过观察并效仿同事及管理人员执行工作时的行为而进行学习。这种方法的优点是在教材、培训人员工资或指导上投入的时间或资金相对较少。不足之处是管理者与同事完成一项任务的过程并不一定相同，在传授有用技能的同时也许传授了不良习惯。在职培训的形式有学徒制和自我指导培训法。

① 学徒制。该方法是选择一名有经验的员工对受训者进行关键行为的示范、实践、反馈和强化，以达到培训目的。

该方法的优点是：受训者在学习的同时能获取收入。由于师带徒的培训时间较长，学徒的工资会随着技能的提高而增长。培训结束后，受训者往往被吸纳为全职员工。

该方法的缺点是：师带徒只对受训者进行某一技艺或工作的培训。由于技术的变化，管理者认为学徒只接受了范围狭窄的培训而不愿雇用他们；师带徒培训出的员工只学习了某种特定的技能而不能适应环境的变化。

② 自我指导培训法。该方法是指受训者不需要指导者，而是按自己的进度学习预定的内容，即员工自己全权负责的学习。

该方法的优点是：只需要少量的培训人员，减少了与交通、培训教室有关的成本，培训的内容与知识来自专家的知识；员工能在多个地方接受或进行培训；受训者能自行制定学习进度，接受有关的学习效果反馈。

该方法的缺点是：要求受训者有学习的动力，导致较高的员工开发成本，员工开发的时间比其他培训需要的时间长。

（2）情境模拟。情境模拟是一种代表现实中真实生活情况的培训方法，受训者的决策结果可反映出其在被"模拟"的工作岗位上工作时会发生的真实情况。模拟的环境必须与实际工作环境有相同的构成要素。模拟环境可通过模拟器模拟出，模拟器是员工在实际工作中使用的实际设备的复制品。

该方法的优点是：使受训者通过模拟器简单练习增强信心，使其能够顺利地在自动化环境中工作。

该方法的缺点是：模拟器开发很昂贵，成本较高。

（3）商业游戏。商业游戏是指受训者在一些仿照商业竞争规则的情境下收集信息并对其进行分析、做出决策的过程。该方法主要用于管理技能开发的培训中。游戏能激发参与者的学习动力。通过把从游戏中学到的内容记录下来可以发现，游戏能够帮助团队成员迅速构建信息框架以及培养参与者的团队合作精神。

（4）个案研究。个案研究是将实际发生过或正在发生的客观存在的真实情境，用一定视听媒介，如文字、录音、录像等描述出来，让受训者分析思考，学会诊断和解决问题并进行决策。该方法的优点是提供了一个系统的思考模式，在学习中受训者可得到一些管理方面的知识和原则，建立一些先进的思想观念，有利于受训者参与企业的实际问题决策。个案研究还可以使受训者在对情况分析的基础上，提高承担具有不确定结果风险的能力。但是，个案研究的有效性是基于受训者愿意且能够分析案例，并能坚持自己的立场且有编好的案例的基础上的。

（5）角色扮演。角色扮演是设定一个最近状态的培训环境，指定受训者扮演角色，借助角色的演练来理解角色的内容，从而提高受训者积极面对现实和解决问题的能力。角色扮演要注意的问题有：

① 在角色扮演之前向受训者说明目的。

② 说明角色扮演的方法、各种角色的情况及活动的时间安排。

③ 在活动期间，培训者要监管活动的进程。

④ 活动结束，应向受训者提问，帮助受训者理解活动的经历。

角色扮演有助于受训者训练基本技能，培养受训者在工作中所需的素质和技能，改善言谈举止。

（6）行为塑造。行为塑造是指向受训者提供一个演示关键行为的模型，并给他们提供实践的机会。该方法适用于学习某一种技能和行为，不太适用于事实信息的学习。有效的行为塑造包括四个重要步骤：

① 明确关键行为，即完成一项任务所需的一组行为。通过确认完成某项任务所需的技能和行为方式，以及有效完成该任务的员工所使用的技能或行为来确定关键行为。

② 设计示范演示，即为受训者提供一组关键行为，一般通过录像演示。演示关键行为与成功之间的关系以及正确使用与错误使用关键行为的模式比较。

③ 提供实践机会，即让受训者演练并思考关键行为，并提出反馈意见。

④ 应用计划，即让员工做好准备，在工作中应用关键行为，以促进培训成果的转化。

3. 团队建设法

团队建设法是用以提高团队或群体成员的技能和团队有效性的培训方法。该方法注重团队技能的提高以保证进行有效的团队合作。这种培训包括对团队功能的感受、知觉、信念的检验与讨论，并制定计划以使被培训者将培训中所学的内容应用于工作中的团队绩效上。团队建设包括探险性学习、团队培训和行动学习。

（1）探险性学习。探险性学习也称野外培训或户外培训，是利用结构性的室外活动来开发受训者的团队协作和领导技能的一种培训方法。该方法的优点是：适用于开发与团队效率有关的技能，如自我意识能力、问题解决能力、冲突管理能力和风险承受能力等。该方法的缺点是：它对受训者的身体素质要求很高；在练习中会让受训者发生接触，会给组织带来一些风险，如由私怨、感情不和而导致的故意伤害。

（2）团队培训。团队培训是通过协调在一起工作的不同个人的绩效来实现共同目标的方法。团队培训的主要内容是知识、态度和行为。团队行为是指团队成员必须采取可以让他们进行沟通、协调、适应且能完成任务以实现目标的行为；团队知识使团队成员记忆力好、头脑灵活，使团队能在意外或新的情况下有效运作；团队成员的行为与对任务的理解和对彼此的感觉或态度有关。同时，团队的士气、凝聚力、统一性与团队绩效密切相关。

（3）行动学习。行动学习即给团队或工作群体一个实际工作所面临的问题，让团队成员合作解决并制定行动计划，再由他们负责实施该计划的培训方式。团队构成可以不断变化。第一种构成是将一位需要解决问题的顾客吸引到团队中；第二种构成是群体中包括涉及同一个问题的各个部门的代表；第三种构成是群体中的成员来自多个职能部门又都有各自的问题，并且每个人都希望解决各自的问题。行动学习涉及的是员工实际面临的问题，所以，可以使学习和培训成果达到最大化，这有利于发现阻碍团队有效解决问题的一些非正常因素。

三、中小企业的薪酬与奖励管理

（一）员工的薪酬管理

在中小企业中，员工的基本工资（wage）、奖金、福利与补贴（fringe benefits），即员工的薪酬系统是人力资源管理中极为重要的组成部分。薪酬是指员工因其劳动付出而获得的补偿。薪酬系统因企业而异，但都由企业薪酬政策决定，并受企业所在国家的相关法律法规制约。

1. 薪酬政策

薪酬政策不仅决定着基本工资体系，而且对于企业的整个薪酬系统也具有同等重要的作用。企业应遵循公平支付的原则，明确决定薪酬构成的基本要素，兼顾政府相关法规，并要考虑薪酬的透明度。

（1）公平支付原则。员工工作的动力与其获得薪酬的类型以及薪酬支付方法密切相关。从工作动力角度对薪酬支付的研究表明，不足的薪酬将给企业带来严重的负面影响。图7-1提供了一个简单的模型，概括了员工对其获得的薪酬不满时的各种可能反应。

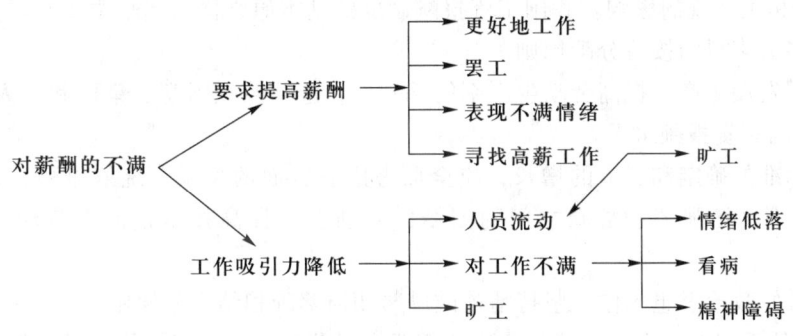

图 7-1 对薪酬不满导致结果的模型

当个人要求提高薪酬时，他将可能采用的行为包括表现不满情绪、寻找高薪工作、更好地工作或者是罢工。这些行为中除了"更好地工作"之外，其他都是为管理者所不愿看到的，而"更好地工作"只会在薪酬直接与业绩挂钩时才会被员工采用。当员工个人认为自己从事的工作不再具有吸引力时，他将会消极怠工，并对工作本身产生反感。

如果企业要避免员工对薪酬的不满，就必须同时做好内部平衡与外部平衡。优秀的岗位评估体系通常是解决内部平衡的最好方法，而外部平衡通常通过工作定价来实现，这将在后文予以阐述。

（2）薪酬构成的基本要素。薪酬构成是指薪酬的各组成部分在薪酬总体中的结构与比例。明确清晰的薪酬政策是成功建立和执行薪酬政策的前提。薪酬政策必定会受到组织目标和所处环境的影响，薪酬政策应从以下几个方面着手制定：

① 薪酬的上限与下限（考虑支付能力、政府法规以及市场压力）。

② 不同薪酬水平的关系（如资深的管理者与员工之间等）。

③ 薪酬总额的分配（即哪些部分应归入基本工资，哪些部分作为奖金，哪些部分作为福利等）。

除了以上几方面，制定薪酬政策还必须考虑资金中有多少可用于次年的提薪、哪些人可以提薪，以及提薪额度等。另一个重要决策是薪酬信息是否要公开。薪酬政策为建立基本工资体系提供了导向。薪酬政策中有关基本工资体系的部分涉及以下几方面因素。

① 可以吸引称职员工的最低薪酬水平。

② 可以使在职者安心为企业服务的薪酬水平。

③ 企业是否可以通过基本工资区分出资深员工和业绩卓越的员工。

④ 是否有必要给予从事相同或相似工种的员工以不同的薪酬水平。

⑤ 怎么安排和协调知识水平和技术水平要求不同、责任与义务相异的岗位的薪酬水平。

⑥ 企业是否希望在基本工资安排中，对工作条件艰苦或危险的岗位区别对待。

⑦ 不同价值的岗位基本工资的提升是否可以不同。

⑧ 员工是否有足够的机会晋升。如果有，那么基本工资的增加与职位升迁的关系又是怎样的。

⑨ 政策规则是否允许员工的工资率不受上限与下限的限制。如果允许，理由是什么。

⑩ 薪酬结构如何配合全局调整、生活费用的变化以及其他与员工保障、责任变化无关的调整变动。

（3）政府相关法规的影响。我国工资报酬制度的基本原则概括起来主要有以下几点。

① 坚持多劳多得的按劳分配原则。

② 坚持在发展生产、提高劳动生产率的基础上，遵循兼顾国家、集体和个人利益的原则，逐步提高员工的工资报酬水平。

③ 工资标准的确定和工资的增长，应全面考虑各方面的关系，统筹兼顾，适当安排，以处理好各种差别，增强劳动群众之间的团结，鼓励员工提高技术，促进劳动生产率的不断提高。

④ 努力做好政治思想工作，坚持精神鼓励与物质奖励相结合的原则。

（4）薪酬的透明度。有些企业的薪酬政策要求对薪酬发放的相关信息予以保密，这样做可以避免员工因知晓他人的薪酬水平而产生不满情绪。薪酬保密还有一个更充分的理由：许多员工，尤其是工作业绩非常显著的员工强烈地认为自己的收入与他人无关。然而，薪酬水平保密的做法不能使员工认为其薪酬水平与工作业绩有关，而且不能消除员工之间薪酬水平的比较，反而会导致员工高估其同事的薪酬水平或低估管理者的薪酬水平。这两种情形会导致员工产生不必要的反感情绪。针对这一问题，一个较好的解决办法是：在组织内部公开不同岗位的薪酬水平范围，这样既能表明不同岗位的不同待遇，又能对个人收入情况保密。

2. 岗位评估

（1）岗位评估的含义。岗位评估是企业对每个岗位相对于其他岗位价值进行系统决策的过程。该过程通常用来建立各项工作岗位的基本工资体系而非用于员工个人岗位业绩评估。对岗位评估的一般理解是：列举该岗位的职责要求及其对组织的贡献，然后根据其重要性分类。例如，设计师工作包含了很多复杂的要求和对组织潜在的贡献，这种贡献比一个装配工的贡献要大得多。虽然这两个岗位都很重要，但必须对二者的相对价值做出判断。

（2）岗位评估的程序。岗位评估程序的第一步是收集评估对象的信息。一般来说，信息来源于当前该岗位的职责说明。如果没有现成的岗位说明则通常需要对该岗位进行分析，须制定一个最新的说明，然后对用以判断企业内不同岗位价值的因素予以确定。常用的因素有技术、职责和工作条件。

（3）岗位评估的内容。岗位评估的内容包括完善用以评估企业内不同岗位相应价值的要素依据的计划。这样的计划应使涉及要素多的岗位在级别上比涉及要素少的岗位高。绝大多数岗位评估计划是以下四种方法变化与结合的产物：评分法、要素比较法、岗位分类法和岗位分级法。前两者是以量化的尺度评估各岗位的报酬要素，后两者是以非量化的尺度评估各岗位的工作整体。

① 评分法。评分法在简化评估过程和提高评估结果的客观合理性上非常有效。使用这种方法时，量化的分值尺度随评估对象的不同而选取。一种分值尺度通常不能适用于所有工作的评估。通常，人力资源部门为各项工作岗位明确相应的评估尺度。企业的工作岗位一般分为关键岗位和非关键岗位，关键岗位与非关键岗位应分别进行评估。

评分法的一个缺陷是需要大量的实践来完善分值尺度。然而，一旦尺度被正确地确定，对岗位的评估将不再需要太多的时间。

② 要素比较法。要素比较法与评分法大体相似，只是将分值尺度以货币尺度取代。在各岗位被诸要素定级后，要根据要素级别为其分配薪资，然后为每一个报酬要素准备一个货币尺度。每个尺度不仅要表现出不同工作的级别排序，还要反映其报酬的相应差别。其他岗位将通过对相应职责的研究进行评估，并根据报酬要素为各岗位确定其货币价值。每个岗位的货币价值将由分配给各项报酬要素的货币量总和决定。

③ 岗位分类法。岗位评估的第三套方案是岗位分类法。各岗位依照其职务、职责、技术、工作条件和其他相关工作要素的不同而被分成几类。将特定岗位的职责与各岗位的职责做对比，以同类岗位为参照，确定其相应价值。该方法的优点是简单。但由于其将每个岗位作为一个整体来评估，故精确度不高。

④ 岗位分级法。岗位分级法是一种最简单、最粗略的评估技术，主要方法是将所有工作岗位按其工作内容的复杂困难程度，从最简单的到最复杂的进行排序，这种排序仅给出相对次序，并不说明岗位间差异的精确程度。

评分法和要素比较法都使用了量化方案，分数是以预先设定的报酬要素为基础进行分配的；岗位分类法和岗位分级法为非量化的评估技术，它们比较的是工作岗位整体。评分法和岗位分类法的共同之处在于，它们都依照预先设定的尺度或类别进行岗位评估；而要素比较法和岗位分级法将组织中不同地位的岗位进行比较，以进行评估。表7-2描述了上述四种基本方法的异同。

表7-2 岗位评估基本方法的比较

方法	比较基础	比较范围
评分法	预定尺度	报酬要素（量化）
要素比较法	其他工作	报酬要素（量化）

续表

方法	比较基础	比较范围
岗位分类法	工作种类	工作整体（非量化）
岗位分级法	其他工作	工作整体（非量化）

3. 工作定价

岗位评估中只有要素比较法是将工作岗位的价值与货币尺度联系起来的方法，只有通过它才能得出企业当前使用的工资尺度。一般认为，岗位评估法不能用来制定工资率，却为制定工资率奠定了基础。由于工资尺度中劳动力市场状况、普及的工资率以及生活费用等外部因素存在确认的需要，这些要素的相关信息必须被加以收集。

（1）工资测算（wage measure）。工资测算是指在一定的地理区域或行业领域内，从选定的企业中收集工资支付方面的政策、实践及方法等可靠信息，以制定参照标准。工资测算是确保企业薪资制度外部平衡的基本方法。工资测算所依据的数据来源很广。特定的部门或协会都可能定期提供相关数据，如国家统计局定期发布城镇和乡村、各经济类型和各行业就业人员的工资水平。行业和员工协会有时也进行测算并公布其结果。

在上述来源之外，许多企业自己设计并进行测算。设计工资测算，必须决定要研究的工作、地域和企业，以及收集数据的方法。如果工资测算是结合岗位评估中的评分法或要素比较法进行的，那么，这些方法中选定的关键岗位通常就是测算的对象。如果工资测算是结合岗位分类法或岗位分级法进行的，那么，就应以从评分法或要素比较法中选择关键岗位的方法来选择测算对象。

地理区域、行业类型或二者的结合体也可作为测算对象。确定测算尺度时，必须考虑地理区域的大小、该地区的生活消费指数以及类似因素。被测算的企业一般是竞争对手或具有使用相似类型员工的特征，地域内最重要的企业应被选出。

收集工资信息的三种方法是个人访谈、电话访谈和问卷调查。有效但成本最高的方法是个人访谈。问卷调查可能是最常用的方法，但问卷只适用于测算全行业统一标准的工资，如果与工作定义有任何出入，问卷的结果就不可靠了。问卷调查的另一个潜在问题是填写问卷的人可能对工资结构了解不够全面。电话访谈比较迅速，但常常无法得到完整的信息，因而通常用作问卷调查的补充。表 7-3 列出了工资测算可能涉及的要素。

表 7-3　工资测算的可能要素

工作日的长短	休假	支付范围	支付频率
工作周跨度	度假	激励方案	工资扣提政策
启动工资率	生活费用	差别	工资合同条款
基本工资率	支付地点	加班费	

（2）工资曲线（wage curve）。工资曲线以图形的形式表现了工作价值与其薪资率的关系，而且这些曲线可以反映支付类型和工作范围。无论采用何种岗位评估方法，工资曲线都应在横轴上按工作难度由易到难进行标注，在纵轴上按工资率由低到高进行标注。如果岗位评估采用评

分法，则横轴的单位即为分值。通过一系列的分值和相应的工资率确定的点反映了一般趋势。

　　为了确保最终的工资结构与岗位评估和工资测算相一致，有时候有必要以当前实际工资为基础做一曲线，并将两曲线进行比较。对比较中出现不一致的点进行删除与修改。曲线上不符合总趋势的点意味着该项工作对应的工资率偏高或偏低，或者表明岗位评估本身不正确。工资不足额支付的工作有时被称为"绿环工作"，而工资超额支付的工作则被称为"红环工作"。对于工资支付不当的工作，可通过差额补贴的方法予以修正。

　　（3）工资级别与范围。为简化工资结构管理，相似的工作经常按工资支付意图分为几个级别。如果在岗位评估中使用评分法，一般以一定的分值跨度作为一级。而若使用要素比较法进行岗位评估，则以一定的货币跨度为一级。通常，在建立工资级别的同时，每一级的支付范围也就确定了。考虑两种情况：一种情况是工资级别非常多，对每一级内的工作给予完全相同的工资率；另一种情况是工资级别非常少，各级工资具有相当大的跨度。大多数的工资结构处于这两个极端之间。为了使相同工资级别中员工的报酬有所不同，支付范围便产生了。理想状态下，同一工资级别中不同个人获得的报酬应以其工作业绩与特长为基础。

　　（4）基本工资体系。图 7-2 总结了报酬支付过程的各阶段如何结合在一起以形成组织的基本工资体系。薪酬政策出现在图 7-2 的两侧，以强调这样一个事实，即该基本工资体系建立过程的每一步都受到企业当前薪酬政策的影响。在理想状态下，一个企业的薪酬系统应使得基本工资体系同时达到内部平衡与外部平衡。岗位评估过程应确保内部平衡，而工资测算应确保外部平衡。

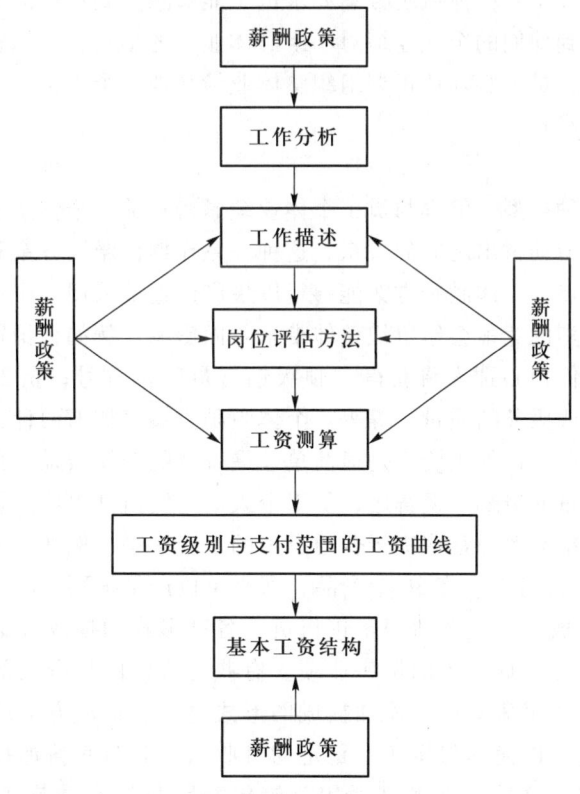

图 7-2　基本工资体系的确立

（二）员工的奖励管理

奖金激励（即奖励）的目的在于将员工所得的报酬与其经过个人努力取得的业绩联系起来，是对员工出色业绩进行的及时、直接的激励。虽然企业可以通过基本工资体系，在员工所处的工资级别允许的浮动范围内给业绩优秀的员工进行提薪，但这样的做法常常因时间滞后或其他条件制约而使接受者认为增加的报酬与其工作业绩并无直接关系。奖金激励体系的建立强化了报酬与工作业绩的关系以及对员工的影响。目前，大多数国家都制定了基本工资下限的法律，因而激励方案通常不在基本薪资结构之中。奖金激励体系能够以多种方式进行分类。奖金激励措施有个体激励、群体激励以及组织整体激励，这里仅介绍个体激励。

1. 奖金激励体系的要求

有效的奖金激励体系通常要满足两个基本要求。

第一个要求涉及评估员工业绩的过程和方法。如果奖金激励体系以业绩为基础，那么员工必须能够感受到他们的业绩和其他员工的业绩被正确与公正地评估。显然，业绩的衡量有难有易。例如，销售员的业绩比较容易衡量，而中层管理人员的业绩就很难衡量了。业绩衡量的一个关键问题是管理层的可信度，如果员工不信任管理层，就很难建立有效的业绩评估体系。

第二个要求是奖金激励体系必须以业绩为基础。这点要求看似显而易见，却常常不能实现。员工必须确信他们的劳动付出与所得报酬有关。个体激励方案要求员工能够感受到他们的业绩与报酬之间的直接关系；群体激励方案要求员工能够感受到小组的业绩与组员报酬之间的关系，进而使组员认识到他们的个人业绩对小组群体业绩的影响；组织整体激励方案的基本要求与群体激励方案相似，员工必须认识到组织整体业绩与他们个人报酬之间的关系，以及个人业绩对组织整体业绩的影响。

2. 个体激励

个体激励方案有多种类型，但都与员工个体业绩紧密相关。个体激励方案的最大优点是使员工能够看到其所得与劳动付出之间的关系，这种关系在群体激励方案和组织整体激励方案中都不明显。由于这个优点，个体激励方案能够得以最广泛地被采用。个体激励方案同时也存在一个缺点：员工之间激烈的竞争会给组织整体带来负面影响。例如，销售员之间可能不会交流自己的体会与经验，他们担心别人将获得"顶级销售员"的称号；员工可能因追求可以得到奖励的数量而忽视产品或服务的质量；等等。个体激励方案有如下两种：

（1）计件工资率方案。计件工资率是最简单、最普及的个体激励方案，它使员工每生产一个单位产量就得到一定量的报酬。换言之，员工个人的工资由其单位产量数与单位产量报酬率的乘积得出。单位产量报酬率通常取决于普通员工的工资水平。例如，如果一个普通员工的工资为每天 60 元，而他每天可以生产 30 个产品，那么单位产量报酬率即为 2 元。

（2）提成方案。提成方案主要适用于销售员。各种形式的提成方案具有一个共性，即给予员工的报酬完全或部分依据员工的销售业绩。有些销售员的报酬全部直接来源于销售额的提成，而另一些销售员的报酬则以底薪加提成的形式付给。提成方案的第三种形式是对销售员的提成按月进行调整，以使其保持相对稳定的月收入。它与底薪加提成的区别在于，员工提前获得了将来的提成。这种方案尤其适用于销售额因月份或季节变化而剧烈波动的销售人员。

提成方案的优点在于将报酬与业绩直接联系起来。报酬完全来自提成的销售人员很清楚地认识到，没有业绩就意味着没有收入。提成方案的最大缺点在于个人无法控制时间因素对销售的负面影响。

第三节　中小企业人力资源管理外包

外包（outsourcing）是指从组织外部寻找资源来完成组织内部的工作。外包最初应用于信息系统技术行业，后来发展扩大到生产、销售、研发、物流、人力资源管理等领域。人力资源管理外包是指企业为了节省开支或由于缺乏中高层管理人员等，利用组织外部的资源来更经济、更有效地解决组织内部人力资源管理活动，可以将人力资源管理中非核心的全部或部分工作委托给人才服务专业机构办理，如员工招聘、档案管理、员工培训、劳动关系管理等，以达到降低成本、提高服务质量和更专注于人力资源管理核心业务的目的。

一、中小企业人力资源管理外包的动因

（一）外部动因

1. 信息技术的影响

随着信息技术的快速发展，中小企业面临着越来越复杂的信息管理挑战。许多中小企业对信息系统的开发和运营并不十分专业，因此更愿意将人力资源管理等非核心业务外包出去。现代信息技术的使用，如互联网、企业 ERP 系统等，使得外包人力资源管理成为一种更具吸引力的选择。外包服务商可以通过专业的技术和系统帮助中小企业管理人力资源信息，提高数据处理效率和质量。

2. 竞争的加剧

中小企业面临着越来越激烈的竞争，为了保持竞争优势，中小企业需要不断降低成本、提高效率。外包人力资源管理可以帮助中小企业降低人力成本，释放中小企业内部资源，使中小企业更专注于核心业务的发展。此外，外包还可以提高中小企业对市场变化的敏感度和响应速度，帮助中小企业更好地应对竞争挑战。

3. 经济全球化的影响

经济全球化推动着中小企业越来越多地开展国际化经营，这增加了中小企业管理的复杂性和难度。在国外营运机构设立初期，由于对当地法律法规不了解，很多中小企业选择外包人力资源管理以降低法律风险。此外，经济全球化还增加了中小企业对跨国员工的需求，外包人力资源管理可以帮助中小企业更好地管理国际人才，提高国际化水平。

（二）内部动因

1. 人力资源管理职能重组

信息技术的普及和其他外部环境的变化使得中小企业对人力资源管理提出了新要求，这就

需要中小企业在人力资源规划、员工培训、激励措施等方面更多地投入资源，而不仅仅是处理行政事务。外包人力资源管理可以让中小企业的人力资源团队更专注于战略规划和组织发展，实现人力资源管理职能的重组和升级。

2. 培养企业核心竞争力

中小企业需要聚焦于发展自己的核心业务，提高竞争力。外包人力资源管理可以让中小企业专注于核心业务，将非核心业务交给专业的外包服务商。这样一来，中小企业能够更有效地培育核心竞争力，提高市场占有率和盈利能力。

3. 降低人力资源管理成本

人力资源管理对中小企业来说成本较高，尤其在建立起完善的人力资源管理体系之前。外包人力资源管理可以降低中小企业的管理成本，避免高额的招聘、培训和绩效管理费用。外包服务商通常能够以比企业内部管理更低的成本提供高质量的人力资源管理服务。

4. 完善企业管理制度

外包人力资源管理可以帮助中小企业建立完善的管理制度。外包服务商具有丰富的经验和专业知识，能够帮助中小企业制定清晰的工作说明书、规范的岗位职责、有效的绩效考核制度等。这些制度的制定可以改善中小企业的管理效率和员工工作环境，提高员工的工作满意度和绩效表现。

二、中小企业人力资源管理外包的内容

（一）招聘外包

随着人力资源管理相关法律法规的变化和企业员工流动性的增加，招聘工作的专业性和效率要求也在增强，因此中小企业对招聘外包的需求也日益增长。招聘外包有两种方式：一种是由外部中介机构根据中小企业需求提供合理的人力资源配置；另一种是通过网络发布职位空缺。越来越多的中小企业倾向于使用在线招聘渠道。

员工招聘外包的优势包括：首先，中小企业可以获得专业化的服务。选择专业的中介机构进行招聘工作可以确保公正性，避免内部裙带关系带来的问题。其次，招聘外包可以获得更广泛的人才资源。专业的外包机构拥有更广泛的人才招聘渠道，这有助于中小企业聘用到更合适的人才。此外，招聘外包还可以提高招聘效率和质量，节约成本，优化招聘流程。外包服务商可以根据中小企业的需求进行科学、专业的分析，为中小企业招到符合要求的人才。

（二）培训外包

培训外包是由外部培训机构来培训中小企业员工。由于中小企业的培训需求涉及多个层面，许多类型的培训中小企业无法自行完成，因此培训社会化成为一种趋势。

培训外包的步骤包括：第一，进行培训需求分析，确定外包的培训内容；第二，确定哪些培训工作可以外包出去，这取决于现有工作人员的能力和特定培训计划的成本；第三，起草项目计划书要求，明确培训的具体类型、水平和参与员工；第四，挑选外包服务商并寄送项目计划书；第五，评价服务商，并最终选定外包服务商；第六，进行合同审查、谈判和签订合同。

在培训外包过程中，中小企业需要与外包服务商保持良好的沟通，并建立监控机制，以确保培训的质量和效果。

通过培训业务的外包，可以将员工、企业和培训专业机构三者结合在一起，共同承担员工培训的成本和风险。外包可以增强员工的学习热情，培养员工的学习能力，提升员工业务技能。目前，许多中小企业依赖专业咨询公司或高等院校进行培训，也有中小企业采用网络培训来降低外包成本。

（三）薪酬管理外包

薪酬管理外包是指中小企业与外部服务机构建立合作伙伴关系，由外部专家负责日常薪酬管理工作。这些工作包括职位评估、市场数据管理、协助工资规划等。中小企业进行薪酬管理外包的主要原因包括确保企业管理人员能够专注于企业经营战略活动，同时可以更好地管理薪酬成本和控制管理成本等。

薪酬管理外包也会面临一定的风险。中小企业在考虑外包薪酬管理时需要明确目标、职责、义务、过渡管理计划，并明确建立长期合作伙伴关系的期望。此外，中小企业应制定绩效标准和评估尺度，以确保薪酬管理外包的质量和效果。

除了招聘、培训、薪酬管理外包之外，其他职能如绩效考核等也可以进行外包。中小企业应根据自身情况和需求进行选择，并在选择外包服务商时，注意与外包服务商的沟通合作，确保外包项目的顺利实施和成效达成。

三、中小企业人力资源管理外包的风险

中小企业人力资源管理外包可能面临如下风险：

（一）来自市场环境的风险

外包市场尚未成熟，缺乏完善的市场机制和法律法规，使得外包活动的运作规则不明确，增加了外包风险。

（二）来自中小企业自身的风险

中小企业评估能力不足，可能无法客观评价自身状况。

中小企业对外包市场和服务商了解不充分。

中小企业进行外包前缺乏明确目的和成本效益分析。

中小企业可能忽视与外包服务商的沟通和监督，过分依赖外包服务商。

（三）来自安全和保密方面的风险

外包存在信息安全和保密方面的风险，中小企业核心机密可能会泄露，也缺乏相关的法律法规规范外包服务商的行为。

（四）信息不对称的风险

外包服务商与中小企业信息不对称，导致服务质量有差异。

人力资源部门与员工之间的信息不对称，可能引起员工不满。

（五）合同协议方面的风险

中小企业可能缺乏专业法律人员，导致合同签订草率，因此，当出现风险时中小企业可能处于不利地位。

（六）来自外包服务商方面的风险

外包服务商质量参差不齐，可能无法满足中小企业的要求。

对外包服务商缺乏监管或监管不力，可能导致外包服务质量下降。

（七）企业文化沟通的风险

外包服务内容无法适应中小企业文化，可能会导致中小企业管理混乱、员工不满。

（八）外包的成本风险

外包增加额外费用，如选择外包服务商的时间成本、合作沟通成本等。

外包服务商需要大量时间了解中小企业的情况，由此可能产生额外成本。

（九）信用方面的风险

外包服务商无法履行合同责任，可能导致合作失败。

四、中小企业人力资源管理外包风险的防范

中小企业在人力资源管理外包过程中需要认识到外包可能存在的风险，并采取相应措施加以防范。

（一）加强市场调研和谨慎选择合作伙伴

在选择外包服务商之前，中小企业应该进行充分的市场调研，了解不同外包服务商的业务范围、服务水平、客户评价等情况。优先选择有资质、口碑好、专业能力强的外包服务商，降低与低质量服务商合作的风险。

（二）建立明确的合作目标和约束机制

与外包服务商签订合作协议时，中小企业应该明确合作目标，并将其写入合同。同时要明确外包服务商的责任和义务，建立约束机制，确保其按照合同履行责任，以降低合作过程中的风险。

（三）加强监管和评估

中小企业应该建立完善的监管机制，对外包服务商的工作进行监督和评估。定期进行工作进度和质量的检查，及时发现问题并采取措施加以解决。同时要建立绩效评估体系，对外包服务商的绩效进行客观评价，以激励其提高服务质量。

（四）加强信息保护和安全管理

中小企业要建立健全的信息保护制度，明确保密责任，对外包服务商获取的敏感信息进行保护。可以采取技术手段和管理措施，加密重要信息，限制员工访问权限，防止信息泄露和不当使用。

（五）加强沟通与协调

中小企业与外包服务商之间要建立良好的沟通机制，及时交流信息、解决问题，避免信息不对称和理解偏差，保持合作关系的稳定和顺畅。

（六）增强员工参与度

中小企业的员工是外包项目的主要参与者，他们的参与度和素质水平直接影响外包项目的实施效果。因此，中小企业应该增强员工的参与度，提升其专业能力和执行力，确保外包项目顺利进行。

（七）设立退出机制

在合同中明确规定双方的退出条件和流程，以防止因合作失败而造成的损失。中小企业应该在签订合同时考虑到外包可能面临的各种情况，并制定相应的应对方案，确保能够及时、顺利地退出合作关系，降低退出风险。

本章小结

面对劳动力市场、科技发展和政策环境变化的复杂情况，中小企业需要制定适合其组织形式和组织文化的人力资源管理策略。人力资源管理可以支持企业战略实施、培育核心竞争力、增强企业凝聚力、树立企业形象和帮助企业应对动态环境。中小企业的人力资源管理具有受企业规模和工作重心限制、非正式性、受创业者控制等特征。中小企业人力资源管理既有其优势，也存在一些不足。

中小企业人力资源开发与管理主要包括招聘管理、培训管理、薪酬管理和奖励管理等活动。

受到内外部驱动因素的影响，许多中小企业选择将人力资源管理外包，包括招聘外包、培训外包、薪酬管理外包等。外包服务给中小企业人力资源管理带来一些好处，但也带来一定的风险，这就需要中小企业认识到这些风险并加以防范。

关键术语

招聘（recruitment）

培训（training）

在职培训（on the job training，OJT）

演示法（presentation method）

讲座法（lecture）

工资（wage）

报酬补贴（fringe benefits）

工资测算（wage measure）

工资曲线（wage curve）

外包（outsourcing）

复习思考题

1. 人力资源管理在中小企业发展过程中起到什么作用？
2. 中小企业人力资源管理具有哪些特征？
3. 中小企业人力资源开发与管理包括哪些环节？
4. 中小企业为什么选择将人力资源管理外包？外包有哪些优点与风险？

即测即评

请扫描二维码，参加即测即评。

案例讨论

绿日：负责任的人力资源管理

广州绿日人力资源有限公司（以下简称"绿日集团"）于 2009 年在广州成立，致力于环境生态治理和人力资源服务业务。其子公司广东绿日环境科技有限公司是一家专精特新中小企业，2022 年被评为高新技术企业，2023 年被评为科技型中小企业。绿日集团倡导家文化，将每位员工视为家人，通过年度大会、颁奖典礼、节日礼品和年度旅游等活动，打造温暖的家庭氛围。在思想建设上，公司倡导诚实守信，通过法律法规培训提高员工法律意识，通过管理干部身先率人发挥榜样力量，有效提升合同履约率和荣誉获得率。在劳动关系管理方面，公司严格执行劳动合同法，维护员工合法权益，使得员工劳动合同签订率和社保缴纳率均达到100%。公司重视招聘和员工培训，推行平等导向，平等对待不同学历、性别和年龄的员工，积极营造良好的工作氛围。由此可见，绿日集团在人力资源管理方面做出了一系列的努力。其中，激发员工担当责任和承担企业社会责任是绿日集团人力资源管理中最重要且独具特色的部分。

负责任的公益活动

绿日集团注重公益活动，注册成立了广州市天河区绿日同学公益服务促进会。通过该组织，公司鼓励员工参与各种公益活动，将感恩、互助、友爱、奉献渗透到企业文化和员工的价值观中。通过组织丰富多彩的公益活动，如社区助残服务、山区助学活动和社区便民服务，绿日集团促进了企业与社会公众之间的联系，激发了员工的互助精神和社会责任担当。

为鼓励员工参与公益活动，绿日集团设立了"志愿时"奖励机制，并设置了员工公益假。此外，在奖励制度上，公司还设立了"最美绿日人""新时代奉献奖"等奖项，对践行社会责任的员工进行表彰。通过这些措施，员工的社会责任意识转化成了绿日集团企业文化的一部分，并成为绿日人共同的行为准则。

负责任的员工培训

绿日集团将员工的成长放在了企业发展的核心位置。绿日集团认为，每一个员工都怀揣着成功的梦想，而公司应该给予他们一个和谐、公平、学习、发展的平台，让员工与企业共同成长。在这个理念下，绿日集团着重打造了员工的培训体系，以确保每位员工都能够得到有效的培养和成长。

（1）建立新员工培训计划。绿日集团制定了新员工入职成长时间计划，通过实施师徒制度，让新员工更快地融入团队并找到归属感。公司编写了《企业文化手册》《新员工入职指南手册》《制度汇编手册（简版）》等，以帮助新员工快速适应公司环境、了解工作流程。

（2）岗位类型划分和培训。根据员工的岗位类型，绿日集团开展了相应的培训计划。例如，销售类型岗位进行为期7天的培训，培训内容包括业务相关专业知识，而职能类型岗位进行为期3天的企业文化和制度等基础培训。培训结束后，对受训者进行课后考核。

（3）制定具体岗位培训计划。结合公司各项业务和各岗位需要具备的能力，绿日集团编制了相应的培训课程，并完善了课件库，如《业务操作指引手册》《环保技术知识科普手册》等，以帮助员工熟悉工作内容和相关技能。

（4）推出进阶课程：公司联合绿日商学院、人力资源部和用人部门开设了职业素养课程、通用管理课程和岗位专业课程作为进阶课程。这些课程旨在帮助员工进一步提升能力和知识水平。

（5）建立员工成长档案。绿日集团为每位员工建立了员工成长档案，记录员工在工作中的成长历程。从新员工入职、融入团队，到逐步提升能力、适应岗位，这些都被记录在档案中，以帮助员工全面发展。

这些措施不仅让员工感受到公司的关心和支持，也为公司的发展提供了有力的人才保障。通过培养和发展员工，绿日集团实现了以员工成长为中心的人力资源管理模式，进一步促进了公司的健康发展。

同时，绿日集团意识到员工学习的重要性，鼓励员工不断提升自己的能力和知识水平。在这个过程中，绿日集团采取了多种创新的学习方式。

（1）优秀员工分享。让标杆员工分享经验和心得，激发其他员工学习的兴趣和动力。

（2）项目现场参观学习。让员工走出办公室，到项目现场进行实地参观学习，增加实践经验。

（3）以赛促学。通过各种比赛，如技术提案比赛、知识竞赛等，提高员工学习的积极性和主动性。

（4）团队建设活动。举办各种趣味型的团队活动，增强团队凝聚力和合作精神。

（5）知识科普讲座。开设各类讲座，涵盖财税知识、文书撰写、系统操作等，满足员工不同领域的学习需求。

这些举措不仅让员工积极主动学习，也让学习变得更加有趣和富有成就感。

负责任的职业发展路径

公司成立初期，绿日集团的薪酬管理和晋升制度较为混乱，没有明确的薪酬标准，缺乏明确的晋升路径。面对这一问题，人力资源部和财务部合力对各部门、各岗位薪酬进行了分析，并通过反复讨论和修改，最终建立了岗位职等职级体系。在该体系下，每个员工都能够清晰地了解自己目前所处的职等职级，以及达到新的职等职级的条件和要求，从而明确自己的工作目标和发展方向。岗位职等职级体系强化了员工的职业发展规划和激励约束机制，有效调动了员工的积极性和创造性，激励着员工为提升自身能力和实现职业目标而努力奋斗。同时，绿日集团提倡多渠道人才发展模式，允许员工根据自身能力和职业规划，在专业岗位和管理岗位之间进行切换，找到更适合自己的定位和方向。

总而言之，绿日集团在人力资源管理中不仅注重员工的内在需求和发展，更将社会责任融入企业文化和管理理念中，在人力资源管理中展现了高度的责任感和独特的管理理念。通过这些努力，绿日集团提升了员工的幸福感和归属感，促进了员工的个人成长和企业的稳健发展。

资料来源：根据绿日集团官网等网络资料整理，有改动。

讨论题：

1. 绿日集团为什么要把社会责任融入人力资源管理之中？
2. 绿日集团是如何开展员工培训的？
3. 负责任的人力资源管理对绿日集团的企业文化建设有什么作用？
4. 绿日集团的人力资源管理经验带给其他中小企业怎样的启示？

参考文献

1. 林汉川，魏中奇. 中小企业发展的国别比较. 北京：中国财政经济出版社，2001.

2. 杰斯汀·隆内克，卡罗斯·莫尔，威廉·彼迪. 小企业运营. 郭武文，等，译. 北京：华夏出版社，2002.

3. 威廉·梅金森，等. 小企业管理：企业家指南. 3 版. 李刚，范存会，俞海，译. 北京：

电子工业出版社，2002.

4. 顾兆贵. 创造竞争优势：21世纪中国中小企业的发展与创新. 北京：京华出版社，2002.

5. 科林·巴露，罗伯特·布朗. 小企业三步曲：创立、生存与发展. 宁光杰，李布，译. 北京：机械工业出版社，1999.

6. 刘冰，郁晓燕. 中小企业人力资源管理与开发. 济南：山东大学出版社，2004.

7. 费英秋. 中小企业人力资源管理. 北京：经济管理出版社，2012.

8. 彭十一. 我国中小企业人力资源管理外包风险问题研究. 北京：北京理工大学出版社，2013.

9. 唐贵瑶. 我国中小企业人力资源管理系统强度研究. 北京：经济管理出版社，2019.

10. 肖丽娜. 中小企业人力资源管理实践研究. 北京：中国原子能出版社，2023.

第八章
中小企业财务管理与控制

学习目标

1. 知识探索：通过对中小企业财务管理与控制原则的讲解分析，帮助学生理解中小企业财务状况质量评价的方法，系统掌握中小企业利润计划和成本控制的方法，建构起中小企业财务管理与控制的分析框架。

2. 能力提升：通过理论分析和案例分析相结合的方法，让学生理解和掌握中小企业财务管理的分析工具，并学会系统深入地分析中小企业财务状况，培养对中小企业整体财务质量分析的系统思维和综合能力。

3. 价值引领：通过对中小企业财务管理与控制理论的学习和案例分析，帮助学生树立诚信为本的核心价值观，坚守职业道德底线。

4. 品格养成：通过案例分析，培养学生的系统思维能力，让学生认识到需要结合中小企业战略去认识和分析其财务状况，引导学生不断提升专业知识的整合能力，培养勇于探索、不断学习的精神。

仁杰电子的财务管理之道

南京仁杰电子公司（以下简称"仁杰电子"）创立初期是一个不足20人的小企业，经营范围是代理国内和国际品牌的通信产品，它能在激烈竞争的电子产品市场始终保持较高的盈利水平，与其财务管理制度密切相关。

成本控制有张有弛

成本控制是许多中小企业普遍重视的问题。为了节约人员成本，仁杰电子对人员成本控制采取了不同情况不同对待的方法：对少量的用户安装业务，多聘请熟识的临时工程队；对机器的日常小规模维护，采用对业务人员进行普及技术培训的方法；对高端机器的紧急修理，则采用与上游厂商签订维护协议的方法。

人人参与财务管理

仁杰电子财务部有4名会计。虽然公司的会计人员很少，但他们的财务管理工作对公司运营发挥了很强的约束作用。仁杰电子推行的是"人人参与财务管理"的模式。在公司的走廊以板报的形式，由财务人员每天按照合同的具体条目更新现金回收状况，这引起了公司每个人的关注：业务人员经常来查对、讨论并据此跟进自己所负责的合同的收款进度；主管也可以通过它来获得二级经销商的回款情况。每个人都可以从这里获得重要的信息。在公司，应收账款在收回前只不过被看成一项市场费用，如果还没有收到货款，就不能算销售完成，也没有客户满意度可言，当然也不会给相应的销售人员支付佣金。"人人参与财务管理"的模式，极大地调动了销售人员的积极性，杜绝了销售人员只管签订合同而不管实际收款的情况。

重视存货管理

仁杰电子规模不大，却注重吸收先进技术，运用管理软件进行库存管理，在保证存货供应的同时节约了存货的占用资金。仁杰电子对每月销量都进行细致的统计记录，并设定了管理软件中的库存模式，一旦存货低于警戒线即立即补货，从而确保存货占用较少的资金。由于仁杰电子的业务大都是定制的机器，所以和厂家的协调非常重要。仁杰电子和长期合作的生产企业均有详细的协议，设置的付款比例与买方合同的收款比例同步，这就大大降低了因付款时间差引起的大量占用现金的风险，也对厂家在机器设备安装期间提供的售后服务起到了一定的牵制作用。如果小型设备突然出现需求量浮动，仁杰电子则采用向同行调货的方式解决问题，虽然比直接从供货商调货价高，但由于次数少，相较而言也比囤积大量库存占用流动资金合算得多。

资料来源：搜狐网。

请思考：

1. 仁杰电子的财务管理如何帮助公司在激烈竞争中保持竞争力？
2. 中小企业的财务管理和大企业的财务管理有什么相同与不同之处？

中小企业只有科学地设计内部控制体系、加强其会计核算与财务管理，才能使企业在竞争中构建竞争优势。

我国大部分中小企业由于规模小、技术水平较低、受外部宏观经济影响大，在财务管理方面存在一些问题。因此，研究中小企业财务管理中存在的问题并探讨对策，对于保证其健康发展、充分发挥潜力、增强竞争力、抵御风险具有重要的意义。

第一节　中小企业财务管理与控制原则

中小企业财务管理与控制原则是中小企业财务管理与控制活动中应遵循的基本规范。它来源于中小企业财务管理与控制实践，是在实践过程中抽象出来的，并且经过实践检验的行为规范，是对中小企业财务管理与控制工作提出的基本要求，也是评价中小企业财务管理与控制质量的标准，反映了中小企业财务管理与控制活动的内在要求。中小企业财务管理与控制原则一般包括以下几项。

一、依法核算与严格监督的原则

依法核算与严格监督是中小企业财务管理与控制应遵循的基本原则。

在财务管理与控制过程中，中小企业应牢固树立法律意识，一切财务管理与控制活动都要严格依法而办。贯彻依法核算与严格监督原则，第一，要根据国家有关方针、政策、法律、法规的规定，按照社会主义市场经济的要求，结合中小企业内部实际，加强中小企业会计核算与监督制度的建设，形成一套科学、规范的财务管理与控制监督制度；第二，在财务管理与控制工作中，要严格执行各项财务管理与控制监督制度，严禁违法乱纪行为，做到有法可依、有法必依、执法必严、违法必究。

二、以收度支与量入为出相协调的原则

财务管理与控制是中小企业开拓市场、完成其生产经营发展任务的前提。为保证各中小企业事业发展和工作任务的实现，保证资金周转的顺利进行，需要各中小企业资金的收支不仅在数量上，而且在时间上遵循以收度支与量入为出相协调的原则，保持收支协调平衡。

同时，各类中小企业在财务管理与控制过程中，应将量力而行与尽力而为结合起来，既要避免太大的赤字，又要避免过多的结余，努力使收支相抵。

三、风险导向原则

中小企业的财务管理与控制应当以防范风险为出发点。中小企业应重点关注可能对企业财务造成重大影响的风险领域，对包括市场风险、财务风险、法律合规风险等方面的风险进行评估和管理。通过制定相应的风险管理策略和措施，中小企业可以有效地降低企业风险，并保障企业稳健发展。

四、适应性原则

中小企业的财务管理和控制应当与企业发展阶段、经营规模和管理水平相适应。随着企业的发展和变化，财务管理和控制系统也需要及时调整和完善。不同发展阶段的企业可能面临不同的风险和挑战，因此，内部控制系统需要根据实际情况进行灵活调整，以保证其有效性和适用性。

五、实质重于形式原则

中小企业的财务管理与控制应当注重实际效果，而不仅仅是形式上的合规。企业应该关注财务管理与控制系统的实际运作情况，而不是简单地追求程序上的完备性。只有确保财务管理与控制措施的实际有效性，才能真正达到保障中小企业资产安全和业务持续稳健发展的目标。

六、社会效益和经济效益并重的原则

社会效益和经济效益并重是中小企业财务管理与控制活动中必须遵循的又一重要原则。

中小企业要把社会效益与经济效益有机结合起来，要在努力保证实现社会效益的前提下，争取经济效益。中小企业既不能片面强调社会效益而忽视经济效益，也不能一味追求经济效益而置社会效益于不顾。

七、国家、中小企业集体和个人三者利益关系兼顾的原则

国家与中小企业集体之间的利益关系，体现着社会整体利益与中小企业局部利益之间的关系。国家与中小企业个人之间的利益关系，体现着社会长远的根本利益与中小企业个人当前利益之间的关系。各中小企业在财务管理与控制活动中，必须处理好国家、中小企业集体和个人之间的关系，对三者之间的利益都必须充分考虑，相互兼顾。一方面，要防止过分强调中小企业的集体利益和个人利益，忽视社会和国家利益；另一方面，要避免单纯强调社会和国家利益而不顾中小企业的集体利益和个人的利益。

不过，在中小企业的集体利益和个人利益与社会和国家利益发生矛盾时，中小企业的集体利益和个人利益必须服从社会和国家利益。

第二节　中小企业财务评价与控制

财务报表（financial statement）也称会计报表，是综合反映企业资产、负债和所有者权益情况及一定时期经营成果和财务状况的书面文件。财务报表由财务人员根据日常会计核算资料，经过归集、加工、汇总而成，提供关于企业经营业绩和资金来源的重要信息，是财务核算的最终产品。根据当前国际会计惯例，资产负债表、利润表、现金流量表是企业对外报送的三大基本会计报表。如果经营者准备确定新企业的资金需求、评估企业经营计划涉及的财务问题，那么了解每个财务报表的目的和内容则非常重要。

一、资产负债表的评价

（一）资产负债表概述

1. 资产负债表的结构

资产负债表（balance sheet）反映企业在某一特定日期所拥有的经济资源、分布状况以及对这些资源的要求权，即提供有关该日期的资产、负债和所有者权益这三个基本要素的总额及其构成的有关信息。总的来说，它是提供企业在某一特定日期财务状况的报表，也称财务状况表，是一种时点静态报表。其基本结构遵循"资产＝负债＋所有者权益"这一会计恒等式，该

结构能把企业在特定日期所拥有的经济资源和与之相对照的企业在一定日期所承担的债务及偿债后属于所有者的权益都充分地体现出来。

2. 资产负债表的重要性

通过资产负债表，使用者可以一目了然地了解到企业在某一特定日期所拥有的资产总量及结构、企业的权益结构、企业的变现能力和财务实力。它对内给企业领导者提供生产经营决策的依据，对外为政府管理部门、银行和债权人提供信息。

（二）资产负债表的格式和内容

资产负债表的格式与内容参见表 8-1。在我国，资产负债表采用账户式结构，报表分为左右两方，左方列示资产各项目，反映全部资产的分布形态；右方列示负债和所有者权益项目，反映全部负债和所有者权益的内容及构成情况。资产各项目按其流动性由大到小的顺序排列；负债各项目按其到期日的先近后远顺序排列。资产负债表左右双方平衡，即资产总计等于负债和所有者权益总计。现对表中部分内容做简要说明。

表 8-1　资产负债表

编制单位：××公司　　　　　××××年××月××日　　　单位：元　　　　　　　币种：人民币

资产	期末余额	年初余额	负债和所有者权益（或股东权益）	期末余额	年初余额
流动资产：			流动负债：		
货币资金			短期借款		
交易性金融资产			交易性金融负债		
衍生金融资产			衍生金融负债		
应收票据			应付票据		
应收账款			应付账款		
应收款项融资			预收款项		
预付款项			合同负债		
其他应收款			应付职工薪酬		
存货			应交税费		
合同资产			其他应付款		
持有待售资产			持有待售负债		
一年内到期的非流动资产			一年内到期的非流动负债		
其他流动资产			其他流动负债		
流动资产合计			流动负债合计		
非流动资产：			非流动负债：		

资产	期末余额	年初余额	负债和所有者权益（或股东权益）	期末余额	年初余额
债权投资			长期借款		
其他债权投资			应付债券		
长期应收款			其中：优先股		
长期股权投资			永续债		
其他权益工具投资			租赁负债		
其他非流动金融资产			长期应付款		
投资性房地产			预计负债		
固定资产			递延收益		
在建工程			递延所得税负债		
生产性生物资产			其他非流动负债		
油气资产			非流动负债合计		
使用权资产			负债合计		
无形资产			所有者权益（或股东权益）：		
开发支出			实收资本（或股本）		
商誉			其他权益工具		
长期待摊费用			其中：优先股		
递延所得税资产			永续债		
其他非流动资产			资本公积		
非流动资产合计			减：库存股		
			其他综合收益		
			专项储备		
			盈余公积		
			未分配利润		
			所有者权益（或股东权益）合计		
资产总计			负债和所有者权益（或股东权益）总计		

1. 流动资产

流动资产是指在一年或一个正常营业周期内消耗、转移变现的资产项目，包括货币资金、应收票据、应收账款、其他应收款和存货等。

2. 固定资产

固定资产是指使用期限超过一年，单位价值在规定标准以上的房屋、建筑物、机器设备、运输设备等。在建工程是指尚未竣工的固定资产。

3. 无形资产

无形资产是指企业拥有或者控制的没有实物形态的可辨认的非货币性资产，包括专利权、非专利权、商标权、著作权、特许权、土地使用权等。

4. 流动负债

流动负债是指企业应在一年或一个营业周期内偿还的债务，包括短期借款、应付票据、应付账款、预收款项、应付职工薪酬、应交税费、其他应付款、持有待售负债、一年内到期的非流动负债等。

5. 非流动负债

非流动负债是指偿还期超过一年或一个营业周期的债务，包括长期借款、长期应付款等。

6. 所有者权益

所有者权益是指投资者对企业净资产的要求权，包括实收资本、资本公积、盈余公积和未分配利润等。

二、利润表的评价

利润表（income statement）又称损益表或经营成果表，是反映企业一定时期生产经营成果的财务报表。它是一定时期的动态报表。从利润表上反映的财务信息能够看出企业的经营成果和获利能力。它是分析企业盈利能力和评价企业经营管理状况的重要依据。通过利润表可以具体了解企业利润形成的主要因素及影响利润的主要原因，从而进一步分析企业的利润结构，为经营管理和决策提供依据。

我国《企业会计准则》规定，企业利润表应采取多步式利润结构，主要包括构成业务收入、营业利润、利润总额、净利润、每股收益等方面的各项要素。我国选择了上下排列的多步式结构。表格上方表示企业收入情况，下方表示成本费用支出，上下差额表示企业的利润或亏损。利润表最基本的格式是：收入−费用＝利润。利润表较资产负债表内容更直观、更便于理解，如表 8-2 所示。

表 8-2　利　润　表

编制单位：××公司　　　　　　　××××年度　　单位：元　　　　　　　　　　币种：人民币

项目	本期金额	上期金额
一、业务收入		
减：营业成本		
税金及附加		
销售费用		
管理费用		
研发费用		
财务费用		

续表

项目	本期金额	上期金额
其中：利息费用		
利息收入		
加：其他收益		
投资收益（损失以"-"号填列）		
其中：对联营企业和合营企业的投资收益		
以摊余成本计量的金融资产终止确认收益（损失以"-"号填列）		
净敞口套期收益（损失以"-"号填列）		
公允价值变动收益（损失以"-"号填列）		
信用价值损失（损失以"-"号填列）		
资产减值损失（损失以"-"号填列）		
资产处置收益（损失以"-"号填列）		
二、营业利润（亏损以"-"号填列）		
加：营业外收入		
减：营业外支出		
三、利润总额（亏损总额以"-"号填列）		
减：所得税费用		
四、净利润（净亏损以"-"号填列）		
（一）持续经营净利润(净亏损以"-"号填列)		
（二）终止经营净利润(净亏损以"-"号填列)		
五、其他综合收益的税后净额		
（一）不能重分类进损益的其他综合收益		
1. 重新计量设定受益计划变动额		
2. 权益法下不能转损益的其他综合收益		
3. 其他权益工具投资公允价值变动		
4. 企业自身信用风险公允价值变动		
……		
（二）将重分类进损益的其他综合收益		
1. 权益法下可转损益的其他综合收益		
2. 其他债权投资公允价值变动		
3. 金融资产重分类计入其他综合收益的金额		

续表

项目	本期金额	上期金额
4. 其他债权投资信用减值准备		
5. 现金流量套期储备		
6. 外币财务报表折算差额		
......		
六、综合收益总额		
七、每股收益：		
（一）基本每股收益		
（二）稀释每股收益		

三、现金流量表的评价

现金流量（cash flow）是指企业现金及现金等价物流入和流出的数量，可以分为三类，即经营活动产生的现金流量、投资活动产生的现金流量和筹资活动产生的现金流量。现金流量表（statement of cash flow）是反映企业一定时期从事的各项业务活动，包括经营活动、投资活动和筹资活动所产生的现金流出、流入和现金净变动额的财务报表。现金流量表可清楚地反映出企业创造净现金流量的能力，能更为清晰地揭示企业资产的流动性和财务状况。我国企业的现金流量表一般包括正表和补充资料两部分。

（一）正表的格式和主要内容

企业一定会计期间现金流量的信息主要由正表提供。正表采用报告式结构，按照现金流量的性质，依次分类反映经营活动产生的现金流量、投资活动产生的现金流量和筹资活动产生的现金流量，最后汇总反映企业现金及现金等价物净增加额。在有外币现金流量及境外子公司的现金流量折算为人民币的企业，正表中还应单设"汇率变动对现金及现金等价物的影响"项目。

我国采用分析填列法式的现金流量表。所谓分析填列法，是直接根据资产负债表、利润表和有关会计账户明细账的记录，分析计算出现金流量表各项目的金额，并据以编制现金流量表的一种方法。现金流量表的格式及内容见表8-3。

表8-3　现金流量表

编制单位：××公司　　　　　　××××年度　　单位：元　　　　　　　　币种：人民币

项目	本期金额	上期金额
一、经营活动产生的现金流量：		
销售商品、提供劳务收到的现金		

续表

项目	本期金额	上期金额
收到的税费返还		
收到其他与经营活动有关的现金		
经营活动现金流入小计		
购买商品、接受劳务支付的现金		
支付给职工以及为职工支付的现金		
支付的各项税费		
支付其他与经营活动有关的现金		
经营活动现金流出小计		
经营活动产生的现金流量净额		
二、投资活动产生的现金流量：		
收回投资收到的现金		
取得投资收益收到的现金		
处置固定资产、无形资产和其他长期资产收回的现金净额		
处置子公司及其他营业单位收到的现金净额		
收到其他与投资活动有关的现金		
投资活动现金流入小计		
购建固定资产、无形资产和其他长期资产支付的现金		
投资支付的现金		
取得子公司及其他营业单位支付的现金净额		
支付其他与投资活动有关的现金		
投资活动现金流出小计		
投资活动产生的现金流量净额		
三、筹资活动产生的现金流量：		
吸收投资收到的现金		
取得借款收到的现金		
收到其他与筹资活动有关的现金		
筹资活动现金流入小计		
偿还债务支付的现金		
分配股利、利润或偿付利息支付的现金		
支付其他与筹资活动有关的现金		
筹资活动现金流出小计		

项目	本期金额	上期金额
筹资活动产生的现金流量净额		
四、汇率变动对现金及现金等价物的影响		
五、现金及现金等价物净增加额		
加：期初现金及现金等价物余额		
六、期末现金及现金等价物余额		

（二）补充资料各项目的内容和填列方法

现金流量表补充资料包括三部分内容（见表8-4）。

表 8-4　现金流量表补充资料

补充资料	本期金额	上期金额
1. 将净利润调节为经营活动现金流量：		
净利润		
加：资产减值准备		
固定资产折旧、油气资产折耗、生产性生物资产折旧		
无形资产摊销		
长期待摊费用摊销		
处置固定资产、无形资产和其他长期资产的损失（收益以"-"号填列）		
固定资产报废损失（收益以"-"号填列）		
公允价值变动损失（收益以"-"号填列）		
财务费用（收益以"-"号填列）		
投资损失（收益以"-"号填列）		
递延所得税资产减少（增加以"-"号填列）		
递延所得税负债增加（减少以"-"号填列）		
存货的减少（增加以"-"号填列）		
经营性应收项目的减少（增加以"-"号填列）		
经营性应付项目的增加（减少以"-"号填列）		
其他		
经营活动产生的现金流量净额		
2. 不涉及现金收支的重大投资和筹资活动：		

续表

补充资料	本期金额	上期金额
债务转为资本		
一年内到期的可转换公司债券		
融资租入固定资产		
3. 现金及现金等价物净变动情况：		
现金的期末余额		
减：现金的期初余额		
加：现金等价物的期末余额		
减：现金等价物的期初余额		
现金及现金等价物净增加额		

1. "将净利润调节为经营活动现金流量"项目

利润表反映的当期净利润是按权责发生制原则确认和计量的，而经营活动产生的现金流量净额是按收付实现制确认和计量的；而且当期净利润既包括经营净损益，又包括不属于经营活动的损益。因此，采用间接列报法将净利润调节为经营活动现金流量净额时，需要调整四大类项目：实际没有支付现金的费用；实际没有收到现金的收益；不属于经营活动的损益；经营性应收应付项目的增减变动。

2. "不涉及现金收支的重大投资和筹资活动"项目

该项目反映企业一定会计期间影响资产、负债但不形成该期现金收支的投资和筹资活动的信息。这些投资和筹资活动是企业的重大理财活动，对以后各期的现金流量会产生重大影响，因此，应单列项目在补充资料中反映。

3. "现金及现金等价物净变动情况"项目

该项目反映企业一定会计期间现金及现金等价物的期末余额减去期初余额后的净增加额（或净减少额），是对现金流量表正表中"现金及现金等价物"项目的补充说明。该项目的金额应与正表中"现金及现金等价物净增加额"项目的金额核对相符。

四、资产负债表、利润表、现金流量表之间的关系

经过上述分析可以看出，资产负债表反映一定会计期间期初和期末这两个时点的财务状况；利润表反映的是该会计期间的经营成果；现金流量表是通过现金的流入和流出，反映企业在报告期内经营活动、投资活动和筹资活动获得多少现金，企业又是如何运用这些现金的，能够说明企业资产负债表上资产、负债的变化的过程和原因，也能够说明企业利润表中净利润变化的过程和原因，是连接资产负债表和利润表的纽带。现金流量表是一张动态的会计报表，它沟通了相邻两期的资产负债表的现金项目，起到桥梁和纽带的作用。这三张报表相互联系、相互影响，共同构成企业财务报表的框架体系（见图8-1）。

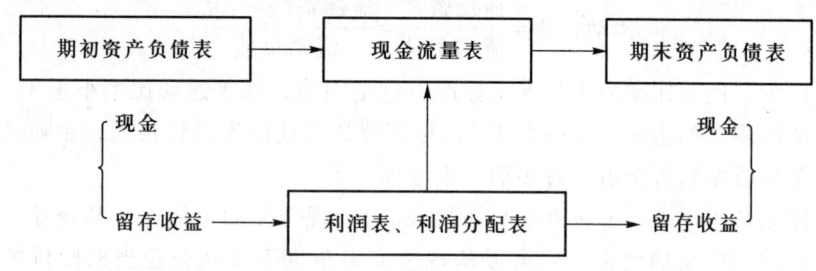

图 8-1　资产负债表、利润表、现金流量表之间的关系图

作为财会人员和投资者，深刻理解这三张报表之间的关系，对于正确地编制会计报表，分析、评价企业的财务状况及经营业绩，具有重要的意义。

五、相关比率的评价

会计核算所提供的信息资料大部分是历史性的，不能直接用于决策，经营管理者要做出正确的决策，必须对会计所提供的历史资料进行加工、分析、比较和评价，这就需要运用各种财务评价指标。通过对企业财务评价指标的比较和分析，可以了解企业获利能力的高低、偿债能力的强弱及营运能力的大小，还可以了解投资后的收益水平和风险程度，从而为经营决策提供必要的信息。

（一）偿债能力分析

偿债能力（liquidity）是指企业偿还到期债务（包括本息）的能力。偿债能力分析包括短期偿债能力分析和长期偿债能力分析。

1. 短期偿债能力分析

短期偿债能力是指流动资产对流动负债及时足额偿还的保证程度，是衡量企业当前财务能力，特别是流动资产变现能力的重要标志。

（1）流动比率（current ratio）。流动比率是流动资产与流动负债的比率，它表明企业每 1 元流动负债有多少流动资产作为偿还的保证，反映企业在短期内转变为现金的流动资产偿还到期流动负债的能力。其计算公式如下：

$$流动比率 = \frac{流动资产}{流动负债}$$

一般情况下，流动比率越高，反映企业短期偿债能力越强，债权人的权益越有保证。它表明企业财务状况稳定可靠。但是，流动比率也不能过高，过高则表明企业流动资产占用较多，会影响资金的使用效率和企业的筹资成本，进而影响获利能力。究竟应保持多高水平的比率，主要视企业对待风险与收益的态度予以确定。

（2）速动比率（quick ratio）。速动比率或称酸性测试比率，是企业速动资产与流动负债的比率。速动资产是指流动资产减去变现能力较差且不稳定的存货等后的余额。因此，速动比率较之流动比率能够更加准确、可靠地评价企业资产的流动性及其偿还短期负债的能力。其计算公式如下：

$$速动比率 = \frac{速动资产}{流动负债} = \frac{流动资产-存货}{流动负债}$$

传统经验认为，速动比率为1是安全标准。这是因为，如果速动比率小于1，必然使企业面临很大的偿债风险；如果速动比率大于1，尽管债务偿还的安全性很高，企业的机会成本却会因企业现金及应收账款资金占用过多而大大增加。

（3）现金流动负债比率（cash flow to debt ratio）。现金流动负债比率是企业一定时期的经营现金净流量同流动负债的比率，它可以从现金流量角度下反映企业当期偿付短期负债的能力。其计算公式如下：

$$现金流动负债比率 = \frac{年经营现金净流量}{年末流动负债}$$

年经营现金净流量指一定时期内，由企业经营活动所产生的现金及等价物的流入量与流出量的差额。以收付实现制为基础的现金流动负债比率指标，能充分体现企业经营活动所产生的现金净流量可以在多大程度上保证当期流动负债的偿还，直观地反映出企业偿还流动负债的实际能力。该指标较大，表明企业经营活动产生的现金净流量较多，能够保障企业按时偿还到期债务。但也不是越大越好，太大则表示企业流动资金利用不充分，收益能力不强。

2. 长期偿债能力分析

长期偿债能力可以从以下四个方面来分析。

（1）资产负债率（debt ratio）。资产负债率又称负债比率，是企业负债总额对资产总额的比率。它表明企业资产总额中，债权人提供资金所占的比重，以及企业资产对债权人权益的保障程度。其计算公式如下：

$$资产负债率 = \frac{负债总额}{资产总额} \times 100\%$$

这一比率越小，表明企业的长期偿债能力越强。如果此项比率较大，在企业经营状况良好的情况下，可利用财务杠杆得到较多的投资利润；但如果企业资金实力不强，则会导致企业的债务负担过重，不仅对债务人不利，企业也有濒临倒闭的危险。

（2）产权比率（equity ratio）。产权比率也称资本负债率，是指负债总额与所有者权益的比率，是企业财务结构稳健与否的重要标志。它反映企业所有者权益对债务人权益的保障程度。其计算公式如下：

$$产权比率 = \frac{负债总额}{所有者权益}$$

企业在评价产权比率适度与否时，应从提高获利能力与增强偿债能力两个方面综合进行，即在保障债务偿还安全的前提下，应尽可能提高产权比率。

（3）已获利息倍数（interest coverage ratio）。已获利息倍数是指企业息税前利润与利息费用的比率，它可以反映获利能力对债务偿付的保证程度。其计算公式如下：

$$已获利息倍数 = \frac{息税前利润}{利息支出}$$

息税前利润是指包括利息费用和所得税前的正常业务经营利润，不包括非正常项目。利息费用应包括企业在生产经营过程中实际支出的借款利息、债券利息等。该指标既是企业举债经营的前提依据，也是衡量企业长期偿债能力大小的重要标志。从长期看，已获利息倍数至少应当大于 1，且一般比值越高，企业长期偿债能力越强。

（4）长期资产适合率（fixed long-term conformity rate）。长期资产适合率是企业所有者权益与长期负债之和同固定资产与长期投资之和的比率。它可以从企业资源配置结构方面反映企业的偿债能力。其计算公式如下：

$$长期资产适合率 = \frac{所有者权益+长期负债}{固定资产+长期投资} \times 100\%$$

长期资产适合率从企业长期资产与长期资本的平衡性与协调性的角度出发，反映企业财务结构的稳定程度和财务风险的大小。该指标数值被认为大于等于 100% 较好，但过高也会带来融资成本增加的问题。因此，该指标究竟多高合适，应根据企业的具体情况，参照行业平均水平确定。

（二）营业能力分析

1. 流动资产周转情况

流动资产（current assets）周转情况，可从三个方面来分析。

（1）应收账款（accounts receivable）周转率。应收账款周转率是一定时期内赊销收入净额与平均应收账款余额的比值，反映应收账款周转速度的指标。其计算公式如下：

$$应收账款周转率(次数) = \frac{赊销收入净额}{平均应收账款余额}$$

其中，

$$赊销收入净额 = 当期销售收入净额 - 当期现销收入$$

$$平均应收账款余额 = \frac{应收账款年初数+应收账款年末数}{2}$$

$$应收账款周转天数 = \frac{360}{应收账款周转率(次数)}$$

应收账款周转率反映了企业应收账款变现速度的快慢及管理效率的高低。同时，借助应收账款周转天数与企业信用期限的比较，还可以评价购买单位的信用程度，以及企业目前的信用条件是否适当。

（2）存货（inventory）周转率。它是一定时期内企业营业成本与平均存货余额的比率，是反映企业存货流动性的一个指标，也是衡量企业生产经营各环节中存货运营效率的一个综合性指标。其计算公式如下：

$$存货周转率(次数) = \frac{营业成本}{平均存货余额}$$

$$平均存货 = \frac{存货年初数+存货年末数}{2}$$

$$存货周转天数 = \frac{360}{存货周转率(次数)}$$

存货周转速度的快慢，不仅反映出企业采购、储存、生产、销售各环节管理工作状况的好坏，而且对企业的偿债能力及获利能力产生决定性的影响。一般来讲，存货周转率越高越好。

（3）流动资产周转率（current asset turnover）。流动资产周转率是流动资产在一定时期所完成的周转额（主营业务收入净额）与流动资产的平均占用额之间的比率，是反映企业流动资产周转速度的指标。其计算公式如下：

$$流动资产周转率(次数)=\frac{主营业务收入净额}{平均流动资产总额}$$

$$流动资产周转天数=\frac{360}{流动资产周转率(次数)}$$

在一定时期内，流动资产周转次数越多，流动资产利用效果越好。

2. 固定资产周转率

固定资产（fixed assets）周转率是指企业营业收入与平均固定资产净值的比率。它是反映企业固定资产周转情况，从而衡量固定资产利用效率的一项指标。其计算公式如下：

$$固定资产周转率=\frac{营业收入}{平均固定资产净值}$$

3. 总资产周转率

总资产（assets）周转率是企业主营业务收入净额与平均资产总额的比率。它可用来反映企业全部资产的利用效率。其计算公式如下：

$$总资产周转率=\frac{主营业务收入净额}{平均资产总额}$$

总资产周转率高，表明企业全部资产的使用效率高。企业应采取各项措施来提高企业的资产利用程度，如提高销售收入或处理多余的资产。

（三）盈利能力分析

1. 主营业务利润率

主营业务利润率是企业主营业务利润与主营业务收入净额的比率。其计算公式如下：

$$主营业务利润率=\frac{主营业务利润}{主营业务收入净额}\times100\%$$

从利润表来看，企业的利润包括主营业务利润、营业利润、利润总额和净利润四种形式。其中，利润总额和净利润包含着非销售利润因素，所以，能够更直接地反映销售获利能力的指标是主营业务利润率和营业利润率。通过考察主营业务利润占整个利润总额比重的升降，可以发现企业经营理财状况的稳定性、面临的危险或可能出现转机的迹象。

2. 成本费用利润率

成本费用利润率是指利润与成本费用的比率。其计算公式如下：

$$成本费用利润率=\frac{利润}{成本费用}\times100\%$$

成本费用利润率体现了经营耗费所带来的经营成果。该项指标越高，反映企业的经济效益越好。

3. 总资产报酬率

总资产报酬率是企业一定时期内获得的报酬总额与企业平均资产总额的比率。它是反映企业资产综合利用效果的指标，也是衡量企业利用债权人和所有者权益总额所取得盈利的重要指标。其计算公式如下：

$$总资产报酬率 = \frac{利润总额 + 利息支出}{平均资产总额} \times 100\%$$

平均资产总额为年初资产总额与年末资产总额的平均数。该比率越高，表明企业的资产利用效率越高，盈利能力越强，经营管理水平越高。

4. 净资产收益率

净资产收益率是指企业一定时期内的净利润同平均净资产（平均所有者权益）的比率。它反映所有者权益的收益水平，用以衡量公司运用自有资本的效率。其计算公式如下：

$$净资产收益率 = \frac{净利润}{平均所有者权益} \times 100\%$$

一般认为，企业净资产收益率越高，企业自有资本获取收益的能力越强，运营效益越好，对企业投资人、债权人的保证程度越高。

5. 资本保值增值率

资本保值增值率是指企业本年末所有者权益扣除客观增减因素后的值同年初所有者权益的比率。它是评价企业财务效益状况的辅助指标。其计算公式如下：

$$资本保值增值率 = \frac{扣除客观因素后的年末所有者权益}{年初所有者权益} \times 100\%$$

资本保值增值率是根据"资本保全"原则设计的指标，更加谨慎、稳健地反映了企业资本保全和增值状况。它充分体现了对所有者权益的保护，能够及时、有效地体现侵蚀所有者权益的现象。

第三节　中小企业的利润计划

一、利润计划概述

（一）利润计划的含义

利润计划（profit planning）就是关于利润的计划，是确定企业一定时期全部经营活动财务成果的一种计划。为了获得利润，产品的价格必须补偿所有成本和提供利润。

（二）利润计划的功能

利润计划是企业全面经营管理的重要工具，也是企业财务管理的重要一环。任何企业要在有限条件下实现最大利润，必须进行利润规划，从而制定出一定时期在一定条件下的目标利润和实现目标利润的具体步骤、措施等。因此，利润计划为企业资金成本控制提供了最基本的标准。

（三）利润计划的内容

以工业企业为例，利润计划的内容主要包括：

1. 利润总额计划

它由产品销售计划利润、其他业务计划利润、计划投资净收益、计划营业外收支等组成。为反映企业计划年度利润水平，还应计算营业收入利润率等指标。企业的利润总额是指企业在生产经营的过程中各项收入和各项支出相抵后的余额。企业的利润总额包括销售利润（或营业利润）、投资净收益、营业外收支净额三部分。其计算公式为：

$$利润总额 = 销售利润 + 投资净收益 + 营业外收入 - 营业外支出$$

销售利润是企业生产经营活动的主要成果，是企业利润总额的主要组成部分。其计算公式为：

$$销售利润 = 商品销售利润 + 其他销售利润 - 管理费用 - 财务费用$$

投资净收益是指投资收益与投资损失相抵后的净额。投资收益包括对外投资获得的利益、股利和债券利息，投资到期或中途转让取得款项高于账面价值的差额，以及按照权益法核算的股权投资在被投资单位增加的净资产额等。

营业外收入和营业外支出分别指与企业生产经营无直接关系的各项收入和支出。营业外收入包括：固定资产的盘盈和出售净收益、罚款收入、因债权人原因确定无法支付的应付款项、教育费附加返还款等。营业外支出包括：固定资产盘亏、报废、毁损和出售的净损失，非季节性和非修理期间的停工损失，职工子弟学校经费和技工学校经费，非常损失，公益救济性捐赠，赔偿金，违约金等。

2. 产品销售利润计划

它是利润计划最主要的组成部分，一般可按量本利分析法等来确定各种商品的计划利润。量本利分析法是利用产（销）量、成本和利润之间的依存关系，根据有关产品预计的销售数量、价格和成本资料，确定未来一定时期利润总额的方法。

按照产品的全部成本计算销售利润，其计算公式为：

$$预计产品销售利润 = 产品销售量 \times (销售单价 - 单位成本)$$

公式中的单位成本包括制造成本和期间费用。

根据上列公式，在企业生产单一产品的情况下，测算为实现目标利润所需的产品销售量时，可按下列公式计算：

$$实现目标利润的销售量 = \frac{目标利润}{单位售价 - 单位成本}$$

3. 其他业务利润计划

它由材料销售计划利润、运输作业计划利润等组成。

（四）制定利润计划应注意的问题

利润是企业经营的基本目标。确定企业一个年度的利润计划，一般要根据这一时期本行业的平均利润率水平和企业的实际条件来考虑，需要关注以下几个方面：

1. 各利润占有主体的分配要求

股份制公司的利润不完全归股东占有，也不完全归公司占有，而是通过各种方式，分配给不同的机构和个人。这些机构和个人依据有关的法律或实际形成的惯例，参与利润分配。

利润占有主体包括：

（1）社会。包括国家机构和社会其他公共、公益机构。它们以税收和捐赠的形式参与企业（公司）的利润分配。这部分按资本金的一定比例计算，一般在 20%（年）以上。

（2）经营者。这些人员即公司的董事、监理、总经理，他们以奖金等形式参与公司利润的分配。这部分的分配主要根据公司的经营状况及同类企业的平均水平。

（3）公司员工。这些人员主要以奖金的形式参与公司利润的分配。这部分分配影响职工的积极性，对公司的经营状况起着重要作用。

（4）经营主体。这里主要指公司本身的公积金。由于经营状况在不同条件下变化很大，公司为维持经营的稳定性，需要留下一些利润作为公共积累，以满足公司发展和应付经营不佳时必要开支的需要。其数额应与资本所有者及经营者的利润分配数额大致相同。

2. 人均创利水平的要求

这一方面可以保证公司有足够的利润用于奖励公司员工，在同行业中处于领先地位，满足对员工保持足够吸引力的客观需要；另一方面也可以参照国内、国际同行业水平，使年度利润计划具有科学性和规范性，避免主观性和盲目性。

3. 资本利润率的要求

从资本利润率的一般水平出发，制定公司的利润计划，是一个很现实的考虑。随着市场经济的发展，资本的利润率将大体趋于一致。在这种情况下，更需考虑这种要求，否则就会在竞争中处于不利地位。

4. 企业过去的经营实绩

在年度利润计划制定过程中，除了要考虑上述因素外，也要考虑最近几年的实绩。在公司内部及外部条件未发生重大变化的情况下，这种参考是有价值的，也是十分必要的。

总之，年度经营计划——尤其是年度利润计划制定出来之后，如何把计划实施好，是保证计划取得实际成效的关键。年度经营计划的评价，一方面是对计划执行情况的考核，另一方面是对计划本身的评价。

二、制定利润计划的步骤

企业如何挣钱，这对企业的成败至关重要。制定利润计划，是中小企业经营管理中的重要工作。下面说明中小企业制定利润计划的步骤。

（一）确定利润目标

确定利润目标是制定利润计划的第一步。目标利润是企业在未来一定时期内，在有限条件下通过努力可能获得的利润。

（二）确定计划销售量

销售预测就是在一个给定的时期，估计企业的销售数量。在准备经营和销售预算时，这些预测可用于估计下一个季度、下一年，甚至是之后 3~5 年的收入。学会如何精确地预测，可以看出企业增长和停滞的区别。第一，制定销售价格，计算卖出的东西，要顾客给多少钱；第二，预测销售收入，看看前一个季度或前 12 个月的销售总共能回笼多少钱。企业的不同部门可以利用这些预测制定计划和进行控制。

（三）估计计划销售量所需的支出

制定销售成本计划，看看企业是挣钱还是赔钱；制定现金流量计划，计算企业是否有足够的资金保证正常运转。在确定产品价格之前，要计算出企业为顾客服务所付出的成本。企业主必须掌握企业经营的成本。可参照一家同类企业，了解一下该企业算进了哪些成本。预测成本时，必须认真区分可变成本和固定成本，如租金、保险、营业执照费等，这些成本是一成不变的；而如材料成本等，会随着生产或销售的起伏而变化。通过这些分析，可更准确地制定销售价格。

（四）确定估计的利润

可从估计的销售收入中减去估计成本，然后加上任何其他收入，比如利息，就能得到估计利润。

（五）比较估计利润和目标利润

比较估计利润与目标利润，如果估计利润比企业的期望利润低，就要继续进行利润规划。

（六）列出可能的备选方案

1. 提高销售收入

（1）通过增加促销活动，改进产品质量，提高顾客对它的可接受性，或者发现它的新用途，增加计划销售量。

（2）提高或降低计划单位价格。

（3）把以上两个方面结合起来，注意将价格与利润、销售质量、较好的服务、商品的可靠性和完整性结合起来考虑。

2. 减少计划开支，即减少单位成本或增加其他产品生产数量或服务

（1）建立一个良好的控制系统。查找损失的范围，并建立控制体系以减少开支。

（2）通过改进方法，采用合适的激励手段，改进所使用的机器的型号和用途，提高员工和机器的生产率。

（3）通过开发新原料、机器或方法，改进生产、减少成本及重新设计产品。

（4）创造性地利用闲置生产能力。

列出以上可能提高利润的备选方案之后，需要对每一个方案进行评价，然后把精力集中在最好的一个或几个方案上。

（七）判断变化成本如何随着销售量变化

虽然已经估计出了企业销售量，但企业主总是希望知道如果销售量少些或多些，成本如何变化。这可以通过对期望成本进行变化调整来做到。

（八）判断利润如何随着销售量变化

可以在不同的销售水平上估计利润（或亏损）。可分别采用固定成本、可变成本进行计划，计算的结果就是税前利润。

（九）从利润角度分析备选方案

利用已经得到的信息，尤其是利用第六步、第七步、第八步所提供的信息，可以考虑以下备选方案，用来增加利润。

（1）改变销售价格。
（2）改变广告媒体和广告预算。
（3）减少可变成本。
（4）改变产品质量。
（5）停止生产和销售低质量的产品。

（十）选择方案并执行计划

选择计划付诸实施取决于对计划的判断。前面几步分析的结果为企业提供了经济上的依据。这些必须与其他目标结合起来进行评估，还可以通过采用新技术等方式来降低成本。

利润计划编制后，为保证其实现，必须对计划利润指标进行分解，采用承包控制法、分类控制法等加强对计划利润指标的控制。对在内部实行经济责任制的企业，可采用承包控制法，按责、权、利结合的原则，对各个业务单位和经营部门核定的利润指标分级核算，实行责任管理。也可采用分类控制法，将企业生产经营的产品分为重点盈利产品和亏损产品两大类，并针对这两类产品进行重点管理、重点控制。同时，编制季度、月度利润计划，及时掌握各季、各月实现的利润，从中发现实际脱离计划的数额和原因，为采取必要控制措施提供信息。

第四节　中小企业的成本控制

中小企业从原材料的采购到产品的最终售出，都要采取有效的成本控制方法。同时，还可以通过改善产品工艺降低成本。更进一步，中小企业应对比"产出"和"投入"，研究成本增减与收益增减的关系，以确定最有利于提高效益的成本控制方案。

一、成本控制概述

（一）成本控制的含义

成本控制（cost control）是指在企业生产经营过程中，按照既定的成本目标，对构成产品成本费用的一切耗费进行严格计算、调节和监督，及时纠正偏差，将产品实际成本限制在预定目标范围之内的行为。科学地控制成本，可以用较少的物质消耗和劳动消耗取得较大的经济效果；还可以不断降低产品成本，提高企业管理水平。

（二）成本控制的作用

在企业经营过程中，成本控制处于重要地位。如果同类产品的质量、性能相差无几，决定产品在市场竞争的主要因素则是价格，而决定产品价格高低的主要因素则是成本。

（三）成本控制的标准

根据成本形成的阶段和成本控制的对象确定的成本控制标准，主要有以下几种。

1. 目标成本

在产品设计阶段，通常是以产品目标成本或分解为每个单部件的目标成本为控制标准。目标成本是在预测价格的基础上，以实现产品的目标利润为前提而确定的。按一般情况来说，新产品投产以后成本水平的高低，在很大程度上取决于产品设计。所以，把产品设计成本控制在目标成本范围以内，也就保证了在新产品正常投产以后能够取得预期的经济效益。

2. 计划指标

在编制成本计划后，可以以成本计划指标，如产品单位成本、可比产品成本降低率和降低额、费用节约以及废品降低率等计划指标作为成本控制标准。为了便于掌握，还应根据需要将上述计划指标进行必要的分解。可以按生产单位、管理部门分解，也可以按不同产品和每种产品的工艺阶段、零部件或生产工序进行分解。

3. 消耗定额

在产品生产过程中，可以以各项消耗定额作为成本控制的标准。消耗定额是在一定的生产技术条件下，为生产某种产品或部件而需要耗费的人力、物力、财力的数量标准，它包括材料物资消耗定额、工时定额和费用定额等。

4. 费用预算

对企业经营管理费用的开支，一般采用经费预算作为控制标准。特别是与产品生产无直接关系的间接费用，更需要编制费用预算。实践证明，通过预算控制费用支出，是促使各部门精打细算、节省开支的有效办法。

应当指出的是，企业的成本控制标准并不是一成不变的。在执行过程中，要经常注意各种标准的先进性和适用性，以便积累资料，及时加以修正。

（四）成本控制的步骤

成本控制是成本管理工作的重要环节，是落实成本目标、实现成本计划的有力保证。成本控制一般包括以下步骤。

1. 制定成本控制标准，并据以制定各项节约措施

成本控制标准是对各项费用开支和资源消耗规定的数量界限，是成本控制和成本考核的依据。

2. 执行标准

执行标准，即对成本的形成过程进行监督。根据成本指标，审核各项费用开支和各种资源的消耗，实施增产节约措施，保证成本计划的实现。

3. 确定差异

核算实际消耗脱离成本指标的差异，分析成本脱离差异的程度和性质，确定造成差异的原因和责任归属。

4. 消除差异

发动员工积极参与成本标准的制定，提出降低成本的新措施或修订成本标准的建议，改进成本控制方法，使成本进一步降低。

5. 考核奖惩

考核成本指标执行结果，把成本指标考核纳入经济责任制，实行物质奖励。

实行成本控制要求企业各级管理人员重视成本控制工作，保持成本标准的先进合理性，建立健全经济责任制，明确权责划分和奖惩办法，树立全面经济核算观点，正确处理产量、质量和成本的关系。

二、成本控制的方法与策略

（一）成本控制方法

成本控制方法就是在企业生产经营活动中依据成本标准，对实际发生的生产耗费进行控制的方法。选择成本控制方法首先需要了解成本的特性与分类，通常可以从三个方面考虑。

（1）对于变动成本可采取按消耗定额和工时定额进行控制的方法。

（2）对于固定成本可采取按计划或预算进行控制的方法。

（3）从成本控制的范围来讲，直接生产成本可将指标分解落实到生产班组、员工；间接生产成本则应将指标分解落实到有关职能归口部门、员工。

比较常见的、对各个成本费用项目都适用的成本控制方法，主要有以下几种。

1. 凭证控制

凭证是记录经济业务、明确经济责任的书面证明。通过各种凭证，可以检查经济业务的合法性和合理性，控制财务收支的数量和流向。

2. 制度控制

制度是职工进行工作和劳动的规范，是企业生产经营管理各方面工作正常运转的保证，具有很强的约束力。严格执行各项制度，对成本控制会起到积极的作用。

此外，还可用标准成本法、责任成本法等进行成本控制。

(二) 成本控制策略

1. 建立激励约束机制，费用与任务挂钩，控制销售费用

例如，对市场营销部门实行销售费用与订货生效合同、合同条款与付款方式、货款回收等挂钩；实行除保底工资如基础工资、技能工资、单位承担的社会统筹、劳保、医疗、福利、咨询服务费、广告费等不纳入承包范围，其余如效益工资、办公费、差旅费、业务费以及超额完成货款回收任务及超基价销售收入额度等纳入考核的责、权、利三者统一的机制。同时，制定销售的最低限价，保证必要的利润，对销售合同价格、回款情况予以核实后，才允许提取费用。

2. 优化设计工艺，力求产品成本事前控制

重视产品开发与技术创新，抓源头、降成本是非常重要的。在设计工艺上狠下功夫，如采用 CAD 辅助设计、CAPP 工艺设计项目；让技术开发人员到高等院校深造，强化培训；与科研单位联合引进新技术等；在产品设计上要同时考虑性能和低成本的要求；对设计部门进行经济责任考核。另外，通过工艺路线优化及根据工艺定额制定指标，防止超定额及以大代小、以厚代薄、以优代劣等情况发生；对超计划、超定额或不按规定程序发料予以惩罚，对材料节约予以奖励。

3. 严格控制采购成本

采购成本是控制成本的重要一环。可以通过实行采购材料招标管理，或者通过互联网等多种途径获取材料价格信息，对不同的商家予以比较、筛选，根据收集的价格信息及对市场的预测，对每种材料采购价格制定一个最高限价，随市场行情及时调整限价，并由财务部门实施价格监控，使采购成本明显得到控制。

4. 考核工时费用率，控制生产可控成本

根据企业实际情况，将费用由控制总额改为与生产任务挂钩，并以考核工时费用率为基础，改变"无论任务多少，费用还得照花"的局面。财务部门通过认真测算，下达工时费用率考核指标，用控制工时费用率来达到控制工时费用、降低可控成本的目的。

5. 严格控制非生产经营性支出，控制可控费用

(1) 尽量将能归口管理的费用实行部门归口管理，财务部门只考核归口管理部门，由归口管理部门参与费用控制，再分解考核各使用单位。

(2) 按费用的不同属性采取灵活多样的措施进行控制。如业务招待费，采取下达限额控制指标由分管领导进行总额控制。

6. 清仓查库，减少资金占用，处理积压物资，节约挖潜

采取积极措施，通过设备、工具、设计、工艺、检验等部门配合，认真清理积压闲置物资，处理变现，盘活资产等，都可以起到控制成本的作用。

7. 加强质量成本控制，减少内外质量损失

通过对企业内、外事故质量成本的核算归集，管理部门按一定时间提供事故质量费用的金额明细及总额交质量管理部门。对出现质量问题的责任单位，质管部门逐一落实，年终奖惩考核，分析原因，寻求改进措施，并上报总工程师，为决策提供依据，以避免再发生类似的事情。

8. 建立严格的成本控制考核机制，奖惩兑现

在成本控制上只有严格按制度办事，才能真正达到成本费用降低的目的。当然，成本控制工作是一个复杂的系统工程，只有领导重视、全员参与，才能真正做好。

第五节 中小企业的资产管理与控制

一、资产管理与控制概述

资产管得好、控得住，对中小企业平稳运营、持续发展具有重要意义。有效的资产管理与控制不仅能够保障企业资产的安全和增值，还能提高企业的运营效率和盈利能力。

（一）资产管理目标

1. 保值增值

由于中小企业普遍面临资金约束，确保资产价值稳定并实现持续增长就成为资产管理的重点。

固定资产方面，以生产设备为例，其作为企业生产活动关键物质载体，购置投入仅是开端。为实现保值增值，中小企业可以构建基于设备运行时长监测、磨损程度量化评估的全生命周期维护体系，周期性开展诸如易损零部件更换、关键运行参数调校优化等维护作业，保障设备运行效能稳定且高效，延长设备物理使用寿命，规避由设备性能衰退、故障频发引致的提前报废风险，进而在既定折旧政策框架下，依托高效产出能力为企业贡献持续的经济收益流。

流动资产方面，存货作为企业流动性较强资产组分，直接关联市场供需动态与价格波动，对其科学管理尤为关键。中小企业可以借助大数据分析技术深度挖掘历史销售数据信息，融合市场季节性、周期性波动规律洞察以及消费者偏好趋势研判，构建精准的需求预测模型，以此为基准合理规划采购及生产规模，有效规避库存积压、跌价损失风险，并且加速库存周转速率。

2. 提高效率

优化资产结构、增进资产使用效率并削减运营成本是中小企业实现降本增效、增强市场竞争力的重要路径。

固定资产方面，以办公楼为例，中小企业应秉持功能协同、信息畅达的原则开展办公场地规划，将市场营销部门与客户服务部门在空间上毗邻布局，基于业务流程关联性缩短信息交互路径、压缩响应时间迟滞，构建高效客户服务闭环，提升客户体验感知质量。

流动资产方面，以生产物料为例，生产车间内部资产配置应严格依循生产工艺流程逻辑顺序开展设备排列与物料流转通道设计，保障物料在工序间无缝衔接、高效转移，削减搬运耗时与损耗冗余，实现生产效能最大化。

3. 控制风险

在复杂多变、充满不确定性的市场环境中，中小企业资产管理面临着多元风险，及时识

别、精准评估并高效管控规避这些风险，是保障资产安全、维持企业稳定运营的关键所在。

现金流管理方面，鉴于中小企业资金储备规模有限，强化现金、银行存款以及短期可变现资产的常态化监控力度对于风险控制具有重要意义。具体而言，中小企业可以借助严谨缜密的现金流量预算编制与分析手段，预估各阶段资金收支缺口，预先布局多元融资渠道，灵活调整支出计划，优化资金分配结构，严防资金链断裂危机爆发。

存货管理方面，中小企业要时刻警惕市场需求突变、价格大幅跳水以及产品更新换代加速等潜在风险因素。搭建科学完备的库存风险预警机制，明确设定安全库存底线与滞销库存红线，一旦库存指标触及预警阈值，迅速启动开展促销活动清理积压库存、适度减产以平衡供需关系、加速产品创新升级迭代步伐等应对措施。

4. 确保合规

合规运营是中小企业资产管理的基础，确保所有管理活动契合外部法律法规及内部政策制度要求，既是维护企业合法运营地位基本保障，也是规避声誉、财务风险，实现可持续发展的内在要求。

外部规制方面，资产自初始确认计量范式、后续价值重估及减值计提规则，直至处置环节核算规范，在现行会计准则体系下皆有严谨、细致界定，要求中小企业会计人员具备深厚专业素养、严格依循准则作业。

内部制度方面，中小企业需将合规理念贯穿资产管理全流程，严格依循规范流程开展管理活动，规范账务记录与档案管理，夯实企业稳健发展合规根基。

（二）资产管理与控制策略

中小企业需契合自身运营特点与资源状况，采用切实有效的策略，以实现资产的高效管理与稳健管控。

1. 分类管理

企业资产在性质与用途方面有显著差异，实施分类管理是实现高效管控的基础。

按性质划分，资产可分为固定资产、流动资产及无形资产等类别。固定资产诸如厂房、大型生产设备等，价值较高、使用周期长且折旧规则明确。对此类资产，要建立完备的全生命周期档案，详尽记录购置成本、安装调试详情、维修保养记录以及折旧情况。基于这些信息，再制定定期巡检、专业维护及更新换代计划，确保其长期稳定运行，实现价值的合理分摊与延续。流动资产包含现金、存货和应收账款等，与市场联系紧密、流动性强。以存货为例，可按产品类别、保质期、市场需求波动特性细分管理。借助信息化手段，实时监控存货动态，精准把控库存水平，防止积压或缺货现象，减少资金占用。无形资产如专利、品牌价值等，虽无形却具重大价值创造潜力，关键在于明晰产权归属，定期评估价值变化，依据市场竞争态势制定拓展与保护策略。

从用途维度考量，生产性资产服务一线制造，办公资产支撑日常行政运营，营销资产助力市场拓展，中小企业应依此分类制定存储条件、维护频次、调配规则等细则，充分挖掘资产效能，契合多元业务需求。

2. 预算控制

预算管理在资产管控中发挥关键引导作用，良好的预算管理要求中小企业把控资产购置、使用及维护各环节的合理性。在购置环节，中小企业应立足企业战略规划、业务发展节奏与既有资产结构，严谨编制购置预算。综合权衡购置与租赁方案，对设备选型、购置时机、资金分配精细谋划，杜绝盲目、超预算采购，保证新增资产契合运营实际且具性价比优势。在使用过程中，中小企业应围绕部门职能、业务流程与资产效能指标，制定能耗、耗材及日常运维人力成本等方面的使用成本预算。借助定额管理、责任落实机制，约束浪费行径，督促高效运用资产。维护预算则需要中小企业依据资产类别、使用年限、故障历史预估维修频次与更换部件开销，预留专项资金，确保资产故障能及时修复、性能得以恢复常态。借助系统的预算管控闭环，中小企业将更有效地使得资产运用契合财务资源最优配置原则。

3. 绩效评价

构建资产绩效评价体系是精准衡量资产运营成效、优化管理策略的重要途径。

绩效评价通常涵盖多元评价维度。效能维度，中小企业应聚焦资产产出能力，考查生产设备的单位时间产量、产品良品率提升状况等。效益维度，中小企业可以深挖资产对财务的贡献，核算资产回报率、成本节约额度，权衡投入产出效益是否达标。适配维度，中小企业需要衡量资产与业务的契合程度，评估资产能否匹配企业流程革新、规模扩张需求。

绩效评价频次应依资产特性灵活设定，流动资产周转快，可按月或季度复盘；固定资产相对稳定，按年度深度剖析为宜。依据评价结果，中小企业应对标行业先进水平找差距，剖析低效资产根源，针对性采取技术升级、调配其他部门使用或依规处置等措施，推动管理策略持续优化，提升资产运营质量与效益。

4. 内部控制

健全内部控制制度是保障资产管理规范有效的必要方式。内部控制贯穿中小企业资产管理与控制的全程。授权审批环节，中小企业应构建科学合理的审批流程，依据资产金额大小、性质差异匹配对应决策层级，防范擅自决策行为，严守合规底线。资产入账环节，中小企业可借助信息化系统如实录入资产全生命周期数据，从初始入账信息、流转轨迹到最终处置详情，做到账实相符、有据可查，为后续管理决策筑牢数据基础。风险评估环节，中小企业要定期审视内外部风险因素，聚焦市场波动、技术革新、法规政策变化对资产带来的潜在冲击，量化评估风险等级、及时预警，提前制定应对预案。凭借制度刚性约束与流程闭环管控，中小企业将更有效地规避内部违规操作与外部合规风险，有序开展资产管理工作。

在中小企业资产的构成中，流动资产与固定资产尤为关键且具代表性。流动资产因其流动性强，对中小企业资金链的顺畅运作、短期偿债能力及日常运营活力影响深远；固定资产作为中小企业长期发展的坚实基石，其投资决策、管理效能关乎企业的战略布局与持续盈利能力。因此，本书接下来将详细介绍流动资产与固定资产的管理与控制。

二、流动资产的管理与控制

流动资产（current assets or working capital）是指在企业的一个营业周期内能够转化为现金的资产。流动资产的主要项目是现金、应收账款和存货。作为一种投资，流动资产存在一个不断投入、收回，并不断再投入的循环过程。对流动资产的管理和控制主要体现在对现金、存货和应收账款的管理和控制上。

（一）现金和有价证券的管理

现金（cash）是立即可以投入流通的交换媒介，包括企业的库存现金、各种形式的银行存款和银行支票、汇票。有价证券变现能力强，可以随时兑换成现金。现金日常管理的目的在于提高现金使用效率，为达到这一目的，可运用下列策略。

1. 力争现金流量同步

如果企业能使它的现金流入与现金流出发生的时间趋于一致，就可以使其所持有的交易性现金余额降到最低水平。

2. 使用现金浮游量

从企业开出支票，收款人收到支票并存入银行，至银行将款项划出企业账户，中间需要一段时间。现金在这段时间的占用成为现金浮游量。此时尽管企业已开出了支票，却仍可动用在活期存款账户上的这笔资金。但一定要控制使用时间，否则会发生银行存款的透支。

3. 加速收款

这主要是指缩短应收账款的时间。具体可见下面"应收账款"的内容。

4. 推迟应付款的支付

这是指企业在不影响自己信誉的前提下，尽可能地推迟应付款的支付期，充分运用供货方所提供的信用优惠。当然，这要权衡折扣和优惠与急需之间的利弊得失而定。

（二）应收账款的周转与控制

中小企业更好地对现金进行管理，最重要的因素就是企业迅速收回应收账款的能力。这里所说的应收账款是指企业因对外销售产品、材料、供应劳务及其他原因，应向购货单位或接受劳务的单位及其他单位收取的款项，包括应收销货款、其他应收款、应收票据等。应收款赊销的效果好坏依赖于企业实行的信用政策。

1. 应收账款的周转

信用销售允许客户延迟支付货款，也就延迟了企业的现金流入。顾客贷方余额的合计在资产负债表上就是应收账款。它属于企业的流动资产。所有的非现金资产中，应收账款是最容易变为现金的，有时又称"类现金"或"应收款"。应收账款一般在销售之后 30~60 天内收回，变成现金。应收账款的周期开始于信用销售。大多数企业在信用销售之后就准备好发票邮寄给购买者。购买者收到发票后，办理好有关发票手续，再准备好支票，将支票邮寄给销售者并进行支付。

在理想情况下，以上每一步骤都按时间顺序进行，而实际过程中每一步都可能产生延误。有的小企业主就发现负责发货的工作人员经常成批地将票送至负责处理发票的办公室，这样会延迟发票的准备工作，从而延迟收到客户支付的现金，以致延迟对供应商的支付。例如，一位曾在几家小企业担任过财务主任的人士说："许多超期的应收账款在销售人员、运营部门和会计人员之间不能有效及时地传递，所有这些问题都会影响应收账款的迅速收回。"

有关信用销售管理的政策操作和具体的程序不但影响应收账款的周期，也影响现金流量。对小企业来说，建立有关信用政策时，既要考虑现金流量的需求，也要考虑如何更好地刺激销售，这很重要。一个主要目标就是最大限度地缩短客户支付货款的平均时间。精简管理过程，提高工作效率，也就能更快地收回现金。

2. 应收账款的控制

在市场竞争日趋激烈的今天，中小企业不得不部分甚至全部以信用形式进行业务交易，经营中应收账款比例难以降低。应收账款控制主要从以下几个方面来进行：

（1）财务核算准确翔实，债权债务关系明确。

（2）有完整的应收账款核算体系，并且原始单据必须真实、完整。

（3）评价客户资信程度，制定相应信用政策。中小企业必须根据客户的资信程度来制定给予客户的信用标准。通常从信用品质、偿还能力、资本、抵押品、经济状况五个方面来评价客户的资信程度。

（4）对能迅速付款的客户给予现金折扣等鼓励性优惠，而对拖欠货款的客户加收额外的利息。

（5）尽量缩短发货、开发票和寄送付款通知的时间。

（6）加强应收账款的账龄分析，确定收款率和应收账款余额百分比。中小企业可以依据账龄分析，结合销售合同，确立收款率和应收账款余额百分比，保证应收账款的安全性，加速资金周转，减少坏账损失。

（7）采用银行邮箱——银行用来收取顾客给它的汇款而设置的邮箱。企业在银行设置银行邮箱就能随时接收顾客汇来的现金，银行也就能将顾客汇来的现金转存到企业的账户上。

（三）库存控制

存货是企业最终销售而拥有的原材料和产品。存货通常是企业流动资金的主要组成部分。销售的季节性和生产水平影响存货的规模，对有些小企业来说，存货是个大问题。大多数服务型企业的存货仅包括几种物资，制造型企业却有好几类存货——原材料、在产品和成品。此外，零售商和批发商，尤其是存货周转率较高的食品销售商，也要经常对存货管理中产生的问题进行处理。

1. 对存货的监控

对存货的管理前文已做过分析，此处主要强调在实际运营过程中降低存货的平均水平，减少存货对资金的占用，以便节余出资金。合适的最低水平的存货是能够正好满足生产安排要求或顾客需求的水平。

2. 储存的控制

小企业的管理者们经常采购过多的存货。管理者应对存货的储存实施严格的控制，不恰当管理和不严格控制会造成存货成本显著增加，资金严重流失。

三、固定资产的管理与控制

固定资产是使用年限在一年以上，单位价值在规定的标准以上，并且在使用过程中保持原来物质形态的资产。企业的固定资产种类复杂、数量繁多，在生产经营过程中所起的作用也不一样。为了提高固定资产的使用效率，保护固定资产的安全完整，必须做好固定资产的日常管理工作。固定资产的日常管理包括以下几个方面。

（一）实行固定资产的分级归口管理

企业固定资产种类复杂，数量较大，固定资产的使用涉及企业各部门、各单位的广大职工，为此，应建立各职能部门、各级单位在固定资产管理方面的责任制，实行固定资产的分级归口管理。归口管理的一般做法是：全企业的生产设备归生产部门管理，动力设备由动力部门管理，运输工具归运输部门管理，房屋、家具、用具归总务部门管理，各种科研开发设备由技术部门管理。各归口管理的部门要对所分管的固定资产负责，保证固定资产的安全完整。分级管理的一般做法是：各类固定资产分别由企业内部各级单位管理，有些资产的管理责任还要具体落实到个人，做到层层负责任、物物有人管，使固定资产的安全保管和有效利用得到可靠保证。

（二）建立固定资产卡片制度

固定资产卡片实际上是以每一独立的固定资产项目为对象开设的明细账。企业在购入固定资产时设立卡片，登记固定资产的名称、类别、编号、预计使用年限、原始价值、建造单位等原始资料。在使用过程中，凡有固定资产大修理、内部转移和停止使用等业务，都应在卡片中进行登记。固定资产报废或调出时，则登记有关调出和报废日期、原因及资料，并注销卡片。

（三）按财务制度规定计提固定资产折旧

固定资产折旧是指固定资产因磨损而转移到产品中去的那部分价值。管好、用好固定资产折旧，认真计提固定资产折旧，是固定资产日常管理的重要内容。

企业应当对所有的固定资产计提折旧，但是已提足折旧仍继续使用的固定资产和单独计价入账的土地除外。

1. 计提折旧的起止时间

现行财务制度规定：企业固定资产折旧，必须按足月原价计提。月份内开始使用的固定资产，当月不计提折旧，从下月起计提折旧。月份内减少或停止使用的固定资产，当月仍计提折旧，从下月起停止计提折旧。

2. 折旧计算方法的选择

按现行制度规定，有平均年限法、工作量法、双倍余额递减法和年数总和法四种折旧方法。

（1）平均年限法。平均年限法就是以固定资产的使用年限为单位来计算折旧额的方法。企业计提固定资产折旧时一般采用平均年限法。其计算公式为：

$$年折旧额 = \frac{原价 - 预计净残值}{预计使用年限} = \frac{原价 \times (1 - 预计净残值/原价)}{预计使用年限} = 原价 \times 年折旧率$$

（2）工作量法。工作量法就是以固定资产能提供的工作量为单位来计算折旧额的方法。其计算公式为：

$$单位工作量折旧额 = \frac{原价 \times (1 - 预计净残值率)}{预计总工作量}$$

$$某项固定资产月折旧额 = 该项固定资产当月工作量 \times 单位工作量折旧额$$

（3）双倍余额递减法。双倍余额递减法就是以平均年限法折旧率的两倍的折旧率去乘以该资产的账面净值来计算折旧额的方法。其计算公式为：

$$年折旧率 = \frac{2}{预计使用寿命（年）} \times 100\%$$

$$月折旧率 = \frac{年折旧率}{12}$$

$$月折旧额 = 固定资产账面净值 \times 月折旧率$$

（4）年数总和法。年数总和法是根据折旧总额和递减分数（折旧率）来确定折旧额的方法。其计算公式为：

$$年折旧率 = \frac{尚可使用寿命}{预计使用寿命的年数总和} \times 100\%$$

在以上折旧方法中，双倍余额递减法和年数总和法均属于加速折旧法。采用加速折旧法对于加速资金周转，改善企业财务状况具有重要意义。

（四）合理安排固定资产的修理

固定资产在使用过程中，由于受机械磨损、化学腐蚀等而发生损耗，但各个部件的磨损程度并不相同。为了保证固定资产的正常使用，并发挥其应有的功能和维持良好的状态，必须经常对其进行维修和保养。在进行固定资产修理时所发生的修理费，可直接记入有关费用，但若企业的修理费用发生不均衡且数额较大时，为了均衡企业的成本、费用负担，可采用待摊或者预提的办法。

（五）科学地进行固定资产的更新

固定资产更新是指对固定资产的整体补偿，也就是以新的固定资产来更换需要报废的固定资产。固定资产更新有两种形式：

（1）完全按原样进行更新，以实现固定资产的实物再生产。

（2）在先进技术基础上的更新，更换陈旧落后的设备，不断提高企业的技术水平。这种更新形式是内涵扩大再生产的重要途径，是企业固定资产更新的方向。

科学地进行固定资产的更新，具有投资少、见效快、效益好等优点。

第六节　中小企业的税收

一、纳税种类

税收（taxable income）是国家为实现国家职能，凭借政治权利，按照法律规定的标准，无偿取得财政收入的一种特定分配方式。税收具有强制性、无偿性和固定性三个特征。税收分类是指按照一定的标准对不同税种进行归类。我国对税收的分类，依据不同的标准，通常有以下几种类型。

（一）按征税对象分类

1. 流转税类

流转税类是以商品生产、商品流通和劳动服务的流转额为征税对象的一类税收。流转税类以商品流转额或非商品流转额为计税依据，在生产经营及销售环节征收，收入不受成本费用变化的影响，而对价格变化较为敏感。我国现行的增值税、消费税、关税等都属于流转税类。

2. 所得税类

所得税类是以纳税人的各种收益额为征税对象的一类税收。其特点是：征税对象不是一般收入，而是总收入减去准予扣除项目后的余额，即应纳税所得额；征税数额受成本、费用、利润高低的影响较大。我国现行的企业所得税、外商投资企业和外国企业所得税、个人所得税等属于所得税类。

3. 财产税类

财产税类是以纳税人拥有的财产数量或财产价值为征税对象的一类税收。其特点是：税收负担与财产价值及数量关系密切，体现了调节财富、合理分配等原则。我国现行的车船税、车船使用牌照税、船舶吨税、城镇土地使用税等都属于财产税类。

4. 资源税类

资源税类是以自然资源和某些社会资源为征税对象的一类税收。其特点是：税收负担与财产价值、数量关系密切，征税范围的选择比较灵活。我国现行资源税属于这类税收。

5. 行为税类

行为税类是国家为了实现某种特定目的，以纳税人的某些特定行为为征税对象的一种税收。其特点是：征税的选择性较为明显，税种较多，具有较强的时效性。我国现行的印花税、车辆购置税、城市维护建设税、契税、耕地占用税等都属于行为税类。

（二）按征收管理体系分类

1. 工商税类

工商税类是指以工业品、商业零售、交通运输、服务性业务的流转额为征税对象的各种税收的总称，是我国现行税制的主体部分，主要包括：增值税、消费税、资源税、企业所得税、外商投资企业和外国企业所得税、个人所得税、城市维护建设税等税种。

2. 关税类

关税类是指对进出境的货物、物品征收的税收总称，主要包括：进出口关税、由海关代征的进口环节增值税、消费税和船舶吨税。

（三）按征收权限和收入支配权限分类

1. 中央税类

中央税类是指由中央立法、收入划归中央并由中央政府征收管理的税收，如关税、海关代征的进口环节消费税和增值税、所得税和城市维护建设税等。

2. 地方税类

地方税类是指由中央统一立法或授权立法，收入划归地方并由地方负责征收管理的税收，如城镇土地使用税、城市维护建设税、房产税、车船税、车船使用牌照税、城市房地产税、契税、土地增值税等。

3. 中央地方共享税类

中央地方共享税类是指税收收入支配由中央和地方按比例或法定方式分享的税收，如增值税、资源税、对证券（股票）交易征收的印花税等。

（四）按计税标准分类

1. 从价税类

从价税类是指以征税对象的价值或价格为计税依据征收的一种税，一般采用比例税率和累进税率，如我国的增值税、个人所得税等都采取从价计征形式。

2. 从量税类

从量税类是指以征税对象的实物量作为计税依据征收的一种税，一般采用定额税率，如我国的资源税、耕地占用税、城镇土地使用税等均实行从量计征形式。

3. 复合税类

复合税类是指对征税对象采取从价和从量相结合的复合计税方法征收的一种税，如对卷烟、白酒征收的消费税就是采取从价和从量相结合的复合计税方法。

二、纳税程序

根据我国税收征管的有关法律、法规、规章的规定，企业依法纳税的一般程序如下。

（一）税务登记

税务登记是税务机关根据税法规定对纳税人的生产经营活动进行登记管理的一项基本制度。办理税务登记是纳税人必须履行的第一个法定程序。

1. 开业登记

开业登记包括办理开业登记的时间、地点和一些相关程序。

2. 变更登记

纳税人改变名称、法定代表人或者业主姓名、经济类型、经济性质、住所或者经营地点（不涉及改变主管国家税务机关）、生产经营范围、经营方式、开户银行及账号等内容的，纳税人应当自工商行政管理机关办理变更登记之日起 30 日内持下列有关证件向原主管国家税务机关提出变更登记书面申请报告：营业执照、变更登记的有关证明文件、国家税务机关发放的原税务登记证件（包括税务登记证及其副本、税务登记表等）、其他有关证件。

3. 税务登记证的使用、管理

纳税人领取税务登记证后，应当在其生产、经营场所内明显易见的地方张挂、亮证经营。外县（市）经营的纳税人必须持有所在地国家税务机关填发的"外出经营活动税收管理证明"、税务登记证明的副本，向经营地国家税务机关报验登记，接受税务管理。纳税人可持税务登记证依法办理有关税务事项。

4. 纳税登记的验证、换证

纳税人应根据国家税务机关的验证或者转证通知，在规定的期限内，持有关证件到国家税务机关申请办理验证或换证手续。

(二) 纳税申报

1. 纳税申报的对象

纳税申报的对象主要指：应当正常履行纳税义务的纳税人，应当履行扣缴税款义务的扣缴义务人，享受减税、免税待遇的纳税人。

2. 纳税申报的内容

纳税申报的内容主要包括两方面：

(1) 纳税申报表或者代扣代缴、代收代缴税款报告表。

(2) 与纳税申报有关的资料或证件。

3. 纳税申报的期限

在发生纳税义务后，纳税人、扣缴义务人、代征人必须按照法律规定或税务机关依法规定的申报期限，到税务机关办理纳税申报。

4. 纳税申报方式

可采取上门申报和邮寄申报两种方式。目前也已经试行了网上纳税申报。

(三) 税款缴纳

纳税人在纳税申报后，应按照法定的方式、期限将应税款缴纳入库，这是纳税人履行纳税义务的标志。纳税人在缴纳税额时应注意掌握如下内容。

1. 税款缴纳的方式

税款缴纳的方式主要有自核自销方式、申报核实缴纳方式、申报查验缴纳方式和定额申报的缴款方式。纳税人采取何种方式缴纳税款，由主管国家税务机关确定。

2. 纳税期限与延期纳税

纳税人按照法律、法规规定缴纳税款。纳税人因有特殊困难，不能按期缴纳税款的，经省、自治区、直辖市国家税务局、地方税务局批准，可以延期缴纳税款，但是最长不得超过 3 个月。纳税人未按照规定期限缴纳税款的，税务机关除责令限期缴纳外，从滞纳税款之日起，按日加收滞纳税款万分之五的滞纳金。

3. 税款补缴与退还

纳税人超过应纳税额缴纳的税款，税务机关发现后应当立即退还；纳税人自结算缴纳税款之日起 3 年内发现的，可以向税务机关要求退还多缴的税款并加算银行同期存款利息，税务机关及时查实后应当立即退还；涉及从国库中退库的，依照法律、法规有关国库管理的规定退还。

因税务机关的责任，致使纳税人未缴或者少缴税款的，税务机关在 3 年内可以要求纳税人补缴税款，但是不得加收滞纳金。因纳税人计算错误等失误，未缴或者少缴税款的，税务机关在 3 年内可以追征税款、滞纳金；有特殊情况的，追征期可以延长到 5 年。对偷税、抗税、骗税的，税务机关追征其未缴或者少缴的税款、滞纳金或者所骗取的税款，不受前款规定期限的限制。

（四）税务文书签收

纳税人接到国家税务机关送达的税务文书后，应当由法定代表人或指定收件人签收，也可委托代理人签收。税务文书一经送达即产生法律效力。受送达人在法定期限内如无异议，应当自觉履行送达的税务文书确定的义务。

（五）发票的管理

发票管理是指税务机关依法对发票印制、领购、开具、取得和保管的全过程所进行的组织、协调、监督等各项活动。其中，与企业相关的有以下几个方面。

1. 发票的领购

依法办理了税务登记的企业，在领取税务登记证后，可向主管税务机关申请领购发票。在初次申请领购发票和因经营范围变化需增减领购发票种类、数量时，纳税人需填写"发票领购申请审批表"。

2. 发票的填开

单位和个人只能按照国家税务机关批准印制或购买的发票使用，不得以其他方式代替发票使用，也不得自行扩大专业发票的使用范围。

3. 发票的保管

企业应当建立发票使用登记制度，定期向国家税务机关报告发票使用情况；企业应当在办理变更或者注销税务登记的同时，办理发票和发票领购簿的变更缴销手续；企业不得擅自损毁已经开具的发票存根联和发票登记簿，应当保存 5 年，期满报经主管国家税务机关查验后销毁。丢失发票应及时报告主管国家税务机关，并公开声明作废，同时接受国家税务机关的处罚。

三、我国针对中小企业的税费优惠政策

党的二十大报告指出"支持中小微企业发展"，"加大税收、社会保障、转移支付等的调节力度"。我国政府高度重视中小企业的发展，出台了一系列税费优惠政策，持续加大减税降费力度，助力小微企业和个体工商户降低经营成本、缓解融资难题。例如，《财政部 税务总局关于明确增值税小规模纳税人减免增值税政策的公告》规定对于符合条件的增值税小规模纳税人免征增值税，《财政部 税务总局关于实施小微企业和个体工商户所得税优惠政策的公告》规定对小型微利企业减免企业所得税，《财政部 税务总局关于中小微企业设备器具所得税税前扣除有关政策的公告》规定中小微企业设备器具所得税按一定比例一次性扣除等。

中小企业税费优惠政策举例

因此，中小企业应当积极、及时了解国家和地方政府出台的各项税费优惠政策，抓住机遇，为进一步发展寻求更多资金支持。

本章小结

中小企业可以通过资产负债表、利润表、现金流量表和相关财务比率来评价企业的财务结构。资产负债表反映一定会计期间期初和期末这两个时点的财务状况；利润表反映该会计期间的经营成果；现金流量表反映企业在报告期内经营活动、投资活动和筹资活动现金的流入和流出情况。通过对企业偿债能力、营业能力、盈利能力等相关财务评价指标的比较和分析，可以了解企业获利能力的高低、偿债能力的强弱及营运能力的大小，为经营决策提供必要的信息。

中小企业必须进行利润规划，制定出目标利润和实现目标利润的具体步骤、措施等，包括：利润总额计划、产品销售利润计划、其他业务利润计划。制定利润计划的步骤是：确定利润目标；确定计划销售量；估计计划销售量所需的支出；确定估计的利润；列出可能的备选方案；判断随着销售量的变化，成本和利润如何变化；从利润角度分析备选方案；选择方案并执行计划。

成本控制是按照既定的成本目标，对构成产品成本费用的一切耗费进行严格的计算、调节和监督，使产品实际成本被限制在预定的目标范围之内。中小企业从原材料的采购到产品的最终售出，都要采取有效的成本控制方法，以确定最有利于提高效益的成本控制方案。

中小企业在分析资产管理目标和策略的基础上，对企业的流动资产和固定资产应进行管理和控制。

依据不同的标准，税收通常有以下分类：按征税对象，分为流转税类、所得税类、财产税类、资源税类、行为税类；按征收管理体系，分为工商税类、关税类；按征收权限和收入支配权限，分为中央税类、地方税类、中央地方共享税类；按计提标准，分为从价税类、从量税类、复合税类。中小企业应依法纳税，并积极了解政府的税费优惠政策。

关键术语

财务报表（financial statement）

资产负债表（balance sheet）

利润表（income statement）

现金流量（cash flow）

现金流量表（statement of cash flow）

偿债能力（liquidity）

流动比率（current ratio）

速动比率（quick ratio）

现金流动负债比率（cash flow to debt ratio）

资产负债率（debt ratio）

产权比率（equity ratio）

已获利息倍数（intevest coverage ratio）

长期资产适合率（fixed long-term conformity rate）

流动资产（current assets）

应收账款（accounts receivable）

固定资产（fixed assets）

总资产（total assets）

利润计划（profit planning）

成本控制（cost control）

资本结构（capital structure）

流动资金（current assets or working capital）

现金（cash）

存货（inventory）

流动资产周转率（current asset turnover）

税收（taxable income）

复习思考题

1. 结合实际给一个中小企业编制三大报表。
2. 分析资产负债表、利润表和现金流量表之间的关系。
3. 分析企业偿债及运营能力大小的财务评价指标有哪些。
4. 结合实例为某一个中小企业制定利润计划。
5. 分析成本控制的方法和策略。
6. 中小企业如何对其财务进行管理和控制？应遵循哪些基本原则？
7. 中小企业怎样进行税收筹划？

即测即评

请扫描二维码，参加即测即评。

案例讨论

山东泰鹏智能家居股份有限公司 2023 年度财务报表分析

山东泰鹏智能家居股份有限公司（以下简称"泰鹏智能"）成立于 2002 年，是一家专业从事户外休闲家具用品设计、研发、生产和销售的企业，公司的主要产品包括硬顶帐篷、软顶帐篷和 PC 顶帐篷等庭院帐篷等。依托自身持续的创新能力及精益化质量管理体系，泰鹏智能已发展成为庭院帐篷细分领域的优秀企业，具备较强的核心竞争力和市场地位。

作为国家高新技术企业、山东省专精特新中小型企业，泰鹏智能在产品设计及功能、生产工艺及生产管理方面不断创新，经过多年积累，已经形成了一系列创新成果。截至 2023 年 10 月，公司共拥有专利 75 项，其中发明专利 5 项、实用新型专利 45 项、外观设计专利 25 项；拥有计算机软件著作权 31 项。

2023 年 11 月 16 日，泰鹏智能在北京证券交易所成功上市。公司 2023 年度的资产负债表和利润表如表 8-5、表 8-6 所示。

表 8-5 泰鹏智能 2023 年度资产负债表

单位：元

项目	2023 年 12 月 31 日	2022 年 12 月 31 日
流动资产：		
货币资金	104 716 361.65	35 540 023.62
结算备付金		
拆出资金		
交易性金融资产		
衍生金融资产		
应收票据		
应收账款	76 497 401.49	44 556 297.89
应收款项融资	—	44 336 379.01
预付款项	3 493 749.11	2 142 411.86
应收保费		
应收分保账款		
应收分保合同准备金		
其他应收款	5 630 830.61	2 567 889.39
其中：应收利息		
应收股利		

续表

项目	2023 年 12 月 31 日	2022 年 12 月 31 日
买入返售金融资产		
存货	105 170 765.08	108 762 188.32
合同资产	14 106.01	73 279.54
持有待售资产		
一年内到期的非流动资产	320 389.97	314 755.31
其他流动资产		
流动资产合计	295 843 603.92	238 293 224.94
非流动资产:		
发放贷款及垫款		
债权投资		
其他债权投资		
长期应收款		
长期股权投资		
其他权益工具投资		
其他非流动金融资产		
投资性房地产		
固定资产	75 337 103.43	59 805 132.49
在建工程		
生产性生物资产		
油气资产		
使用权资产	1 707 398.39	3 941 691.16
无形资产	19 911 265.11	20 703 927.39
开发支出		
商誉		
长期待摊费用		
递延所得税资产	2 920 387.92	3 257 792.50
其他非流动资产	4 373 119.30	440 075.90
非流动资产合计	104 249 274.15	88 148 619.44
资产总计	400 092 878.07	326 441 844.38
流动负债:		
短期借款	51 000 000.00	60 000 000.00

续表

项目	2023 年 12 月 31 日	2022 年 12 月 31 日
向中央银行借款		
拆入资金		
交易性金融负债		
衍生金融负债		
应付票据	4 080 000.00	32 070 000.00
应付账款	85 689 730.38	96 491 945.92
预收款项		
合同负债	4 793 507.75	6 363 544.21
卖出回购金融资产款		
吸收存款及同业存放		
代理买卖证券款		
代理承销证券款		
应付职工薪酬	6 209 198.14	8 224 640.53
应交税费	2 540 293.62	8 680 535.00
其他应付款	389 981.49	355 596.98
其中：应付利息		
应付股利		
应付手续费及佣金		
应付分保账款		
持有待售负债		
一年内到期的非流动负债	665 334.20	1 944 349.65
其他流动负债	26 853.86	18 493.52
流动负债合计	155 394 899.44	214 149 105.81
非流动负债：		
保险合同准备金		
长期借款		
应付债券		
其中：优先股		
永续债		
租赁负债	1 685 897.92	2 432 250.53
长期应付款		
长期应付职工薪酬		

续表

项目	2023 年 12 月 31 日	2022 年 12 月 31 日
预计负债		
递延收益	179 583.33	214 583.33
递延所得税负债		
其他非流动负债	260 653.34	268 884.50
非流动负债合计	2 126 134.59	2 915 718.36
负债合计	157 521 034.03	217 064 824.17
所有者权益(或股东权益):		
股本	59 160 000.00	45 360 000.00
其他权益工具		
其中:优先股		
永续债		
资本公积	99 593 255.88	1 612 850.64
减:库存股		
其他综合收益		
专项储备		
盈余公积	12 628 616.33	9 670 694.47
一般风险准备		
未分配利润	71 189 971.83	52 733 475.10
归属于母公司所有者权益(或股东权益)合计	242 571 844.04	109 377 020.21
少数股东权益		
所有者权益(或股东权益)合计	242 571 844.04	109 377 020.21
负债和所有者权益(或股东权益)总计	400 092 878.07	326 441 844.38

表 8-6　泰鹏智能 2023 年度利润表

单位:元

项目	2023 年	2022 年
一、营业总收入	272 637 437.64	408 485 232.75
其中:营业收入	272 637 437.64	408 485 232.75
利息收入		
已赚保费		
手续费及佣金收入		

续表

项目	2023 年	2022 年
二、营业总成本	246 769 649. 65	345 896 152. 18
其中：营业成本	194 231 194. 74	299 767 442. 14
利息支出		
手续费及佣金支出		
退保金		
赔付支出净额		
提取保险责任准备金净额		
保单红利支出		
分保费用		
税金及附加	3 145 150. 75	4 145 691. 59
销售费用	16 341 836. 30	19 340 793. 81
管理费用	25 945 409. 22	16 276 263. 46
研发费用	5 805 193. 37	7 124 340. 26
财务费用	1 300 865. 27	−758 379. 08
其中：利息费用	2 091 345. 10	3 201 138. 18
利息收入	730 213. 89	895 263. 21
加：其他收益	12 244 214. 94	2 560 913. 77
投资收益（损失以"−"号填列）	−2 235 548. 23	−6 440 601. 16
其中：对联营企业和合营企业的投资收益（损失以"−"号填列）		
以摊余成本计量的金融资产终止确认收益（损失以"−"号填列）		
汇兑收益（损失以"−"号填列）		
净敞口套期收益（损失以"−"号填列）		
公允价值变动收益（损失以"−"号填列）	—	845 757. 50
信用减值损失（损失以"−"号填列）	181 052. 06	−1 202 588. 46
资产减值损失（损失以"−"号填列）	−221 724. 33	−7 067 352. 73
资产处置收益（损失以"−"号填列）	−16 070. 68	−122 677. 43
三、营业利润（亏损以"−"号填列）	35 819 711. 75	51 162 532. 06
加：营业外收入	136 040. 00	21 994. 01
减：营业外支出	329 797. 79	423 060. 00

续表

项目	2023 年	2022 年
四、利润总额(亏损总额以"-"号填列)	35 625 953.96	50 761 466.07
减：所得税费用	6 046 735.37	6 666 815.39
五、净利润(净亏损以"-"号填列)	29 579 218.59	44 094 650.68
其中：被合并方在合并前实现的净利润	—	—
(一)按经营持续性分类：	—	—
1. 持续经营净利润(净亏损以"-"号填列)	29 579 218.59	44 094 650.68
2. 终止经营净利润(净亏损以"-"号填列)		—
(二)按所有权归属分类：	—	—
1. 少数股东损益(净亏损以"-"号填列)		—
2. 归属于母公司所有者的净利润(净亏损以"-"号填列)	29 579 218.59	44 094 650.68
六、其他综合收益的税后净额	—	—
(一)归属于母公司所有者的其他综合收益的税后净额	—	—
1. 不能重分类进损益的其他综合收益		
(1)重新计量设定受益计划变动额		
(2)权益法下不能转损益的其他综合收益		
(3)其他权益工具投资公允价值变动		
(4)企业自身信用风险公允价值变动		
(5)其他		
2. 将重分类进损益的其他综合收益		
(1)权益法下可转损益的其他综合收益		
(2)其他债权投资公允价值变动		
(3)金融资产重分类计入其他综合收益的金额		
(4)其他债权投资信用减值准备		
(5)现金流量套期储备		
(6)外币财务报表折算差额		
(7)其他		
(二)归属于少数股东的其他综合收益的税后净额		
七、综合收益总额	29 579 218.59	44 094 650.68

续表

项目	2023 年	2022 年
（一）归属于母公司所有者的综合收益总额	29 579 218.59	44 094 650.68
（二）归属于少数股东的综合收益总额	—	—
八、每股收益：		
（一）基本每股收益（元/股）	0.64	0.97
（二）稀释每股收益（元/股）	—	—

资料来源：泰鹏智能官方网站、巨潮资讯网。

讨论题：

1. 哪几种比率能反映企业短期债务清偿能力、长期财务状况和盈利能力状况？
2. 依据财务报表，分别计算泰鹏智能的上述三种比率。
3. 依据上述三种比率的计算结果，试对泰鹏智能的综合盈利状况进行分析。
4. 泰鹏智能可以从哪些方面改进财务管理？

参考文献

1. 杰斯汀·隆内克，卡罗斯·莫尔，威廉·彼迪. 小企业财务管理. 郭武文，等，译. 北京：华夏出版社，2002.

2. 柯林·拜罗. 中小企业财务管理：发展中的控制. 张志强，等，译. 北京：中国建材工业出版社，1999.

3. 陈玉菁. 中小企业会计通. 上海：立信会计出版社，2002.

4. 顾兆贵. 创造竞争优势：21 世纪中国中小企业的发展与创新. 北京：京华出版社，2002.

5. 李凌寒. 中小企业财务管理及会计运用研究. 北京：中国原子能出版社，2019.

6. 王莉莉. 中小企业财务管理改革与创新研究. 北京：经济科学出版社，2020.

7. 刘莉. 我国中小企业财务管理创新研究. 北京：中国商务出版社，2023.

8. 张新民，钱爱民. 财务报表分析. 6. 北京：中国人民大学出版社，2023.

第九章
中小企业组织变革

学习目标

1. 知识探索：帮助学生厘清中小企业组织变革的概念，全面掌握中小企业组织变革的动因和阻力、模式与内容。

2. 能力提升：通过学习中小企业变革的案例，帮助学生在分析与讨论中理解和掌握中小企业为什么以及如何开展组织变革，培养批判性和辩证思维能力。

3. 价值引领：通过中国企业案例分析，让学生切身感受中小企业的变革之路，引领学生养成对变革的积极态度和正确认知，强化学生积极进取的态度和创新意识。

4. 品格养成：引导学生培养对变革的积极态度和认知，大胆质疑、勇于担当的精神。

乐刻运动：国民健身品牌的迭代之路

2014 年，共享经济在全球盛行，美国《经济学人》杂志在同年提出一个观点：共享经济业态可能会改变住宿、出行、运动三个赛道。在此背景下，乐刻运动（以下简称"乐刻"）于 2015 年在杭州成立，其早期定位于月付制、24 小时、全程无推销、300 平方米、1 千米健身圈的概念，重新定义了健身房行业的产品形态。

截至 2024 年 1 月，乐刻已经在全国拥有超过 1 400 家营业门店和超过 1 000 万名注册用户，每个月有 1 万名的活跃教练，月度活跃用户在 100 万名以上。从最初一家小小的健身房起步，乐刻至今已构建起包括"乐刻健身"国民健身房、"LOVEFITT"城市高端健身空间、"FEELINGME"乐刻私教馆和"FitTribe"综合体能训练馆等线下产品，以及"LITTA"乐刻直播间、乐刻随身练、乐刻健身嘉年华、乐刻集市等线上平台的多元化品牌矩阵。2020 年 12 月，乐刻获国家体育总局 2020 年全国体育事业（"全民健身"类型）突出贡献奖；2021 年 4 月 10 日，乐刻获国家体育总局经济司"国家体育产业示范单位"称号。

回顾乐刻的创业之路，其业务模式其实经历了多次迭代和变革，才发展成为如今的"全民健身"标杆品牌。

基于"Day One"的思考方式

"Day One"是亚马逊的文化理念之一。它强调每一天都是创业的第一天,无论公司发展多快、规模多大、实力多强、市值多高,都要像创业第一天一样,快速灵活、持续迭代。乐刻自创立以来,始终坚持"Day One"的思考方式,不断进行探索和试错,勇于变革,持续摸索如何实现商业模式的闭环和迭代。

"Day One"对乐刻而言,还代表着对初心和未来的思考。之前健身行业很多俱乐部都是通过会员制赚用户不来的钱。乐刻自成立以来,确定了两条商业原则:做90%人的生意和赚用户来的钱。同时乐刻明确了三大发展方向:第一,乐刻的底层是一家互联网公司;第二,乐刻要做一个平台企业,而不是一个健身连锁企业;第三,乐刻要做广大人群的生意,而不做窄众、高溢价的生意。可以说,"Day One"的思考模式,决定了乐刻未来走向哪里。

对产品的全新定义

如何实现既做90%人的生意,又赚用户来的钱?改变产品。乐刻从成本、效率、用户体验三个维度,重新定义了小型健身房。第一,乐刻把大型健身房变成面积300平方米的小型健身房后,投入大幅下降,盈亏平衡点大幅降低,实现了更短的获客半径,建立了一千米健身圈。第二,投入大幅降低之后,乐刻开始以月付为核心,将年卡变成月卡。这大幅降低了健身的门槛,但同时意味着乐刻必须通过做内容和运营,想办法让用户续费,只有这样才能生存下去。因此,乐刻建立的能力体系与其他健身房是不一样的。第三,团课的形式有助于帮助新手养成健身习惯。第四,改变教练提供的价值内容。在传统俱乐部,教练的销售提成是非常重要的收入,但是乐刻不允许教练做推销,乐刻的教练没有销售提成,但有很高的课时费分成。通过这一改变,乐刻让教练回归教学的本质,不把推销作为自己的重要任务。第五,24小时营业,这吸引了一大批经常加班或者习惯早起锻炼的顾客。

打造核心业务模式

在重新定义了产品后,乐刻从2015年5月到2018年6月在全国8个城市开了近300个直营店。通过直营店的摸索,乐刻慢慢建立了标准化运营模式,于是从2018年年中开始转做门店合伙人,并搭建了产业中台+品牌矩阵+合伙模式的核心业务模式。首先,产业中台不仅可以解决标准化问题,而且提升了商业效率。通过构建数字化产业中台,可以做到服务场景数字化,并不断提高用户、教练和场地的匹配效率,从而提升商业效率。其次,在拥有属于乐刻的一套商业逻辑体系后,建立品牌矩阵有助于满足更多元化的用户需求,获取规模效应。最后,乐刻的合伙模式也与传统加盟模式有许多差别。用户的信息流和交易流全部在乐刻App上完成,而且所有教练和课程由乐刻平台统一供给、统一调度。由于流量入口统一在乐刻的App上,数据、用户的反馈也会沉淀到乐刻数据体系当中,推动乐刻持续优化和迭代选址和运营能力。

组织进化:互联网+零售能力融合

根据杨三角理论,成功等于战略乘以组织能力。一个企业要想持续进步,整个组织能力的构建和迭代是非常重要的。乐刻将自己定位为互联网公司,并认为要想真正取得成功,就需要将来自互联网、零售和运动行业的人才真正融合并内化为公司的战略、模式和组织能力。因此,2018年之后,乐刻从肯德基、麦当劳、苏宁等引进了大量零售人才,来增强自己的零售基因。同时，乐刻还基于人才结构，重新迭代了整个组织架构，搭建起平台层和城市经营层的两层基础设施。

持续推进战略迭代

乐刻认为，中国健身行业有两个核心问题需要突破：第一个问题是赚用户来的钱，第二个问题是持续提高教练的职业化程度。乐刻用五年时间解决了第一个问题，下一阶段要突破的核心问题是：好课程和好教练。只有批量化地提供好课程和好教练，健身行业的天花板才会不断被推高，从而提高用户弹性。如何做到这一点？乐刻找到的答案是标准化。通过标准化的能力来确保课程质量和教练水平，获得用户的正反馈，并由此反哺标准化能力，实现正向循环。

同时，乐刻也意识到，标准化能力体系建设涵盖的内容非常之多，包括选址、门店产品、运营、教练课程、门店合伙人、品牌系统等诸多问题。未来，乐刻计划从利益分配、能力体系、底线和文化、良好沟通四个角度出发，持续迭代完善其管理框架，不断提升健身行业整体水平。

资料来源：凤凰新闻，乐刻运动官网，有改动。

请思考：

1. 结合案例，分析乐刻运动为什么要进行商业模式迭代和组织变革？
2. 乐刻都进行了哪些方面的组织变革？对其他企业有何启示？

组织就像一个有机体，在生存的过程中不断经历着细胞的死亡与新生，这是一个持续的新陈代谢过程。组织变革的目的在于让这个有机体一直存活下去，而影响有机体存活的因素是多方面的，如外部环境、自身条件等。穷则变，变则通，通则久，不懂得变革的组织必然会走向死亡。

第一节　中小企业组织变革的动因与阻力

随着国内外经济形势的变化，我国中小企业已进入"微利"时代。中小企业既面临着成本的上升，又面临着需求的下降。经营模式的转变、竞争方式的转变、经营理念的转变等都是企业家不得不思考的问题。

一、组织变革的含义

组织变革（organizational change）是指运用行为科学和相关管理方法，对组织的权力结构、组织规模、沟通渠道、角色设定、组织与其他组织之间的关系，以及对组织成员的观念、态度和行为，成员之间的合作精神等进行的有目的的、系统的调整和革新，为的是适应组织所处的内外环境、技术特征和组织任务等方面的变化，提高组织效能。企业的发展离不开组织变革。内外部环境的变化，企业资源的不断整合与变动，都给企业带来了机遇与挑战，这就要求企业关注组织变革。

简单来说，组织变革就是一个企业不断学习、成长，由稚嫩走向成熟的过程。企业在发展的过程中会遇到各种不同的问题，在组织刚成立时，人们都朝着一个共同的目标奋斗，组织凝聚力最强。但随着组织的成长，越来越多的问题摆在企业面前，不变革企业就无法继续前进。很多时候，企业不是主动地去变革而是被动地接受变革。

二、中小企业组织变革的动因

组织变革是企业生存发展过程中一个不可避免的过程。一般而言，组织变革的动因来自组织外部和内部两个方面。

（一）组织变革的外部动因分析

从系统的观点看，任何组织都是一个开放的系统，组织的生存与发展离不开外部环境。因此，外部环境的变化是组织变革的重要动因。外部环境因素主要有以下几个方面。

1. 经济环境变化

经济环境变化，主要是指投资、贸易、税收、产业政策的变化等，这些变化有时会给企业带来机遇，有时会给企业带来风险，进而引起组织深层次的调整和变革。

2. 技术进步推动

科技的发展日新月异，新产品、新工艺、新技术、新方法层出不穷，挑战着组织固有的运行机制。随着信息技术的迅速发展，组织各个层级之间的距离越来越短，多层级式的组织结构不再适应企业发展，组织趋向于扁平化和团队化。生产工艺的改进、装备的自动化、生产率和质量的提高、人员的精简、员工素质的提高等，都推动着组织变革。

3. 客户需求多样化

随着市场竞争日趋激烈，当前大多数市场属于买方市场。社会经济的发展和人们生活水平的提高使得客户需求的多样化程度越来越高。在此背景下，中小企业需要以客户为中心调整自己的组织结构以用心倾听客户声音，深度解决客户需求。

（二）组织变革的内部动因分析

1. 组织规模变化

就组织内部因素而言，组织规模的变化尤其扩大是推动组织结构变革的重要动因。比如京东从最初在中关村约 5 平方米柜台成长到后来的世界五百强，规模越来越大的同时，组织结构也在不断变革。从京东多媒体网到京东商城，从职能型组织结构到事业部制组织结构，再到后来相继组建京东金融集团、京东物流集团、京东零售集团和京东健康集团四个子集团公司，组织规模的不断扩大是推动京东不断调整组织结构的重要因素。

2. 组织战略调整

组织战略是组织为了实现其目标而做出的各种行动方案、方向以及相关资源的规划。而组织结构则是指组织内部各个部门、岗位之间的关系和分工。已有研究表明，组织战略对组织结构有着重要的影响，它决定了组织应该如何布局和设计其内部结构，所以当组织战略发生变化时会导致组织结构随之而变化以支持组织战略目标实现。比如，为了贯彻数字科技发展战略，2019 年 4 月京东数科将原来的 10 多个中后台部门精简为 8 个，以搭建精简、高效的组织架构。

3. 企业生命周期

企业生命周期理论认为企业的成长如同生物的成长，企业的生命周期可以分成四个阶段：创业阶段、成长阶段、成熟阶段和衰退阶段，每个阶段均具有显著的特征，也面临着不同风险，这就要求组织调整其战略和结构以适应不同发展阶段的需要。比如在创业阶段，京东的规模较小，活动复杂性较低，主要采用职能型的组织结构。在成长阶段，京东的规模迅速壮大，中层和基层面临的环境日趋复杂，需要拥有更多的决策权，因此，京东也将组织结构调整为更加扁平化的事业部制。在成熟阶段，京东需要在提高内部稳定性的同时，通过创新扩大市场，其组织结构也需要进行多次调整。

三、中小企业组织变革的阻力

组织变革是一个破旧立新的过程，必然会遇到各种阻力。中小企业亟待组织变革的症状表现为：生产量、销售量和经济效益持续下降，消极怠工、办事拖拉、上下级信息沟通受阻，离职人数增加，冲突与纠纷增多等。

中小企业组织变革的阻力多种多样，按其来源可分为：观念的阻力、地位的阻力、经济的阻力、习惯的阻力和来自社会方面的阻力等。对其来源的解释，约翰·P. 科特（John P. Kotter）的理论最具代表性。他从人性的角度出发，认为变革阻力的形成有四种因素：狭隘的利己主义、误解或缺乏信任、不同的判断与评价、缺乏适应变化的能力。本书将形成中小企业组织变革阻力的因素分为以下三类。

（一）个体因素

人们往往会由于担心组织变革的后果而抵制变革，其中个体因素主要包括以下两个方面。

（1）利益。中小企业的组织变革意味着组织内权力、利益和资源的调整或再分配，因此必然会触动一些人的切身利益，进而形成不满和阻力，而来自利益方面的阻力是最有破坏力的。这些人主要是组织中的创业者、元老。一方面，他们往往认为组织变革是对自身利益的损害和对自身地位的挑战；另一方面，他们担心变革会威胁组织的生存。他们失去了创业时敢闯敢干的激情，变得保守起来，渴望保持现状。

（2）变革的不确定性。变革的不确定性主要体现在组织员工的反对。变革的意义在"新"，即通过变革给组织带来某一方面的新观念、新技术、新设备、新结构、新环境、新任务、新行为、新格局、新利益、新结果。因此在组织变革中，人们需要从熟悉、稳定和具有安全感的工作任务，转向不确定性较高的变革，其"职业认同"受到影响。或者由于个性特征、职业保障、信任关系、职业习惯等方面的原因，人们产生对组织变革的抵制。

（二）群体因素

对中小企业组织变革形成阻力的群体因素主要有群体规范和群体内聚力。

（1）群体规范。群体规范具有层次性，一般由边缘规范深入核心规范。边缘规范比较容易改变，而核心规范由于包含着群体的认同，通常难以变化。

（2）群体内聚力。同样，内聚力很高的群体也往往不容易接受组织变革。德国心理学家库尔特·勒温（Kurt Lewin）的研究表明，当推动群体变革的力量和抑制群体变革的力量之间的平衡被打破时，就形成了组织变革。不平衡状况"解冻"了原有的模式，群体在新的、与以前不同的平衡水平上重新"冻结"。

（三）组织因素

在中小企业组织变革中，组织惰性是形成变革阻力的主要因素。主要表现在组织在面临变革形势时表现得比较刻板、缺乏灵活性，难以适应环境的要求或者内部的变革需求。组织因素主要包括以下几方面：

（1）成本。中小企业受规模、效益和资信所限，维持生产的资金本身就非常有限，而组织的变革也需要付出一定的成本，如果成本大于收效时，改革与发展就难以继续。这里所说的成本主要指：① 所需用的改革时间；② 改革中所造成的各种损失；③ 所需用的财政经费。

（2）组织成员安于现状。组织成员长期处在一个特定的组织环境中从事某种特定的工作，就会在自觉或不自觉之间形成某种对这种环境和工作的认同和情感，形成关于环境和工作的一套较为固定的看法和做法，即习惯性。这种习惯性建立在时间延续和动作反复的基础之上，逐步沉淀在他们的意识深层，其一旦形成，就会在一个较长的时期内影响甚至支配他们的心理活动和行为。除非环境发生显著的变化，否则他们通常总是按照自己的习惯对外部刺激作出反应，而组织变革本身通常意味着对某种习惯性的否定。

甚至有时人们在理智上明明知道变革将带来比现在更多的收益，但在情感上宁愿维持现状。当变革试图改变他们某种习惯性的时候，就会给他们带来强烈的感情震荡，使他们容易失去公正地判断变革的客观尺度，或者招致他们下意识的不良反应，使他们产生抵制态度。

第二节 中小企业组织变革的内容与过程

一、中小企业组织变革的内容

组织变革是指对组织结构、系统或者过程的个体、群体或者宏观层面的有计划或者无计划的变革。一般情况下，组织变革所涉及的内容可以分为人员变革、技术变革、结构变革、文化变革。

（一）人员变革

人员变革是指组织必须通过对员工的培训、教育等引导，使他们能够在观念、态度和行为方面与组织保持一致。无论哪一种变革，其推动者和参与者都是组织最基本的单元——人，有相当一部分企业变革的失败在于企业自身，尤其是对"人"的忽略。

在组织变革的过程中，不同的人因其自身角色的不同，对组织起到的作用也不一样。一般情况下，人分为"组织内的人"和"组织外的人"。组织变革实际上就是一个利益再分配的过程，这个过程与"组织内的人"息息相关。而"组织内的人"又可分为保守派和改革派。保守派是指那些阻挠变革的人，如以某些创业元老为代表的传统利益集团，改革肯定会伤害到他们的利益；改革派即组织中的新势力集团，他们会积极推进组织变革，会与保守派产生冲突。很多企业主在变革的过程中没有考虑利益的平衡，往往会造成矛盾激化，不利于整个企业发展。中小企业的优势在于其灵活性，组织结构没有那么复杂，企业员工的思想比较容易统一，容易在组织变革的过程中产生"群策群力"。

在组织变革的过程中，很容易造成对"组织外的人"的忽略，"组织外的人"主要以消费者为主。如信息技术的发展引起了消费者需求的变化，一些传统的消费习惯正在被颠覆，这些都会影响到组织变革。一个营利的组织应该以顾客为导向，因此组织在变革的过程中既要考虑到"组织内的人"，又要注意"组织外的人"，这样在变革的过程中才会游刃有余。

（二）技术变革

当今社会正处于大发展、大变革、大调整的新时期，企业组织承受着极大的不确定性压力，而这些压力往往又是推动组织变革的强大动力。技术对企业来说既是风险又是机遇。企业能否随着市场的需求和变化，不断研发市场需要的新技术、新产品，是企业在竞争中生存发展的关键。技术创新是企业发展的灵魂，尤其对一些高科技企业来说更是永恒的主题。目前的市场谁能掌握核心的技术，谁就站在了价值链的顶端；谁能开展以技术创新为基础的企业变革，谁就掌握了主动。

（三）结构变革

组织结构变革是指组织需要根据环境的变化适时对组织的结构进行变革，并重新在组织中进行权力和责任的分配，使组织变得更为柔性灵活、易于协作。企业之所以变革是因为现有的组织结构已经无法适应发展的需要。随着企业规模不断变大，金字塔的结构模型阻碍了信息在企业内部的有效传递，企业结构需要转向扁平化来提高其灵活性。

结构变革意味着组织结构的创新或者业务流程的重组。企业是个大组织，而这个大组织内部又有无数的小组织，改变现有的组织结构目的在于促进组织的制度化、规范化，在组织中建立完整的制衡机制，改变组织中的官僚作风。

（四）文化变革

组织文化是在组织的长期历史发展中形成的成员共同遵守的思想、作风、价值观念和行为准则，是具有组织个性的信念和行为方式。组织文化具有相对稳定性，不容易改变。因此，组织文化变革往往会经历较长的时间，而且是循序渐进的。

组织应视具体情况来选择变革内容，其中，选择好变革的突破口至关重要。将以上变革方式很好地结合起来，循序渐进，才能收到好的效果。

二、企业组织变革模型

(一) 勒温变革模型

勒温（Lewin）变革模型是最有影响力的组织变革模型。勒温于 1951 年提出了一个包含解冻、变革、再冻结三个步骤的组织变革模型，用以解释和指导如何发动、管理和稳定变革过程。

1. 解冻

这一步骤的焦点在于创设变革的动机。鼓励员工改变原有的行为模式和工作态度，采取新的适应组织战略发展的行为与态度。一方面，需要对旧的行为与态度加以否定；另一方面，要使管理者和员工认识到变革的紧迫性。可以采用比较评估的办法，把本组织的总体情况、经营指标和业绩水平与其他优秀组织或竞争对手加以比较，找出差距和解冻的依据，帮助管理者和员工"解冻"现有态度和行为，使其迫切要求变革，愿意接受新的工作模式。此外，应注意创造一种开放的氛围和心理上的安全感，减少变革的心理障碍来推动变革，提升管理者和员工对变革成功的信心。

2. 变革

变革是一个学习过程，企业需要给管理者和员工提供新信息、新行为模式和新视角，指明变革方向，进而促进新的态度和行为的形成。这一步骤中，应该注意为新的态度和行为树立榜样，采用角色模范、导师指导、专家演讲、群体培训等多种方式。勒温认为，变革是一个认知的过程，需要通过获得新的认知和信息来完成。

3. 再冻结

在再冻结阶段，需要利用必要的强化手段使新的态度与行为固定下来，使组织变革处于稳定状态。为了确保组织变革的稳定性，需要注意使管理者和员工有机会尝试和检验新的态度与行为，并及时给予正面强化；同时，加强群体变革行为的稳定性，使之形成稳定持久的群体行为规范。

(二) 系统变革模型

与勒温变革模型相比，系统变革模型可以在更大范围解释组织变革过程中各种变量之间的相互联系和相互影响。这个模型包括输入、变革元素和输出三个部分。

1. 输入

输入部分包括内部的优势和劣势、外部的机会和威胁。其基本构架则是组织的使命、愿景和相应的战略规划。企业组织的使命表示其存在的理由；愿景描述组织所追求的长远目标；战略规划则是为实现长远目标而制定的有计划变革的行动方案。

2. 变革元素

变革元素包括目标、人员、社会因素、方法和组织体制等元素。这些元素相互制约、相互影响，组织需要根据战略规划，组合相应的变革元素，实现变革目标。

3. 输出

输出部分包括变革结果。根据组织战略规划，从组织、部门群体、个体三个层面，增强组织整体效能。

（三）卡斯特的组织变革过程模型

弗里蒙特·E. 卡斯特（Fremont E. Kast）提出了组织变革过程的六个步骤。

（1）审视状态：对组织内外环境现状进行分析、评价、研究。

（2）觉察问题：识别组织中存在的问题，确定组织变革需求。

（3）辨明差距：找出现状与预期状态之间的差距，分析存在的问题。

（4）设计方法：提出和评定多种备择方法，经过讨论和绩效测量，做出选择。

（5）实行变革：根据所选方法及行动方案，实施变革行动。

（6）反馈效果：评价效果，实行反馈。若有问题，再次循环此过程。

（四）施恩的适应循环模型

艾德加·施恩（Edgar Schein）认为组织变革是一个适应循环的过程，一般分为六个步骤。

（1）洞察内部环境及外部环境中产生的变化。

（2）向组织提供有关变革的确切信息。

（3）根据输入的情报资料改变组织内部的生产过程。

（4）减少或控制因变革而产生的负面作用。

（5）输出变革形成的新产品及新成果等。

（6）经过反馈，进一步观察外部环境与内部环境的一致程度，评定变革的结果。

施恩和卡斯特主张的步骤和方法比较相似，所不同的是，施恩比较重视管理信息的传递过程，并指出了每个过程出现困难时的解决方法。

三、组织变革的过程

一般情况下，可以将组织变革的过程归纳为七个步骤，如图 9-1 所示。

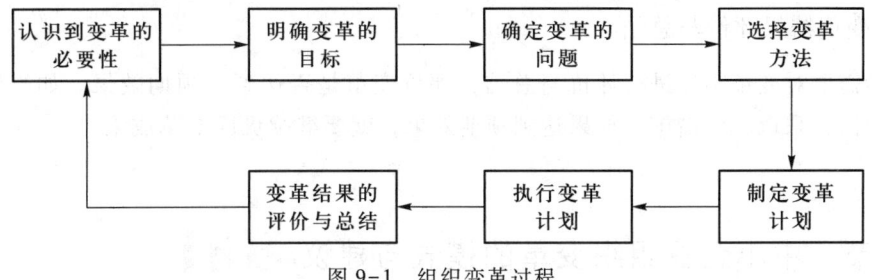

图 9-1 组织变革过程

（一）认识到变革的必要性

组织变革者要特别注意外部的政治环境、社会环境、经济环境所发生的新变化和新趋势，同时重视组织内部信息的反馈，全方位诊断组织目标、组织结构、信息沟通渠道和方式、组织适应外部环境的能力、员工的士气与情绪等。组织变革的发动者在这个阶段意义重大，因为他们是问题的发现者，并需要预测未来发展趋势。

（二）明确变革的目标

变革必须有明确的目标，例如，是维持还是扩大市场占有率？是否要研发新的产品？是否要改变组织架构，提高职工满意度？因此，变革要基于某一目的而展开，不应该是盲目的、无头绪的。

（三）确定变革的问题

组织之所以要变革，往往是因为存在着很多问题，这时要将组织中的问题根据属性分类，按重要性和紧迫性进行排序，从中挑选出若干相对重要的、对组织全局影响较大的问题，找出问题的根源和解决方法。

（四）选择变革方法

根据组织变革的目标，结合组织的实际情况，确定变革的突破口和重点。如果是结构的问题，可以选择结构变革；如果是技术的问题，在资金条件允许的情况下，选择技术变革。

（五）制定变革计划

找出问题，确定方法后，就要制定变革计划。在制定计划前，要考虑影响变革的限制条件。如领导者是否支持，变革对组织各部门可能带来的影响是大是小，员工对变革是什么态度，变革什么时候进行合适等。只有考虑周详，才能增加成功概率。

（六）执行变革计划

执行变革计划就是依据计划，从突破口开始，逐渐进入组织变革的实施过程。例如，技术变革重点是按照计划、分步骤实施新设备、新材料、新技术、新工艺的引进，进行相应的工作岗位配置，并且在变革的过程中，依据遇到的问题进行相应调整，以保证变革顺利进行。

（七）变革结果评价与总结

领导者需要对变革结果进行评价与总结，评价变革是否达到了预期效果。如果没有达到，就要分析原因，采取其他措施；如果达到预期效果，就要继续巩固变革成果。

第三节　中小企业组织变革的模式与建议

组织环境的变化决定了组织变革的必然性。然而，变革就意味着破坏，意味着打破传统，变革的这一特性，使得变革具有不同程度的风险性。组织变革模式选择的正确与否，组织内员工对变革的接受与否，组织变革方向是否适应不断变化的外部环境，都直接影响着企业变革的成败。

一、中小企业组织变革的模式

（一）激进式变革和渐进式变革

按照变革的进程，中小企业组织变革的模式可以分为激进式变革和渐进式变革。

1. 激进式变革

激进式变革能够以较快的速度达到目的，因为这种变革模式对组织进行的调整是大幅的、全面的，即超调量大，所以变革过程较快；与此同时，激进式变革会导致组织的平稳性较差，严重的时候会导致组织崩溃。这就是许多企业的组织变革反而加速了企业灭亡的原因。

激进式变革的一个典型实践是"全员下岗，竞争上岗"。改革开放以来，为适应市场经济的要求，许多国内企业进行了大量的管理创新和组织创新。尤其在国有企业的改革过程中，裁减了大量的员工，其中较极端的企业为了克服组织保守的弊端，在组织实践中采取全员下岗，继而再竞争上岗的变革方式。

一般来说，稳定性对于企业组织至关重要，但是当企业领导者超前意识差、员工安于现状而陷入超稳定结构时，企业组织将趋于僵化、保守，对外部环境变化反应迟钝，影响组织的灵活性，继而影响企业发展。此时，小变动不足以打破初态的稳定性，很难达到目的。只有通过激进式变革，打破长期形成的关系网和利益格局，才能彻底打破初态的稳定性，然后再通过建立新的吸引点，如新的经营目标、市场定位、激励约束机制等，把企业组织引向新的稳定态。此类变革如能成功，其成果具有彻底性。

2. 渐进式变革

渐进式变革则是通过局部的修补和调整来实现。渐进式变革依靠持续的、小幅的变革来达到目的，即超调量小，但波动次数多，变革持续的时间长，这样有利于维持组织稳定。采用这种变革方式要注意使每个阶段的变革服从并服务于总体变革需求，并把各阶段之间的变革有机地衔接起来，以保证有效地实现变革的总目标。

很多中小企业都是家族企业，企业主既要考虑员工的利益，又要顾及创业元老的情绪。这犹如天平的两端，稍有不慎可能就会导致矛盾激化。变革是一个利益重新分配的过程，尤其是家族企业，天平的两端本来就是不平衡的，创业元老手上有重要砝码，如果进行激进式变革，很多情况下往往是两败俱伤、鱼死网破。这个时候就需要渐进式变革，对那些亟待解决的问题进行"外科手术式"疗法，然后慢慢地向前推进。然而，该变革模式的缺点在于，保守势力太强大，往往治标而不能治本，最后可能导致变革失败。

比较企业组织变革的两种典型模式发现，两种模式各有利弊，也都有丰富的案例可借鉴，企业在实践中应当加以综合利用。在企业内外部环境发生重大变化时，企业有必要采取激进式变革以适应环境的变化，但是激进式变革不宜过于频繁，否则会影响企业稳定，甚至导致企业崩溃。

（二）正式关系式变革、非正式关系式变革和人员式变革

按照变革的对象，中小企业组织变革的模式可以分为正式关系式变革、非正式关系式变革和人员式变革三种。

1. 正式关系式变革

正式关系式变革是以组织中经过正式筹划的、为实现组织目标而围绕工作任务展开的、人与人或人与机构之间的关系作为变革对象，主要通过管理机构和管理体制的设计和再设计来完成，具体包括部门合并、工作程序设计、职责权限分配等。

2. 非正式关系式变革

非正式关系式变革是以组织中由非正式权力关系规定而产生的人员之间相互影响和相互作用的关系为变革对象，具体包括相互交往分析、敏感性训练、群体冲突处理和培训、人事调整等。

3. 人员式变革

人员式变革是以组织成员的知识、技能、态度和价值观等为变革对象，具体包括各种管理发展和教育培训计划。

（三）强制式变革、民主式变革和参与式变革

按照变革方案的形成过程，中小企业组织变革的模式可以分为强制式变革、民主式变革和参与式变革三种。

1. 强制式变革

在强制式变革中，变革涉及者不参加变革方案的制定过程，这样制定出来的变革方案往往需要通过强制命令来付诸实施，但是会在组织中产生很大的抱怨和阻力。

2. 民主式变革

民主式变革是在参与变革的有关人员相互协商的基础上形成变革方案。在推行的过程中阻力较小，但变革形成过程历时很长，整个变革见效较慢。

3. 参与式变革

参与式变革介于强制式变革和民主式变革之间，在其变革方案的形成过程中，既广泛动员各层次人员参与，又对人们的思想观念有意识地加以引导，以便尽快形成统一的方案。其特点在于方案制定过程中就充分考虑各种条件，如变革时间的紧迫性、变革人员的权威及减少变革阻力的需要等。

（四）自上而下式变革、自下而上式变革和上下结合式变革

按照变革的起始点，中小企业组织变革的模式可以划分为自上而下式变革、自下而上式变革和上下结合式变革三种。

1. 自上而下式变革

自上而下式变革是先从变革中、上层管理组织入手，再扩展到整个组织。自上而下式变革便于对总体组织做出调整，但是其涉及面大、范围广，需要进行周密的计划。

2. 自下而上式变革

自下而上式变革是先从基层组织的变革入手，再考虑中、上层组织的变革。自下而上式变革便于"分块"进行变革，等收到局部效果后再扩及整个组织。这个模式的缺点是：由于组织中许多问题往往存在共性，且"牵一发而动全身"，所以会拖延变革的进程。

3. 上下结合式变革

上下结合式变革是对组织的上下各方面同时进行变革，这样便于统筹安排。且组织是一个

有机整体，组织变革推行过程中也需要将上、中、下各方面结合起来。

组织变革不能绝对地采取某一种方式，应根据环境、组织文化和组织发展阶段，灵活地、综合地运用各种变革方式，相互之间取长补短、相得益彰，从而取得最佳的变革效果。

二、中小企业组织变革的建议

（一）克服变革的阻力

1. 加强与员工沟通

中小企业决策主要是高度集权决策，不像大型企业那样，有一套完善的科学决策机制。这就很容易造成在组织变革过程中，因忽视员工参与而产生阻力，或者因下级只是一味地服从、在变革中缺乏灵活性而形成阻力。在变革实施之前，企业决策者应该营造一种危机感，让员工意识到变革的紧迫性，让他们了解变革对组织、对自己的益处，并适时地提供有关变革的信息，澄清变革的各种谣言，为变革营造良好的氛围。在变革的实施过程中，要让员工理解变革的实施方案，并且尽可能地听取员工的意见和建议，让员工参与到变革中来。与此同时，企业应该时刻关注员工的心理变化，及时与员工交流，在适当的时候做出承诺以消除员工的心理顾虑。

2. 适当地运用激励手段

在组织变革的过程中可适当运用激励手段，会收到意想不到的效果。一方面，中小企业可以在变革实施的过程中，提高员工的工资和福利待遇，使员工感受到变革的好处和希望；另一方面，企业可以对一些员工予以重用，以稳住关键员工，消除他们的顾虑，使他们安心地为企业工作。

（二）以组织文化推动组织变革

组织文化影响员工的决定以及行动，把员工聚合为一个团体，使其彼此合作，创造企业绩效。中小企业要建立鲜明的组织文化，营造理性和团结协作的文化氛围，建立为员工和社会所接受的价值观和企业形象。以组织文化推动组织变革能够保证变革被组织中的人普遍接受，减少变革的阻力；同时变革是对企业文化的一种夯实，在某种情况下能够对组织文化进行修正和调整，两者是相辅相成的。

（三）实现"人治"到"法治"的过渡

中小企业建立规章制度的过程是逐步实现管理理性化、制度化与科学化的过程。在初创阶段和早期发展阶段，中小企业从决策到管理都带有很强的个人色彩，创业者和高层管理者往往凭直觉和经验进行管理。这种管理的随意性也很强。中小企业在站稳脚跟、运转正常之后要想扩张、发展，必须逐步建立和完善各种制度。制度化才能使管理有条不紊，才能使企业的资源配置合理化、规范化，为企业的长期发展奠定一定基础。

（四）其他方面

1. 领导者发挥重要作用

在中小企业变革的过程中，如果企业有一位优秀的领导者，相对而言，变革的阻力就会很小。这样的领导者通常具有卓越的人格魅力和突出的工作业绩，是企业的核心。因此由他们发动变革，变革的阻力就会很小，在组织变革的过程中能起到立竿见影的效果。

2. 从外部寻找帮助

在变革的过程中，一些员工认为变革的动机带有主观性质，他们认为变革是为了方便领导者更好地谋取私利。还有一些员工认为变革发动者的能力有限，不能有效地实施变革。在这种情况下，中小企业可以从外部寻找方法解决上述问题，如引入咨询顾问。一方面，咨询顾问通常由一些外部专家组成，他们的知识和能力具有权威性，有助于减轻变革的内部阻力；另一方面，由于咨询顾问来自第三方，通常能较为客观地认识企业所面临的问题，较为正确地找到解决的办法。

3. 组织变革要以"人"为基础

员工的能力和态度与组织变革的结果有着密切的关系；中小企业普遍存在缺乏人才的问题，留不住人才。在组织变革的过程中，企业要加强对员工的培训，提高员工的知识水平和技能水平，使得企业的人员素质和企业变革同步提升。在企业的日常经营过程中，企业应该树立一种团体主义的文化，培养员工对企业的归属感，形成一种愿意与企业同甘共苦的企业文化，这样能减少变革过程中的阻力。

第四节 中小企业组织变革的趋势

随着社会发展和时代变迁，传统的组织机构已经不能适应变化的经营环境，知识经济、知识管理、组织变革已经成为大趋势。组织更强调动态性、灵活性和快速反应的能力。尤其是中小企业，其面临着更加激烈的市场竞争。组织变革的趋势大致体现在以下几个方面。

一、组织内部结构变革的趋势

（一）扁平化组织

扁平化组织（horizontal organization）是指在组织内纵向减少层次、横向打破部门壁垒，将一切不增值的环节去掉，缩小组织规模，拓宽管理幅度，使企业的中间管理设置变得简单并侧重于两头发展的组织形式。组织结构是影响企业效能的重要因素，传统的决策高度统一、分工细致明确而臃肿的组织结构只能适应消费需求变动缓慢、市场格局较为稳定的外部环境。企业面对当前科技高速发展、市场复杂多变、竞争日趋激烈的环境，要建立能充分发挥企业整体优势，及时准确把握市场变化，有效利用组织学习创新能力的组织结构。跨部门职能团队、扁平型网络组织等柔性结构以高效的决策速度和对知识优势的利用，成为新时代企业组织形式的主流。

（二）学习型组织

学习型组织（learning organization）是指通过培养整个组织的学习气氛，充分发挥员工的创造性思维而建立的一种有机的、高度柔性的、扁平化的、符合人性的和能持续发展的组织。这种组织如同生物有机体一样，在内部建立起完善的"自学机制"，将组织中的成员与工作持续地结合起来，使组织在个人、工作小组和整个企业三个层次上得到共同发展，形成"学习—连续改善—建立竞争优势"良性循环。其核心是吸纳、集聚与组合创新型的知识，不断增强企业的创新与竞争能力，从而使组织能够适应内外部环境的变化。它提倡组织的所有成员要终身学习，通过学习使每个成员不断提高自身素质，提升工作技能，实现企业与员工的共同愿景。学习型组织是企业未来发展的趋势，一个企业只有成为学习型组织，才能保证企业有长久的生命力，才能充分发挥员工人力资本和知识资本的作用。

（三）网络化

企业组织结构的网络化主要体现为企业形式集团化、经营方式连锁化、企业内部组织网状化和信息传递网络化。随着经济全球化进程的加快，众多企业之间的联系日益紧密，由此构成了企业组织形式的网络化。很多企业通过发展连锁经营和商务代理等业务，形成了一个庞大的销售网络体系，使得企业的营销组织网络化。同时，随着网络技术的蓬勃发展和计算机的广泛应用，企业的信息传递和人际沟通都已逐渐趋向数字化和网络化。

（四）虚拟组织

虚拟组织（virtual organization）是为了把握某一特定的市场机遇，通过跨组织间的核心能力或资源的整合而突破组织边界的一种动态的临时性组织模式。也就是说，正是其"临时性"和"动态性"特征，才为虚拟组织模式带来了灵活快速的市场反应能力和快捷的生产能力，使虚拟组织模式成为当前企业界和理论界一致认可的组织变革趋势。然而，"临时性"与"动态性"决定了虚拟组织形成过程的博弈性，即这两个特点使得虚拟组织的稳定性和其组织有效性将直接取决于各个组织成员彼此之间的信任程度与合作程度。博弈思想的存在直接决定了虚拟组织的内在缺陷：在虚拟组织中，合作伙伴之间的信任多半是基于一次博弈，即协议的结果。这样形成的信任关系自然具有可靠程度低和风险性大的特点，随时出现的违约行为都将对企业联合经营产生强大的冲击，从而降低虚拟组织运行的稳定性。

（五）阿米巴经营模式

阿米巴经营（amoeba management）模式是由日本经济学家稻盛和夫在其管理的公司中实施并推广的一种经营哲学。"阿米巴"在拉丁语中指"变形虫"，其最大的特性是能够随外界环境的变化而变化，通过不断地自我调整来适应所面临的生存环境。在阿米巴经营模式下，企业将组织分解成多个小型、自治的单位（称为"阿米巴"），因此可以随着外部环境变化而不断"变形"，进而调整到最佳状态，建立适应市场变化的灵活组织。阿米巴经营模式的主要特征包括：自主管理，每个阿米巴单位自主管理，包括预算制定、决策过程及盈亏计算；经营透明，所有阿米巴成员都能清晰地了解单位的财务状况，包括收入、成本和利润；目标一致，通过绩效考核和激励机制，确保每个单位的目标与公司总体目标一致；强调员工教育和能力提升，增强每个员工的责任感和主人翁精神。阿米巴经营模式适合希望提高员工参与度、增强经营透明度和提升组织灵活性的中小企业。通过实施这种模式，中小企业可以更有效地激发员工的潜力，促进整体业务的增长和效率。

随着现代企业制度的建立，单一的变革根本无法解决企业深层次的问题。企业在变革的过程中不能简单地只是组织结构的创新，而应立足于技术创新、知识创新、文化创新、观念创新。

二、组织外部结构变革的趋势

（一）战略联盟

战略联盟（strategic alliance）是企业从长远发展的战略利益角度出发，以股权或契约为联结方式而形成的一种联盟性质的合作关系。与企业兼并和集团化经营相比，战略联盟不仅突破了企业的组织边界，而且着眼于企业与企业外部合作伙伴之间的资源共享、优势互补、共担风险、共享利润，从而避免由企业兼并或集团化导致的投资数额巨大、操作复杂等高风险问题的出现。

虽然战略联盟具有诸多优点，但实践结果表明，战略联盟也存在不足之处：相对固定的合作关系容易导致战略联盟缺乏敏捷性，不能根据市场竞争环境的变化及时对基于契约的合作经营模式进行调整；从发现契约不能适应战略联盟的动态变革，到对契约进行修正，再到将契约投入联盟中运用具有一定的时滞性，这不仅会增加联盟的运行成本，而且会延误联盟的适时变革。

（二）平台经济

平台经济（platform economics）是一种基于数字技术，由数据驱动、平台支撑、网络协同的经济活动单元所构成的新经济系统。平台经济以连接创造价值为理念，以开放的生态系统为载体，依托网络效应，允许多个参与者（包括个人用户、服务提供者、开发者等）进行价值的创造、增值、转换与实现。平台经济类型丰富、发展迅速，电商、社交媒体、搜索引擎、互联网金融、交通出行、物流、工业互联网等平台经济模式正在深刻改变各国产业格局，改变人们的生产、生活和消费行为，也为中小企业发展注入了新活力。利用平台，中小企业不仅可以提高市场可见性和增加客户接触点，还可以通过平台的资源和数据能力来增强其业务运营效率和创新能力。例如，中小企业可以加入电子商务平台来访问更广泛的市场和客户群，还可以通过加入行业创新平台与其他企业合作开发新产品或服务，共享研发成本和风险。平台化的外部结构变革有助于中小企业在竞争激烈的市场环境中站稳脚跟，甚至实现跨越式发展。

本章小结

组织变革就是一个企业不断学习、成长，由稚嫩走向成熟的过程，通过这个过程，组织改变过去的行为方式，取得之前所不能取得的成果。组织变革的动因来自内部和外部两个方面。内部动因是影响组织变革全过程的核心因素，也是组织变革成功与否的关键。组织变革的内部动因主要包括三个方面：组织规模变化、组织战略调整、企业生命周期。组织变革的外部动因主要包括经济环境变化、技术进步推动和客户需求多样化。组织变革会遇到阻力，形成阻力的因素可分为个体因素、群体因素和组织因素。组织变革对中小企业的发展至关重要。

　　企业的组织变革是一个"破旧立新"的过程，通常从四个方面展开：人员变革、技术变革、结构变革、文化变革。组织变革包括七个主要步骤：认识到变革的必要性、明确变革的目标、确定变革的问题、选择变革方法、制定变革计划、执行变革计划、变革结果评价与总结。

　　随着社会发展和时代变迁，组织更强调动态性、灵活性和快速反应的能力。

　　组织环境变化的永恒性决定了组织变革的必然性。企业组织变革有多种形式，按照变革进程可分为激进式变革和渐进式变革；按照变革对象可以分为正式关系式变革、非正式关系式变革和人员式变革；按照变革方案的形成可分为强制式变革、民主式变革和参与式变革；按照变革的起始点可分为自上而下式变革、自下而上式变革和上下结合式变革。在组织变革过程中应该遵循一定的策略，如通过员工沟通和激励手段减少变革过程中的阻力，以文化变革推动组织变革，实现"人治"到"法治"的过渡等。变革也是学习的过程，减少变革过程中的阻力，使变革行动奏效，进而使企业发展壮大，走上规范化、制度化的健康发展之路。

关键术语

　　组织变革（organizational change）

　　激进式变革（radical change）

　　渐进式变革（incremental change）

　　扁平化组织（horizontal organization）

　　学习型组织（learning organization）

　　虚拟组织（virtual organization）

　　阿米巴经营（amoeba management）

　　战略联盟（strategic alliance）

　　平台经济（platform economics）

复习思考题

　　1. 中小企业为什么要进行组织变革？

　　2. 中小企业组织变革的过程中存在哪些阻力？

　　3. 中小企业组织变革应该从哪几方面入手？组织变革的步骤是什么？

　　4. 中小企业组织变革的模式有哪些？应该采用哪些策略？

　　5. 中小企业组织变革呈现的趋势是什么？

即测即评

请扫描二维码，参加即测即评。

案例讨论

韩都衣舍：2 000 亿元目标背后的组织变革与 S2B 生态模式

韩都衣舍是一家诞生于互联网的公司，在 2008 年才正式开始叫韩都衣舍，在此之前它只是一家淘宝小店，做了两年后才开始从卖产品转向做品牌。阿里巴巴平台曾评价有言：线上竞争最惨烈的品类就是服装，而其中更惨烈的就是女装。但韩都衣舍通过这些年的自主创新与不懈奋斗，已经成功做到了中国互联网快时尚领导品牌、中国电商最具标杆价值的品牌，并成为国家级电子商务示范企业。同时，韩都衣舍还成为天猫史上首个粉丝收藏量超过 1 500 万的品牌，在 2012—2016 年度勇创互联网服装销量五连冠，获得了许多奖项和认可，如被称为电商界奥斯卡的金麦奖、艾媒榜单的"2017 上半年中国淘系品牌百强榜单"第一名等。

在最传统的服装行业，面对国际与国内的强劲对手，韩都衣舍要如何做到不断紧追甚至赶超？应如何精准地识别消费者的需求，并快速满足消费者的需求？带着这些思考，韩都衣舍开始了组织变革，并发展成为服务行业的领先实践。韩都衣舍的组织结构具体有以下三大创新。

一、阿米巴·小组制模式

1. 小组制的创建流程以客户为中心，让员工掌握更多决策权

韩都衣舍具有以小组制为核心的单品全程管理体系。做个简单的比喻，就如同农村实施的家庭联产承包责任制。过去的管理方式大家都很熟悉，是正金字塔方式，由位于塔尖的管理者发号施令，通过层层传递，最后终端被动执行。这被称为科层式的结构，被目前大多数企业采用，韩都衣舍也曾是其中之一。但经过长时间的实践应用，韩都衣舍发现它在线上创业中存在明显的短板，导致更多的内部博弈出现。销量不好大家相互推诿抱怨，行动效率缓慢，而分薪、分资源也让员工缺乏主人翁意识，认为在为企业工作。这些都让韩都衣舍深受其扰，那么如何来做出改变呢？互联网时代，大家都知道必须要以客户为中心，运用逆向思维，韩都衣舍将整个金字塔倒过来，建立以客户为中心的自主经营体，在公司业务运营中让员工掌握最多的决策权，公司负责打造平台，员工挣薪挣资源，以最大限度地实现开放共赢。

确定销售任务指标是产品小组的责任，这点是不言而喻的。那么，韩都衣舍赋予他们怎样的权利呢？

第一，确定款式。产品出什么款式，老总不做决定，也没有设计师总监来做决定，由他们的组员自己做决定。

第二，确定尺码及库存深度。自己确定到底生产几个尺码，S、M、L 三个还是更多，到底生产多少件，五百件还是一千件。

第三，确定基准销售价格。

第四，确定参加哪些活动。如聚划算、双 11 狂欢节等，全凭小组自己决定产品需要参加哪项活动。

第五，确定打折节奏和深度。韩都衣舍将大多数的业务权力放在了员工手里。公司很多小组成员平均年龄为 25 岁，非常年轻，一般的公司不敢如此放权于员工。

2. 分工协作，激励机制下自由匹配优化组合

韩都衣舍标准化的小组是三人一组，大家各司其职。产品开发专员主要负责产品设计，页面制作专员负责制作产品的详情页做照片修饰，而货品管理专员负责与生产和仓库对接，掌握产品的库存变化，依据销售动态来确定是继续下单还是进行促销。这个整体过程的最终决策由他们三人商量敲定。公司支持小组成员自由匹配，分发奖金以小组为单位而不是个人，具体内部分配由组长决定。所以，员工的向上状态都是自发的，不需要领导每天去督促推动，他们的心态如同比赛游戏一样互相追赶。能者多得，按劳分配，韩都衣舍虽没有特设淘汰机制，但无论优劣都会由小组自行解散重组，因为作为组长一般奖金会多于组员，所以一些组员通过一段时间的实践锻炼后，认为自己也可以胜任组长一职，就会出来组织自己的小组。而这时解散出的相对弱的成员就会奔向这个经验比较丰富的员工，这就好像市场的良性循环一样，形成了内部人才的优化匹配。

二、以"爆旺平滞"算法为驱动的 C2B 运营体系

作为一家互联网企业，而不仅仅是一个网店，一定要懂得以大数据来驱动运营。以"爆旺平滞"算法为驱动的 C2B 运营体系，是韩都衣舍对运营模式的创新。作为大数据典型应用案例，它在商品销售中通过数据运算，将产品分为"爆款""旺款""平款""滞款"，并在第一时间对"爆旺款"进行返单以增加产品存量，同时还对"平滞款"进行促销。

这个过程，一方面是对产品款式的数据监测，通过消费者的购买"投票"，实现产品款式的"公众设计"；另一方面，快速处理"平滞款"，加大"爆旺款"存量，还可以极大提高售罄率，无限降低库存风险。通过这个算法，员工能及时接收到经营数据，了解到自己设计的款式是否被消费者喜欢，可以获得多少利益等；而韩都衣舍也能够精准快速地获取和把握市场需求，有利于其针对消费者喜好迅速下单。这其实也是一次组织结构的变革，改变了供应链的组织模式，实现了从最传统的服装工厂向数字化工厂的逐步升级。

因为系统连接通畅，韩都衣舍可以随时掌握所有协同工厂的产能状况，清晰地知道某款产品发送给谁可以最快速地完成任务，让产品进入仓库。另外，韩都衣舍还实现了服装的当季生产。而在此之前，服装的生产都是提前两个季度进行的，比如现在是冬天，大多服装工厂在做的将会是夏天的衣服，而韩都衣舍工厂此刻在做的却是冬天的衣服，为什么会如此呢？因为只有在开始销售时才能更准确地知道哪些产品是受欢迎的。韩都衣舍协同了 240 多家这样的工厂，其中核心的有 80 家，都做得非常好。现在，韩都衣舍已经开始往纺纱和染布这些更上游的产业领域进军，例如在山东高密建设基地，为工厂专职提供纱和布以及染织服务从而打通从供给侧到消费端的全产业链。

三、韩都衣舍二级生态：S2B 商业模式创新

在电商界，韩都衣舍是 S2B 模式的实践者。S 是大的服务供应平台，B 是一个一个的品牌，S 和 B 之间的关系是赋能，既不是买卖的关系，也不是传统的代卖关系。服务供应平台是一个数据化的平台体，会完成供给侧智能化的网络协同，促使小品牌高效运营，成为真正的数字化企业。

1. "大平台" + "小前端" 的 "赋能" 体系

如果将公司的小组比作一个企业，那么公司的其他部门等同于政府机构，它们最大的职责就是为小组的生存发展创造良好条件，做好支撑。以前韩都衣舍讲服务，现在光服务还不够，必须要赋能。为什么呢？因为就像一支被投放在孤岛上作战的部队，如果没有后端强大的军事信息情报系统提供指令，他们将难以取胜。而韩都衣舍的小组就是如此，他们虽然很年轻，但他们后面有一个强大的支撑体系，这个体系被称为 "大平台" + "小前端" 的 "赋能" 体系。

2. 形成生态赋能产业链，全面助力云孵化

韩都衣舍自 2012 年确立多品牌运营战略以来，相继推出了针对男装、女装、童装、中老年装等众多品牌服务，比如专门给胖女孩做的 "For Queens"，给甜美女孩做的 "娜娜日记" 等，都进行了个性化的品牌定制和提供全方位服务。而这些品牌都是在韩都衣舍大的生态系统下产生运营的，当发展到一定阶段时，韩都衣舍这个生态系统除了能够支撑韩都衣舍自身以外，还可以对外开放支撑其他品牌运行，这个模式就是 S2B 模式。如果 BAT（B 指百度，A 指阿里巴巴，T 指腾讯）是一级生态，韩都衣舍就是面对大服饰品类进行专业专项服务的赋能型服务的二级生态，具体由品牌集群、三驾马车（韩都衣舍、智汇蓝海、韩都动力）、九大支撑、品牌服务这一链条组成，与一级生态相辅相成，彼此支持获益。而支撑韩都衣舍整个赋能系统最核心的部分是商业智能，商业智能能够辅助业务经营决策，既可以是操作层面的，也可以是战术层和战略层的决策，它作为中心点，实现了整体的智能协同。

在这样一个强大系统下，韩都衣舍能够对外服务数百个品牌。目前累计被韩都衣舍称为云孵化的品牌已经超过 500 个。

什么叫云孵化呢？针对一些品牌，如互联网品牌、线下想转线上的品牌，或者国外想打入中国市场的品牌等，韩都衣舍利用店铺切入，再通过整个支撑端改造，最终将品牌变成一个真正的电子商务企业，或是一个用大数据驱动的商业智能协同的公司，这个过程被称为云孵化。这些公司不都在韩都衣舍，但他们通过互联网与韩都衣舍有着非常密切的联系，同样在韩都衣舍商业智能的协同下进行运作。2016—2017 年上半年，韩都衣舍的云孵化品牌销售额同比增长 100%~200%，除国内一些知名品牌外，韩国、日本、英法美等国外众多品牌也纷纷加入，形成了韩都衣舍的品牌集群。

2018 年，韩都衣舍在其成立十周年之际，明确了未来十年的 "121 目标"：同时服务 1 000 个以上品牌、实现交易规模 2 000 亿元人民币、生态系统中诞生 1 000 个千万富翁。在该目标的指引下，韩都衣舍努力以品牌商+服务商的模式蓬勃发展，打造具有全球影响力的快时尚品牌，打造具有全球影响力的互联网生态运营集团。

资料来源：搜狐网。

讨论题：

1. 韩都衣舍为什么进行组织结构变革？

2. 韩都衣舍变革后的组织结构具有什么特征？

3. 韩都衣舍的组织结构变革对其他企业有什么启示？

参考文献

1. 余伟萍，金卓君，胡豪. 组织变革：战略性 ERP 价值实现的保障. 北京：清华大学出版社，2004.

2. 约翰·P. 科特，丹·S. 科恩. 变革之心. 刘祥亚，译. 北京：机械工业出版社，2003.

3. 刘平青. 掌控创业型企业：转轨期中国组织发育与企业成长解密. 北京：清华大学出版社，2009.

4. 余菁. 企业再造：重组企业的业务流程. 广州：广东经济出版社，2000.

5. 赵继新，吴永林. 管理学. 北京：清华大学出版社，2006.

6. 稻盛和夫. 阿米巴经营：人人都是经营的主角. 曹岫云，译. 北京：中国大百科全书出版社，2016.

7. 克里斯·阿吉里斯. 组织变革：方法与行动. 慈玉鹏，丁丹，译. 北京：机械工业出版社，2023.

8. 张传宗，王挺. 破局：中小企业的变革与重生. 北京：当代世界出版社，2020.

下 篇

中小企业高质量发展

第十章
中小企业技术创新

学习目标

1. 知识探索：通过对中小企业技术创新动因、特征、影响因素和路径的讲解分析，帮助学生厘清我国中小企业技术创新的过程，掌握中小企业如何提升自主创新能力，构建起中小企业技术创新的分析框架。

2. 能力提升：帮助学生通过理解中小企业技术创新过程，切实体会中小企业创新所面临的挑战，掌握中小企业有效开展技术创新活动、应对其中的困难与挑战的方法，培养锐意改革、大胆创新的能力。

3. 价值引领：中小企业的技术创新对于深入实施创新驱动发展战略、加快建设科技强国具有重要意义。通过案例教学让学生切身感知中小企业家的创新精神和家国情怀，激发民族自豪感和爱国意识。

4. 品格养成：通过案例教学，分享中小企业创新经历，让学生深刻理解创新的困难与重要性，学习先进的企业家精神，培养勇于创新、敢于担当的精神。

太湖雪：用创新传承丝绸之美

"天下丝绸品，震泽占三成。"苏州太湖雪丝绸股份有限公司（以下简称"太湖雪"）从江南古镇震泽生根发芽，在传承非遗蚕丝技艺的同时，不断创新研发各类丝绸制品，如今已成为一家集研发、设计、生产、销售于一体的丝绸龙头企业。

细细的蚕丝要制作成舒适、亲肤的丝绸制品，中间隐藏着大大的学问。2010年，太湖雪与苏州大学蚕桑研究所合作，研发出了全过程无污染手工拉网被新工艺，让制作出来的蚕丝被更蓬松、更保暖、更耐用、更环保。此外，太湖雪还与苏州大学蚕桑研究所共同研发了可水洗蚕丝凉被，解决了蚕丝被不能水洗的难题，对蚕丝被的推广和普及起到了极大的促进作用。

由于工艺相对简单，蚕丝被行业进入门槛较低。随着蚕丝被生产企业越来越多，市场上蚕丝被产品以假乱真、以次充好等乱象时有发生。如何解决这些问题？专业化、高端化成为必然。随着蚕丝被行业不断向规范化方向发展，蚕丝被的生产制造也从传统家庭作坊逐步过渡到专业化工厂。同时，在消费升级的背景下，消费者对蚕丝被及丝绸制品的舒适、亲肤、柔软等各方面需求快速提升，高端产品市场前景更加广阔。因此，太湖雪不断进行产品的研发投入，专注于蚕丝被等丝绸制品工艺与技术创新。经过多年的持续投入，太湖雪已经拥有完整自主知识产权的技术体系，开展了桑蚕优质新品种的选育及产业化配套技术的研发，掌握了高韧性高光泽度蚕丝处理技术、蚕丝纤维功能整理技术等多项核心技术，在降本增效、提高生产安全性、提升产品质量以及提高产品多样性上起到了重要作用。

除了产品研发，太湖雪也十分注重品牌建设。中国丝绸文化历史悠久，作为丝绸制品企业，有义务传承、弘扬中华优秀传统文化，增强中华民族文化自信。在新消费、新国货、新零售的消费浪潮中，"90后""00后"成为消费的主力军。太湖雪紧紧抓住这一趋势，在丝绸饰品的设计开发中，融合中国传统丝绸美学进行创新设计，推出个性化、年轻化、时尚化的产品；在渠道上加大对境内外线上营销的推广，定期与国内外主流社交平台上的名人进行合作，不断增加太湖雪品牌的曝光度，进而提升知名度。

2022年12月30日，太湖雪正式上市，成为北京证券交易所新国货丝绸第一股。这对太湖雪来说是新的起点、新的征途。丝绸是一个传统行业，怎么把传统的产品变成年轻人都喜爱的时尚单品，同时让年轻人了解到中华优秀传统文化呢？太湖雪继续走在传承与创新的路上。

资料来源：东方财富网。

请思考：

1. 作为一家制作传统丝绸的企业，太湖雪为什么要创新？
2. 作为一家中小企业，太湖雪是如何应对挑战、成功实现技术创新的？

第一节　中小企业技术创新的动因

中小企业技术创新的动因（motive of technology innovation），是指启动中小企业技术创新过程或行为的原因，其主要包括以下几个方面。

一、中小企业技术创新的内部动因

（一）内部推动力

1. 企业家精神

具备敏锐市场洞察力和创新意识的中小企业家能够及时捕捉到市场变化和行业趋势，引领企业不断进行技术创新，满足市场需求。中小企业家敢于拼搏、乐于挑战传统、勇于开拓创新的精神也会推动企业不断进行技术创新。

2. 创新文化

创新文化是内部创新的重要土壤。一个鼓励创新、容忍失败的文化环境能够激发员工的创造力和积极性。在这样的文化氛围中，员工更愿意分享知识、交流想法，并积极参与到创新过程中，从而为企业带来源源不断的新思想和新方案。

3. 技术能力

中小企业通过投资于员工的技术教育和培训，不断提升团队的整体技术能力。这不仅有助于解决现有的技术问题，也为研发新技术和新产品提供了坚实的基础，使企业能够紧跟技术前沿保持竞争力。

4. 工作经验

员工丰富的工作经验是中小企业创新的重要资源。员工在长期工作中积累了丰富的实践经验，这些经验可以帮助中小企业识别潜在的问题和机会，从而指导创新的方向。例如，在生产制造领域，经验丰富的员工能够快速识别生产过程中的瓶颈，并提出切实可行的创新解决方案。

（二）内部拉动力

1. 成本控制

成本控制是中小企业生存和发展的关键，在市场价格竞争激烈的情况下，成本控制是中小企业保持竞争力的重要手段。在资源有限的情况下，技术创新可以帮助中小企业降低生产成本，从而提高利润率。

2. 提高效率

技术创新可以帮助中小企业提高效率。通过引入自动化设备、优化生产流程和改进管理模式，企业可以提高生产效率，更好地满足市场需求。

二、中小企业技术创新的外部动因

（一）外部推动力

1. 政策支持

政府通过出台税收优惠政策、科技创新资金扶持政策、技术创新项目立项资助等措施，降低中小企业技术创新的成本和风险。此外，政府还可以通过制定产业政策、引导技术创新方向，激励和引导企业加大技术创新投入，提升技术创新能力。

中国政府致力于精准解决中小企业技术创新的难点痛点，制定了一系列支持中小企业创新的政策。

（1）直接奖励。各地方政府对于被认定为专精特新中小企业、专精特新"小巨人"企业以及被纳入科技型中小企业库的企业提供对应的财政奖励资金。

（2）科技创新券。一些地方政府（如江苏省、贵州省等）向科技型中小微企业发放科技创新券，企业可以用科技创新券购买与科技创新活动有关的服务，包括研发资源使用、研究开发、技术转移、科技金融、知识产权、检验检测、创业孵化、科技咨询等。目前，政府还在探索建立科技创新券跨区域"通用通兑"的政策协同机制。

（3）税收优惠。例如，2022 年财政部、税务总局和科技部联合发布了《关于进一步提高科技型中小企业研发费用税前加计扣除比例的公告》，该公告规定，科技型中小企业开展研发活动中实际发生的研发费用，未形成无形资产计入当期损益的，在按规定据实扣除的基础上再按照实际发生额的 100% 在税前加计扣除；形成无形资产的按照无形资产成本的 200% 在税前摊销。

（4）科技信贷。政府集中遴选科技型中小企业，并由试点担保公司集中提供担保，以"统一管理、统一授信、统一担保、分别负债"的方式，为科技型中小企业申请 2 年以上的中长期贷款。地方财政则给予担保公司一定的奖励补助和风险补偿，为中小企业增信，推动银行为中小企业提供信用贷款。

2. 技术发展

技术发展为中小企业技术创新提供了坚实的基础。随着新技术的不断涌现，中小企业可以利用这些新技术进行产品和工艺的创新。例如，人工智能和大数据技术的快速发展，为中小企业在智能制造、精准营销和产品服务等方面的创新提供了广阔的空间。

3. 产业环境

随着科技进步和产业结构调整，新技术、新产业不断涌现，传统产业面临转型升级的压力。中小企业在适应产业环境变化的同时，需要积极进行技术创新，提升产品和服务的附加值，实现产业升级和转型发展。例如，在传统制造业转型升级的过程中，中小企业通过技术创新，能够在智能制造、物联网等领域实现突破。

4. 竞争压力

在全球化的市场环境中，中小企业面临着来自国内外企业的激烈竞争。为保持竞争力，企业必须不断创新，以提供更优质的产品或服务。这种创新不仅包括产品功能的改进，还包括服务模式的创新，以满足消费者的多样化需求。

5. 供应商

中小企业通过供应商不仅能获得产品和服务，还能获取重要的市场和技术信息。供应商分享行业的最新发展动态、新技术应用和市场趋势，这些信息对于中小企业的技术创新具有重要的指导作用。例如，某些供应商可能会提供关于新材料的使用建议，这可以帮助中小企业开发出具有竞争力的新产品。此外，与供应商的合作还可以促进技术转移和技术引进，帮助中小企业缩短研发周期，加快产品上市速度。

6. 合作网络

通过与高校、研究机构、行业伙伴等建立合作关系，中小企业可以获得更多的知识、技术和市场信息，拓宽创新视野和资源渠道。合作网络的建立还可以为中小企业提供技术咨询、人才培养和研发资源共享等多方面的支持，进一步推动中小企业的技术创新活动。

（二）外部拉动力

1. 满足市场需求

中小企业开展技术创新有利于适应不断变化的市场。通过深入的市场研究和积极的技术创新，中小企业能够更好地理解市场需求的多样性和变化性，从而开发出满足这些需求的创新产品或服务，增强企业可持续竞争力。

2. 提升品牌形象

技术创新不仅可以提高产品质量和性能，还能提升企业的品牌形象。通过持续的技术创新，中小企业可以树立技术领先的品牌形象，增强客户对品牌的信任和忠诚度。

3. 吸引投资

技术创新能力强的企业更容易吸引投资者的关注和投资。投资者通常看重企业的技术创新能力，因为技术创新能力代表了企业的持续发展潜力和市场竞争力。中小企业通过展示其技术创新成果和市场前景，可以吸引风险投资、天使投资等，为企业的发展提供必要的资金支持。

第二节　中小企业技术创新的特征

一、中小企业技术创新的优势

（一）快速响应

由于组织结构的扁平化，信息流通更加畅通，中小企业能够迅速获取市场动态并做出反应。这种快速响应使得中小企业能够灵活调整经营策略，快速推出新产品或服务以满足市场需求。例如，在时尚或消费电子领域，消费者偏好的快速变化要求企业能够迅速做出反应，而中小企业往往能够更快地捕捉这些变化并推出符合潮流的产品。此外，这种快速响应还体现在对新兴市场的快速进入，以及在面对市场危机时的快速调整和应对。

（二）决策敏捷

中小企业的决策过程通常更为迅速和高效。在大企业中，决策可能需要经过多个层级的审批；而在中小企业中，关键决策者往往能够直接参与到决策过程中，减少了决策的时间和成本。决策敏捷使得中小企业能够快速响应市场变化，及时调整研发方向和产品策略。例如，当市场上出现新的商机或竞争对手时，中小企业能够迅速做出决策，调整研发资源，以最快的速度推出创新产品，抢占市场先机。

（三）专注细分市场

中小企业通常专注于特定的细分市场，深入了解这些市场的需求和特点。通过专注于细分市场，中小企业能够创新开发出高度专业化和定制化的解决方案，满足特定客户群体需求。在一些小的、特殊的消费市场里，中小企业往往是唯一的产品和技术提供者。例如，户外运动品产业的特点难以引起大公司的兴趣或者大企业根本不适合进入该产业，因此，该产业成为中小企业驰骋的天地。

（四）创新效率高

中小企业资金相对较少，科研力量相对薄弱，设备有限，这就决定了其在技术创新方向的选择上比较重视应用型技术创新，而对投资多、见效慢、规模大的基础性技术创新不太重视。因此，中小企业的创新速度相对较快（见表 10-1）。根据国家知识产权局数据，2023 年国家高新技术企业、科技型中小企业拥有有效发明专利 213.4 万件，占全国企业发明专利总量的 73.4%。

表 10-1 技术创新与产品进入市场所需的时间 单位：年

企业	产品设计	生产样品	投入生产	进行销售	合计
小企业	0.69	0.18	1.17	0.18	2.22
大企业	0.99	0.39	1.36	0.31	3.05

资料来源：汤世国. 技术创新：经济活力之源. 北京：科学技术文献出版社，1994.

（五）政策支持

我国政府提供了许多针对中小企业的技术创新支持政策，如税收优惠、研发补贴等。这些政策为中小企业提供了额外资源，降低了中小企业技术创新过程中的风险。此外，政府还通过建立创新服务平台、提供技术咨询和培训等方式，帮助中小企业提升技术创新能力。这些政策支持不仅为中小企业提供了资金上的帮助，也为它们提供了技术创新的信心和动力。

二、中小企业技术创新面临的挑战

中小企业的创新活动面临着技术、资源和信息等方面的挑战。由于缺乏专长、资金和信息优势，其技术创新会遇到重重困难。但如果能克服这些困难，中小企业有巨大的创新潜力可以挖掘和释放。

（一）技术挑战

一项创新的技术特性包括复杂性、兼容性、相对优势、可感知的有用性、信息强度和不确定性。前三个特征对创新能否被采用影响最大。

1. 复杂性

复杂性是指理解和应用新技术的难度。一项高度复杂的技术包含许多隐性知识，需要努力地学习、分享和传播。如果知识容易共享，企业就乐于采用新技术。相反，如果知识是复杂的、隐性的，就会阻碍企业的技术创新。具体来说，当技术创新涉及复杂的技术问题和解决方案时，中小企业可能缺乏处理这些问题的专业知识和经验，需要投入大量时间和资源来解决技术难题，这可能导致创新进度延迟和成本增加，进而降低中小企业创新的积极性和成功率。

2. 兼容性

兼容性是指新技术与企业现有的知识体系、经验和需求相一致的程度。企业更有可能采用与公司积累的知识相匹配的新技术，也更愿意采用与现有的技能、设备、工艺和标准相接近的新技术。新技术的采用成本甚至大于其购买成本。采用成本受到其他用户使用该技术的口碑的影响，还受到能否得到训练有素的熟练工人、技术支持和维修服务的影响。中小企业在技术创新时需要考虑新技术与现有系统的兼容性，确保新技术无缝集成到现有业务流程和产品中，是中小企业有效创新的关键。中小企业需要进行详细的技术评估和测试，以避免不兼容问题带来的额外成本和时间延误。与技术供应商和顾问的合作可以帮助中小企业解决兼容性问题。

3. 相对优势

相对优势是指一项新技术要比原先使用的技术更有优势，企业会采用那些性能和经济收益更好的技术。可感知的优势越大，中小企业采用新技术的速度就越快。中小企业需要通过持续的市场分析和技术监控，评估新技术相对于原技术的优势，找到有效的技术创新点，并快速将其转化为市场优势。

（二）资源挑战

1. 资金限制

中小企业在进行技术创新时，往往面临资金不足的问题。由于规模相对较小，它们通常没有足够的自有资金来支持长期的、高风险的研发项目。此外，相比于大企业，中小企业在资本市场上的融资能力较弱，难以获得银行贷款或吸引风险投资。这导致它们在研发初期就可能面临资金链断裂的风险，限制了技术创新的持续性和深入性。

2. 人才短缺

技术创新的核心是人才，但中小企业在人才招聘和留存方面面临重大挑战。由于品牌影响力和薪酬待遇通常不如大企业，中小企业难以吸引顶尖的研发人才。即便能够招聘到合适的人才，如何提供持续的职业发展机会，保持稳定的激励机制，以保持人才的忠诚度和积极性，也是中小企业需要解决的问题。此外，中小企业还需要建立有效的人才培养和内部晋升机制，以促进员工成长和技术创新。

3. 研发设施不足

中小企业往往缺乏与大企业相媲美的研发设施，这不仅限制了它们在实验和测试方面能力的提高，也可能影响产品的质量控制和创新速度。缺乏先进的研发设施可能导致研发周期延长，增加研发成本，从而影响企业技术创新的意愿。为了解决这一问题，中小企业可以考虑共享研发资源，与同行业的其他企业或研究机构合作，或者利用云服务和远程实验室等现代技术手段来弥补研发设施的不足。

（三）信息挑战

1. 信息获取渠道有限

中小企业通常没有大企业那样广泛的信息网络和资源，缺乏对行业内部动态、市场趋势、技术发展和消费者行为的深入了解。由于资源有限，中小企业可能无法负担订阅专业数据库或参加行业会议的费用，这限制了它们获取最新信息的能力。此外，信息的不对称性可能导致中小企业在市场竞争中处于不利地位。为了克服这一挑战，中小企业可以通过建立合作伙伴关系、利用公共资源，以及与高校和研究机构合作来拓宽信息获取渠道。

2. 信息筛选和分析能力不足

中小企业在处理和分析大量信息（如数据）时，可能缺乏必要的工具和专业知识。这不仅涉及信息收集，还包括如何从信息中提取有价值的见解，以及如何将这些见解转化为创新策略。缺乏有效的信息分析能力可能导致中小企业无法准确预测市场趋势或评估技术发展的影响。为了提高信息筛选和分析能力，中小企业可以投资于信息分析工具，培养员工的信息分析技能，或者与专业的信息分析服务提供商合作。

3. 信息更新速度慢

在技术迅速发展的今天，信息的实时更新对于保持竞争力至关重要。然而，中小企业可能由于缺乏高效的信息监测系统，无法及时获取最新的市场和技术信息。这种滞后可能会使企业错过关键的创新机会或市场变化。为了提高信息更新的速度，中小企业需要建立快速响应机制，利用自动化工具监控行业动态，并培养员工对新信息的敏感度。

4. 信息共享机制不健全

在中小企业内部，信息共享可能受到组织结构、文化和流程的限制。部门之间的信息孤岛现象可能导致决策过程中的信息不对称，影响创新的效率和效果。为了改善信息共享，中小企业需要建立跨部门的沟通渠道，制定信息共享的政策，并利用信息技术工具促进信息流通。

5. 数据安全和隐私保护

随着企业对数据的依赖日益增加，数据安全和隐私保护成为中小企业必须面对的挑战。黑客攻击、数据泄露和不当的数据使用都可能对企业的声誉和运营造成严重影响。中小企业需要投资于数据安全技术，制定严格的数据管理政策，并培养员工的数据保护意识。同时，遵守相关的数据保护法规也是确保企业合规运营的关键。

（四）其他挑战

1. 政策和法规

中小企业在技术创新过程中，必须面对不断变化的政策和法律法规环境。这包括税收政策、环保法规、行业标准等，这些政策的变动可能会对企业的运营成本、研发方向甚至市场准入产生重大影响。为了应对这些挑战，中小企业需要建立一个灵活的政策和法规监测及响应机制，及时获取变动信息，评估其对企业的影响，并制定相应的应对策略。

2. 知识产权保护

在全球化的市场环境中，知识产权保护对于中小企业至关重要。它们需要投入资源来申请、维护和管理专利、商标、版权等知识产权。这不仅涉及技术研发阶段的保护，还包括产品上市后的维权行动。中小企业应加强内部的知识产权意识培训，确保员工了解相关法律法规，并采取有效措施防止侵权行为的发生。同时，通过与专业的知识产权律师或顾问合作，中小企业可以更好地规划和执行知识产权战略。

3. 全球化竞争

在全球化的商业环境中，中小企业面临着世界各地的竞争者。为了在激烈的市场竞争中立足，中小企业需要不断提升自身的技术水平和产品质量，以满足不同市场的需求。同时，中小企业应加强国际合作，通过出口、合资、技术引进等方式，拓展国际市场。此外，建立全球化的视野和战略思维，了解不同国家和地区的市场特点和文化差异，也是中小企业通过技术创新在全球化竞争中取得成功的关键。

4. 依赖外部合作

与高校、研究机构、大企业等外部组织合作是中小企业技术创新过程中的一个重要策略，它可以帮助企业获取新的技术、知识和市场资源，从而加速创新步伐和提升竞争力。然而，这种依赖也伴随着一系列挑战。一方面，合作中可能涉及复杂的合同条款和法律问题，中小企业可能缺乏处理这些问题的经验和资源。因此，它们需要寻求法律顾问的帮助，以确保合同的合法性和自身权益的保护。另一方面，过度依赖外部合作伙伴可能会使中小企业在关键技术或资源上面临依赖风险，一旦合作方出现问题，可能会对中小企业的技术创新和业务运营产生严重影响。

总之，在当今快速变化的商业环境中，技术创新已成为企业持续发展和保持竞争力的关键。与大企业相比，中小企业在技术创新方面拥有一些独特的优势，也面临许多挑战。中小企业和大企业技术创新的特征比较如表 10-2 所示，理解这些差异对于中小企业制定有效的技术创新策略至关重要。

表 10-2　中小企业和大企业技术创新比较

项目	中小企业	大企业
技术创新领域	中小企业技术创新的领域分布非常广泛，尤其活跃于新兴产业	大企业由于受资产专用性和沉没成本的影响较大，对一些市场容量较小而风险较大的市场，一般不感兴趣或不愿冒险涉足
技术创新体制	中小企业的技术创新体制更为灵活。由于中小企业一般不设置固定独立的研究开发机构，因而主要采用技术引进方式创新，或是以合同形式委托高校、科研单位进行研发	大企业的技术创新活动一般都通过独立的专职开发部门进行
企业技术创新内容	中小企业注重应用型技术创新，一般进行的是单一创新，很少从事投资大、项目多、见效慢的基础型技术创新，更为注重现实效益	大企业在注重应用型技术创新的同时，也十分注重基础性研究，以谋求企业长期、稳定的发展
技术创新动力	中小企业进行的技术创新大都是需求拉动型的，其主要目标是利润最大化。中小企业技术创新一开始就瞄准了特定市场，这样不仅成功率高，而且在引导消费者对新产品的认同方面还可以节省大量开支，缺点是缺乏发展后劲	大企业的技术创新大多是属于技术推动型的，其技术创新的主要目的是加强市场竞争地位。因此，大企业的技术创新活动既可能面临由失败而带来的巨大风险，又面临新产品在开拓市场、引导消费者认同方面所耗费的大量开支。因此，其技术创新成功率远不如中小企业，可一旦成功，就能取得惊人的经济效益
企业技术创新的新颖度	在本省和企业水平的新颖技术创新中，中小企业贡献度较高。在引进技术时，中小企业通常以引进国内技术为主	在国际和国内水平的新颖技术创新中，大企业贡献度较高；而在本省和企业水平的新颖技术创新中，大企业贡献度较低
企业在技术创新阶段的优势	中小企业的创新失败主要集中在销售阶段	大企业在设计阶段发生创新失败的频率较中小企业高。在生产和销售阶段，技术创新需要较大投入。由于大企业在财力、人力和销售网络等方面具有优势，因此大企业在销售阶段出现失败的概率比较低

续表

项目	中小企业	大企业
企业家的作用	与大企业相比，中小企业家在技术创新活动中的作用明显要大。很多中小企业的企业家既是经营者又是创新者，他们除对技术创新制定战略外，通常还亲自参与（或组织和领导）技术创新活动	在大企业，经营管理与研究开发创新基本上处于分离状态

资料来源：翟红华. 大企业与中小企业技术创新模式的比较. 现代管理科学, 2003（10）：105-106.

第三节　中小企业技术创新的路径

一、中小企业技术创新的来源

（一）研究与开发活动

中小企业的技术创新包括大量和技术研究与开发相关的创新活动，这种创新活动需要较多的资金、人力资源等的投入，技术风险和市场风险都比较大，因而多数是由一些研究与开发密集型的中小企业来进行的，并非所有的中小企业都具有开展这类创新活动的能力。同时，中小企业的研究与开发活动，更多地需要与外部合作或得到政府的支持，这一方面指政府在资金、政策等方面提供支持，另一方面指在研究与开发过程中，政府提供技术、信息、人才等方面的支持。

中小企业的研究与开发活动可以分为自身的研究开发和合作研究开发两种类型。提高自身的研究与开发能力应该是中小企业技术创新的主要努力方向；而对于缺乏信息、人才、技术等的中小企业来说，合作研究开发活动更加适合它们。比如近些年欧盟中小企业政策的核心就是引导更多的中小企业参与到欧盟的研究与开发计划的框架之中；美国有关支持中小企业技术创新的计划，其宗旨也是鼓励更多的中小企业参加联邦的研究与开发活动。随着我国高新技术产业的发展，中小企业也越来越多地参与高新技术的研究与开发活动。

（二）技术转移

技术转移是指在某一组织或领域内为了某一目的而形成的技术、知识或信息被采用或应用到另外的组织、领域或服务于其他目的的过程。技术转移可以在多种技术转移主体之间进行，包括不同的中小企业之间、中小企业与大企业之间、中小企业与高校之间、中小企业与非营利性研究机构之间、中小企业与政府研究机构之间、中小企业与国际研究机构之间、中小企业与国际企业之间、中小企业与一些中介机构之间等。面向中小企业的技术转移活动，是实现大量科研成果商业化的重要渠道。中小企业的技术转移一般有以下几种形式。

1. 研究人员创办企业

这种形式多是由研究机构或较大企业的研究人员，自带研究成果创办自己的独立企业或是以技术入股等方式加入现有企业，这种形式在创办高新技术企业方面尤为多见。

2. 企业与高校或研究机构之间开展合作研究

合作研究是指企业与高校或研究机构共同参与的，往往是由国家或其他科技组织制定的联合研究与开发计划，其研究成果往往可直接应用于企业的生产和服务之中。

3. 企业与高校或研究机构之间开展的委托合同研究

这种形式一般是由企业提出研究目标，提供研究资助，由高校或研究机构帮助企业实现其研究开发目标，这种合同研究促进了技术成果转向中小企业。

4. 企业与企业之间的合作

这种合作关系建立在对合作双方共同的兴趣或利益的互补基础之上，有利于企业之间的技术交流与扩散。

5. 企业与学校或研究机构之间的人才交流

这种人才交流的形式是多种多样的，其结果总是有利于培养中小企业的技术创新人才，或是直接从高校或研究机构获得所需要的知识、技术和信息等。

6. 中小企业进入高技术工业园区或科技园区（或孵化器）

这种做法可以使中小企业获得更好的技术转移成果，高新技术中小企业在这方面更具优势。近些年各国政府尤其关注这方面的发展态势。我国鼓励初创企业入驻孵化器，并给予租金优惠，使得中小企业可以获得孵化器提供的服务。

7. 通过技术转移机构进行技术转移

这类机构有些是中介性质的，有些是服务性质的，有些本身就是技术的提供者或转移者。例如，美国的国家技术转让中心和联邦实验室技术转移联合体以及欧盟15国建立的"技术创新服务机构合作网"等，大都具有促进面向中小企业的技术转移活动的职能，并且这些机构的活动也往往得到政府的扶持和政策指导。

二、中小企业技术创新的过程

（一）创新的阶段

创新的阶段，就是将中小企业技术创新的整个过程根据创新目标的要求，依照时间顺序划分为若干个相对独立的阶段。结合中小企业实践并为了使问题简化，本书将技术创新过程（process of technology innovation）划分为创新构想阶段、研究与开发阶段、设计阶段、生产阶段和销售阶段五个阶段。

1. 创新构想阶段

创新构想阶段又称创新策划阶段或创新概念开发阶段。它是指中小企业在某种外因（如市场需求等）的作用下，萌生创新思想，进而充分考虑到企业自身能力（主要是技术创新能力），再经调研、论证、评估后，形成创新方案，直至立项的全部过程。该阶段独立存在的重要性关键在于它是其他阶段存在的前提。事实上，有关中小企业技术创新的重大决策，诸如战略目标的选择、战略模式的确定等，都是在此阶段做出的。

2. 研究与开发阶段

研究与开发阶段是指中小企业对已选定的科技成果（可以是企业原有的，也可以是从企业外引进的）实施生产可行性研究、技术难点攻关和中间实验，实现技术先进性、生产可行性和经济合理性三者的统一，即形成新产品样品、样机或新工艺模型的过程。该阶段的主要任务是探索科技成果转化为现实生产力的可能性，并把这种可能性初步变为现实。

3. 设计阶段

设计阶段是根据研究与开发阶段提供的样品成果进行工程开发和技术设计，提出可供本企业具体实施的全部技术图纸和技术资料。该阶段是中小企业技术创新过程中实现技术与经济相适应并有机结合的关键一环。

4. 生产阶段

生产阶段的主要任务是把设计阶段的成果转变为大规模生产，生产出可供市场出售的新产品或新工艺的过程。因此，在具体实施中常常会面临大量的生产组织管理问题，诸如原材料供应、技术改造、工模夹具的改制、生产工艺的变更、员工素质的提高和岗位的重新设置等一系列问题都需要在该阶段得到圆满解决。

5. 销售阶段

销售阶段的主要任务是将创新产品推向市场。考察分析市场的接受程度和消费者对本企业新产品的反应，将分析结果及时反馈到上述诸阶段，以便对创新产品不断进行改进和完善，最大限度地谋求技术创新所带来的市场价值和经济效益。

（二）创新过程是阶段性要素组合过程

阶段性要素组合，是指在中小企业技术创新的各个阶段都存在人力、物力、财力、科技、信息等要素的组合，只不过在各阶段有所区别而已。在前三个阶段中，科技和信息在整个要素投入中所占的比重相对大一些，然后，随着时间顺序和阶段的进展呈现递减趋势，而人力、物力和财力等要素的投入则随着阶段的进展呈现递增趋势。在各个阶段，还要特别重视技术创新与现有生产技术的有机结合，尽可能多地利用原有的成熟的工艺技术和设备。中小企业技术创新不仅是技术要素、生产要素和生产条件的组合过程，同样也是科学化的决策过程。

（三）创新过程是分层次决策过程

分层次决策过程是指中小企业的创新决策除了总决策外，还包括各个阶段的决策。中小企业开展技术创新活动在各个阶段都要根据创新进展情况和周围环境的发展变化，认真仔细地分析、研究，以便及时、果断地做出相应的决策。在创新过程各个阶段的决策程序主要包括：收集活动、设计活动、选择活动、审查活动四个连续步骤。具体来说，中小企业技术创新决策包括创新立项决策、研究开发决策、设计决策、生产决策和销售决策等一系列活动。需要指出的是，上述关于技术创新过程的分析仅指一般情况，由于在具体分析过程中，技术创新目标（或内容）的不同、创新模式的差异，以及各中小企业内部情况的特殊性，都会造成技术创新过程的各阶段要素配置、过程决策等内容略有不同。中小企业应根据实际情况灵活地运用。

三、中小企业技术创新的路径规划

中小企业技术创新的路径规划主要从以下三个方面着手。

（一）中小企业技术创新目标的选择

1. 技术创新目标的分类

（1）产品创新（product innovation）

产品创新是指企业向市场首次推出在技术上有某种改变的新产品的过程。产品创新包括：产品品种创新、产品型号创新、产品外形或包装的创新、产品售后服务的创新。产品创新可分为重要创新和渐进创新两类。由于中小企业往往资源有限，技术水平和创新能力也相对有限，一般以产品渐进创新为主。然而，即便是渐进的产品创新，其累积效果对中小企业发展的影响也是巨大的。

（2）工艺创新（process innovation）

工艺创新又称过程创新，是指对产品生产技术的改进或变革。这种新的生产技术，可以采用新的原材料或半成品，可以采用新的或改善的夹具、模具，也可以采用新的或改善的设备、工序，或新的加工形式等。工艺创新包括：工艺产品技术创新、工艺原材料技术创新、工艺设备技术创新、工装技术创新、工艺流程和方法的技术创新、工艺设计方法和技术操作创新等。

产品创新和工艺创新两者的关系通常有两种情况：一是两者有联系，即中小企业推出某种新产品，会带来工艺上的创新；二是两者无甚联系，即工艺上的改变（创新）对产品的性能、质量等影响不大，只是降低了劳动消耗。后者在中小企业技术创新活动中也是比较常见的。有时会出现这样的情况：对某个行业是产品创新，而对另一个行业则是工艺创新。例如，对计算机软件企业来说，计算机激光照排系统是该企业（如北大方正公司）的产品创新，而对广大印刷行业来说，则是工艺创新。

（3）服务创新（service innovation）

服务创新是指企业向市场首次推出在技术上有某种改变的新服务的过程。例如，前些年迅速发展的电子银行、电子商务、网络服务等。随着第三产业的迅速崛起，服务创新的比重在逐年加大，其内容包括：服务品种创新、服务质量创新、服务形象创新。从事服务技术创新的主体通常为从事商业、银行、保险、旅游、餐饮、卫生、教育等第三产业的广大中小企业。目前兴起的某些平台中小企业提供的数字服务就是服务创新的典范。服务创新投入较小，市场需求变化快，非常适合中小企业的特点，在中小企业技术创新中占据重要地位。

（4）管理创新（management innovation）

管理创新是指中小企业针对某项任务或为了实现某种目标（如产品创新）综合运用多种资源的计划、执行、指挥、监督、控制的新的组织行为过程。20世纪60年代以来，在物料管理上实行零库存的准时生产制，大大提高了企业的经济效益，也是重大的管理创新。管理创新主要包括：管理组织创新、管理制度创新、管理模式创新。

调查显示，在美国的小企业创新中，产品创新占32%，服务创新占38%，工艺创新占17%，管理创新占12%（另有1%为其他创新）。中小企业可以从四类创新中作出选择，以确定本企业技术创新的战略目标。

2. 技术创新目标的选择原则

对中小企业来说，技术创新目标的选择十分复杂，因为各企业的产品特征、产品类型、经营方向，企业的人财物状况、地理位置、效益状况，以及所处的市场环境等千差万别，不可能有统一的模式。因此，本书仅总结出技术创新目标的一般选择原则。

（1）复式目标的原则

复式目标主要是指中小企业应根据上述四类创新的不同组合选择战略目标。最为常见的组合有四类情况：产品创新与管理创新的组合；服务创新与管理创新的组合；工艺创新与管理创新的组合；产品创新、工艺创新和管理创新三者的组合。

（2）合法经营与经济效益最大化相结合的原则

创新目标的选择要考虑是否符合国家的产业政策、科技政策、税收政策、收入政策和就业政策，以及有关的法律法规等。中小企业重视产品技术创新的同时，也要注意服务技术和工艺技术的创新。

（3）技术创新与常规生产经营相结合的原则

中小企业的技术创新活动与常规生产经营活动相比较，两者存在相互制约、相互促进的关系。中小企业在选择技术创新目标时，要充分考虑所选择的目标应有助于两者相互促进。

（4）企业对内创新和对外创新相结合的原则

对内创新主要是指工艺创新和管理创新，对外创新则是指产品创新和服务创新。如果能使两者有机地结合起来，会有效地提高企业的技术创新能力。在中小企业财力不足或创新能力有限的情况下，多数企业会采取对内创新，特别是选择其中的管理创新。对创新能力较强的中小企业来说，如果能够捕捉到市场机会和技术机会，则可以选择产品创新或服务创新。

（5）生产可行性、技术先进性、经济合理性三者相结合的原则

有时，中小企业选择生产上可行且技术上先进的技术创新目标，但经济效益不一定高；选择技术上先进且经济效益高的创新，生产上却不一定可行。中小企业在选择技术创新目标时，要权衡三者的关系，使这三者尽量统一起来。

（6）将企业内部能力和外力结合起来的原则

中小企业应积极主动与高校、科研院所或实力较强的大型企业合作，以对方之长补己之短，共同促进、共同发展。

综上，中小企业在选择创新目标时，除考虑自身的能力以外，还应考虑合作创新的可能性和优越性。只有这样，选择的技术创新目标才更具先进性、科学性和效益性。

（二）中小企业技术创新模式的定位

中小企业在确立了自己的技术创新目标（产品创新、服务创新、工艺创新、管理创新中的某一项，或上述两项或三项的创新组合）后，需要依据自身的技术创新能力以及市场等因素来进行技术创新模式定位，为实现技术创新目标确立行之有效的途径。就企业的技术因素和市场因素相结合而言，企业技术创新模式分为领先型、紧跟型、跟随型三种类型。

1. 领先型

领先型是指一个企业领先于其他企业而将科技成果市场化（或推出新服务），并获得相应

的经济回报的模式。采用这种模式的企业应至少具备如下六个条件。

① 企业应具有雄厚的资金储备或资金来源。

② 企业应具有很强的技术研究和开发能力。

③ 企业供应和生产等后续部门能够密切配合，能够迅速将研究与开发成果产品化。

④ 企业具有较强的市场营销能力。

⑤ 企业要有很强的知识产权保护意识。

⑥ 企业还需要拥有持续创新能力。

如果领先企业能够持续创新——进一步推出新产品，就能够保持住这种技术的领先地位。该模式的优势是：在一定时期内享有一定的超额垄断利润；可以确立该企业处于领先地位的市场形象；可以为企业在某些方面赢得一定的优于其竞争对手的优势，但领先企业需要花费大量时间或精力去开拓市场。

2. 紧跟型

紧跟型是指企业积极学习领先者的创新成果或创新行为，并在此基础上加以不同程度的改进或创造面向市场的更新产品，获取市场回报的创新模式。紧跟型经历一个"学习—仿制—创造"的过程，采用这种模式的企业往往会后发制人，成为市场竞争的优胜者。采用紧跟型模式应具备以下四个条件。

① 企业具有较灵敏的市场辨识能力和较快的响应速度。

② 企业能尽快地获取领先者的创新成果及有关技术知识，并具备消化、吸收和持续创新的能力。

③ 企业拥有足够的生产能力和市场营销能力。

④ 在一定时期内，企业被领先者拉开了适当的距离。

需要指出的是，采取紧跟型模式并不意味着企业内的研究与开发能力低于领先创新者。采取紧跟型模式的企业通常把大部分精力用于开发上而不是用于研究上。该模式的优势是：紧跟者可以利用创新者的成熟技术或领先者创造的市场需求，形成后发优势；紧跟者可以减少创新成本；紧跟者可以实现跳跃式的技术积累。但在紧跟者的仿制创新过程中，容易遭遇"知识产权陷阱"；紧跟者的市场开拓往往有一定难度。

3. 跟随型

跟随者既不同于领先者追求卓越——"世界第一"，也不同于紧跟者——随时蓄势待发，一旦有机会就要超越领先者，而是处于"中游"等待时机，一旦条件成熟，才乘势而上。跟随创新属于低水平的地区性技术创新，仿制是这种模式的主要手段。这种模式定位往往适合于发展中国家的众多中小企业，其可以利用地区因素、产业"空隙"因素或价格因素，通过仿制创新来实现技术创新的目标。

定位于跟随型模式的企业通常应具备如下条件：跟随型模式虽然以仿制为主，但仍需企业具有一定的研发能力和研发投入，仍要求技术上的本土化、需求上的"空隙"化以及价格上的合理化，因而需要企业在仿制基础上再创新。产品适用区域性的例子很多，例如，国际上的香烟、雪茄、白酒、时装等，不适合于中国的绝大多数消费者，而中国的大客车难以在国外的高速公路上行驶，配有脚闸的加重自行车在平原地区不受欢迎等。另外，跟随型模式也需要企业具有较强的设计、生产和营销能力。采取跟随型模式的企业要尽量提高仿制起点，最好是仿制他人并未完全占领市场的创新成果。

我国加入 WTO 后，随着关税的降低，关税保护作用将逐渐丧失，这样有利于国外产品的进入，但会给跟随者带来许多困难。不过，如果在产品本土化、产业"空隙"化以及产品价格等诸多方面下功夫的话，仍然可以使跟随者立于不败之地。

从上述分析可知，技术创新模式关键取决于中小企业的总体经济实力、技术创新能力，以及创新目标与企业相关产品的关联程度，取决于企业对有关领先技术的跟踪和掌握程度，还取决于企业家的胆识、智慧和决策能力。领先型、紧跟型、跟随型三种模式各有其运用的条件和优缺点，中小企业在制定创新方案时应根据自己的实际情况进行分析选择和定位。对于具有较强经济实力和技术创新能力的中小企业，可以将自己定位于领先型、紧跟型。对于不具备上述条件的中小企业，则可以把自己定位于跟随型，随着企业的持续创新，技术能力的增强，再转向紧跟型、领先型。

（三）中小企业技术创新路径的设计

在明确了技术创新的目标和模式后，中小企业便需要对技术创新的具体路径进行设计。技术创新路径是企业进行技术创新工作的纲领和指南，也是企业家对技术创新活动进行科学管理的基本依据。设计企业技术创新路径一般包括六个步骤，即信息调研—预测分析—优劣势分析—初步制定技术创新方案—方案论证和修正—执行决策。在实际工作中，由于各个企业的情况不同，进行技术创新面临的内外条件也不同。设计技术创新路径也不可能仅有这一种模式，有时可能就某一环节或几个环节多次反复实施才能达到预定的目标。

1. 信息调研

为技术创新决策收集信息，不仅要收集关于现状的信息，而且要收集关于未来的信息；不仅要收集关于效益的信息，而且要收集关于风险的信息；不仅要收集顾客需求的信息，而且要收集本企业现有基础及其变化可能性的信息；不仅要收集本企业的信息，而且要收集竞争对手的信息。

在收集信息的同时，还要深入分析和研究各种信息之间的联系，了解各种信息之间相互影响的关系。这样，一方面，可以靠信息间的关系来过滤、排除干扰信息和虚假信息；另一方面，可以及时将各有关方面纳入收集信息的范围，使信息调研工作尽可能全面。在研究信息之间的关系时，除注意信息间的相互印证、相互协调之外，尤其应当注意各项信息之间相互矛盾的情况。因为这种情况也许是干扰信息造成的，也许是事物发展的本身正酝酿着某种异常状况，而这可能提供不可多得的机会，也可能隐含着重大危机。

2. 预测分析

在收集信息的基础上，需要对与企业技术创新有关的各种因素的发展趋势进行推测和判断，尤其应当重视市场需求的变化及技术发展的趋势。在预测市场需求时，除注意市场需求的正常的、合乎规律的变化之外，尤其要注意市场需求的异常变化。在预测技术发展趋势时，应注意技术上实现某种跳跃性变革的可能性及其时机，尤其应当注意替代现有技术的新技术出现的可能性。预测分析十分重要，并且不确定性也比较大，最好由有经验的专家来进行。由有相关预测经验的专家和精通各项专门业务的专家合作进行，这样可以增加预测的准确性，减少预测的失误。

3. 优劣势分析

分析企业在一定的时期可以保持多少技术上的优势，或者在一定的时期内可以形成何种技术优势。把握企业的优势，就在一定程度上把握了企业最有可能的发展方向。当然，要有发展的观点，要清醒地看到优势都是暂时的、变化的。有些方面可能现在正处于优势，但这种优势正在丧失，这种优势被称为虚假优势。也有些方面可能现在尚不是优势，甚至是劣势，但短期内有可能形成优势，这种情况被称为潜在优势。忽略潜在优势，往往会贻误时机；而忽略虚假优势，后果可能更为严重，因为将希望寄托在虚假优势上，就如同将大厦建在沙滩上，总是不可靠的。

另外，还要分析本企业的不利条件及今后发展中的制约因素。劣势分析是为了避开本企业的短处，减少技术创新风险。如同优势分析一样，劣势分析也要注意其发展变化，有些劣势可能演变成优势，而有些劣势可能长期不会发生变化，甚至变得更糟。对于劣势的变化注意不够，同样可能造成战略决策的重大失误。对劣势估计不足，容易造成头脑发热，盲目冒进；而对劣势估计过高，也容易束缚决策者的手脚，丧失有利的时机。

4. 初步制定技术创新方案

在进行信息调研、预测分析和优劣势分析之后，可以权衡利弊，初步确定企业的技术创新方案。初步制定技术创新方案时，一定要明确其中各项策略的依据，厘清其出发点及可望通过努力而造就的有利条件。

5. 方案论证和修正

初步制定技术创新方案之后，要广泛征求意见，以便不断地修改和完善方案。技术创新方案的论证有两种方式：

① 咨询有关方面的专家、学者，将初步确定的技术创新方案交给专家学者，征求他们的意见。

② 将技术创新方案交给本企业的各个职能部门征求意见。为便于征求各职能部门的意见，最好能在征求意见的方案中明确该方案的实施要求，各有关部门能提供何种支持，这样，职能部门的意见可能更具体、更明确。

在广泛征求意见和进行科学论证的基础上，认真研究各种反馈意见，对原有的技术创新方案进行修改，最后确定本企业的技术创新方案。

6. 执行决策

执行企业技术创新决策的过程同时也是一个信息反馈和修正的过程。在实施企业技术创新方案时，要随时注意收集反馈信息，对决策的正确与否做出判断。在确有必要的情况下，要及时对企业技术创新方案进行修正、补充，甚至重新决策。这并不是企业技术创新决策的崩溃，而是审时度势，对企业技术创新策略的优化和完善。

第四节　中小企业协同创新的模式

一、中小企业协同创新的内涵

（一）协同创新的概念

协同创新是一个多维度、跨领域的创新过程，它涉及多个创新主体之间的合作与协作，以实现共同的创新目标。协同创新的核心在于通过各方的共同努力，打破组织边界，实现资源共享、知识互补和技术整合，从而提升整体的创新能力和效率。协同创新对中小企业而言尤为重要，因为它们通常缺乏大型企业所拥有的资源和规模优势，但通过协同创新，中小企业能够弥补自身的不足，获取更广泛的资源和知识，增强自身的竞争力。

协同创新的主体不仅包括企业、高校、研究机构等传统创新参与者，也涵盖了政府、金融机构、中介服务机构等新兴创新主体。在协同创新中，每个主体都扮演着独特的角色，贡献着自己的资源和能力。企业以其市场敏感性和技术需求引领创新方向；高校和研究机构以其深厚的科研实力和人才优势提供创新动力；政府通过政策引导和法律法规规范营造良好的创新环境；金融机构提供必要的资金支持，降低创新风险；中介服务机构则通过提供信息、咨询和技术服务，促进创新要素的有效流动和配置。这种多元化的主体构成，为协同创新提供了丰富的资源和广阔的视野。

（二）协同创新的基本要求

协同创新不仅要求创新主体协同合作，也要求创新目标、组织、制度和环境等的协调与整合。

1. 主体协同

不同创新主体需要明确自己的角色和责任，发挥各自的优势，形成互补和协同。在协同创新中，每个主体都有其独特的资源和能力，通过明确各自的角色，可以最大化地发挥这些资源和能力的作用，实现协同效应。

2. 目标协同

所有参与主体必须对创新目标有共同的认识和追求。这意味着在协同创新的初期，各方需要就创新的目标和预期成果达成共识。目标协同是协同创新成功的前提，它确保了所有参与者朝着同一个方向努力，避免了资源浪费和方向偏离。

3. 组织协同

建立有效的组织结构和运行机制，保证协同创新过程中的信息流通、决策协调和资源整合。组织协同要求建立一个灵活而高效的组织架构，能够适应协同创新过程中的各种变化和需求。

4. 制度协同

制定相应的法律法规和政策，为协同创新提供制度保障。这包括知识产权保护、风险分担和利益分配等。制度协同确保了协同创新活动在法律法规和政策框架内进行，降低了不确定性和风险。

5. 环境协同

要营造有利于协同创新的外部环境，包括市场环境、政策环境、文化环境等。环境协同要求创新主体不仅要关注内部的合作和协调，还要关注外部环境的变化，利用外部环境提供的机会，应对外部环境带来的挑战。

（三）协同创新的意义

协同创新的意义在于它能够为参与各方带来多方面的益处，特别是对促进中小企业创新发挥至关重要的作用。

1. 促进知识与技术的创新

协同创新通过整合不同来源的知识和技能，加速新技术和新产品的开发。这种整合不仅加速了创新的速度，还提高了创新的质量，使得中小企业能够快速应对市场变化，推出满足市场需求的创新产品。

2. 提升企业的竞争力

中小企业通过协同创新能够获得先进的技术和管理经验，提高自身的市场竞争力。在激烈的市场竞争中，拥有协同创新能力的中小企业更有可能获得竞争优势，实现可持续发展。

3. 优化资源配置

协同创新有助于更有效地利用和分配有限的创新资源，提高资源的使用效率。对资源有限的中小企业来说，通过协同创新，可以以更低的成本获取更多的资源，实现资源的最优配置。

4. 降低创新风险

通过风险共担，协同创新能够降低单个企业在创新过程中面临的风险。在协同创新的框架下，风险被分散到多个参与主体，从而降低了任何一个主体单独承担的风险。

5. 推动产业升级和经济转型

协同创新有助于推动产业结构的优化升级，促进经济从传统产业向高新技术产业转型，这对中小企业意味着更多的发展机会和更广阔的市场空间。

6. 增强国家的创新能力

协同创新能够集中国家的智慧和力量，提升国家的自主创新能力和国际竞争力。中小企业作为国家创新体系的重要组成部分，通过协同创新，可以为国家的科技进步和经济发展做出更大的贡献。

随着科技的不断进步和市场环境的不断变化，协同创新将成为中小企业实现可持续发展的关键路径。中小企业应当积极拥抱协同创新，通过与不同创新主体的合作，共同探索新的增长点和发展路径。

二、中小企业协同创新的模式概述

协同创新模式为中小企业提供了一种通过合作提升创新能力和市场竞争力的有效途径。中小企业协同创新的模式主要包括以下几种类型。

（一）产学研协同创新模式

产学研协同创新模式是中小企业协同创新中最为常见的一种形式。这种模式涉及产业界、学术界和研究机构的合作，通过整合三方的资源和优势，共同开展技术研发和创新活动。

1. 产学研协同创新的动因

产学研合作的动因主要源于中小企业在技术研发上的局限性，如资金不足、人才缺乏等。通过与高校和科研机构的合作，中小企业能够获得最新的科研成果和技术支持，加速技术创新的进程。同时，高校和科研机构也能通过合作将理论知识转化为实际应用，实现科研价值的最大化。

2. 产学研协同创新的策略

（1）技术研发合作：中小企业与高校或科研机构共同开展技术研发项目。

（2）人才培养与交流：高校为中小企业提供专业人才培训，或双方进行人才交流。

（3）技术转移与许可：高校和科研机构将其研究成果转移或授权给中小企业使用。

（4）共建研发平台：合作各方共同建立研发中心或实验室，共享研究设施和资源。

具体实施过程中，中小企业需要明确合作目标，选择合适的合作伙伴，建立有效的沟通机制，并制定合理的利益分配和风险分担方案。

（二）供应链协同创新模式

供应链协同创新模式是指中小企业通过与供应链上下游企业合作，整合供应链资源，共同进行产品和技术创新。

1. 供应链协同创新的动因

供应链协同创新的动因在于中小企业通过整合上下游企业的资源和能力，能够更好地应对市场变化，提高反应速度和竞争力。供应链上的企业在原材料供应、生产制造、销售渠道等方面各具优势，通过协同合作，可以实现资源共享和优势互补。

2. 供应链协同创新的策略

（1）信息共享：建立信息共享平台，提高供应链的透明度和反应速度。

（2）协同设计：供应链企业共同参与产品设计，实现产品创新。

（3）协同计划：通过协同生产计划，优化生产流程，降低库存成本。

（4）风险共担：共同面对市场风险，通过合作分散风险。

具体实施过程中，中小企业需要加强与供应链伙伴的沟通与信任，建立长期稳定的合作关系，并通过技术手段提高供应链的协同效率。

（三）同业联盟协同创新模式

同业联盟协同创新模式是指同行业内的中小企业通过建立联盟，共享资源，共同开展技术创新和市场开发。

1. 同业联盟协同创新的动因

同业联盟的动因在于中小企业通过联盟能够集合行业内的资源和力量，共同应对市场竞争和技术挑战。同业联盟有助于中小企业扩大市场影响力，提高行业话语权。

2. 同业联盟协同创新的策略

（1）技术标准制定：联盟成员共同参与行业技术标准的制定。

（2）联合研发项目：联盟成员共同投资研发项目，共享研发成果。

（3）市场开发与推广：联盟成员共同开发新市场，进行产品推广。

具体实施过程中，中小企业需要建立有效的联盟组织和运行机制，明确联盟的目标和利益分配，加强成员间的合作与协调。

（四）跨界融合协同创新模式

跨界融合协同创新模式是指中小企业通过与不同行业的企业合作，实现技术和市场的跨界融合，创造新的增长点。

1. 跨界融合协同创新的动因

跨界融合的动因在于不同行业之间的技术和市场存在互补性，通过合作能够开拓新的应用领域和市场空间。跨界融合有助于中小企业突破行业局限，实现创新发展。

2. 跨界融合协同创新的策略

（1）技术融合：将不同行业的技术进行融合，开发新产品。

（2）市场融合：开拓跨行业市场，实现产品的多元化应用。

（3）商业模式创新：创新商业模式，实现价值创造和捕获。

具体实施过程中，中小企业需要具备开放的思维和跨界合作能力，积极探索新的合作机会，并通过创新实现价值最大化。

（五）政府引导下的协同创新模式

政府引导下的协同创新模式是指政府通过政策支持和资源整合，引导中小企业与其他创新主体开展协同创新。

1. 政府引导协同创新的动因

政府引导的动因在于通过政策引导和资源配置，促进中小企业与各方创新主体的合作，提高创新效率和质量。政府的参与有助于解决市场失灵和技术外部性问题。

2. 政府引导协同创新的策略

（1）政策支持：政府提供税收优惠、资金补贴等政策支持。

（2）平台建设：政府建设公共技术平台，提供技术服务和支持。

（3）项目引导：政府设立创新项目，引导企业参与研发。

具体实施过程中，中小企业需要积极响应政府的政策引导，利用政府提供的资源和平台，开展协同创新活动。

中小企业协同创新模式的多样性和复杂性要求中小企业根据自身的特点和需求，选择适合的协同创新模式。同时，协同创新的成功实施需要中小企业具备开放合作的心态、灵活应变的能力和持续创新的精神。

本章小结

中小企业技术创新的动因是由内外部多种因素共同驱动的。内部动因包括企业家精神、创新文化、技术能力和工作经验等内部推动力，以及降低成本、提高效率等内部拉动力。外部动因包括政策支持、技术发展、产业环境、竞争压力、供应商和合作网络等外部推动力，以及满足市场需求、提升品牌形象、吸引投资等外部拉动力。

中小企业技术创新的特征表现为快速响应市场变化、决策敏捷、专注于细分市场、创新效率高，同时享有政策支持的优势。然而，它们也面临技术壁垒、资源限制、信息不足等挑战，需要克服技术复杂性、兼容性问题，资金和人才短缺，研发设施不足以及信息获取和分析能力的限制。

中小企业技术创新的来源主要有研究与开发活动和技术转移两个渠道。中小企业技术创新过程可分为创新构想、研究与开发、设计、生产和销售五个阶段。中小企业技术创新的具体路径规划要从三方面着手。一是目标选择：从产品创新、工艺创新、服务创新、管理创新四大目标中进行选择；二是模式定位：从领先型、紧跟型、跟随型三种模式中进行定位；三是路径设计：根据信息调研—预测分析—优劣势分析—初步制定技术创新方案—方案论证和修正—执行决策六个步骤设计技术创新路径。

中小企业协同创新是一种多维度、跨领域合作过程，它通过整合不同创新主体的资源和优势，打破组织边界，促进资源共享、知识互补和技术整合，以提升整体创新能力和效率。协同创新要求创新目标、主体、组织、制度和环境都保持协同。协同创新模式对中小企业尤为重要，因为它们可以通过协同创新弥补资源和规模上的不足，增强市场竞争力。中小企业协同创新的模式主要包括产学研协同创新、供应链协同创新、同业联盟协同创新、跨界融合协同创新等模式。

关键术语

技术创新（technology innovation）

技术转移（technology transfer）

技术创新过程（process of technology innovation）

产品创新（product innovation）

工艺创新（process innovation）

服务创新（service innovation）

管理创新（management innovation）

复习思考题

1. 简述中小企业技术创新的重要意义。
2. 试分析中小企业技术创新的动因。
3. 中小企业产品技术创新模式有哪几种？试比较各自的优势、劣势与应用特点。
4. 谈谈中小企业技术创新的路径，试举例说明。
5. 举例谈谈你对实践中中小企业技术创新成功经验的体会。

即测即评

请扫描二维码，参加即测即评。

案例讨论

东方日升：低碳创新的追光之路

"双碳"目标提出以来，我国加快发展方式绿色转型，其中能源行业是绿色转型的重点领域。我国能源发展仍面临需求压力巨大、供给制约较多、绿色低碳转型任务艰巨等一系列挑战。应对这些挑战，出路就是大力发展新能源。

东方日升新能源股份有限公司（以下简称"东方日升"）作为一家全球领先的新能源企业，致力于太阳能技术的创新与发展，以推动全球能源的革新和转型。通过不断地技术创新和产品迭代，东方日升已经在全球范围内建立了良好的声誉，目前主要致力于"光伏+储能"两大新能源领域，并在太阳能行业中占据了重要地位。

2002 年，宁海县日升电器有限公司正式成立，其是国内最早涉足光伏应用的企业之一。2006 年，公司启动了第一条太阳能电池产线的建设。2010 年，公司成功登陆创业板，并更名为东方日升新能源股份有限公司。2017 年，公司荣获新能源企业 500 强的称号，进一步确立了"光伏+储能"双重发展战略。2018 年，公司成立了东方日升储能事业部，并在同年 3 月收购了双一力（天津）新能源有限公司 90% 的股份，7 月成立了双一力（宁波）电池有限公司，拓展了储能相关业务。2019 年，东方日升正式将新一代异质结电池技术确定为下一代电池技术的研发和量产重点。2020 年 4 月，东方日升完成了江苏金坛异质结电池中试线项目。2020 年，东方日升异质结电池组件出货量位居全球首位，公司于同年 11 月全资收购了聚光硅业，实现了对上游产业链的延伸。到了 2021 年，基于重新定位光伏业务重心，东方日升出售了九九久科技、斯威克和宁海新电电力开发有限公司等多个子公司。光伏业务的重心重新聚焦于电池组件制造，并持续深耕异质结电池组件技术。2022 年，东方日升成为行业中最早实现 210HJT 电池量产的企业之一，同时其储能产品在中国、美国、欧洲、澳大利亚等国家和地区均实现了大批量销售。

模仿创新开始追光

2002 年创业之初，公司主要从事太阳能灯具制造，但面临着高昂的原材料成本和供需不平衡的困境。公司高层深知没有核心技术，公司难以在竞争激烈的行业中立足，于是决心攻克太阳能电池片的生产技术。通过引进和培养技术人才，并投入大量资金购入生产线，公司终于在 2006 年开发生产出第一块晶体硅太阳能电池片，从此摆脱了对供应商的依赖，实现了产业化生产，并在光伏行业站稳了脚跟。

然而，公司并不满足于现状。2010 年公司成功上市，但公司管理者深知光伏行业竞争激烈，靠过去的成绩已经不足以保持领先地位。因此，公司管理者开始思考如何为公司寻找新的出路。

合作创新加速追光

为了增强自身的技术创新能力和市场竞争力，东方日升开始积极寻求与其他企业的合作。例如，与国家重点高新技术企业阳光电源股份有限公司建立基于技术创新的全方位合作关系，包括项目开发与建设、品牌推广等方面。这种合作不仅促进了资源共享，降低了创新风险，更实现了双方共赢。此外，东方日升还与中国出口信用保险公司合作，加强自身的信用风险管理能力，完善信用风险管理体系，以降低技术创新风险。同时，东方日升将合作的范围扩展到高校和科研机构，寻找更深入、更先进的技术合作。通过与中国计量大学等高校合作，东方日升得以严格把关产品质量，确保技术创新的产品能够达到最高标准。

自主创新领先追光

在激烈的行业竞争中，仅仅依靠合作创新是远远不够的。因此，东方日升一方面不断寻求与其他企业的合作，拓展自己的市场份额；另一方面始终坚持自主创新，不断推动技术和产品的升级换代。东方日升成立了浙江省企业博士后工作站，引入大批高校与科研机构的科研人才，形成了专业而稳定的技术研发团队。

然而，技术研发之路充满了重重困难，不仅需要跨越技术门槛，还要面对专利保护的阻碍。30年前，日本公司就已经实现了异质结技术的突破并获得专利保护，而我国企业直到2010年专利到期后才得以进入该领域。对东方日升来说，这是一个挑战，也是一个机遇。这是因为，如果我国企业能够优先拿到异质结技术专利，那么我国的光伏电池技术将会领先于世界。怀着科技报国的情怀和破釜沉舟的决心，东方日升提前布局，投入大量人力、物力和财力进行技术研发。经过4年的艰苦努力，东方日升终于实现了我国半片异质结技术的突破，并开发出了行业内首款半片异质结电池组件产品，率先实现了量产，使得东方日升走在了行业和世界的前列。

截至2022年，东方日升已积累了583项自主研发并获得授权的专利技术，这些技术有效地确保了公司在开发高质量光伏产品方面的独立性与自主性。东方日升已经具备了覆盖市场主流技术如p型、n型等的能力，并构建了一个完备的产品矩阵，以满足市场上多样化的组件需求。尤其值得一提的是，公司于2022年推出的异质结伏曦组件，采用的创新技术使得该组件的经济价值和绿色价值都处于行业领先地位。目前，该组件已经进入规模化生产阶段，并与公司的其他自有专利技术相结合形成优势互补，有效确保了产品质量与市场竞争力。

为加速释放高品质产能，东方日升不仅加快了技术创新，还积极实施了智能制造工程。通过推行产线设备、车间、生产基地的自动化、可视化及数字化，公司促进了信息化与工业化的深度融合，实现了更高效、更绿色的精益生产。以5G未来工厂为例，东方日升以"日升大脑MetaFactory"作为数字化转型的核心，实现了跨基地网络化协同、全量设备纳管、创新应用赋能、可视化管理等子任务。数字孪生技术实现了工厂生产全要素的虚拟重现，助力工厂实现了综合智能管控，提高了管理的效率。15条"5G+AI"质检产线的布局使工厂规避了传统人工质检的劣势，将生产效率提升了近30倍。东方日升的数字化技术创新应用使工厂设备故障处理时间减少了70%，设备综合效率（OEE）提高了50%，缺陷漏检率降低至0.2%以下。

开放创新持续追光

我国光伏行业经过十多年的快速崛起和发展，在全球范围内取得了显著成就。随着光伏市场由蓝海转向红海，作为行业发展的见证者和参与者，东方日升通过一系列技术更新和调整，逐步迈入开放创新的阶段。加入了600W+光伏开放创新生态联盟和全球可持续能源联盟，使得东方日升的技术创新不再局限于内部，而是与全球产业链紧密相连，共同应对全球性的可持续发展问题。多家企业共同努力，发挥各自的产业优势，共同推动行业的技术创新，为全球光伏平价时代的到来做好准备。在开放创新的模式下，东方日升与其他企业和高校积极合作，实现了资源共享、技术共建，为行业的可持续发展贡献了力量。

低碳创新的追光之路仍在继续

面对光伏行业技术更新换代、竞争激烈的挑战，东方日升依然积极走在追光的路上，主动寻找新能源产业的"光"，将压力转化为动力。东方日升通过留住和引进人才、筹集和管理资金、进行产业链垂直一体化布局以及调整技术创新和战略方向等一系列举措，不断提高技术创新能力，向光伏产业链上下游开拓，开发公司增长新动能，赋能我国光伏行业新质生产力的加速形成，以持续筑牢我国光伏行业在全球范围的竞争力和话语权。

资料来源：根据东方日升官网等网络资料改编。

讨论题：

1. 东方日升技术创新的动因是什么？

2. 东方日升技术创新经历了一个怎样的过程？

3. 东方日升的技术创新有哪些特征？

4. 影响东方日升技术创新成功的因素有什么？

5. 东方日升的追光之路带给中小企业技术创新哪些启示？

参考文献

1. 鲁政委，陈昊，张文达. 隐形冠军长成之路. 北京：人民日报出版社，2023.

2. 林汉川，魏中奇. 中小企业发展的国别比较. 北京：中国财政经济出版社，2001.

3. 林汉川，田东山. WTO 与中小企业发展. 上海：上海财经大学出版社，2001.

4. 万兴亚. 中小企业技术创新与政府政策. 北京：人民出版社，2001.

5. 冯德连. 中国中小企业技术创新机制研究. 北京：中国财政经济出版社，2001.

6. 刘东，杜占元. 中小企业与技术创新. 北京：社会科学文献出版社，1998.

7. 李云祥，夏申. 赢在创新：中小企业技术创新手册. 上海：上海财经大学出版社，2019.

8. 陈华. 科技型中小企业协同创新策略研究. 北京：经济管理出版社，2020.

第十一章
中小企业核心竞争力

学习目标

1. 知识探索：通过对中小企业核心竞争力概念、特点、功能的讲解分析，帮助学生厘清评估中小企业核心竞争力的要素，全面掌握培育中小企业核心竞争力的模式和路径，建构起中小企业核心竞争力的分析框架。

2. 能力提升：结合案例对相关概念及知识进行深度思考，让学生系统掌握评估中小企业核心竞争力的理论，培养系统思维与知识整合能力。

3. 价值引领：中小企业尤其需要通过在细分市场打造独特竞争力来脱颖而出，这就需要中小企业专注深耕、脚踏实地、精益求精，通过案例教学，引领学生学习中小企业家的工匠精神。

4. 品格养成：通过中小企业打造核心竞争力的案例，让学生切实感知到中小企业在培育核心竞争力的过程中脚踏实地做实事的信念和精益求精的工匠精神，培养学生脚踏实地做实事和精益求精的品格。

大疆创新：无人机技术的修行者

随着技术不断进步，无人机逐渐走进了人们的日常生活，并成为许多行业的重要工具。有一家中国无人机企业异军突起，以一己之力打破了全球无人机市场的垄断地位，那就是大疆创新。大疆创新凭借其卓越的技术和创新能力，备受专业摄影师、电影制作人、科研机构、农业监测、搜救任务等众多领域的青睐。那么，大疆无人机何以如此出色，在激烈竞争中独领风骚？

2006 年，大疆创新诞生在深圳一间 20 平方米的仓库内。创始人本着对航模和机器人的热情，创立了大疆创新。在创业初期，几个年轻人研制飞行控制系统，将做好的产品放在航模爱好者论坛上出售。随后，云台系统、电子调速器、航模电机、多旋翼机架等多种产品陆续推出，不知不觉完成了一款无人机所需的一切元素。

2012—2016 年是大疆创新事业发展的分水岭，也是大疆创新崛起的关键节点。大疆创新以技术创新为核心，持续投入研发，攻克了无人机技术的难题，凭借自主创新掌握了核心技术。自此，大疆创新在消费级无人机市场占据领先地位，延伸到其他领域的产品和技术也开始慢慢崛起。在这个过程中，大疆创新始终坚持用技术、用产品说话，而不依赖互联网营销。大疆创新认为，对于科技公司，技术本身更重要，互联网营销只是工具。大疆创新就像修行者一样，更注重技术修行，坚守工匠精神，而不是依赖表面工作。

大疆创新高度重视发展自主知识产权，将技术创新打造成公司核心竞争力。在这个过程中，大疆创新多次获得国家级知识产权奖项，连续多年获得广东专利金奖，还被评为国家知识产权示范企业。截至 2022 年 12 月，大疆创新累计申请专利 2 万余件，其中 PCT 国际专利申请 5 600 多件，连续 5 年 PCT 国际专利申请量位居国内前 10。

现在，大疆创新从十几个人的初创团队拓展成了在全球 7 个国家有 18 处分支机构，员工数量达到 1.4 万人的大型企业。除深圳总部之外，在北京、上海、西安、香港、东京、洛杉矶、旧金山、鹿特丹、法兰克福等地均设有办公室，支撑着全球 100 多个国家和地区的销售与服务网络。

作为本土品牌、中国品牌，大疆创新成功将"中国创新""中国智造"这两张名片递向全球。大疆创新以技术为核心，不断地向各个领域输出优质的产品，引领着国内包括影像在内的多个领域不断砥砺前行。

资料来源：中国日报网。

请思考：

1. 大疆创新的核心竞争力是什么？其核心竞争力有哪些特点？有什么功能？
2. 大疆创新是如何培育核心竞争力的？

从一个 20 平方米的小仓库走出，到成为全球领先的无人机企业，大疆创新凭借技术创新培育的核心竞争力最终赢得了市场和用户的认可。对中小企业而言，要想在激烈的市场竞争中生存下来并不断成长，培育核心竞争力至关重要。

第一节　企业核心竞争力理论概述

一、核心竞争力理论的产生背景

企业核心竞争力理论是 20 世纪 90 年代以来企业管理学家对于企业管理领域重要的贡献之一。在其之前，人们对于企业如何在竞争和成长中形成自己的优势，从而实现壮大的目标主要遵循的是哈佛大学商学院教授迈克尔·波特的产业结构模型。该模型是迈克尔·波特在 20 世纪 80 年代提出的。在该模型中，企业能够不断获得利润并得以成长，主要源自企业能够在创业之初通过行业平均利润率的比较，选择一个有丰厚平均利润的行业，然后，企业围绕这个行业采取适当的战略并筹集资源，最终，企业就可能获得比较高的利润回报。

这一思想指导了很多企业走向成功。对于我国的中小企业，该模型也曾经具有非常重要的意义。20 世纪 80 年代，我国改革开放刚开始时，很多产品的市场逐渐由计划供应转向市场开放，在计划经济状态下出现的经济短缺状态得到了前所未有的改善。在这样的背景下，不少企业通过准确的产业定位，迅速成长。一直到进入 21 世纪，不少中小企业的发展还是绕不开首先选择进入什么样的行业的问题，即企业"选择做什么"。应当说，这在中小企业创业之初确实是一个非常重要的因素。

20 世纪 90 年代以后，我国中小企业面临的外部环境发生了很大变化，这主要表现在：

（1）短缺经济状态已经得到了较大改变，甚至有的行业已经出现了供大于求的局面。

（2）由于各个行业的进入者增加，大部分行业的利润率都出现了大幅下降，企业很难再发现容易进入的"高利润"行业。

（3）人们的基本需求逐渐饱和，转向多样化和个性化，同质产品供应已经无法满足消费者的高层次需要。

从全球来看，一些大企业也面临同样的问题。随着经济全球化程度的加深，原来企业获取竞争优势依靠的来源，如低廉的劳动力成本和原材料成本已不再是企业的优势。传统的产业结构理论再也不能有效地解决问题。管理学家对这种现象进行了深入的研究。1990 年，两位美国战略管理学家普哈拉德（C. K. Prahalad）和加里·哈默（Gary Hamel）在《哈佛商业评论》发表了《公司的核心竞争力》一文，为企业的创业和发展提供了一个新视角。他们考察了不少长寿公司和失败公司的成长路径，发现企业"能够做什么"而不是"选择做什么"是企业成功的关键。因此，他们的理论被称为核心竞争力理论。

普哈拉德和哈默认为：核心竞争力是企业内部经过整合了的知识和技能，是能使企业为客户带来独特价值的一类独有的技能和技术。为了与已有的企业能力的概念相区分，普哈拉德和哈默进一步提出了判断核心竞争力的三个标准：第一，核心竞争力必须为市场所认可，即能够提供进入相关潜在市场的机会；第二，核心竞争力必须给客户带来特别价值，也就是说，核心竞争力应当能够提高企业的效率，帮助企业通过降低成本或创造价值来满足客户的需求；第三，核心竞争力必须是竞争对手难以模仿的，只有这样才能保证企业基于核心竞争力的优势得以延续。其后的研究者又在此基础上增加了一些判断标准，如核心竞争力应当是难以模仿的、难以替代的，必须具有较强的延展性等。

普哈拉德和哈默提出的核心竞争力理论，把企业界关注的焦点从研究竞争战略转向了增强核心竞争力上来，从而成为企业战略理论的一个里程碑。而实际上在 20 世纪 80 年代早期，就有一批管理学家以解释被新古典经济学视为"生产函数"的企业和探寻企业竞争优势的根源所在为目标，以反叛主流企业理论和梅森-贝恩范式为基础发展了企业竞争优势外生论。鲁梅尔特（Richard P. Rumelt）还通过实证研究证明，企业表现为超额利润的竞争优势并非来自外部市场力量，而是来自企业自身的某种因素，即企业绩效的决定因素或竞争优势是内生于企业的。在此背景下，管理学界提出了一种既不同于新古典经济学也有别于新制度经济学的全新企业理论，并以此为基础提出了企业竞争优势内生论——企业核心竞争力论。

目前，核心竞争力研究已成为企业发展战略中受到广泛关注的话题。究竟是什么魔力使核心竞争力的研究受到如此广泛的关注呢？这与它的产生背景及带来的巨大经济价值分不开。20 世纪 90 年代世界市场变化巨大，竞争更趋激烈，最先倒闭的正是那些快速扩张而竞争力弱的大企业，而竞争力强的中小企业却茁壮成长。传统竞争力理论未能对企业难以持续成长的原因做出令人满意的解释。普哈拉德和哈默经过大量实证研究证明：企业获得与保持世界级领先地位的关键应该在于其是否拥有出众的核心竞争力，而不是企业规模的大小。他们认为，有没有核心竞争力是企业是否具有实力的一个重要标志。通过对企业核心竞争力的研究分析，可以科学地对企业发展目标、发展方向进行选择，从而形成正确的战略。国际知名企业强化核心竞争力的成功经营实践也揭示了核心竞争力给企业带来了无可比拟的竞争优势和巨大的经济价值。由此可见，核心竞争力是企业在长期激烈的市场竞争中经过摸爬滚打锻造出来的，是在残酷的竞争中优胜劣汰显露出来的。管理专家评论说："企业的核心竞争力，决定了企业有效的战略活动领域，也就是说产生了企业特有的生命线。"中小企业由于资源有限，发展核心竞争力是必然的选择。

二、企业核心竞争力的界定

（一）学界的主要观点

核心竞争力又称核心能力（core competence），核心竞争力理论来源于企业能力理论（the competence theory of the firm），最早由普哈拉德和哈默提出。核心竞争力的定义，专家和学者有多种表述，主要观点如下：

（1）普哈拉德和哈默指出核心竞争力是"组织中的积累性学识，特别是关于如何协调不同的生产技能和有机结合各种技术的学识"。

（2）鲍·埃里克森和杰斯珀·米克尔森认为能力并不等于资源的集合体，也不仅仅是卓有成效地利用资源的功能，能力和组织结构密切相关，因而他们将核心竞争力定义为组织资本和社会资本的结合。组织资本反映协调和组织生产的技术方面，而社会资本则显示了社会环境的重要性，社会资本和组织资本相互补充。他们认为知识是组织资本的基本源泉，突出强调了有效协调的重要性。

（3）詹姆斯·马丁对核心竞争力的定义是：核心竞争力是一种对用于许多产品并使之成为可能的技术和技能的掌握度，一个企业一旦掌握了一系列的核心竞争力，它就能比竞争对手更容易地引进使用核心竞争力的新产品。核心竞争力使企业比其他竞争对手做得更好，它能被用于多种产品而竞争对手不能够模仿它。

（4）以罗蒙·巴顿为代表的学者认为，核心竞争力不等于企业经营资源的拥有量，而是来自企业的创造性工作。核心竞争力不只是技术和人力技能，更是一种制度化的相互依存、相互联系、能够识别和提供竞争优势的企业知识体系。其构成包括四个方面的内容：知识与技能、管理体制、实物系统、价值观。由此巴顿提出，组织开发核心竞争力的方式必须是一种制度化、系统化、长期化的行为，其重点是构建能够为企业创造竞争优势的知识体系。

还有很多学者对核心竞争力进行了表述，这里不再一一介绍，其观点主要有如下几个方面：

（1）核心竞争力是充分有效地运用知识、技术和能力的体系，是企业的技术、技能、管理、经营、组织和文化的有机整合，是以一项或多项处于世界级水平的技术能力为核心而建立起来的，是提供竞争优势的深层次的能力。

（2）核心竞争力是指企业获取、配置资源，形成并能保持竞争优势的能力。它包括两个方面：一是企业获得各种资源或技术并将其集成、转化为企业技能或产品的能力；二是企业组织调动各生产要素进行生产，使企业各个环节处于协调统一、高效运转的能力。

（3）核心竞争力是指企业在开发技术、产品以及市场营销方面所具有的独特能力。就其本质而言，它是企业在其成长过程中逐步建立与发展起来的一种资产与知识的互补体系，它以企业技术能力为核心，通过企业战略决策、生产制造、市场营销以及组织管理的整合而使企业获得长期竞争优势。

（4）核心竞争力是每个企业独有的、在组织内部形成的、适应市场需要的、具有持久竞争优势的能力，是把企业的技术、设备、人才资源和市场优势等诸多因素整合起来形成的能力。它是"不可编撰成书本"的、"决定了一个企业命运"的知识体系。

（5）核心竞争力是企业长时期形成的，蕴含于企业内质中的，企业独具的，支撑企业过去、现在和未来的竞争优势，并使企业在竞争环境中能取得主动的核心竞争力。

（6）核心竞争力是来自企业特有的技能和知识的集合，是使企业能够在某一领域较长时间内始终保持竞争优势并处于核心地位的一种能力，这种能力可以使企业不断对各种资源、要素进行优化配置、组合，从而使企业获得比竞争对手更高的市场份额和利润或更高的投资回报。

（7）核心竞争力是企业为更好地完成组织任务，将众多的企业组织以及组织成员所拥有的生产技能与技术有效地协调起来向顾客提供价值而形成的集成能力。

（8）核心竞争力是企业根据自己内部资源的特点，去发现、选择和利用外部资源，将外部资源和内部资源有机地整合在一起的能力。

（二）核心竞争力的内容

1. 核心竞争力的含义

核心竞争力是指企业在长期的经营实践中所积累起来的知识体系，是企业在产品研发、生产、营销、服务等某一或多个环节上，比竞争对手有明显优势、不易被竞争对手模仿，并能给消费者带来超值效用的独特能力。企业掌握了核心竞争力，也就控制了竞争的主动权；丧失了核心竞争力，最终就会在市场竞争中败下阵来。而衡量企业掌握核心竞争力的标准主要看企业能否保持其持续的盈利率。它是一种制度化的相互依存、相互联系的知识体系，是企业获取战略性资源，并运用战略性资源和一般资源向顾客提供比竞争对手更具价值的产品和服务，创造持续竞争优势的能力。

核心竞争力本质上是一种垄断性和独享性的战略性资源。战略性资源，是指企业独有的、能带来超过企业获取它时所花费成本的收益，并构成企业长期竞争优势的充分条件的资源。中小企业应着力关注与培育企业的战略性资源。核心竞争力是企业获得长期稳定竞争优势的基础。对一个企业来说，持续竞争优势是竞争优势中最为关键和重要的部分，为了获得持续竞争优势，企业必须在自身所拥有的独特竞争力中寻找那些既难以模仿，又难以替代的部分，只有建立在这部分能力基础上的竞争优势才能得以长期持续。因此，只有当某些独特竞争力同时具备了某种难以被模仿和替代的能力时，这种独特竞争力才能成为企业真正的核心竞争力。

2. 核心竞争力的表现

企业的核心竞争力是一个复杂的系统工程，它是以核心技术能力为基础的一个多层面、多角度的构成体，表现为以下八种能力。

（1）企业的核心技术能力。企业的新产品研究与开发、工艺与材料的创新以及企业技术储存量与动态技术优势问题，均是企业核心竞争力的基础。

（2）企业的核心市场营销能力。这是指企业营销网络与渠道、营销过程与促销政策等一系列营销环节的运营，这些运营优势对于将企业的技术优势转化为市场优势不可或缺。

（3）企业的核心品牌形象能力。

（4）企业的核心服务能力。在技术差异日益缩小的今天，服务个性化与差异化成为企业竞争力的重要组成部分，也成为核心竞争力的重要内容。

（5）企业的核心生产能力。企业的核心技术能力需要通过产品来展现，而核心生产能力则是技术成为产品的中介，它决定了企业由技术优势变成质量优势和成本优势。

（6）企业的核心管理能力。企业的管理也是生产力，它涉及企业结构组合、信息传递、沟通协调、激励奖惩以及各种生产要素的优化组合，通过高效优质的内部运营，保证技术优势的发挥，也保证了将生产优势转化为市场优势。

（7）企业的战略决策能力。企业的战略决策能力决定了企业对自身优势、劣势、机会、威胁的认知和把握，能有效地积累企业的核心竞争力，准确地分析产业与产品的前景，为企业发展选择正确的方向。

（8）企业的回应能力。这是指企业对外部环境重要事件、机会或威胁做出有效的反应，从而保持竞争优势的能力。

因此，核心竞争力又可以定义为：企业开发独特技术，生产独特产品和发明独特营销手段的能力。它以企业的技术能力为核心，通过战略决策、市场预测、技术开发、生产制造、市场营销、内部组织协调管理的交互作用，而获得使企业保持持续竞争优势的综合能力。企业在市场上的竞争，短期内主要表现为产品价格和性能的竞争，从长期看则是核心竞争力的较量。强有力的核心能力决定了企业有效活动的领域，是企业的生命线。因此，中小企业要形成竞争优势，就要打造核心竞争力、正确评估核心竞争力、培育新的核心竞争力，并正确界定核心竞争力发挥价值的区域和在该区域进行的生产活动。

三、企业核心竞争力的特点

（一）延展性

核心竞争力可以为企业生产多种产品、提供多种服务、开拓多个市场提供支持。企业的核心竞争力犹如能力库，能不断地为消费者创造新的产品和服务，企业获得核心竞争力不仅仅能在某个产品上获得优势地位，还能在若干个相关市场、相关领域的一系列产品和服务上取得优势地位，从而为企业开拓多种产品市场实施多元化战略提供支持。

（二）持久性

战略性资源或资产应具有持久性。持久性主要指其提供利润的持久程度，而不是指其物理持久性。与多年前相比，因产品和技术生命周期不断缩短，企业大部分资产的持久性可能大大降低了，而企业核心竞争力、品牌、团队精神等无形资产并未因此受影响。

（三）独特性

核心竞争力是在企业发展过程中长期培育和积淀而成的，是企业特有的技能、组织、知识、管理、文化的整合，它强化了企业的竞争差异性，因此不容易被人轻易占有、转移或模仿。任何一个企业都不能靠简单模仿其他企业而建立自己的核心竞争力，需要靠自身的不断学习、创造乃至在市场竞争中的磨炼，建立和强化独特的核心竞争力。

（四）价值性

核心竞争力的价值性是能够为用户带来长期的独特价值或实惠，其技术或产品又被用户所看重，可为企业创造长期的竞争主动权，为企业创造超过同业平均利润水平的超额利润。这一能力主要通过产品和服务体现出来。

（五）模糊性

与企业绝大多数其他资源相比，企业核心竞争力更加复杂。确认企业在哪些方面比竞争对手做得好比较容易，但要识别企业为什么会做得好、竞争对手是否会进行复制等则比较困难，这是因为核心竞争力具有模糊性。

（六）相互关联性

企业核心竞争力是由不同团队和个人、不同的资源要素通过相互作用和整合而产生的，种种要素环环相扣，形成有机链，缺少哪一环，都会极大地削弱核心竞争力，因而它具有相互关联性。

（七）历史依存性

企业核心竞争力是企业特殊历史进程的产物。它渗透于组织文化之中，从企业每个员工的行为和价值观中可以体现出来。它是群体智慧的结晶和企业文化的积淀，巴托利特和高斯称之为"管理遗产"。

（八）学习积累性

核心竞争力是通过学习知识不断获得和积累的，不是通过相应的要素市场买卖获得的。

（九）不可还原性

由于核心竞争力具有特殊性且一般不可交易，形成核心竞争力的投资，总的来说是不可还原的。这种不可还原性的投资本身构成了保持企业核心竞争力的一种行为活动，并产生了对企业内部几乎一致的推动作用。

（十）价值可变性

企业核心竞争力是动态发展的，它有着产生、发展、衰退、消亡的过程。好的企业能长期滚动发展，可延长衰退、消亡期。在前 10 年被视为企业核心竞争力的内容，可能在后 10 年仅仅是企业的一种普通能力。例如，在 20 世纪七八十年代，汽车的高质量无疑是日本汽车公司的核心竞争力，到了 90 年代中期，汽车的质量变成了所有汽车公司生存的先决条件，而不是什么核心竞争力。

四、核心竞争力对于中小企业的意义

核心竞争力的特征决定了它对中小企业的长远发展具有重大意义。在中小企业的成长中，如果能够围绕打造和利用核心竞争力来设计自己的发展路线，不再把自己的企业看成一些制造产品的业务单元组合，而是各种能力的组合，那么，企业不仅能够壮大，并且能够形成持续的竞争优势。其具体表现为以下几个方面。

（一）核心竞争力可以为企业的成长提供指导

由于核心竞争力具有独特性和持久性，企业只要具备了某方面的核心竞争力，就可以将其未来的发展战略紧紧围绕核心竞争力来设计。中小企业可以通过培育核心竞争力为自己的成长找到一个明确的指导方向。此外，核心竞争力也有助于企业整体实力的增强。核心竞争力超越了具体的产品、服务及企业内部所有的业务单元，将企业之间的竞争直接升华为企业整体实力间的对抗，重点强化企业在市场中的绝对优势，以控制竞争中的制高点，由此帮助企业持续成长。所以，核心竞争力的寿命比任何产品和服务都长。中小企业要高瞻远瞩，不应局限于某一具体的业务单元。

（二）核心竞争力是企业多元化发展的核心基础

核心竞争力的延展性使得企业可以进入多个相关领域，为企业开拓多元化产品市场提供基础，增强企业的整体竞争地位，其意义远远超过了企业在单一产品市场的成败，对企业的发展至关重要。例如，成立于 2013 年的小红书最初是一家生活方式分享平台，高质量的社区内容是其核心竞争力。凭借这一核心竞争力，小红书以用户生成的内容为核心，通过社交互动和用户分享迅速成长，形成了独特的社区氛围，获得了高用户黏性。基于高黏性用户生产的高质量社区内容，小红书逐渐拓展了电商、直播带货等新业务板块。2015 年，小红书开始尝试向电商领域拓展，为用户提供美妆、时尚等商品购买服务，并通过社交分享的方式推广产品。2019 年，小红书开始向内容电商转型，推出了直播电商等新业务形式，通过直播带货等方式提升用户购买体验。核心竞争力支撑了小红书的多元化发展，这些多元化尝试又使得小红书进一步扩大了其影响力和用户群体，促进了用户黏性的提升，进而增强了其核心竞争力。

（三）核心竞争力能够为企业带来独特的竞争优势

核心竞争力一般不可交易、难以模仿且不可替代，其形成更多的是依靠经验和知识的积累，从而保证了企业竞争优势的持久性和进入壁垒。如果一家企业在市场上拥有独特能力，而它的竞争对手无法与这种独特能力相抗衡，同时，如果竞争对手模仿这种独特能力的成本很高或需要花费大量的时间，那么这家企业就很容易建立起竞争优势。因此，核心竞争力是企业成功的重要原因。例如，盒马鲜生在智能化零售和供应链创新方面所拥有的独特能力使其在新零售领域快速崛起。大疆创新在无人机技术方面所拥有的独特能力使其成为全球领先的无人机企业，在全球无人机市场占有的份额超过了70%。

（四）核心竞争力可以检验企业的战略地位

核心竞争力主要是与竞争对手比较而言的，从下面四个问题可以判断出一个企业核心竞争力的战略地位。

1. 谁拥有核心竞争力？

在一些专业服务性组织中，少数几个人拥有的专业知识和技能是企业的核心竞争力，他们很可能被竞争对手挖走。

2. 核心竞争力的持久性如何？

知识经济的兴起使技术更新加速、产品生命周期缩短，核心竞争力也面临着随时被超越或淘汰的可能。这给反应敏捷的中小企业带来了赶超的机遇。

3. 核心竞争力的可转移性如何？

各竞争对手的核心竞争力各不相同，从较长时间看，有些核心竞争力，如个人拥有的技术技能是可以转移的。

4. 核心竞争力的可模仿性如何？

一些新技术、新产品是较容易模仿的，但一些工艺和管理方法是难以得其精髓的。

随着市场竞争日益激烈，培养核心竞争力对企业来说是至关重要的。企业核心竞争力的形成不是一朝一夕的事，需要依靠企业在长期经营实践中累积的知识与能力。

五、核心竞争力与持续竞争优势的关系

核心竞争力是企业的内在资源，而持续竞争优势则是企业核心竞争力在市场上的外在表现。核心竞争力转化为持续竞争优势是市场对核心竞争力物化结果（核心产品与服务）进行评价的产物，表现为源源不断的最终产品或服务能够给消费者带来持续的价值（或称消费者剩余）。要想理解核心竞争力与企业持续竞争优势的关系，需要了解以下几个基本概念的层次关系。

（一）核心竞争力与核心知识、运营能力

核心竞争力可以分为两个方面，即核心知识和运营能力（见图11-1）。

维纳·艾莉认为[①]，核心知识是属于对特定业务而言的独一无二的专长、知识和技术的范畴。例如，腐蚀剂的技术知识（3M公司）、由原油制造石化产品的提炼技术（雪佛龙公司）、基因分离技术（基因技术公司）、滚轴钢铁模具设计技术（查普洛钢铁公司）、软件的开发（微软公司）、发动机技术（本田公司）等。

---

① 维纳·艾莉. 知识的进化. 刘民慧，等，译. 珠海：珠海出版社，1998：52-53.

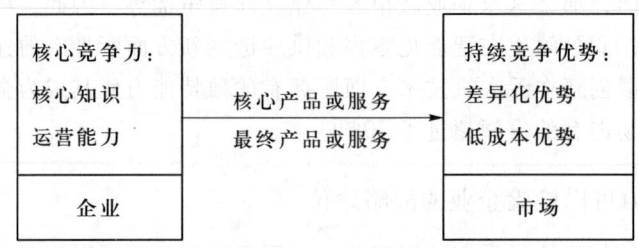

图 11-1 核心竞争力与持续竞争优势的关系

运营能力是能使企业生产高质量产品以及提高服务的速度和效率的能力。例如，迅速推出新产品的能力（惠普公司）；迅速改进产品和服务以满足顾客需要的能力（乐柏美公司）；整合信息技术，使其产生效用的能力（宝洁公司）；重新设计核心商业过程的能力（摩托罗拉公司）；吸引和招聘优秀雇员的能力（李维斯公司）。

核心知识和运营能力共同构成了企业的核心竞争力。前者是企业稀缺的资源，后者则是企业能够比对手做得出色的能力。核心竞争力是由两者相互作用形成的企业难以模仿和替代的差异化的组织能力。一个企业如果能够有效地运用自己的知识和能力就会获得持续的竞争优势。

（二）核心竞争力与核心产品、最终产品

要正确认识核心竞争力还需要理解核心产品的概念。核心产品是核心竞争力的载体，它是一种或几种核心竞争力的特质体现，也是核心竞争力的市场体现。核心产品是最终产品的重要组成部分，更是联系核心能力与最终产品的纽带。企业通过核心产品的自行生产，防止秘密技术的扩散，从而将核心竞争力保持在企业内部。可口可乐公司自行配制原浆就证明了这一点。需要指出的是，一个企业在最终产品或服务市场上的份额不同于其在核心产品生产上的市场份额。例如，英特尔公司在全球个人计算机市场上的份额微乎其微，而在个人计算机芯片生产上却占了全球市场的绝对份额。

可以用一个比喻来说明核心竞争力、核心产品与最终产品的关系。企业好比一棵大树，树干是企业的核心产品，树枝是各业务单位，树叶、花、果实是最终产品，而提供营养的树根便是核心竞争力，如图 11-2 所示（1—12 为最终产品）。

企业在培育核心竞争力方面占了优势，比如在某些新技术应用开发上处于持续领先地位，它就能在开发新产品方面击败对手，并获取持续竞争优势。

例如，成立于 2017 年的深睿医疗是一家致力于通过突破性的人工智能深度学习技术为各类医疗服务机构提供基于人工智能和互联网医疗解决方案的高新技术企业。凭借自主研发的核心算法这一核心竞争力，深睿医疗不断推出新产品，为数千家医疗机构提供了包括人工智能辅助诊断、智能筛查、临床决策、患者服务、医疗大数据治理、科学研究、医生培训、能力建设等在内的全链路人工智能服务，发展成为医疗人工智能领域领军企业。

市场竞争与其说是基于产品的竞争，不如说是基于核心竞争力的竞争。这就好比一棵大树，有了发达的根系、粗壮的树干，就有了牢固的根基和茁壮的生命力。

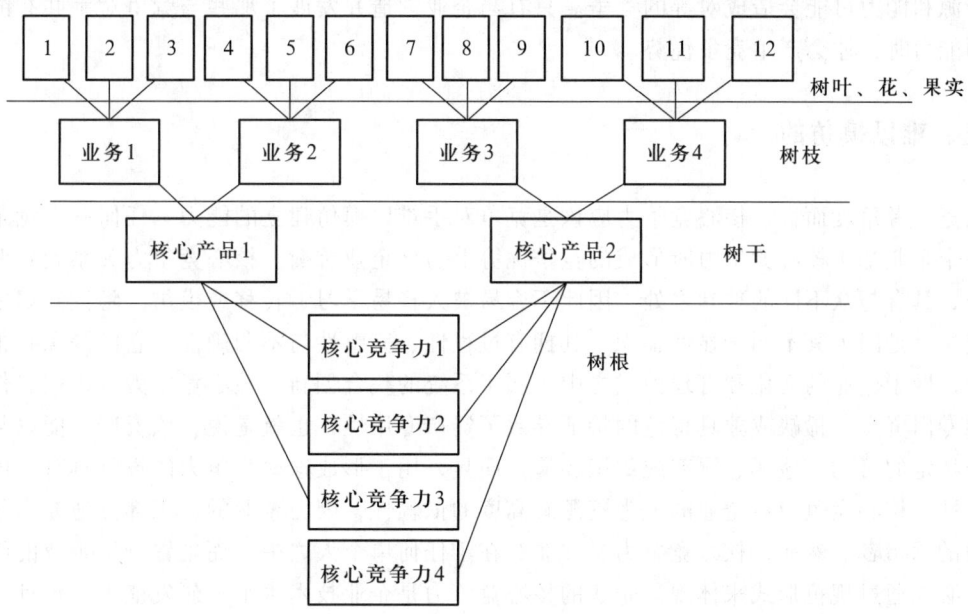

图 11-2 核心竞争力、核心产品与最终产品的关系

资料来源：林汉川，魏中奇. 中小企业发展与创新. 上海：上海财经大学出版社，2001.

第二节 中小企业核心竞争力的识别

对企业而言，其核心竞争力的正确识别有助于企业的决策者制定有效的竞争战略和总体战略。对企业核心竞争力的识别和分析过程就是对企业内部资源及能力的分析过程，可以从以下几个方面来研判。

一、有价值的

核心竞争力必须是有价值的能力，即具有市场价值、能为消费者带来价值创造或价值附加。核心竞争力必须特别有助于企业实现用户看重的价值。用户是决定什么是核心竞争力的最终裁判，企业要想确定其核心竞争力，必须不断问自己这样的问题：某产品或服务的"价值因素"有哪些？用户实际在为什么付钱？为什么用户愿意为这种而不是那种产品或服务付出较多或较少的钱？这样的分析可以确保企业把核心资源投入真正对用户有好处的核心竞争力中。

二、稀缺的

核心竞争力必须是稀缺的，即极少数现有或潜在竞争对手能拥有的能力。有价值而普遍存在的资源和能力可能会造成对等的竞争。只有当企业创造并发展了那些与竞争对手共有能力不一样的能力时，才会产生竞争优势。

三、难以模仿的

从竞争者角度而言，核心竞争力应该是竞争对手难以模仿建立的能力。任何一个竞争者很难在一个企业基于核心竞争力所形成的竞争优势上与该企业抗衡。核心竞争力关系到企业的隐性知识，具有与众不同的独到之处，因此不容易被人轻易学习、转移或模仿。隐性知识之所以难以模仿，是因为其不同于显性知识，其拥有过程性、完整性与不明确性，它已深深扎根于组织之中，融于企业的文化和管理模式之中，属于系统的整合创新。核心竞争力可以被看作企业的一种专门资产。稀缺或独具特色的特征导致了资产专用性，也就是说，该资产只能以某种方式用于特定的目的、地区、顾客或组织环境。而且，用于形成这些竞争力的投资具有高度的不可还原性。核心竞争力对企业的人力资源有高度的依赖性，因为企业的员工部分地充当了核心竞争力的承担者。然而，核心竞争力又并非存在于任何单个人之中，而是置身于企业的组织环境中，必须通过规范形式来体现。企业的核心竞争力是企业技术水平、研发能力、设计、生产能力、管理能力和经济实力的综合体现。它不仅由技术因素决定，还与企业经营理念、员工的精神状态、道德标准等非技术因素有密切关系。

四、不可替代的

核心竞争力是不可替代的能力，即核心竞争力提供的价值难以通过其他方式获得，不能被其他能力或资源轻易替代。如果企业的核心竞争力很容易被替代，那么它所带来的竞争优势将是短暂的。不可替代要求企业的核心竞争力在面对外部替代威胁时，能够保持其独特的价值创造地位。

第三节　中小企业核心竞争力的培育

一、培育中小企业核心竞争力的步骤

核心竞争力是知识、技能、技术的集合体，明显带有技术的特征。因此，在培育企业核心竞争力的过程中，技术创新是至关重要的，没有技术上突破性的创新，所建立的核心竞争力的价值将是有限的。通过技术创新培育企业的核心竞争力至少应注意三个方面：一是规划核心竞争力；二是以核心技术体系为基础开展技术创新；三是整合核心竞争力。

（一）规划核心竞争力

核心竞争力是企业的战略性资产，必须与企业的发展战略相一致。因此，应当从战略高度

来规划企业的核心竞争力。核心竞争力理论认为，企业战略管理的关键在于培育和发展能使企业在未来市场竞争中居于有利地位的核心竞争力。

1. 核心竞争力的构成要素

托贝恩·佩德森和芬恩·瓦伦丁对101家丹麦的外资企业（通过兼并形成的企业）的分析表明，不同类型的企业的核心竞争力构成要素不同，这些要素的重要性也有所不同，如表11-1所示。

表11-1　三类企业核心竞争力要素分析的平均价值

企业优劣势的要素（-5~+5）：+5表示加强，-5表示减弱		三类企业的平均价值			101个企业的平均价值
		市场类	生产类	研发类	
知识型资产	技术专门性	1.93	3.07	2.26	2.56
	专业人员的知识水平	1.97	2.43	2.37	2.20
	与研究部门的协作	0.64	0.33	1.22	0.66
	产品开发	1.18	2.05	2.33	2.01
	熟练工的知识水平	1.07	1.53	1.96	1.52
市场型资产	推销/营销	2.07	2.60	1.85	2.19
	与用户的事前联系	1.50	2.17	1.69	1.80
	对顾客的特殊性认识	2.36	3.00	2.74	2.70
其他型资产	生产规模优势	1.54	2.10	0.33	1.35
	与供货商的关系	1.46	0.93	1.26	1.21
	对竞争者的了解	1.19	1.17	1.26	1.20

资料来源：托贝恩·佩德森，芬恩·瓦伦丁. 跨国兼并对丹麦企业成长的影响：一种能力基础论. 见：尼古莱·J. 福斯，克里斯第安·克努森. 企业万能：面向企业能力理论. 李东红，译. 大连：东北财经大学出版社，1998：221-223.

2. 矩阵图分析

普哈拉德和哈默提供了一个矩阵图，用于分析企业核心竞争力的目标。这个矩阵图是一种有价值的分析方法，如图11-3所示。

在图11-3中，规划的主要议题可以分为四个领域。

（1）"填空"。这是企业现有的核心竞争力、产品或服务在现有市场的组合。找出哪些核心竞争力可以支持哪些产品，有助于发现企业内部的核心竞争力，以强化产品的市场地位。每个企业都应当自问：扩大部署现有核心竞争力以提升现有市场地位的机会在哪里？

（2）"10年后第一"。这是指应培养哪些新的核心竞争力才能使企业在5年或10年后在顾客心智中占据第一位。搞清楚这个问题是为了了解保持并扩大现有市场的优势地位需要培养哪些新的核心竞争力。

（3）"白色地带"。这一象限的目标是设想如何能把现有的核心竞争力应用于新市场上。企业应该以核心竞争力为出发点，超越现有的产品或市场，充分考虑某种核心竞争力在带给顾

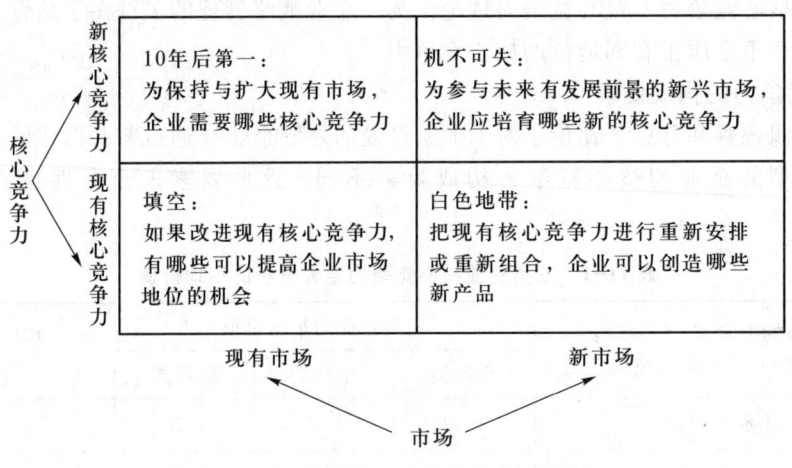

图 11-3　规划核心竞争力的主要议题

客的价值方面还有哪些有待开发的空间。

（4）"机不可失"。这是与企业现有的市场地位或核心竞争力没有交集的机会。假设这些机会非常有吸引力，企业会投入其中。此时的战略应是陆续进行小规模有目标的并购或结成联盟。

3. 规划核心竞争力要明确的重点问题

（1）目标：要进入（保持）什么领域，占领什么市场？

（2）方向：掌握什么样的关键技术，建立什么样的核心技术体系？

（3）途径：通过什么方式形成核心竞争力？

（二）以核心技术体系为基础开展技术创新

一个企业如果长期地相对集中地在某些技术领域进行技术积累，该企业的技术能力就会具有某种技术范式。对多产品的企业来说，技术范式不可能是单一的，同时并存的多个技术范式实际上构成了企业创新必须遵守的核心技术体系。围绕特定的核心技术体系进行创新，企业就会持续推出新产品。当然，如果企业以往的核心技术体系遇到新的、更为有效的技术体系的挑战，前一核心技术体系就会阻碍企业技术创新。

对特定的企业而言，核心技术体系表现为在一定的技术、生产、组织、市场等因素约束之下，支配该企业创新的产品主导设计，以及为实现其设计的核心生产技术和相应的核心管理技术等。只要形成了主导设计的技术范式，围绕该范式进行边际性技术改进，企业就能源源不断地设计出新产品，而围绕企业核心产品系列的生产、管理技术能力，可以使优异的设计变为产品。

核心技术体系是企业核心能力的构成部分，也是技术创新的基础之一。围绕核心技术体系开展技术创新的好处有以下几方面。

1. 技术开发的成本降低

由既有的产品设计和生产技术引出新的产品设计和生产技术，其主导设计未变和核心生产技术未变，因此，不存在由一种技术体系转向另一种技术体系的技术转换成本，并且创新人员的学习费用低，生产设备的调整、适应费用也低。同时，由于技术实现的周期短，创新中所占用资金的时间代价也会低一些。

2. 创新产品的实现成本降低

围绕核心技术体系的产品创新，通常是用本企业的新产品去替代老产品。在一定的市场购买力和既定的市场分割的限制下，创新者最好进行边际性市场拓展，因为，边际性市场拓展不需要付出更多的市场投入。在新产品的市场实现中，创新者可以利用老产品的广告效应，从而节省了广告费用。在销售过程和售后服务活动中，企业同样可以利用以前的销售渠道与设施。

3. 易形成创新产品集群

对现场的主导设计、核心生产技术和相应的核心管理技术等进行边际性改动，企业可以推出新的产品或服务，形成创新产品集群。

例如，美菱、海尔两家企业就形成了制冷设备创新的核心技术体系。制冷设备的主导设计是制冷系统、控制系统及箱体的设计，而其核心生产技术是压缩机、控制系统、箱体的生产加工技术。

（三）整合核心竞争力

以一种或几种关键的核心竞争力为主导，把若干有关的技能有机组合起来，由此形成核心竞争力的整合。这种核心竞争力的整合不仅是关键能力、有效能力的集中，而且是那些多余、落后、无关的机制、程序或职能的消除，由此而形成"1+1>2"的增值效应。整合核心竞争力的方式有三种。

1. 程序整合

这是一种在企业内进行的核心竞争力整合，它以一种或几种关键程序为操作点进行核心竞争力整合。例如，爱立信以生产和供货为关键环节把培养本地区领导者队伍、抓好高层管理人员业绩考核等程序统一起来。又如，宝洁是以其优势的市场营销体制为主导，把各有关环节统一起来。

2. 技术整合

对已有的核心竞争力进行技术整合所需要的不是大规模硬件技术方面的创新，而是寻找知识整合的机会，并从组织上予以保证。例如，汉能将薄膜太阳能领域的核心竞争力有效整合，构成了公司在清洁能源方面的核心竞争力，确保了公司在全球光伏领域的领先地位。这是一项投入少、风险小、见效快的技术创新活动。

3. 并购整合

这是在收购企业同目标企业之间达成合约之后进行的两个企业之间的核心竞争力整合。为增大市场占有率而进行的专业化兼并，或为实施资本扩张而进行的多元化兼并，如果处理得当，都是优化核心能力的并购整合。并购整合远比在原有的企业内部进行程序整合要困难得多。

并购整合应注意以下几个方面：

（1）有统一于一个核心能力体系的协同性安排、计划。

（2）在不同的（两个或几个）企业之间进行部门和职能整合。

（3）解决进入新地区、新产品领域的本土化问题。

（4）获得品牌、管理技能等。

（5）业绩要获得改进。

（6）财务运营的整合。

二、培育中小企业核心竞争力的方法

（一）演化法与技术整合

1. 演化法

演化法，指的是企业经营者先确定一个企业的核心竞争力目标，然后围绕这个目标，对企业现有的各种资源进行整合和变革，培育出有利于企业发展的核心竞争力。

2. 技术整合

对企业的资源和能力进行整合和变革的常见方法有技术复合（technology hybrid）（见图 11-4）、技术融合（technology fusion）（见图 11-5）及技术性的功能性组合。

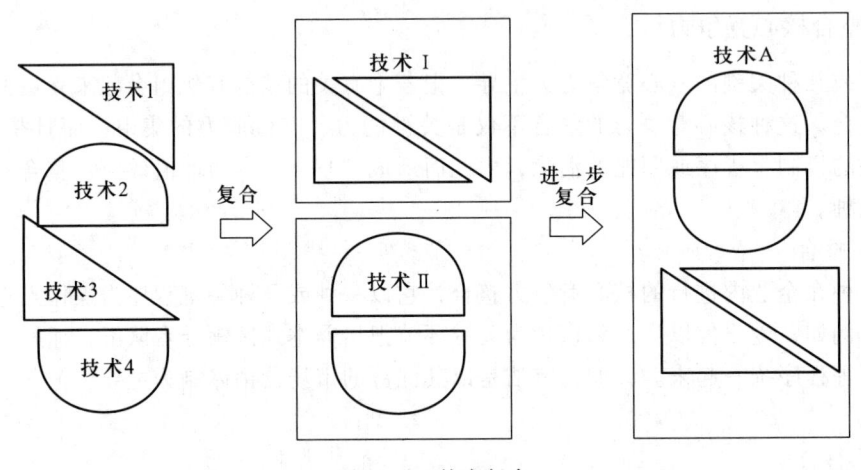

图 11-4　技术复合

（1）如图 11-4 所示，技术复合是指两种或多种技术的组合及系统化，它不影响原有技术特性，且并没有创造新的技术。如美国百特的医疗系统中的输注系统，即为输液器+输液+输液泵+注射器。

（2）图 11-5 说明，技术融合是指两种或多种技术结合后，形成了一种新的技术。技术融合的特点是失去原有技术特征，在化学、生物、医药行业、智能技术中技术融合的应用十分广泛。如农业中的育种技术与生物科技的结合，钢铁行业的冶炼技术与化学中氧化、还原技术的结合，机器技术与人的智慧技术的结合，均属于技术融合。

（3）功能性组合，指的是企业的纵向链条中的一个或多个核心能力的组合，如采购能力、销售渠道与新产品开发等核心能力的组合。

（二）孕育法与自学习机制

1. 孕育法

孕育法通常是以企业的研究与开发部门为基础，组成项目小组，针对企业确立的目标制定开发计划，在一定时间内培育出企业核心能力的一种方法。

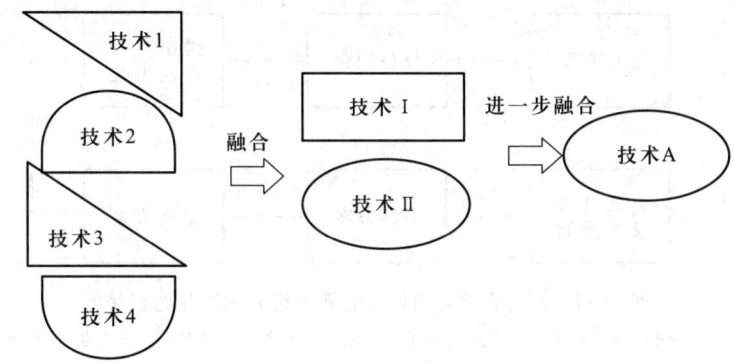

图 11-5　技术融合

资料来源：林汉川，魏中奇. 中小企业发展与创新. 上海：上海财经大学出版社，2001.

例如，戴尔所开发出的计算机直销系统就是企业孕育法的典型例子。传统的计算机销售通常是计算机厂家经过中间商到达用户，这种方式销售成本高、销售周期长，而且也不能完全满足顾客的个性化需求。于是，戴尔开创了计算机直销模式，它借助于网络等手段，形成了消费者订购、个性化组装的计算机配送系统，大大缩短了消费者从订购到获得满意的产品和服务的时间，同时降低了成本，获得了可观的利润。

另一个典型的例子就是新药的开发，新药开发需要很长的孕育时间，一个典型的新药开发时间安排如图 11-6 所示。

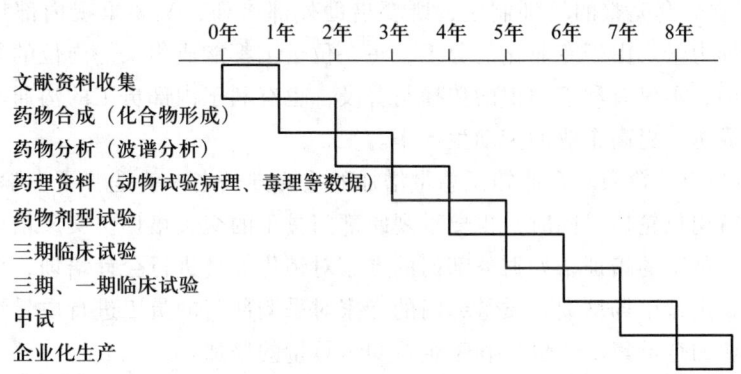

图 11-6　新药开发图

资料来源：林汉川，魏中奇. 中小企业发展与创新. 上海：上海财经大学出版社，2001.

孕育法要求企业有良好的学习机制，具有自学习机制的企业要善于捕捉市场信息，适应市场需求的变化，不断地形成新的核心竞争力。

2. 自学习机制

具有自学习机制的企业，即学习型组织（cultivating organization），通常具有以下四个方面的特点：

（1）能系统地分析和解决问题。具有自学习机制的企业分析和解决问题的一般程序如图 11-7 所示。

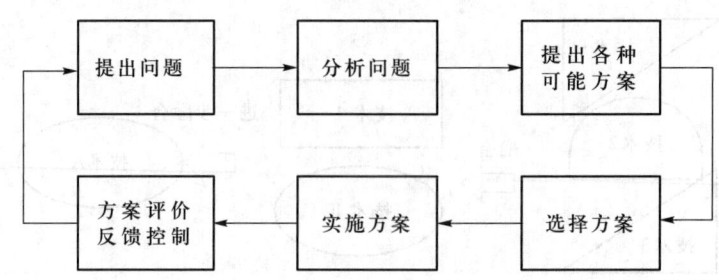

图 11-7　具有自学习机制的企业分析和解决问题程序

资料来源：林汉川，魏中奇. 中小企业发展与创新. 上海：上海财经大学出版社，2001.

（2）试验。学习型组织重视不断的试验，在不断的试验中积累知识，探索新知识，获得新机会。几乎每一项新技术、新成果的问世都经过无数次试验，一次次试验的过程使得学习型组织所孕育的核心竞争力呈现螺旋式上升的特征。

（3）充分发挥企业内、产业内的知识溢出效应。企业要建立核心竞争力，就要不断提高知识总量，既对企业现有知识存量进行整合，重新配置，不断创新，又要不断获得新的知识增量，因而企业要不断总结过去的教训，同时努力学习别人的经验。学习别人的经验包括向市场领先者学习、向顾客学习、向竞争对手学习。

（4）知识传播及普及。企业要建立知识管理系统，不仅要重视知识的生产过程，而且要重视知识的传播与普及过程。企业应采取以下对策：

① 企业要建立一套完整的培训制度，既要借助外部培训，又要重视内部培训，即主要依靠内部员工的培训力量。由于专业化的分工，每一位员工都能成为某一岗位的行家。由内部专家对员工进行培训，不仅有利于知识的传播与普及，也有利于内部员工的沟通和相互理解，从而降低内部组织成本，提高企业的劳动生产率。

② 交叉培训与交叉轮岗。企业知识总量增加的重要方式之一就是"干中学"，因此，要有计划地对员工实行岗位轮换。同时，也要重视跨部门员工的交叉培训。交叉培训就是某一部门的专家对其他部门员工的培训，如财务部门的专家对销售人员进行会计培训，市场部门的专家对人事部门的员工进行市场培训，质量部门的专家对采购部门的员工进行质量培训等。这些措施将大大提高企业的全员素质，也有利于企业知识总量的增加。

③ 建立企业知识生产与传播的激励机制。企业要通过举办各种技能竞赛和岗位先进评比，这将有利于促进企业内知识的传播及普及。

④ 市场调查与访问。企业要重视市场调查与访问，因为市场调查与访问决定了企业知识总量增加的市场导向。企业的进化过程是企业知识总量的增加过程，而就业是一个不断满足市场选择的过程。因此，市场调查与就业访问是企业知识增加、传播与普及的重要基础和前提。市场选择决定了消费者对企业知识的选择。一个闭门造车的企业，尽管可能开发了新的产品和技术，即增加了新的知识，但如果不能被市场所接受，最终将被市场所淘汰。

（三）并购法与建立知识战略联盟

企业从外部获得核心竞争力有两种方法：一种是并购法，另一种是建立知识战略联盟

（knowledge strategic alliance）。

1. 并购法

并购法是指企业通过并购的方式获得其他企业的核心竞争力。这种并购包括企业的纵向一体化并购与企业的多元化经营中的多元化并购，通常而言，纵向链条或相关多元化的并购成功率要大于非相关多元化的并购。

纵向一体化并购包括前向并购和后向并购。前向并购即企业并购其下游企业的行为（如生产企业并购其销售企业）；后向并购指企业并购其上游企业的行为（如生产企业并购其原料供应企业）。一个企业通过前向并购经销商或后向并购原材料厂家，从而获得经销商的销售网络或上游企业的供应系统，这样获得的核心竞争力将有助于企业的成长。

然而，当一个企业通过并购不能获得核心竞争力，仍盲目扩大规模时，最终有可能因为内部组织成本过高而导致失败。尤其是企业在不相关的领域盲目多元化、盲目并购，即使获得了被并购企业的核心竞争力，也可能由于对其认识不足而管理不善，如立即大幅调整被并购企业的组织制度，进而出现人员流失，最终丧失核心竞争力，而若继续保留被并购企业的组织制度与体系，可能出现"内部人控制"的现象，使企业内部组织与交易成本上升。因此，通过企业并购获取核心竞争力的办法在企业的纵向链条及相关多元化的并购时适用。

2. 建立知识战略联盟

企业通过外部获取核心竞争力的另一种方法就是建立知识战略联盟。战略联盟作为企业间的网络化系统，其最大优点是能在经营活动中充分利用外部规模经济。一方面，当企业缺乏资源或不能完全利用已有的技术、经验和人才时，就可以通过建立战略联盟实现企业间的资源共享，提高资源的使用效率，减少沉没成本；另一方面，企业可以节省资源方面新的投入，降低转置成本。因此，早期的战略联盟均是以共享市场和资源、分担风险、降低成本为目标的。

现在的战略联盟通常是在经营资源和经营能力对等的企业间建立，以开发新技术、控制新标准和维护市场实力为目标的战略联合。企业间以双向或多向的知识流动为特征，除了追求规模经济外，更重视学习效果的获得。因而，战略联盟的目标也从降低成本、共享资源、降低风险、开发市场转到了组织学习。这时，企业组织追求的目标不再只是通过降低成本、提高质量增强企业对环境的适应能力，而是通过相互学习增加企业的创新能力，从而提高企业的核心能力。

在这种背景下，传统的以资源互补或风险共担为基础的战略联盟已向知识战略联盟转变。一般来说，企业学习知识有三种方法，即被动学习、主动学习和互动学习。前两种学习方法很容易获取显性知识，而后者最容易获得隐性知识。建立知识战略联盟正是交互式学习的需要，只有在这种战略联盟中，干中学、干中教的主动学习才有可能实现。

知识战略联盟的核心是学习，即组织之间的互相学习。因此，对战略联盟中的每一个企业来说，应提高本身对知识的学习能力。学习能力是指每一个企业认识、评价、消化吸收以及商业化应用外部知识的能力。根据吸收能力理论，组织之间的学习效果取决于学习者即"学生"企业的三个方面的能力，即认识和评价外部知识的能力，消化吸收、内化外部知识的能力以及将外部知识进行商业化应用的能力。这三种能力构成了吸收能力的三个维度。第一维度是科学技术或学术的相似性，它是师生知识基础的"知道是什么"部分；第二维度是两个企业知识处理系统的相似性，它是师生知识基础的"知道怎样"部分；第三维度强调两个企业商业化目标的相似性，它是师生知识基础的"知道为什么"部分。因此，结盟企业应尽量选择基础相类似的企业作为战略伙伴。一些典型的成功例子有：计算机产业战略联盟、家用电子产业战略联盟等。

作为知识战略联盟的成员，要遵循三条原则。一是战略成员要和谐一致，二是企业成员必须具备一定的能力，三是战略联盟之间承诺建立一种长期、稳固的关系。知识战略联盟可采用功能性协议、相互持股投资、合资等方式。

中小企业可以通过以上的方法培育企业的核心竞争力。企业的竞争归根结底是核心竞争力的竞争。中小企业只有拥有具有竞争力的核心技术、核心能力，才能在市场竞争中立于不败之地。

三、中小企业核心竞争力的维护

中小企业在识别和培育核心竞争力后，需要持续地维护核心竞争力。具体而言，中小企业应该做好以下方面。

（一）定期检查纠偏

中小企业要不断地对自身的核心竞争力发展状况进行检查，尤其在推进重大战略决策时及时修正偏差。定期进行市场调研和竞争对手分析，了解市场动态和竞争格局的变化，及时调整企业的市场定位和发展策略，确保企业始终保持竞争优势。

（二）培养人才忠诚度

中小企业应加强对影响核心竞争力的专业人才的管理和控制，培养他们对公司的忠诚度。建立完善的员工激励机制，包括薪酬福利、晋升机会、培训发展等方面，激发员工的工作积极性和创造力，提高员工的工作满意度和忠诚度，确保企业的核心竞争力得到有效传承和延续。

（三）不断创新

中小企业在激烈的市场竞争中如果停滞不前，就意味着后退，就会逐步丧失自己的核心竞争力。因此，中小企业应该基于核心竞争力持续推陈出新以满足不断变化的市场需求。为此，中小企业应鼓励员工，尤其是掌握核心技术的关键员工，持续学习和创新，不断提升自身的技术水平和管理能力。通过引进先进的技术和管理经验，不断改进产品和生产流程，提高企业的创新能力和竞争力。

（四）提高应变能力

中小企业需要基于核心竞争力快速应变来为客户创造更大的价值。客户需要的时间弹性都很大，满足客户时间要求的程度越高，价值就越大。通过提高应变能力，中小企业能够缩短产品开发周期，生产出更符合客户需求的产品。同时，中小企业应该建立有效的客户反馈机制，及时了解客户的需求和反馈，根据市场需求调整产品和服务，以提高客户满意度和忠诚度。

（五）加强品牌建设

中小企业可以通过品牌营销、广告宣传等手段，提升品牌知名度和美誉度，强化企业核心竞争力在客户心中的绝对领先地位，增强市场竞争力。

本章小结

核心竞争力是企业获取战略性资源，并运用战略性资源和一般资源向顾客提供比竞争对手更具价值的产品和服务，创造竞争优势的能力。核心竞争力具有延展性、持久性、独特性、价值性、模糊性、相互关联性、历史依存性、学习积累性、不可还原性、价值可变性等特点。核心竞争力是企业的内在资源，而持续竞争优势则是企业核心竞争力在市场上的外在表现。核心竞争力转化为持续竞争优势是市场对核心能力进行物化的结果。核心竞争力对中小企业的长远发展具有重大的战略意义。

核心竞争力是企业的战略性资产，必须与企业的发展战略相一致。对企业核心竞争力的识别和分析过程就是对企业内部资源及能力的分析过程，应重点关注四个方面：有价值的、稀缺的、难以模仿的、不可替代的。中小企业可以通过演化法与技术整合、孕育法与自学习机制、并购法与建立知识战略联盟等方法培育其核心竞争力。中小企业培育核心竞争力应注意三个方面：规划核心竞争力；以核心技术体系为基础开展技术创新；整合核心竞争力。中小企业应该持续维护核心竞争力。中小企业只有拥有具有竞争力的核心技术、核心能力，才能在市场竞争中立于不败之地。

关键术语

核心竞争力（core competence）
企业能力理论（the competence theory of the firm）
持续竞争优势（sustainable competitive advantage）
战略性资产（strategic asset）
技术复合（technology hybrid）
技术融合（technology fusion）
学习型组织（cultivating organization）
知识战略联盟（knowledge strategic alliance）

复习思考题

1. 试分析中小企业核心竞争力的特点与功能。

2. 试分析中小企业核心竞争力与持续竞争优势的联系。

3. 如何识别中小企业的核心竞争力？

4. 试述培育中小企业核心竞争力的程序。

5. 举例说明，如何应用中小企业核心竞争力的培育方法。

即测即评

请扫描二维码，参加即测即评。

案例讨论

网易云音乐：音乐社交生态的建立者

网易云音乐凭借其建立的独特音乐社交生态，打败了酷狗音乐、QQ音乐等传统巨头，成为增长速度最快的音乐平台，是数字音乐市场上毋庸置疑的"黑马"。

识别核心竞争力切入点：用音乐社交培育用户

网易云音乐成立于2013年，此时移动音乐市场规模快速增长，但行业内巨头割据数字音乐市场，产品同质化现象严重。在此背景下，新生的网易云音乐以"音乐+社交"为切入点，实现了移动互联时代下社交属性与音乐的结合，将网易云音乐建设成了中国最大的移动音乐社区和开放平台，打造了独一无二的以用户为中心的音乐生态圈。

网易云音乐对其主要竞品进行了深入调研，发现尽管其他音乐平台占据了流量优势，但它们的运营模式基本相同，都是以"曲库+播放器"为主。在这种模式下，音乐平台为用户提供的主要服务是音乐下载和试听，这种单一的产品模式需要用户将大量音乐下载到本地后才能播放。然而，这种产品模式无法形成稳定的用户活跃度和实现深度访问。大部分音乐平台都提供了淘歌、唱歌和听歌等功能，但都没有分享功能。而分享作为人类基本的精神需求，背后体现了人们对社交的渴望，能将音乐带来的情感传达给他人。可见，尽管分享表面上不是音乐产品的直接需求，实际上却是用户内心的潜在需求。通过增加社交元素，音乐产品不仅能够满足用户的精神需求，还可以增加用户对产品的依赖度，实现双赢。

培育核心竞争力：构建音乐社交生态

网易云音乐确定了以音乐社交为切入点后，通过设计独具特色的歌单、评论和朋友圈功能，构建其核心竞争力——音乐社交生态。通过将主题歌单、热门评论、个性推荐、音乐专题、朋友动态和主播推荐等功能融入产品设计中，网易云音乐为其音乐产品注入了鲜明的社交基因。

歌单。歌单作为整个网易云音乐的基本架构，用户可以根据自己的音乐喜好将歌曲编成一个歌单，并与他人分享。网易云音乐鼓励用户创作原创内容，通过社交媒体推送歌单，吸引新用户加入，并形成用户生成歌单的闭环。

评论。与传统的专业乐评不同，网易云音乐的乐评是由普通用户分享的。用户不仅可以评论歌曲本身，还可以分享与歌曲相关的故事。评论功能在播放页显著位置，并且支持点赞，激发了用户的参与和互动，网易云音乐因此成为一个充满情感共鸣的社区。这些社交功能的整合为用户带来了丰富的产品体验，用户对这些乐评的关注程度甚至超过了对歌曲本身的关注，网易云音乐的评论区已经成为用户的重要社交场所。

朋友圈。网易云音乐打造的朋友圈与微信朋友圈相似，包括动态、附近和好友三个功能入口。用户可以通过动态入口与同样喜欢音乐的网友交流，每条分享消息也可进行点赞、评论和分享。动态中的内容多种多样：网易云音乐会根据算法向用户推荐可能感兴趣的音乐和音乐话题；用户也可以发起动态，分享自己喜欢的音乐以寻找志同道合的音乐爱好者；用户还可以通过关注喜爱的歌手、DJ和创作人随时了解对方的动态，实现和音乐人的互动。另外，基于强关系的好友功能和基于弱关系的附近功能推动了网易云音乐用户关系链的建立。好友功能中用户与之建立关系的对象主要来自手机通讯录、微信好友、新浪微博好友，还包括音乐人以及用户可关注或邀请的人；而通过附近功能，用户可以发现与自己有着相同音乐爱好的陌生人，从弱关系层面建立自己的好友圈。用户无论是与强关系还是弱关系的人进行互动，都可以随时加关注，通过分享、评论、点赞等方式表达自己的共鸣、态度和感受。

通过这些方式，网易云音乐仅用了两年零三个月的时间就实现了从零到一亿用户的突破。这种音乐社交的力量不仅仅体现在用户数量上，更在于其深深抓住了用户的心。在月活跃用户量和用户使用频率这些最能反映用户黏性和忠诚度的指标上，网易云音乐拥有着让同行羡慕不已的数据表现。因此，通过打造独特的音乐社交生态，网易云音乐成功聚集了大量用户并赢得了用户的忠诚，构建起了自己的核心竞争力。

维护核心竞争力：强化音乐社交情感

为增强音乐社交这一核心竞争力的不可模仿性，网易云音乐在加强情感链接、增强网易云音乐社区在用户心中的形象方面做了一系列努力。首先，网易云音乐充分利用互联网平台，通过多种渠道为平台引流。例如，在微博上网易云音乐会发布歌曲推荐、活动宣传以及一些与生活相关的话题，如"云村夜话"。通过直播形式，主持人与网友进行情感交流，让陌生的网友聚集在一起，形成了一个情感互动社区。此外，每逢毕业季、年末等重要的日子，网易云音乐都会推出相应主题的音乐故事MV，引发网友对特定主题的回忆和共鸣，共同表达对这些节日的纪念。其次，微信作为中国用户规模最大的社交软件之一，自然成了一个天然的分享社区。当用户听到一首与自己心境契合的歌曲时，往往会产生分享的欲望，而微信朋友圈往往成了用户的首选分享平台。用户在微信朋友圈分享歌曲，实际上为网易云音乐做了免费的广告宣传。网易云音乐还定期推出用户个性化的年度听歌报告，将用户的听歌数据转化为有温度的回忆。这些听歌报告经常会在微信朋友圈刷屏，让用户之间产生共鸣，一起分享关于音乐的记忆。此外，从2016年起，网易云音乐开始与音乐综艺展开合作，拿下了《歌手》《我们的乐队》《中国新说唱》等多部头部综艺版权。通过与热门音乐综艺合作，网易云音乐不仅获得了独家音乐资源，还将电视综艺的忠实观众引流到平台上。网易云音乐在综艺中充当"第二现场"的角色，观众可以在节目中观看并参与讨论，甚至通过投票影响节目结果。这种创新的用户参与模式极大地激发了观众的音乐热情，增加了平台用户的活跃度和黏性，实现了"1+1>2"的效果。另外，网易云音乐还进行了场景体验式营销，深入用户日常生活。例如，2017年3月，网易云音乐策划了一场名为"看见音乐的力量"的乐评专列营销活动。该活动从5 000条点赞数最高的精彩乐评中筛选出85条，印在杭州地铁1号线的列车车厢内。这些富有情感的音乐评论直击了乘客的心灵，引发众多关注与共鸣。这样的活动不仅在线下产生了巨大反响，也在社交媒体上引起了广泛的讨论。

网易云音乐以其独特的音乐社交生态成功培育了企业的核心竞争力，成了数字音乐市场的领先者。通过将音乐与社交相结合，网易云音乐打破了传统音乐平台的局限，吸引了大量用户并赢得了用户的忠诚。其对核心竞争力的精准识别、成功培育以及持续维护使得网易云音乐在竞争激烈的市场中脱颖而出，成了行业的佼佼者。

资料来源：搜狐网、网易科技。

讨论题：

1. 网易云音乐是如何识别核心竞争力的？
2. 请分析网易云音乐培育核心竞争力的过程。
3. 核心竞争力在网易云音乐的发展过程中发挥了怎样的作用？
4. 未来，网易云音乐应该如何维护其核心竞争力，保持领先地位？
5. 网易云音乐的成长能给其他中小企业怎样的启示？

参考文献

1. 杨浩，戴月明. 企业核心专长论：战略重塑的全新方法. 上海：上海财经大学出版社，2000.

2. F. 赫塞尔本，等. 未来的组织. 胡苏云，储开方，译. 成都：四川人民出版社，1998.

3. 尼古莱·J. 福斯，克里斯第安·克努森. 企业万能：面向企业能力理论. 李东红，译. 大连：东北财经大学出版社，1998.

4. 阿里·德赫斯. 长寿公司：商业"竞争风暴"中的生存方式. 王晓霞，刘昊，译. 北京：经济日报出版社，1998.

5. 刘力钢. 企业持续发展论. 北京：经济管理出版社，2001.

6. 胡大立. 企业竞争力论. 北京：经济管理出版社，2001.

7. 宁建新. 企业核心能力的构建与提升. 北京：中国物资出版社，2002.

8. 安德鲁·坎贝尔，凯瑟琳·萨默斯·卢斯. 核心能力战略：以核心竞争力为基础的战略. 严勇，祝方，译. 大连：东北财经大学出版社，1999.

9. 钟陆文. 市场、核心能力与企业持续发展. 北京：经济科学出版社，2005.

第十二章

中小企业国际化经营

学习目标

1. 知识探索：通过本章学习，让学生掌握发展中小型跨国公司的原因与策略，全面了解新时期中小企业国际化经营的机遇与风险，理解和认识中小企业国际化动因、市场选择、进入模式，建构起中小企业国际化经营的分析框架。

2. 能力提升：通过中小企业国际化案例的分析和讨论，让学生更生动和深刻地认识中小企业在国际化过程中遇到的问题与路径选择，开拓和提升学生的全球视野和思维。

3. 价值引领：通过案例分析，让学生掌握中小企业寻求国际化发展面临的挑战及解决之道，深刻认识勇于开拓的创新精神与家国情怀如何帮助中小企业克服跨国经营过程中遇到的困难。

4. 品格养成：复杂多变的国际环境给中小企业"走出去"带来了重重困难与挑战，通过学习中小企业开拓国际市场的案例，激发学生开拓创新和攻坚克难的精神。

安克创新：从借船出海到智造出海

安克创新科技股份有限公司（以下简称"安克创新"）天生就带有国际血统。2011年，创始人在美国注册了Anker品牌，并回到国内成立海翼电商（安克创新前身）。2020年8月，安克创新在深交所创业板挂牌上市。这一年，安克创新的营收达到93.53亿元，是国内营收规模最大的消费电子品牌企业之一。根据招股书可知，当时安克创新的全球用户数量已经超过8 000万，97%以上的营收由海外市场贡献，包括北美、欧洲、中东等成熟且消费力强劲的市场。目前，它是亚马逊电商平台上最大的第三方卖家之一，多款产品位列亚马逊的畅销榜单。

从诞生伊始，安克创新就与亚马逊深度绑定。10年前，亚马逊电商平台在全球范围内开始崛起，并带动了很多品牌和第三方卖家的兴起和发展。与此同时，国内的电商更是活跃。与大多数贸易商一样，海翼电商起初是利用国内的供应链优势做代工：在亚马逊上找到快速增长的品类，然后利用国内的成本优势，冠以Anker品牌在亚马逊上销售。彼时，恰逢智能手机进入转型时期，海翼电商选取笔记本计算机和手机的替代电池这一品类为切入点，随后又顺理成章地进入手机配件领域。海翼电商时代的安克创新，主要投入是对代工厂的管理以及营销。Anker 品牌建设初期的主要任务就是在全球扩大知名度，在谷歌、亚马逊等平台上做广告，再将流量引进商品页面，完成转化率。通过贴牌销售，海翼电商的月销售额很快就突破了 100 万美元。

不过海翼电商并不满足于永远做一家买手型公司。2013 年，海翼电商逐步在产品中加入自主研发元素，进入音频、智能家居赛道。2016 年，无线耳机、智能音箱等新品类被加入进来。海翼电商还采取多品牌思路，逐步形成了以 Anker 为核心的充电类品牌，以 Eufy 和 Nebula 为主的智能创新类品牌，以及以 Soundcore 为代表的中高端音频类品牌矩阵。

2017 年，海翼电商正式更名为安克创新，试图剥离电商标签，成为一家真正具备创新力的全球化智能硬件公司，其生产仍采取外包方式，但安克创新会严格把控产品的设计与研发，产品推出的逻辑也紧跟技术潮流。比如受益于新型氮化镓充电器的普及，安克创新推出了一款能以更小体积实现更高充电效率的充电头。随着真无线立体声（TWS）技术的成熟，安克创新看到了该领域的增长潜力，它迅速研发出自己的无线耳机，这种没有线材，需要便携式充电盒充电的产品又是在原有充电品类基础上研发出来的新产品。

资料来源：第一财经。

请思考：

1. 为什么说安克创新天生带有国际血统？

2. 安克创新的出海模式经历了怎样的转变？

通过安克创新可以看到，这家天生国际化的企业在经营中敏锐地把握住先机，始终坚持跨国经营、洞察全球消费者的需求从而能够持续顺利推进国际化经营。企业制定的国际化战略是促进安克创新成长的重要因素，这对中小企业而言是非常具有启发意义的。

第一节　中小企业国际化动因

随着经济全球化的持续推进，中国经济愈来愈紧密地与世界经济融为一体，"国内市场国际化、国际竞争国内化"的新竞争格局已经形成。企业国际化已是必然的趋势。中国企业无论是在国际市场上，还是在日益国际化的国内市场中都面临着竞争。此时，国际化经营不再是大企业的专利，中小企业无疑也是国际化经营的主体。我国中小企业只有走出国门，不失时机地开展国际化经营，才能不断提高自身的竞争力，在全球化浪潮中求得生存和发展。本节将探讨推动中小企业走向国际市场的影响因素。

一、寻求和拓展市场

随着国内市场的饱和和竞争加剧，中小企业需要寻求新的增长机会。第一，国际市场通常规模更大，消费者需求更多样化，因此提供了更广阔的发展空间。中小企业基于自身优势开展满足国际市场需求的生产和服务，由此进入国际市场，接触到不同的消费群体，拓展客户群，增加销售额和市场份额。第二，进入国际市场可以分散中小企业的风险，降低对单一市场的依赖度。第三，近年来我国第一产业比重不断减少，第三产业比重不断增加。传统劳动密集型和资源密集型产业成本增加、竞争激烈，可以通过拓展海外市场挖掘需求来化解产能过剩的矛盾。

二、获取资源

随着经济全球化的不断深化，企业国际化的关键目标之一是全球资源要素的流动与优化配置。例如，在一些国家或地区，劳动力成本相对较低，中小企业通过国际化可以降低生产成本，提高产品竞争力，并在全球范围内寻找更有利可图的生产基地。中小企业也越来越重视获取多元化和高品质资源，包括人才、技术和原材料等资源。

（一）人才资源

随着技术发展和产业结构变化，企业对特定领域高端人才的需求日益增加。而在国内，特定领域高端人才相对比较稀缺，中小企业难以吸引和招聘到这些稀缺人才。因此，中小企业可以更广泛地从国际市场获取海外人才，以此满足企业对专业化人才的需求。同时，中小企业为了推进技术创新、保持竞争力，需要引进先进的技术和管理经验。海外人才通常具有丰富的国际经验和领先的技术知识，可以促进中小企业技术创新，推动企业的发展和增长。

（二）技术资源

获取先进技术也是推动中小企业国际化经营的重要因素，通过国际化发展寻求先进技术，可以提升企业在全球价值链中的地位，进而提高投资绩效和国际竞争力。中小企业通过国际化合作和交流，可以与国外企业、研究机构等建立合作关系，共享技术资源和经验，加速技术创新和应用。通过国际化获取先进技术资源，可以提升企业的国际竞争力，拓展国际市场份额，开拓发展空间。

（三）原材料资源

随着中小企业对原材料需求的日益多样化，有些特殊的原材料在国内可能供应不足或质量不稳定，这就需要中小企业到海外市场寻找更广泛、更稳定的原材料来源，以满足生产需求。

三、政策支持

我国出台了一系列政策和措施鼓励中小企业开拓国际市场。例如，设立中外中小企业合作区、支持对外劳务合作、设立国际市场开拓资金、培养国际化人才、帮助中小企业获取国际市场信息，具体情况如下。

(一)设立中外中小企业合作区

工业和信息化部自 2012 年起,探索设立中外中小企业合作区。2012 年 4 月,中德(太仓)中小企业合作示范区成为工业和信息化部正式批复的首家中外中小企业合作区,超过 470 家德国独资中小企业落户太仓,其中包含德国"隐形冠军"企业 50 多家。此后,全国设立了将近 20 个中外中小企业合作区,涉及中德、中意、中瑞、中欧、中以、"一带一路"等双边和多边国际合作。

截至 2021 年年底,中外中小企业合作区累计签约外资投资项目超过 4 300 个,使用外资规模达 430 亿美元。其中,中德(太仓)中小企业合作示范区成为中德务实合作的典范。德资企业主要集中在北京、江苏、福建、广东、山东、安徽、浙江、四川、陕西、辽宁等 16 个省市。据统计,2022 年,中德两国建交 50 周年之际,中德贸易额达到 1 866 亿欧元,占中欧贸易额的 30% 以上,超 9 400 家德资企业落户中国,超 2 700 家中资企业在德国逐步站稳脚跟,实现了真正意义上的中小企业"引进来"和"走出去"。

(二)支持对外劳务合作

2014 年 1 月,工业和信息化部、国家发展和改革委员会等九部门联合下发了《关于促进劳动密集型中小企业健康发展的指导意见》,提出支持企业到境外参展办展,开拓国际市场,深化国际交流合作,提高专精特新和产业集群发展水平,进一步提高通关效率,推动落实调减法定检验检疫目录等政策,为劳动密集型中小企业产品出口提供便利条件,积极缓解劳动密集型中小企业面临的用工成本上升、生存和发展压力加大等问题。

(三)设立中小企业国际市场开拓资金

自 2001 年起,国家设立了中小企业国际市场开拓资金,专门支持中小企业拓展国际市场的各项活动,包括境外展览会、企业管理体系认证、各类产品认证、境外专利申请、国际市场宣传推介、电子商务广告和商标注册、国际市场考察、境外投资与议案、企业培训、境外技术与品牌收购等。在 2001—2007 年,中央财政共资助 12 万个项目,受益的中小企业超过 9 万家,促进出口超过 500 亿元。该资金主要支持面向新兴国际市场的拓展活动,如拉美、非洲、中东、东欧、东南亚、中亚等地区。近年来,该资金重点优先支持企业的境外参展、境外市场考察、国际市场准入认证以及在境外申请专利、收购技术和品牌等活动,同时优先支持有进出口实绩的外贸企业。此外,地方政府也纷纷采取措施,发挥中小企业国际市场开拓资金的作用。例如,安徽省通过该资金支持了大量中小进出口企业,2012 年有近 4 000 家企业受益,受益企业数量占比超过三成。此外,2013 年国务院办公厅发布了《关于金融支持经济结构调整和转型升级的指导意见》,明确提出鼓励金融机构大力支持企业"走出去"。中国进出口银行与中关村管委会签署战略合作协议。中国进出口银行将优先为示范区内中小企业在一般机电产品和高新技术产品以及成套设备出口、海外投资、境外资源开发、对外承包工程等多方面提供便捷的融资支持。

（四）培养国际化人才

为支持中小企业国际化人才的培养，我国深入实施国家中小企业银河培训工程和企业经营管理人才素质提升工程，鼓励和支持各地方完成 50 万人次的培训计划，同时依托北京大学、部分部属高校以及中国中小企业发展促进中心等机构，共完成 1 265 名中小企业经营管理领军人才的培训工作。

相关调研显示，我国中小企业对外贸专业人才的缺口超过 600 万。2021 年阿里巴巴国际站发布的"百万外贸人才计划"，是原人才项目的一次升级。计划显示，阿里巴巴国际站将联合人力资源和社会保障部、教育部等部委及清华大学等高校专家组、行业龙头协会，设计跨境电商人才培养分层标准，以及包括教材、课件、题库、考试系统等在内的跨境电商教培体系。阿里巴巴国际站开发了首个跨境电商实训模拟平台，并向全国高校永久免费开放。为帮助中小企业留住人才，国际站还向中小企业免费提供相关进阶培训。阿里巴巴国际站此前被教育部和人力资源和社会保障部确认为跨境电商 B2B 数据运营人才培训评价组织，并联合清华大学发布了《跨境电子商务 B2B 数据运营职业技能标准》。该人才项目至今已帮助中小企业培育和引进 3 万多名外贸人才；数据还显示，这些年轻人入职后的首个订单，50% 以上都超过了 1 万美元。

（五）帮助中小企业获取国际市场信息

为支持中小企业实现国际化成长，解决获取国际市场信息的问题至关重要。在国际化成长过程中，中小企业需要准确全面地了解东道国的政策环境、合作伙伴情况和市场风险。由于受到企业规模限制，中小企业在搜集和分析与投资风险相关的国际市场信息方面存在能力不足的问题。构建信息交互平台、强化信息整合能力是解决这一问题的关键途径。国家和社会组织积极为中小企业搭建信息交流平台，促进它们加强对外交流合作，推动对外贸易。我国与多个国家签订了对外交流合作协议，设立了针对东盟成员国的私募股本投资基金，并与西方国家合作设立中小企业投资基金，支持中小企业参与国际市场。此外，我国积极参与并签署了区域全面经济伙伴关系协定（RCEP），举办了 APEC中小企业峰会、亚欧会议中小企业贸易投资博览会等活动，为中小企业提供了进入广阔国际市场的机会。

四、企业家精神

企业家精神也是中小企业国际化经营的重要驱动因素。首先，企业家精神会驱动中小企业制定国际化战略。作为决策者，企业家在中小企业国际化过程中扮演着主导角色，面对复杂的国际环境和巨大风险，没有坚定的企业家精神，国际化战略很难制定，也更难以实施。其次，企业家的创新精神尤为重要，它有助于提升中小企业在国际市场中的适应性和敏感度，从而可以及时发现和抓住国际市场新机遇。最后，企业家精神有助于优化国际资源的配置。相比于国内市场，中小企业在国际化过程中可能需要更多种类、更充足、更高质量的资源，包括人力资源、资金、技术等。而企业家若具备调动和获取资源的能力，就可以通过网络调配资源，为企业赢得投资，获取优质资源，促进国际化成长。

第二节 中小企业国际化市场选择

一、中小企业选择目标市场的影响因素

中小企业国际化需要选择合适的目标市场。目标市场即产品、服务和其他资源跨国转移的具体交易场所。例如，对于出口，最终目的地是目标市场；对于对外直接投资，目标市场则为投资的东道国。由于中小企业的母国和目标市场之间存在着文化、语言以及政府政策等方面的差异，中小企业国际化经营经常面临诸多困难。政治环境、文化差异、市场需求、贸易壁垒等因素都会影响中小企业对目标市场的选择。

（一）政治环境

中国中小企业走出国门既需要本国政府的审批或备案，又需要东道国政府的审批。本国方面，2014 年以来，中央政府简政放权，对外投资管理从核准制为核心转变为核准制与备案制相结合。中央政府只保留对少数重大、敏感的境外投资项目的核准权限，大部分境外投资项目由企业自主决定，并进一步放宽外汇管制。2017 年 8 月 18 日，国务院办公厅发布了《关于进一步引导和规范境外投资方向的指导意见》，明确将境外投资项目分成了鼓励开展、限制开展和禁止开展三类情况，该指导意见显示，将限制房地产、酒店、影城、娱乐业、体育俱乐部等境外投资，重点推进有利于"一带一路"建设和周边基础设施互联互通的基础设施境外投资。2017 年年底，国家发展和改革委员会发布了《企业境外投资管理办法》，并于 2018 年 3 月 1 日起施行。相较此前的《境外投资项目核准和备案管理办法》，《企业境外投资管理办法》简化了事前管理环节，进一步覆盖了事中、事后监管。其具体规定：① 敏感类项目无论投资金额大小，都要获得发改委核准；② 非敏感类项目中，3 亿美元以上的境内投资主体直接开展的境外投资项目要向国家发改委备案；③ 如果是境内投资主体通过其控制的境外企业开展的境外投资项目，要向国家发改委提交大额非敏感类项目情况报告；④ 3 亿美元以下的，中央企业直接开展的境外投资项目要向国家发改委备案，地方企业要向省级发改委备案；⑤ 如果是境内投资主体通过其控制的境外企业开展的 3 亿美元以下的境外投资项目，则无须履行核准、备案和报告事前程序。

除了中国政府的审批以外，东道国政府的审批也对中小企业国际化有重要影响。东道国政府的审批政策直接关系到中小企业能否顺利进入其市场开展业务。不同的东道国可能有不同的审批标准和程序，有的东道国可能对特定行业或领域的外资进入设置较高门槛，进行严格审查，这会增加中小企业进入的难度和成本。例如，一些国家可能对涉及国家安全、关键基础设施等领域的投资进行严格管控，要求企业提供详细的商业计划、技术实力证明等材料，并经过多部门的联合审批。而有的东道国为吸引外资，可能简化审批程序，提供优惠政策和便利措施，这将有利于中小企业快速进入市场并开展经营活动。此外，东道国政府审批政策的变化也

会给中小企业带来不确定性风险，企业需要密切关注东道国审批政策动态，及时调整国际化战略，以适应不同的审批环境。

（二）文化差异

文化差异是指中小企业母国和目标市场之间在宗教信仰、风俗习惯、语境文化等方面的差异。

（1）宗教信仰。不同的宗教信仰有不同的文化喜好和禁忌，宗教信仰会影响人们的生活习惯、消费行为以及需求偏好。

（2）风俗习惯。风俗习惯指个人或集体的传统风尚、礼节习性，是特定社会文化区域内人们长期共同遵守的行为模式或规范，主要包括民族风俗、节日习俗、传统礼仪等。它是长期逐渐形成的，短期不容易改变的行为倾向或社会风尚，不仅会影响人们的消费价值观，也会影响人们的工作和思维模式。

（3）语境文化。不同国家或地区有不同的语言和独特的交流方式，不同的语言、不同地区的文化独特性对当地产生了很大影响。根据美国人类学家爱德华·T. 霍尔（Edward T. Hall）提出的高低语境文化理论，不同文化可以划分为高语境文化和低语境文化。在这两类文化中，语境和语言在交际中的地位是不同的，而且也表现出不同的作用。高语境文化是指在此种文化的语言交际过程中，交际信息的创造主要依靠语言交流的场合，即交际信息的创造不是依赖于交际语言本身，而主要依赖于交际语境，即"意会"。例如，中国文化、日本文化、非洲文化、拉丁文化都属于高语境文化。低语境文化是指在此种文化的语言交际过程中，交际信息的创造主要依靠交际语言本身，即交际信息的创造不是依赖于交际语境，而主要依赖于交际所使用的语言，即"言传"。例如，美国文化、加拿大文化以及多数欧洲文化都属于低语境文化。

此外，根据霍夫斯泰德文化维度理论（Hofstede's cultural dimensions theory）可以分析不同国家的文化差异。霍夫斯泰德文化维度理论是荷兰心理学家吉尔特·霍夫斯泰德提出的用来衡量不同国家文化差异的一个框架。他认为文化是在一个环境下人们共同拥有的心理程序，能将一群人与其他人区分开来。通过研究，他将不同文化间的差异归纳为六个基本的文化价值观维度：权力距离（Power Distance）；不确定性规避（Uncertainty Avoidance）；个人主义和集体主义（Individualism versus Collectivism）；男性化和女性化（Masculinity versus Femininity）；长期导向和短期导向（Long-term versus Short-term）；自身放纵和约束（Indulgence versus Restraint）。

（三）市场需求

市场需求主要包括三个方面：① 对某种产品的净消费量，衡量方法是目标国国内该产品的生产量加上进口减去出口。只有通过净消费量才能准确反映目标国的市场潜力，仅仅依靠进口数据不能充分衡量整个市场的需求。② 进口渗透率，即进口占净消费量的百分比。比例越高，说明目标市场的开放程度越高，国内生产的竞争程度也越低。③ 企业所在国的出口占目标国总进口的份额，份额越高，企业越可能享有更多的优势，如市场信息优势。因为高份额意味着两国之间的经济往来较多，具有较强的经济联系，企业可以从在目标国进行跨国经营的其他公司那里获取信息。

（四）贸易壁垒

贸易壁垒主要包括两个方面：① 关税壁垒，通过目标国年平均关税税率来表示。对于以出口为主的企业，税率会直接影响产品的定价。② 非关税壁垒，如产品包装规定、价格监督等。这些信息可以通过世界贸易组织的相关数据获取。此外，地理距离也是一个重要的贸易壁垒因素。目标市场与母国市场之间的地理距离越大，运输成本就越高，从而直接影响某些产品的出口价格。

二、中小企业目标市场的选择

不同国家（地区）在政治环境、经济环境、人口环境和社会文化环境之间存在着差异，这直接导致中小企业进入目标市场的决策远比母国市场的决策复杂得多。中小企业目标市场的选择需要找出市场潜力最大的海外市场，具体步骤包括：

（1）预筛，所有的国家（地区）都是预筛对象。在着手预筛之前，中小企业应当明确目标产品的消费者或用户的特征，即潜在或实际消费者的个人及群体的各种特征。

（2）中小企业需要依据不同国家（地区）的经济统计资料来分析其市场潜力，找出一组潜在的目标国家（地区）。

（3）针对行业市场潜力大的国家（地区）来估计中小企业的市场潜力。在绝大多数情况下应选择市场潜力最大的国家（地区）作为目标市场。

此外，中小企业选择目标市场可以考虑坚持早半拍原则，重点选择那些经济发展水平比母国发展慢半拍的国家（地区），积累一定国际化经营经验后再考虑走向更发达国家（地区）。

三、选择目标产品

中小企业筛选产品是为了找出自身的哪些产品更容易进入目标市场，然后将其确定为目标产品推向目标市场。理想的目标产品应包括以下几项特点：易为市场所接受；利润潜力大；可用现有的生产设施生产；具有比较优势，目标产品的优势包括低价，或与竞争对手相比在品质设计、技术等方面有明显的差异性。目标产品的选择需考虑产品生命周期。通常情况下，一个好的目标产品应该是企业在母国市场上最具竞争力的产品，进入目标市场时也具有一定的国际竞争力。

四、选择目标合作伙伴

（一）搜索潜在交易对象

中小企业通过搜集和分析国际市场信息，应尽可能地寻找潜在的国外合作伙伴。出口型中小企业可以通过以下几种途径获取相关信息：① 通过互联网，建立企业主页并发布产品信息，或者在专业网站上发布企业信息。② 参加商品交易会，获取潜在客户的信息。③ 利用企业现有的社会网络更为重要，如客户的客户或供应商的供应商。

（二）开发交易对象

中小企业确认潜在的交易对象后，就可以与这些对象进行试验性的交易了。如果双方认为进一步合作带来的利益超过合作成本，双方可以通过谈判达成协议。中小企业也可以通过试验性的购买或销售来获取国际化经营经验，以减少未来合作带来的风险。实际上，交易对象的开发阶段是对双方关系的测试和评估。这种评估减少了不确定性，增加了双方的信任度，进一步巩固了双方的关系。

（三）选择交易对象

如果需要在两个或更多潜在交易对象之间进行选择，中小企业需要考虑三个方面的因素：双方目标的一致性、交易对象的信用和交易对象的绩效。根据这些因素，中小企业选出最合适的目标合作伙伴。

第三节　中小企业国际化模式

一、国际市场进入模式概述

（一）国际市场进入规划

进入国际市场是一项综合性规划，包括提出目的、目标，进行资源配置和制定方针等，以指导企业在未来时期内在国际市场上取得持续、稳定的增长。对企业而言，进入国际市场的规划实际上是几项单独的产品与市场规划的有机组合。任何一个意欲进入国际市场的企业，无论其规模大小，都必须为其每一项产品在每一个目标市场进行规划。一旦企业确定了每一项单独的产品或市场规划，就应当把这些规划集中起来并加以协调，从而形成企业进入国际市场的整体规划。

进入国际市场的规划过程如图 12-1 所示。

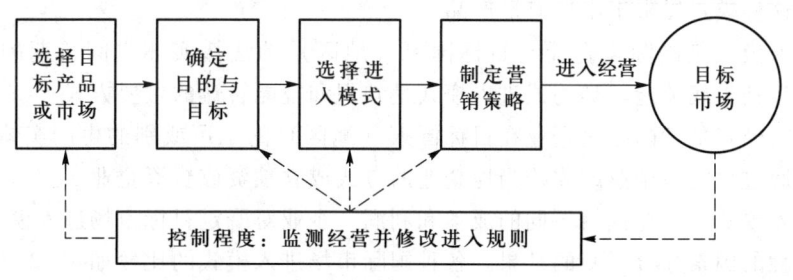

图 12-1　进入国际市场的规划过程

虽然图 12-1 中按逻辑顺序展示了各项活动和决策，但实际上进入国际市场策略的制定是依据多项反馈信息反复进行的。例如，对不同进入模式的评估可能导致修改进入目标市场的目的或目标，甚至导致调研新的目标市场。同样，在制定营销策略时，可能会对以前某种特定的进入模式提出疑问。市场经营开始后，经营活动的差异也可能导致修正前面四项要素，如由"控制程度"一栏引出的几条虚线所示。简言之，国际市场进入的规划过程是一个连续的、无止境的过程。任何不满足于本国市场的企业，不论其资源多么有限，都必须规划国际市场的进入策略。有些初次进入国际市场的企业，缺乏国际营销经验，并且对自己在国际竞争中的能力持怀疑态度，因而缺乏每一项产品或每一个目标市场的进入规划，抱着"试试看""打一枪换一个地方"的想法到国际市场上去碰运气，这样的企业在国际化经营中很难取得成功。

（二）国际市场进入模式分类

国际市场进入模式是指企业的产品、技术、技能、管理诀窍或其他资源能够进入其他国家的系统筹划和安排。

1. 从经济学的角度看

企业只能用两种方式进入外国市场：

（1）将本国或别国生产的产品出口到目标市场。

（2）将技术、资本、技能、管理诀窍等资源转移到外国，在外国将资源直接卖给用户，或者与当地资源（特别是劳动力）结合，生产制成品在当地市场销售。最终产品为劳务的企业不能在本国生产劳务到外国出售，只能采取第二种方式进入外国市场。

2. 从经营管理角度看

上述方式可进一步分解为几种独特的进入模式：

（1）出口式进入模式，包括间接出口和直接出口等。

（2）契约式进入模式，包括签订许可合同、特许专营合同、技术协议、许可合同交易制造、服务合同、管理合同、承包与交钥匙合同、合作生产协议等。

（3）投资式进入模式，包括通过独资或合资的方式创办新企业及收购、兼并现有企业等。

出口式进入模式与其他两种基本模式（契约式进入模式和投资式进入模式）的区别在于，企业的最终产品或中间产品先在目标国家（地区）境外制造，然后再输入目标国家（地区）。从中可看出，这种模式局限于出口有形产品。

契约式进入模式是国际化企业与目标国家（地区）的法律实体之间长期的非股权联系，前者向后者转让技术或技能。契约式进入模式是知识和技能转让的主要方式。

投资式进入模式是指国际化企业在目标国家（地区）的工厂或别的生产实体拥有所有权。国际企业可以通过设立新企业或收购当地企业的方式成立独资或合资企业。

不同的进入模式为企业提供不同的成本和利润。企业对既定目标市场进入模式的选择往往是几种相互抵触的因素综合平衡的结果。各种国际市场进入模式的比较如表 12-1 所示。

表 12-1　各种国际市场进入模式的比较

国际市场进入模式	具体的进入方式		优势	弱势
出口式（贸易式）进入	间接出口	本国的中间商	投入少；不承担出口风险；能迅速扩大销售规模	无法控制产品进入国际市场的过程；不能获得跨国经验和海外市场信息
	直接出口	国外的中间商	营销成本低；市场风险小；能迅速打开市场	渠道受控于外国中间商；产品的声誉和形象受中间商行为的影响；只获得加工制造利润，收益回报低
		设立国外办事处	直接接触海外市场，能获得丰富的出口经验；起到窗口作用，有利于搜集海外市场信息，把握行业发展趋势；有利于培养国际化人才	需最初投资和持续的间接费用，投资较大；需有国际市场知识的专业人才
		销售分支机构	掌握国外销售渠道，市场控制力强，收益较高；能获得丰富的信息和跨国经营经验；有利于保护自身的品牌形象及其他无形资产等	营销费用高；独立地承担国际市场风险；设立专门的部门和配备相关人员
契约式进入	许可经营		不需进行生产和营销方面的大量投资，能避开关税、配额、高运费等不利因素，迅速占领市场；有东道国政府支持；政治文化风险小	控制力弱，对被许可方依赖性大；商业风险大，存在产品技术和知识产权的流失问题；被许可方可能成长为竞争对手
	特许专营		投资少，见效快，能快速占领市场；具有独特的市场形象和统一的营销标准，有利于积累品牌优势；政治文化风险小	品牌的创立需要大量的投资；对被许可方缺乏全面控制
	合同方式	战略联盟	能利用战略伙伴的优势资源，实现优势互补，提升业务效率和能力；风险降低；能学习先进的经验和技术	企业实力较弱时讨价还价能力低；容易受到大企业的控制
		OEM	能缓解开工不足的矛盾，解决生存与发展问题；能利用国际品牌的知名度，迅速扩大市场份额；可以学习先进的生产技术和管理经验，尽快缩小与国际企业的差距；能避开与跨国大公司的正面交锋	不能全力培育自己的品牌；低利润回报；缺乏占领国际市场和销售的能力，对产品、市场控制力弱
	国际分包		不需承担或较少承担用于打开外国市场所需的开发成本的风险	难以获得真正的高端技术，缺乏自主知识产权；处于产业链的最底端，利润回报低

续表

国际市场进入模式	具体的进入方式	优势	弱势
投资式进入	合资经营	能取得当地政府和合伙企业的支持；资本投入减少，风险相对小；能产生互补双赢的效果；能迅速有效地获得当地市场的信息和资源；能规避政治、法律因素的限制	合资企业各方易产生冲突；拥有技术优势的企业的技术秘密容易泄露；控制权易被弱化
	新建企业或工厂	拥有企业最大控制权，对产品技术、营销及分销能完全控制；可利用最新的技术和设备，避免技术泄密；经营效率高	投入高；投资回报的周期长；商标信誉、市场开发不确定性大，风险最高
	兼并收购	能获得品牌、渠道、技术等，迅速进入预定国际市场，投资回收期短；能绕开专利和反倾销壁垒，获取政府通行证；有利于引入先进的管理经验；能扩大企业产品种类和获得适用技术，通过协同效应提高效率	需要巨额的购并费用，成本比较高；被购并企业的资产评估复杂而困难，能否盈利是个未知数；不同文化背景下的企业整合十分困难

资料来源：周利国，李志兰. 我国中小企业国际化道路的模式选择. 山东经济，2006（6）：41-46.

（三）天生全球化企业

随着经济全球化以及信息技术的发展，全球商务环境发生了根本性的转变。在20世纪90年代初，出现了一些成立时间更短、规模更小的企业（常见于高科技企业），这些企业从一开始就具有清晰的全球观，依靠创新性的技术、产品设计、灵活性以及能够使产品迅速适应变化的需求等竞争优势，为国际市场用户提供高附加值的产品和服务，迅速从事国际化活动，而不像传统理论所提出的企业需要进行渐进的国际化发展（见表12-2）。这类企业被学者称为"born globals"（天生全球化企业）（Madsen & Servais，1997）或者"international new ventures"（国际新企业）（Oviatt & McDougall，1994）。这类企业虽然通常规模较小，却能成功地在国际市场中与创立已久的大型企业竞争。

表 12-2　传统国际化企业与国际新企业的比较

比较项目	传统国际化企业	国际新企业
国际化战略和步伐	对未预期的出口订单反应被动；渐进、缓慢的国际化	积极寻求机会，采用利基战略；快速的国际化
企业目标	生存、长期盈利	价值创造、成长
获取国外市场信息	信息渠道有限，通过市场投入积累市场信息	通过各种渠道获取市场信息

续表

比较项目	传统国际化企业	国际新企业
国外市场投入速度	由于需要整合经验型市场知识，投入决策缓慢	可以迅速地将可移动的知识资源与目标市场的固定资产结合
价值创造逻辑	创造价值的资产主要集中在国内	基于跨边界的资源组合创造价值
个人和企业之间知识的联系	企业经验和知识超过个人经验和知识	个人经验和愿景推动国际投入决策，知识主要存在于创业者和管理团队
决策制定	企业的决策制定系统	企业家
市场进入模式	从低控制模式到高控制模式	没有事先决定的顺序，企业更偏爱选择性治理机制，如联盟
选择国外市场进入的标准	可管理性：最小化现有的活动范围与新进入市场的差异	机会：选择能够提供最大潜在成长的市场
资源规模的重要性	伴随国际化的资源消耗，大规模资源非常重要	资源的质量和持续的独特性比最初的资源规模更重要
国际化时的资源禀赋	国内经验形成的资源和知识	企业经验知识与国外市场经验同时创造

资料来源：蔡宁，黎常．企业国际化理论的新发展：国际新企业理论．国际贸易问题，2007（3）：98-103.

二、中小企业国际市场进入模式的选择

目前，大型企业的国际化经营主要以建立跨国公司的方式进行，而中小企业很少采用建立跨国公司的方式开展国际化经营，这是由中小企业自身的条件所决定的。中小企业可以运用与自己条件相适应的一系列方法，灵活多样地从事国际化经营。

（一）出口

与其他进入国际市场的方式相比，出口对东道国市场介入的程度最低，针对东道国市场环境的变化，企业也比较容易调整自己的经营策略，甚至选择退出该市场。但是，采取这种进入模式时，出口企业对东道国市场的控制程度很低。目前，出口是中小企业"走出去"的主要模式。但是，这种在国内制造国外销售的模式难以使当地的消费者对其产品产生信心和信任，无法让中国的品牌真正成长为国际化品牌。所以，出口模式只能是企业国际化的初始选择或辅助的战术配合策略。

另外，采用出口模式的企业还需要思考是自己营销还是由他人营销。在国际化经营初期，德隆、万象、格兰仕以及义乌模式都是在国内生产，在国外销售。但不同之处在于格兰仕和义乌模式只做生产，不做销售，销售工作由国际上的专业销售公司来做。格兰仕的战略定位是专心搞生产，绝不涉足流通领域。由于不涉足流通，排除了国际经销商的后顾之忧，使它们放心大胆地帮格兰仕做大市场。与格兰仕相同，为义乌中国小商品城供货的企业，也与在中国采购的国际经销商形成了一种深度的分工、协作关系。这种分工协作关系使生产、销售的各个环节

有机地链接起来。这一战略选择，正好符合 WTO 国际分工的基本原则。但是，对于在海外设厂的中国企业，则应通过收购、合资、合作等方式掌握产品的销售渠道，以雇员本土化的方式建立自己的营销队伍，尽快融入当地的营销网络中去。

中小企业采用出口方式进入国际市场具有如下的特点与风险。

1. 特点

① 低风险：相较于其他国际化进入模式，出口的资金投入较少，风险相对较低。

② 灵活性高：中小企业可以根据市场需求和自身能力调整出口量和出口国家。

③ 市场进入速度快：出口不需要在国外设立生产或销售基地，进入市场速度较快。

2. 风险

① 物流和关税：出口涉及国际物流和关税问题，可能增加成本和复杂性。

② 市场理解不足：中小企业由于不在当地，可能对目标市场的消费者需求和竞争状况了解不足。

③ 汇率风险：外汇波动可能影响中小企业的利润。

因此，出口模式适用于那些希望测试国际市场但不愿意承担高额投资风险的中小企业。

随着互联网技术的飞速发展和全球化进程的不断推进，一种出口的新方式——跨境电商正蓬勃兴起，为中小企业国际化带来了新的机遇与挑战。中小企业通过跨境电商实现国际化发展主要是指通过网络平台进行国际商品和服务贸易，拓展海外市场。近年来，我国跨境电商发展迅猛，2023 年有 1.83 万亿元的货物通过跨境电商出口到世界各地，是 5 年前的 2.3 倍。目前，我国跨境电商主体已超过 10 万家，跨境电商产业园超过 690 个，跨境电商销售网络覆盖全球

中小企业跨境电商概述

220 多个国家和地区。速度快、潜力大、带动作用强，是跨境电商显著的发展特征。跨境电商已成为外贸高质量发展的新引擎，为畅通国内国际双循环增添了新活力。跨境电商利用互联网技术冲破了各国之间的贸易障碍，促进了贸易全球化，因此，跨境电商为中小企业提供了更多的发展空间。跨境电商也让许多中小企业甚至微型企业变成了跨国公司，实现了从"中国制造"到"中国服务"向全球化的转变。

（二）契约

契约模式是企业通过与目标国家的法人订立长期的、自始至终的、非投资性的无形资产转让合同来进入目标国家，属于一种"非股权安排"。它与出口的主要区别是企业输出的是技术、技能与工艺，而不是产品，其具体可以采用的方式主要有许可经营、特许专营、战略联盟、OEM（原始设备制造商）、国际分包等。

相对于出口而言，契约模式作为一种非股权安排，有利于中小企业培育品牌和技术，为其开拓国际市场提供了一种经济高效的全新路径。在这种进入模式下，企业的品牌和技术等无形资产成为率先进入目标市场的内容。作为授权方的中小企业，在利益的驱动下，肯定会从价值链的上游着眼，自觉地关注与品牌或技术有关的各类经营活动，以不断增强的品牌和技术实力来提升企业在国际市场上的地位和价值。其中，OEM 和国际分包仍然是我国中小企业接触国际市场的主要方式，但是中小企业在采用这些方式时应该立足于长远的发展，不断提高加工深度和技术含量，从"制造加工"的被动角色向"设计、自创品牌"的主动竞争角色转变，使

国际价值链中的更多产品环节掌握在自己手中。

中小企业采用契约方式进入国际市场具有如下的特点与风险。

1. 特点

① 风险分担：通过契约合作，中小企业可以与当地合作伙伴分享风险和收益。

② 资源利用：中小企业可以利用合作伙伴的资源，如市场知识、渠道和管理经验。

③ 低资本投入：契约模式不需要大量的资本投入，适合资金有限的中小企业。

2. 风险

① 控制力有限：中小企业对国外业务的控制力较弱，依赖于合作伙伴的能力和诚信。

② 知识产权风险：在许可经营和特许经营方式下，中小企业的知识产权可能面临被滥用或被侵犯的风险。

③ 合同风险：合同的执行情况和法律保护的有效性可能存在不确定性。

因此，契约模式适用于那些希望快速进入国际市场并愿意与当地伙伴合作的中小企业，特别是在对当地市场了解不多或希望节省成本的情况下。

相较于传统的契约方式，借船出海为中小企业提供了一种更为灵活且高效的国际化路径。中小企业借船出海是指中小企业通过与大型企业或平台合作，利用其品牌影响力、资源优势和市场渠道，实现国际化发展。这种模式相当于中小企业乘坐大型企业或平台的船只，借助其强大的力量和资源来开拓海外市场。由于中小企业往往面临着资源有限、品牌影响力不足、渠道不畅等挑战，借助大型企业或平台的力量成为中小企业快速进入国际市场的重要途径。在借船出海模式中，中小企业通过与大型企业或平台建立合作关系，通常扮演着供应商、合作伙伴或服务提供商的角色，这种合作关系可以包括生产合作、销售合作、品牌授权、技术转让等形式。通过与大型企业或平台合作，中小企业可以借助其在国际市场的知名度和渠道优势，迅速进入目标市场，降低国际化的风险和成本。

中小企业借船出海的优势

（三）投资

投资模式对企业整体实力的要求最高，风险最大，但也是控制力最强的市场获取方式。通过本土化设计、生产和营销，企业可以控制品牌产品的营销组合，建立品牌独特的定位形象，增加品牌的附加值；同时可以提升品牌在国内市场的地位，进一步巩固和扩大国内市场占有率。也就是说，直接投资立足于企业的长远发展，关注的是市场份额，也只有通过这种方式才能真正树立起品牌的国际化形象和声誉。

针对我国中小企业跨国经营起步不久、经验不足的特点，在对外投资的方式上可以考虑先合资、后独资。与当地企业合资有助于利用两种资源、两个市场，这是实现跨国经营取得成功的重要方式。

中小企业采用投资模式进入国际市场具有如下的特点与风险。

1. 特点

① 高控制力：中小企业可以直接控制在国外的业务运营，确保质量和管理水平。

② 长期发展：通过直接投资，中小企业可以深耕当地市场，建立长期的业务基础。

③ 资源整合：中小企业可以利用当地的资源，如劳动力、原材料和市场机会。

2. 风险

① 高风险高投入：直接投资需要大量的资金和资源投入，风险较大。

② 复杂的管理：跨国经营涉及复杂的管理挑战，如文化差异、法律法规、政治风险等。

③ 慢速进入：设立和运营一个新的实体需要较长的时间，市场进入速度较慢。

因此，直接投资模式适用于那些有充足资金和管理资源的中小企业，特别是那些希望在国际市场建立长期业务并对目标市场有深刻理解的中小企业。

第四节　中小型跨国公司

通过出口、契约、直接投资等模式在国际市场上不断探索与前行，一些中小企业逐步发展成为中小型跨国公司，在国际化进程中展现出了巨大的潜力与活力。

一、中小型跨国公司的特点和作用

（一）中小型跨国公司的含义

中小型跨国公司（Small and Medium Transnational Corporation）通常是指那些在至少两个国家设立业务、进行功能性活动的中小企业，它们不仅在母国进行生产和经营，还通过出口、设立分支机构、参与国际合作等方式，将业务扩展到其他国家或地区。人们往往把跨国公司与大型、巨型企业联系起来。早期的跨国公司确实都是来自发达国家的巨型公司。然而，自 20 世纪 80 年代以来，一批中小型跨国公司涌现出来，以其灵活的经营方式和创新能力，在不同国家之间进行资源配置、技术转移和贸易往来，为全球经济增长提供了新的动力。如今，在政策红利和数字技术助力下，中国还出现了大量小型跨国公司。德勤针对亚太地区 600 余家跨境电商企业展开的调研显示，85%的跨境电商企业属于规模不足 100 人的小微型企业，有的企业人数极少，甚至仅有一两人，却能够将业务拓展至三个以上的海外市场。可以预见，随着经济的发展和科技的持续进步，中小型跨国公司甚至是微型跨国公司，将在世界经济舞台上扮演越来越重要的角色，为全球经济的繁荣贡献重要力量。

（二）中小型跨国公司的特性

1. 跨国公司的特性

跨国公司不仅具备了普通企业的特性（内部性），而且由于它们跨越国界的特点，使它们也拥有一些普通企业所不具备的特性（外部性）。对跨国公司的双重性质产生的长期争论中以海默和波特的争论最具有代表性。海默认为跨国公司应该是脱离了母国身份而且基本上是全球规模经营的非国家实体的公司。而波特认为，跨国公司仍然以国民身份作为衡量方式，母国市场环境是企业强大（或衰败）的一个来源。

2. 中小型跨国公司的经营方式

（1）在对外直接投资的总金额中比重较低，但在关联企业总数中的比重较高。例如，日本的中小型跨国公司十分活跃，20 世纪 80 年代后期它们在全国对外直接投资项目总数中占一半以上，但它们在直接投资的总金额中所占份额不到 1/5；1988 年，美国跨国公司关联企业的资产总金额中，由中小型公司控制的只占 3%，而中小型公司在母公司总数中却占了 28%；在英国，1981 年跨国公司对外直接投资中，只有 1% 属于国际上净资产在 200 万英镑以下的中小型公司，而它们在海外关联企业总数中却占了 2/3。

（2）发达国家中小型跨国公司比大公司更乐于在发达国家投资。据调查，大多数发达国家的大跨国公司的国际关联企业中，有 1/5 在发展中国家，而中小型跨国公司在发展中国家的关联企业还不到 1/10。在这方面日本是个例外，日本中小型跨国公司的国际关联企业中，发展中国家的关联企业多于发达国家。

（三）中小型跨国公司的作用

中小型跨国公司的发展极大地增强了资本的流动性，给世界经济注入了新的活力。中小型跨国公司以其成本低、技术适用性强以及创造的就业岗位多等特点，很受发展中国家的欢迎。由于它的进入门槛低，不但在发展中国家，而且在发达国家也有较快发展。一般来说，发展中国家的绝大多数跨国公司是中小型跨国公司，发达国家的中小型跨国公司也占相当大的比重。据统计，在英国和法国约有 80% 的跨国公司为中小型跨国公司。

中小型跨国公司的对外投资，往往带出的是半成品、机械设备等，而资金较少。这是中小企业的比较优势所在。发展中国家市场发展不成熟，需求量有限，对价格比较敏感。中小型跨国公司的设备适用于小规模生产，生产成本比较低，产品价格也更容易为东道国所接受。而且中小型跨国公司更接近市场，"船小好掉头"。一般来说，其使用的不一定是最先进的技术，却往往是东道国最需要的适用性技术。中小企业在制造业中往往比大企业更具优势，就是因为其转移到东道国的技术更适合当地的生产和需求。

二、发展中小型跨国公司的策略

中小型跨国公司必须从企业自身条件和其所经营的客观环境出发，制定一套行之有效的经营策略。

（一）企业经营主要实行区位优势策略

中小型企业跨国经营实际上只是在东道国与本国之间，利用自然资源和劳动力进行取长补短的"两地双厂生产"，以降低生产成本和提高产品竞争力。因此，它们在投资区位的选取上往往选择那些语言文化相通、地域相近或相连、能够迅速接纳其生产技术和产品的国家和地区进行直接投资，这就是区位优势战略。例如，我国港澳台地区大中型企业的投资主要集中在我国内地（大陆）和东南亚等发展中国家和地区，而对北美和欧洲等发达国家和地区的投资很少。新加坡中小企业的投资 2/3 集中在马来西亚，其次为印度尼西亚、中国香港、泰国和斯里兰卡等国家和地区。这些都说明，中小型企业跨国经营主要实行区位优势战略。

在区位选择上，我国中小型跨国公司的投资区位应该以周边的发展中国家为主。这包括东南亚、南亚与中亚地区，特别是经济正在崛起的东南亚国家，如越南、老挝、柬埔寨等国。对这些周边国家的投资，不但有距离较近、运输方便、文化相对比较接近的优势，而且还能充分利用近年来各国一直在推动的地区间经济合作的协定与协议，例如，大湄公河次区域经济合作、中国-东盟自由贸易区、南亚区域合作联盟自由贸易区等一系列政府间与民间的贸易和投资合作协议。在推进模式上采取国内经营、出口、设海外代理、建立海外销售子公司、建立海外生产公司的逐步推进模式。当然，在有条件的情况下，对东欧、南美、非洲也可以进行投资，特别是资源开发性的投资。

（二）企业经营采取集群型投资方式

中小型跨国公司集群就是一群自主独立又相互关联的中小型跨国公司依据专业化分工和协作建立起来的组织，这种组织的结构介于纯市场组织和层级组织两种组织之间，是为了克服市场失灵和内部组织失灵的一种制度性适应。集群化的好处就是马歇尔所称的"外部经济"，即规模经济存在于行业内部而单个企业的规模仍然可以保持很小。这样一种集群的产业网络在激烈的国际竞争中不是单打独斗，而是通过精细的专业化分工及紧密的协作网络，组织一张紧密的网，对外形成具有竞争力的群体，从而提高中小型跨国公司的整体抗风险能力。我国台湾地区的中小企业的投资者创造了集群式投资的方式，如在广东东莞，江苏昆山、苏州等地都有台商集中的集约式投资群体。

（三）企业经营主要实施本土化战略

中小型企业由于经济规模小，母公司一般无法在国际范围内实现对其子公司的有效扶植，因而子公司对其母公司的依赖程度都相对较低，这就使得许多中小企业在进行跨国经营时，实施本土化战略。这样能更好地与东道国政府和社会沟通与协调，提高产品"国产化率"，满足东道国对一部分先进技术的要求，挖掘东道国的管理资源。因此，东道国较欢迎本土化战略。目前，大型跨国公司也正从一切以母公司利益为重的经营战略向本土化战略转移，由此可见中小型企业跨国经营实施本土化战略的必要性。

（四）企业经营应集中在细分市场

细分市场是指大型跨国公司在追求规模市场中不愿涉及或难以涉及的经营领域。通常细分市场产品批量小、品种多、市场容量有限。中小企业专心关注市场上被大型跨国公司忽略的细分市场，选择不能引起大型跨国公司兴趣的市场"角落"，以提供专门化服务来获得最大限度的效益，其目的是充分发挥自身优势，努力开发一个或若干个有利可图的市场，以填补市场需求不足；同时，又最大限度地躲避与大型跨国公司直接较量的风险。这种"夹缝中生存"的方法较符合中小企业的跨国经营。

（五）中小企业跨国经营应与大型跨国公司形成"共生效应"

"共生效应"是指以跨国公司为首的大企业是创新的技术源，而中小企业是某一专门领域的核心力量和技术源扩散的中心，两者是优势互补、相互依存的关系。大型跨国公司为了获得规模经济，必然要摆脱"大而全"的生产体制，求助于社会分工与协作，这在客观上为中小企业的发展提供了契机。国际上许多中小企业之所以能够生存和发展，很大程度上是由于它们与大型跨国公司之间建立了紧密的分工协作。联合国针对中小型跨国公司的调查显示，国际上大型跨国公司所需的零部件 70%～80% 都是由中小企业提供的。在高新技术行业，有 67% 的中小型跨国公司与大型跨国公司存在着重要的供求关系，有 40% 的中小型跨国公司认为在企业获取技术信息、开展市场营销等方面，与大型跨国公司的合作至关重要。

（六）加入国际产业分工和协作网络

中小型跨国公司以其某方面的核心竞争能力加入国际产业分工和协作网络，这是我国中小型跨国公司进行海外经营的捷径和重要策略。这样可以利用国际网络中的资源潜能，提高我国中小型跨国公司的国际竞争力；利用技术转移，获得更多的先进技术；利用市场反应能力，提高市场意识和市场运作水平；利用本土化经营，培养大量的技术和管理人才。我国是国际产业分工和协作网络不可或缺的重要组成部分。我国许多中小型跨国公司在技术密集型项目合作上具有很强的实力，有的具有较高的生产管理水平，具备了与该网络进行大规模生产合作的基础。我国的中小型跨国公司加入国际产业分工和协作网络，不仅可以迅速发展壮大企业规模，还可以利用网络中的技术、资金和资源优势，在我国建立起现代化的资金、技术密集型产业，使我国的产业经济结构得到调整、升级和优化，促进配套企业的生产协作，带动相关产业的发展。

第五节 新时期中小企业国际化的机遇与风险

在新时期，中小企业国际化面临着复杂的外部环境。世界政治、经济环境正在发生重大变化，全球经济增长模式正在逐步改变，全球价值链结构也面临新的调整。这些因素在全球化进程中相互交织，对我国中小企业的国际化发展产生着深远影响。

一、新时期中小企业国际化的机遇

（一）绿色低碳发展带来的机遇

随着全球绿色经济和新能源产业的兴起，我国中小企业有机会参与低碳经济领域的发展。消费者对绿色产品的认可度不断提高，这为中小企业提供了广阔的市场空间和利润增长机会。通过开发绿色产品和推进产品低碳化，中小企业不仅可以满足市场需求，还可以树立良好的企业形象。

（二）数字化转型带来的机遇

信息技术的发展为我国中小企业提供了更多的国际化机会，如利用互联网平台进行跨境电商、数字营销等。同时，数字化技术也提高了中小企业的生产效率和管理水平，增强了其在国际市场上的竞争力。

（三）产业价值链升级带来的机遇

国际市场面临着重新调整的过程，技术和人才等创新要素重新组合，为我国中小企业实现全球价值链高端化创造了机会。通过精益生产、技术创新、产品设计和品牌塑造等手段，中小企业可以实现从 OEM 到 ODM（原始设计制造商）的产业升级，向全球价值链高端跃迁。

（四）国际服务外包带来的机遇

随着全球产业分工的加速发展，服务外包领域成为我国中小企业转型升级的重要方向。中国中小企业可以通过服务外包业务，实现国际市场的快速拓展和产业结构的优化升级。

（五）高质量共建"一带一路"带来的机遇

高质量共建"一带一路"为我国中小企业提供了巨大的国际市场发展前景。通过参与"一带一路"沿线国家的基础设施建设、贸易合作等项目，中小企业可以实现跨境合作和市场拓展，进一步加强与"一带一路"沿线国家的经贸关系。

（六）中欧班列开通带来的机遇

中欧班列的开通为我国中小企业拓展欧洲市场提供了便利条件。中小企业可以利用中欧班列的高效运输网络，降低物流成本，加快产品输送速度，拓展欧洲市场，推进国际化经营发展。

（七）区域全面经济伙伴关系协定（RCEP）带来的机遇

RCEP 的签署为我国中小企业带来了更广阔的区域市场。RCEP 覆盖的国家和地区广泛，为中小企业提供了更多贸易机会和市场准入便利，促进了区域内经济一体化和贸易自由化，为中小企业的国际化提供了良好环境。

（八）自贸区和跨境电商综合试验区带来的机遇

自贸区和跨境电商综合试验区为我国中小企业提供了更便利的贸易环境和政策支持。中小企业可以通过自贸区的便利化措施和跨境电商试验区的政策优惠，降低贸易成本，拓展海外市场，加速国际化步伐。

二、新时期中小企业国际化面临的风险

（一）地缘政治风险

在全球经济复苏不确定的背景下，一些地区政治局势动荡不安，对中小企业海外经营产生了不利影响。政治不稳定、市场环境复杂的地区将持续存在风险，我国中小企业需要加强对海外政治风险的识别和管理。

（二）国际市场需求下降带来的风险

全球经济增长放缓，市场需求下降，国际市场竞争加剧，再加上逆全球化思潮抬头、贸易保护主义等因素使得国际市场环境更加复杂，我国中小企业面临更大的市场风险和竞争压力。

（三）汇率波动带来的风险

汇率波动导致了不确定的国际市场交易风险，包括以外币计算的赊购赊销风险、以外币清售的贷款风险、未履行的外币远期合约风险等。我国中小企业在合同签订到货结算的整个交易过程中都面临着汇率波动带来的风险，需要制定相应的风险管理策略来规避这些风险。

（四）生产成本上升带来的风险

在全球绿色经济成为热点问题的背景下，各国政府对企业提出了更高的环保要求，这不仅增加了中小企业的生产成本，还加剧了竞争压力。此外，人工成本的上升也给中小企业带来了沉重的成本压力。

（五）贸易保护主义抬头带来的风险

一些国家为保护本国企业，采取了贸易保护主义措施，构筑了技术贸易壁垒，限制了商品的出口。这给我国的中小企业出口和海外投资带来了严重挑战，限制了其国际市场的拓展。

（六）国际信用风险加剧带来的风险

全球经济复苏乏力导致了新一轮的信用危机。由于国外客户经营困难，我国中小企业在跨国经营中面临着客户无法如期履行合同的信用风险。这可能导致中小企业面临大量的坏账和呆账，增加了企业的经营风险。

本章小结

中小企业国际化的动因主要包括寻求和拓展新市场，获取资源、政策支持和企业家精神。国内市场竞争加剧，中小企业通过拓展国际市场，获取海外人才、先进技术和稳定的原材料资源，以降低成本、提高竞争力，并分散经营风险，实现持续发展。我国出台了一系列政策和措施鼓励中小企业开拓国际市场。企业家精神会驱动中小企业制定国际化战略、克服国际化经营的风险与挑战。

中小企业在选择国际市场时需要考虑诸多因素，包括政治环境、文化差异、市场需求、贸易壁垒等。政治环境因素涉及目标国政府稳定程度及政策对企业的影响；文化差异包括宗教信仰、风俗习惯、语境文化等；市场需求潜力则衡量了目标市场对产品的需求；而贸易壁垒则影响着进出口的便利程度。选择目标市场时，企业需考虑消费者特征、市场潜力等因素，并选择与自身实力相适应的、发展程度相当的国家或地区。同时，企业还需筛选出适合的目标产品，考虑产品的市场接受度、利润潜力、生产设施利用等因素。另外，选择合适的合作伙伴也至关重要，需要考虑双方目标一致性、交易对象的信用和绩效等因素。

中小企业国际市场进入模式包括出口、契约和直接投资，也出现了借船出海和跨境电商等新兴模式。各种模式具有不同的特征与风险，中小企业可以运用与自己条件相适应的一系列方法，切合实际选择国际市场进入模式，灵活多样地从事国际化经营。

中小型跨国公司迅速进入许多新兴领域，成为外商直接投资的重要对象。中小型跨国公司经营的策略有：区位优势策略、集群型投资方式、实施本土化战略，集中在细分市场、与大型跨国公司形成"共生效应"、加入国际产业分工和协作网络。

新时期中小企业国际化面临着诸多机遇和挑战。机遇包括绿色低碳发展、数字化转型、产业价值链升级、国际服务外包、高质量共建"一带一路"、中欧班列开通、RCEP、自贸区和跨境电商综合试验区等带来的机遇；而风险方面主要包括地缘政治风险、国际市场需求下降、汇率波动、生产成本上升、贸易保护主义抬头以及国际信用风险加剧等。

关键术语

国际化（internationalization）

外商直接投资（foreign direct investment，FDI）

国际化经营（international operation）

出口（export）

进口（import）

中小型跨国公司（small and medium transnational corporation）

天生全球化企业（born globals）

复习思考题

1. 中小企业国际化的动因有哪些？
2. 中小企业在选择国际市场时应该考虑哪些因素？
3. 中小企业国际市场进入模式有哪些？这些模式分别适用于哪些类型的中小企业？
4. 新时期中小企业如何最大限度地利用国际化机遇，同时有效地应对风险？
5. 中小型跨国公司应选择哪些策略来争取竞争优势？
6. 我国有哪些支持中小企业国际化经营的政策？

即测即评

请扫描二维码，参加即测即评。

案例讨论

萝贝出海：从红海到蓝海

2024 年 3 月 21 日，江苏萝贝电动车有限公司（以下简称"萝贝"）的控股公司 Lobo EV Technologies Ltd. 成功在美国纳斯达克 IPO 上市，成为 2024 年江苏省首家境外上市公司。萝贝是一家总部位于无锡（国家）软件园的电动车制造商和销售商，主要从事电动自行车、电动休闲三轮车、电动高尔夫球车、电动工具车、太阳能电动代步车的开发、设计、生产和销售，同时还向客户提供汽车信息和娱乐软件的开发及设计服务。

从红海到蓝海

萝贝很年轻，也很老，总部于 2021 年在无锡成立，虽然其旗下分公司最早成立于 2002 年，但从集团公司角度看，成立至今才 3 年。萝贝规模也不大，工厂有 5 条生产线，产能 10 万多辆，员工 100 多人。在新秀迭起、涌现出很多电动车标杆企业的无锡，萝贝的这些信息似乎显得有些"平平无奇"。可要置身全球市场，再看萝贝，很快会收获一个不同的印象：就是这样一个中小规模的企业，在全球的客户超过了 100 家，而且是阿里巴巴认证的超级金牌供应商。这要归功于其国际化发展战略。国内电动车市场竞争激烈，尤其是低速电动车市场趋于饱和，萝贝早早就意识到海外市场的重要性，并做出了具有远见的决策。在萝贝看来，国外不少地方的电动车市场才刚起步，发展空间巨大。所以，出海仍有广阔的发展空间。于是，萝贝不断拓展海外市场，在产品设计和开发中充分考虑不同国家和地区的文化差异和消费需求，致力于提供个性化、高品质的产品和服务。这种深入市场、定制化生产的策略，让萝贝在海外市场获得了消费者的青睐，也为公司在国际竞争中赢得了一席之地。现在，萝贝的产品遍布欧洲、北美洲、南美洲等近 50 个国家和地区，实现了跨越式发展。此外，为了更好地维系全球市场，萝贝也在积极拓展销售渠道和经销商网络，目前在全球拥有近 100 家经销商。除了参加各种展会，萝贝也在利用阿里巴巴国际平台来扩大覆盖范围。

弹性配合国际市场

萝贝的生产线富有弹性，可以为国际客户提供多元化的电动车型，可以应对小批量多批次订单。从出样品到生产订单，从小批量订单到大批量订单，都在萝贝的业务范围内。萝贝以客户为中心，很重视客户和经销商的反馈。萝贝曾表示：只要客户有需求，我们多元化的产品线和定制能力都能为客户提供满意的解决方案，实现互惠互利。萝贝为什么能做到高定制和高效率呢？

首先，萝贝有足够的产品基础支撑客户需求，包括生产载货自行车、送货踏板车等两轮车、三轮车、四轮汽车和专用汽车（SPV）4 个大类 20 多个系列 100 多个产品。比如 2023 年夏天，萝贝接到了秘鲁客户的太阳能三轮车订单，秘鲁阳光特别好，客户所在的城市几乎全年气温都能达到 37 度，很适合驾驶太阳能三轮车。萝贝接到订单时便迅速对接 2022 年初推出的一款太阳能三轮车概念产品（一位来自美国佛罗里达州的客户提出了这样的需求，萝贝正好当时进行了试制），基于这款概念产品，萝贝迅速完成了订单交付，成功通过了客户对新产品的测试。

其次，萝贝有独立设计能力，能够贴合目标市场特征设计出顾客满意的产品，而且创新不断。例如，在美国，高尔夫球运动很受欢迎，不过传统的高尔夫球车市场被 Club Car、EZ-GO 等主导品牌统领。为了打入这一领域，萝贝充分考虑了客户要求，设计出来的高尔夫球车外观时尚，全铝车身和越野铝合金轮毂看起来很有力量感。在 2022 年 1 月，满载 40 辆高尔夫球车及零部件的集装箱从上海港发往美国佛罗里达，萝贝的第一批高尔夫球车成功出口美国。到 2023 年，萝贝已经开发了多款电动高尔夫球车新车型，新型车可以利用太阳能工作，更环保，性价比也更高。

最后，萝贝既能满足大订单，也愿意接小批量订单，能实现多批次、小批量灵活出货。2023 年秋天，萝贝的专卖店在柬埔寨开业。柬埔寨的电动车市场竞争很激烈，当地有个老板想开电动车专卖店很久了，还多次到中国来考察，而最终锁定萝贝，看中的就是萝贝的一站式全品类解决方案，独立设计能力，还有"小单快反"式的灵活出货。借助这次合作，萝贝的更多产品陆续进入柬埔寨市场。

资料来源：无锡金融发布。

讨论题：

1. 萝贝为什么要开展国际化经营？
2. 萝贝成功开展国际化经营有哪些关键要素？
3. 萝贝的国际化经营对中小企业有哪些启示？

参考文献

1. 张其仔，李俊 . 中小企业国际化经营：面对新经济的挑战 . 北京：民主与建设出版社，1999.

2.《中国企业跨国发展年度报告书》编辑委员会，中汉经济研究所跨国企业研究部 . 中国企业跨国发展研究报告 . 北京：中国社会科学出版社，2002.

3. 王忠明 . 世界 500 强在华经营战略 . 广州：广东经济出版社，2002.

4. 张新胜，王湲，等 . 国际管理学：全球化时代的管理 . 北京：中国人民大学出版社，2002.

5. 游怡 . 中小企业国际化成长机制研究 . 北京：中国时代经济出版社，2015.

6. 严旭 . 基于全球价值链的中小企业国际化成长驱动力研究 . 成都：西南财经大学出版社，2017.

7. 董惠梅 . 新时期中国中小企业国际化风险研究：基于优沃萨拉模型的分析 . 成都：西南财经大学出版社，2018.

第十三章
中小企业数字化转型

学习目标

1. 知识探索：通过对中小企业数字化转型全过程的讲解分析，帮助学生厘清中小企业数字化转型的概念内涵，让学生系统了解我国中小企业数字化转型的现状及存在问题，并掌握中小企业转型的动因与路径，帮助学生建构起中小企业数字化转型的分析框架。

2. 能力提升：通过理论分析和案例分析相结合的方法，让学生全面理解和掌握中小企业为什么要数字化转型以及如何数字化转型，提升学生的管理决策能力和与时俱进的实践能力。

3. 价值引领：通过案例教学，引导学生学习中小企业家敢试、敢闯、敢创新的魄力和精神，明确数据价值，提升学生的数字意识和数字思维。

4. 品格养成：通过案例分析，让学生切实掌握中小企业数字化转型的路径，提升学生与时俱进的实践能力，培养学生在新发展环境下的积极乐观和勇于创新的精神，以及持续学习的意识。

良品铺子的数字化在线运营

武侠剧中常常有这样的情节：一名来客走进店里，说出一句暗号，店家立刻明白了此人的身份、意图。虽说是虚构的情节，但对于线下零售门店的运营者，却是梦寐以求的画面。要是能和每位顾客之间都有一串类似的"暗号"，何愁流量和业绩不能滚滚而来？

在零售创新的进程中，一部分先行者已经在探索与顾客"对暗号"的途径。2019 年 4 月 10 日，良品铺子凭借令业界耳目一新的"门店全域流量数字化经营"案例，斩获了由中国连锁经营协会颁发的"2019 年度零售技术创新大奖"。拥有 3 293 家线下门店的良品铺子，让店员通过一部手机与顾客"对暗号"。

用户价值的"挖掘机"

传统零售时代，每一位顾客都如大海中的小舟，只留下一串不可捕捉、瞬间消散的痕迹。从了解、产生兴趣，再到进店、挑选、购买、使用、分享，是怎样一段行为历程？品牌方和商家并不清楚。

随着大数据和整个数字化生态的建设越来越完善，消费者的行为链路不仅可以被观察到，甚至可以被记录下来，形成数字资产，进而指导品牌进行持续的精准营销。

截至2023年年底，良品铺子全渠道会员已达到8 000万人，超过5亿人次进店消费。在如此海量的消费数据中，精准掌握消费者喜好，进而做到以个性化需求来驱动供应链，听起来似乎不可思议。

技术革新并非一朝一夕之功，思维的"在线化"则更为关键。从良品铺子的实践来看，数字化新零售并非简单的门店加互联网的概念，而是融合打通全渠道，重建用户连接、重塑服务、重构平台，让线上线下53个渠道都成为与消费者连通的触点，在此基础上，打造用户全生命周期、全价值链、全渠道的数据库，并把它们运营起来。

良品铺子的会员运营小组会将每一位会员贴上"标签"，除了年龄、性别等基本信息，还详细地记录了他或她爱吃什么品类的零食、偏爱何种口味、经常在什么渠道购买、喜欢参与什么形式的营销活动……这样的标签共有90多个，就好像给会员画了一幅肖像。

基于这些精准的画像，市场部门就能为会员提供贴心的服务。例如，给近期过生日的会员发放生日礼券；在一款新品上线时找到那些可能会喜欢它的会员。广告推送形式不再是千篇一律的手机短信，而是将定制的"悄悄话"发送到会员最常在线的平台。

更多时候，是大数据在帮消费者决策。消费者在渴了、饿了的时候，突然接收到一条下午茶礼包的推送信息，礼包还能配送到指定的场所，贴不贴心？

"数字化是客户价值的挖掘机。"良品铺子信息化负责人如此比喻。在消费者全面在线的基础上实时互动，洞悉其喜好，是改善运营、优化产品和服务的绝佳机会。

渠道："良品铺子+"

2018年以来，品牌商在"新零售"风口的裹挟下纷纷重回线下战场。以门店新零售为主题的良品铺子，基于深入的业务调研，确立了线上线下形成通路的业务设计，进而成功攻克了门店数字化命题，实现了端到端的全域数字化。无论是依托于数据共享的智慧门店、智能导购，还是实现了数据闭环的"门店+外卖""门店+拼团""门店+手淘""门店+App""门店+人脸识别"……用户在任意一端，都能便捷地享受门店的服务，这也是良品铺子门店新零售的奥秘。而且，仅微信小程序一个渠道，就有64个入口可以连接客户和门店。

2018年，良品铺子开始尝试测试小程序，构建了礼品卡、外卖、团购等不同的消费场景。测试下来，发现不同的场景效果差别很大，比如外卖上线后的两三个月就达到了500多万元的销售额，而拼团的销售额则能达到七八千万元。随后，良品铺子不断调整小程序生态里的各个环节，最后集纳成的"良品铺子+"统一了小程序入口，形成了6个场景（拼团、外卖、礼品卡、团购、会员、券中心）和相关功能的闭环。

从运营端来说，通过一部手机，良品铺子把经营权下放给了2 000多家门店，形成了以单店为会员和流量运营主体的可识别、可触达全面在线的组织化的运营方式。由此，良品铺子围绕客户，完成了零售基因的革新。

数字化运营无疑带来了效率的提升。基于微信生态的"良品铺子+"系列小程序将客户与实体门店连接起来，形成了一个由公众号获取内容、小程序指引到店、门店完成购买体验的流量转化"漏斗"，为门店带来了新客户、巩固了老客户，最终提升了门店坪效。以拼团小程序为例，通过线上社交关系裂变形成流量，营销活动期间，优惠券核销率最高达 96.5%。

2018 年 6 月上线的智能导购工具，使 7 000 名门店店员与客户结成了"一对一"的定制服务关系，从而使店员能将营销活动、新品推广等信息精准地推送到客户手机淘宝客户端。它重构了店员与客户的关系，使二者间能开展积极的互动。精准推送下，智能导购的营销效率是无差别短信投放的 20 倍。

在店内打造极致体验，在店外突破渠道限制，良品铺子把数字化的门店随时展示给客户，打造了无缝的数字化体验。

从海量评价中寻找优化机会

线上线下统一的客户体验构建，来源于对每个环节的不断优化和跟踪执行。

2016 年，良品铺子全面上线客户心声系统，并由一个 4 人的数据团队专门负责搜集消费反馈和意见，每月从天猫、京东等线上渠道的网购评论以及线下门店的客户调研形成的海量客户评价中分析大数据和关键词，以此来研究客户在想什么、需要什么，从而从消费端倒推了整个供应链的变革和创新。

数据显示，自 2016 年，良品铺子从客户角度出发追溯问题，通过月度客户体验报告，累计抓取了超过 7 000 万条评论，获得了产品和服务改善、内部运营、销售增长等多方面的机会。

有温度的客户关怀、及时的反馈机制以及便捷的售后服务流程，进一步增加了客户黏性。通过数字化运营，良品铺子正逐步将品牌打造成全域会员的生态基地，在不断裂变中凝聚会员这笔宝贵资产。

良品铺子认为，微信小程序是与客户连接的最便捷的渠道之一，能满足全场景的购物需求，并能快速传播品牌、不断裂变循环壮大，是一个快速增长的私域会员生态基地。

作为单店营销工具，小程序能实现对店圈客户到店、到家的信息触达，并通过客户裂变、客户私有化等全景客户数据的开发和运营来实现线下门店数字化客户的营销思路。从流量管理的视角，小程序与公众号之间建立了内容与渠道的连接，实现了流量互导和粉丝裂变，形成了流量闭环。从客户传播角度，小程序可以在聊天中分享，在点对点的强社交关系中进行传播，使客户变成会员，进而在更多的在线服务和运营中维持活跃度。

两者之间频繁互动数据的留存，不仅能帮助导购更清晰地了解客户诉求，增加销售额，还能帮助企业评估导购 KPI（关键绩效指标），有针对性地激发导购积极性；除此之外，还能够有效提升品牌商的成本效率，不断优化客户体验。

在直接打通客户多触点数据后，互动数据的留存，使数据可驱动关键节点，从而使得整个服务闭环可监控、可优化。后台运营能够看清每个触点正在发生的事情，真正做到与客户实时互动，洞悉客户喜好。

　请思考：

　1. 良品铺子是怎样进行数字化运营的？

　2. 数字化运营对良品铺子的成长发展起到了怎样的作用？

　　良品铺子的新零售典范告诉我们，成功的新零售不仅需要有前瞻性的战略和布局，更需要数字化的科技支撑。在数字化经济时代，一个融入新技术、数字化、真正打通全渠道的新零售，才能带给客户真正的新体验。

第一节　数字技术与数字化转型

　　近年来，我国经济发展进入增速换挡、结构优化和动力转换的新阶段，导致我国中小企业的外部环境发生了深刻变化：一是国内消费市场的升级，带动了传统行业升级以适应市场需求；二是传统扩张型增长模式难以为继。

　　随着移动终端、社交媒体和大数据、云计算及人工智能等技术的快速发展，数字技术呈指数级增长，一场由数字化转型带来的产业变革正在蓬勃发展。当前全球经济发展已经进入数字化转型时期，中国、美国、英国、德国、日本和韩国都已经制定了数字化国家战略。同时，数字技术正改变着企业的经营模式和商业模式，还改变着消费者的需求和行为方式。数字技术带来的新理念和新模式也加快了我国中小企业的数字化转型。

一、数字技术

（一）数字技术的界定

　　数字技术（digital technology）是一种结合了信息、计算、沟通和连接技术的组合。目前对数字技术的范畴存在一定争议，但广泛认可的是 Sebastian 等（2017）[1] 提出的定义。他们将新一代数字技术总结为 SMACIT，即社交相关的技术（social）、移动技术（mobile）、分析技术（analytics）、云技术（cloud）和物联网技术（the internet of things），具体包括大数据、云计算、区块链、物联网、人工智能、虚拟现实技术等。

（二）数字技术的内涵

　　世界经济论坛指出，数字经济是"第四次工业革命"框架中不可或缺的一部分。"数字化"不仅仅是技术，还是一种思维方式，是新型商业模式和消费模式的源泉，它为企业进行组织、生产、贸易和创新提供了新途径，驱动了企业生产方式、组织架构和商业模式的深刻变

---

① Sebastian I M, Ross J W, Beath C, et al. How Big Old Companies Navigate Digital Transformation. *MIS Quarterly Executive*, 2017, 16（3）: 197-213.

革。在工业经济时代，企业能力体现在规模上，公司越大，能做的事情就越多；劳动力越多，公司就越有可能生产更多的产品，在更大的范围内分发销售，以及对业务合作伙伴和用户发挥更大的影响力。在数字经济时代，企业规模已不再是优势的唯一来源，更重要的是思维方式的转型甚至颠覆，以及能在多大程度上利用数字化工具来赋能员工，并善于从"数字化"角度来分析和挖掘企业发展的新模式、新价值、新商机，以此来驱动效率提升、产品增值、流程再造、生态构建等。

数字技术具有内在破坏性，主要表现在：

（1）数字技术改变了顾客的行为和预期。由于社交媒体和移动终端的发展大大提升了顾客获取信息和沟通能力，所以他们对企业提供的产品和消费体验的预期也随之提高。

（2）数字技术破坏了产业竞争格局。数字技术迅速发展并与传统产业快速融合，产生了有竞争力的新产品，而这降低了行业进入壁垒，阻碍了现有企业可持续竞争力的提升。

（3）数字技术改变了价值的创造过程，重塑了企业商业模式和价值网络，给企业创造了数字化渠道。如可以提供面向客户的新渠道以实现企业的精准定位和营销，可以提供算法决策以提升企业的敏捷性和灵巧性，这些有助于企业快速应对外部环境变化。

二、数字化转型

（一）数字化转型的概念

数字化转型（digital transformation）是指企业运用数字技术重新塑造业务模式和流程，以提升企业竞争力和适应性。这种转型不仅涉及技术层面的改变，更关乎组织结构、管理方式以及文化氛围的全面变革。数字化转型的目标是通过应用数字技术，实现业务的全面智能化、自动化，从而提高生产效率、优化资源配置，以及更好地满足客户需求。

在数字化转型中，企业通过数字技术改变了业务流程、场景、关系和员工等方面。它使企业实现了全面在线化、自动化和智能化，最终为企业创造了更多的价值。数字化转型不仅推动了企业技术升级，更是对企业核心业务的重新定义和对商业模式的重塑。通过数字化技术，企业可以实现从以产品为中心到以客户为中心的转变，提供更加个性化、定制化的产品和服务，满足客户多样化的需求。

（二）数字化转型的技术体系

图 13-1 展示了数字化转型的技术体系，主要包括数据、算力和算法，并由现代通信网络连接。

数据是数字经济的核心生产资料，也是数字化转型的基础。在产业链各个环节产生的大量数据是驱动智能制造、提高精准度的核心。这些数据包括生产过程中的传感器数据、用户行为数据、市场销售数据等，它们为企业提供了洞察力和决策支持。在工业互联网时代，数据收集不仅仅局限于企业内部，还纳入了更多来自产业链上下游以及跨界的数据。实现工业大数据的关键技术包括物联网（IoT）、MEMS 传感器和大数据技术等。从数据到大数据的关键是将工业化数据与自动化数据进行叠加，为企业提供更全面、更深入的数据分析基础。

强大的算力是处理海量数据的基础。计算技术的发展为高效、准确地分析大量数据提供了

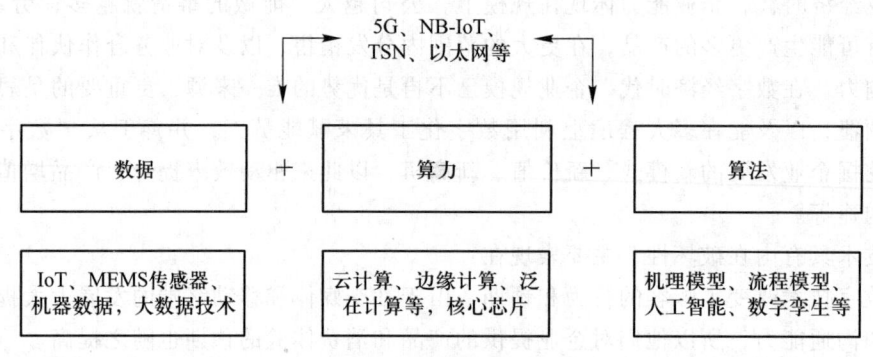

图 13-1　数字化转型的技术体系

支持，使得企业能够实时地处理和分析数据，从而更好地理解和应对市场需求、优化生产流程和提升服务质量。算力的发展主要朝着两个方向延伸：一是以云计算为代表的资源集中化；二是与物联网紧密相关的资源边缘化。其中，云计算通过 IT 基础设施的云化给产业界带来了深刻变革，减少了企业投资建设、运营维护的成本；而物联网技术的发展催生了种类多样的智能终端，用于连接传感网络层和传输网络层，承担数据采集、初步处理、加密、传输等功能。由于云计算模型不能完全满足所有应用场景，有一定的局限性，边缘计算技术由此诞生，使海量物联网终端设备趋于自治，若干处理任务可以就地解决，节省了大量的计算、传输、存储成本，使得计算更加高效。边缘计算与云计算之间不是替代关系，而是互补协同关系，两者需要通过紧密协同才能更好地满足各种需求场景的匹配。

先进的算法是将数据转化为价值的关键。算法是通过清晰定义指令来使输入资料经过连续的计算过程后产生一个输出结果。算法技术能够帮助企业发现数据中的规律，并提供智能决策支持。通过这些算法，企业能够进行预测性分析、个性化推荐、智能制造等，实现更高效的运营和更好的用户体验。在人工智能和数字孪生这两项智能制造的主要技术中，算法是关键。其中，人工智能的核心算法是机器学习，通过大量的数据对机器进行训练，让机器学习如何寻找规律并完成任务。在生产制造环节，机器学习可以应用于机器视觉检测系统，快速检测产品的各类缺陷；在供应链环节，机器学习可以整合历史数据和实时参数，为货运交易估算公平的交易价格。而数字孪生的核心算法是以数字化方式拷贝一个物理对象，模拟对象在现实环境中的行为，对产品、制造过程乃至整个工厂进行虚拟仿真，从而提高制造企业产品研发、制造的生产效率。与传统的产品设计不同，数字孪生技术在虚拟的三维空间里打造产品，可以轻松地修改部件和产品的每一处尺寸和装配关系，使得产品几何结构、装配可行性和流程可实行性的验证工作大为简化，从而大幅减少迭代过程中物理样机的制造次数、时间和成本。

现代通信网络（如 5G、TSN）在数字化转型中扮演着关键的连接角色。这些网络具有高速度、广覆盖、低时延等特点，能够将数据、算力和算法紧密地连接起来，实现设备间的实时通信和协同作业。通过这些网络，企业可以实现设备之间的互联互通，提高生产效率和灵活性，进而发挥出更大的价值。

（三）数字化转型的内涵

数字化转型不仅仅是单纯地将传统业务转移到数字化平台上，它还涉及全新的业务模式、组织架构和价值链的重构。具体而言，数字化转型既涉及信息化和工业化融合过程中所强调的企业内部环节集成和产业链集成，还新增加了端到端的价值链集成。

1. 企业内部环节集成

企业内部环节集成是数字化转型的基础，它涉及企业内部各环节的信息无缝连接。企业数字化所要追求的是在企业内部实现所有环节信息的无缝链接，从而实现生产环节上的集成、跨环节的集成，甚至产品全生命周期的信息集成。例如，企业通过数字化技术实现从产品设计、生产制造到售后服务的全流程信息共享和协同，使产品生命周期内的各个环节之间实现无缝衔接，提高生产效率和客户满意度。

2. 产业链集成

随着信息技术与工业融合的深入发展，企业不再局限于内部的信息流、资金流和物流的集成，而是着眼于产业链的信息集成。企业间通过产业链以及信息网络实现资源整合，推动各企业间的合作，实现生产制造、供销管理、业务与财务全流程的无缝衔接和综合集成。例如，企业通过数字化平台与供应商、合作伙伴实现实时信息交流，提高供应链的透明度和效率，从而实现原材料、生产计划和物流配送的协同。

3. 价值链集成

价值链集成强调了产品全生命周期的管理和服务，重点在于通过整合价值链的各个环节，实现从产品设计、生产制造、物流配送到使用维护的全流程管理。它以产品价值链创造集成供应商（一级、二级、三级）、制造商（研发、设计、加工、配送）、分销商（一级、二级、三级）以及客户信息流、物流和资金流，在为客户提供更有价值的产品和服务同时，重构产业链各环节的价值体系。例如，汽车制造企业可以通过数字化平台与零部件供应商、经销商及维修服务商进行信息共享，从而实现汽车生命周期内的全方位服务，提高客户满意度和产品附加值。

因此，数字化转型不仅仅是技术的应用，更是对企业内外部各环节的重新定义和重塑。它涉及企业内部各个部门和业务流程的集成，同时也需要与外部合作伙伴共同构建数字化生态系统，实现全产业链和价值链的优化和协同，从而提高企业的竞争力和市场适应性。

（四）数字化转型的阶段

数字化转型是一个渐进的过程，可以分为数字化转换、数字化升级和数字化转型三个阶段。

1. 数字化转换

数字化转换反映的是信息数字化（information digitization），是从模拟形态到数字形态的转换过程。在这个阶段，企业主要关注的是将传统的模拟信息转换成数字形式，实现信息的数字化存储、处理和传递。例如，从模拟电视到数字电视、从胶卷相机到数码相机、从物理打字机到办公软件等。这个阶段的变革本质是将信息以 0 和 1 的二进制数字化形式进行读写、存储和传递。

2. 数字化升级

数字化升级强调的是业务数字化（business digitization），即运用数字技术改造业务流程，为产生新的收益和价值创造机会。在这个阶段，企业开始关注如何将数字技术应用于业务流程中，以提升工作效率、降低成本、增加收入等目标。企业资源计划（ERP）系统、客户关系管理（CRM）系统、供应链管理（SCM）系统等都是典型的数字化升级的应用。这些系统使得企业的工作流程数字化，从而提升了工作协同效率和资源利用效率。

3. 数字化转型

数字化转型是更大程度地开发数字化技术及支撑能力，新建一个富有活力的数字化业务商业模式。这个阶段完全超越了信息的数字化或流程的数字化，其目标是使企业在一个新型的数字空间里发展出新的业务和新的核心竞争力。数字化转型不仅涉及技术的应用，还涉及企业的组织架构、文化和战略等方面的全面变革。

（五）数字化转型的分类

根据企业现有业务改变的程度，数字化转型可分为两类：存量业务优化和增量业务创新。

1. 存量业务优化

存量业务优化是指基于现有的商业模式，利用高效的数据技术和算法进行生产运营数字化转型，以达到更低成本和更好体验之间的平衡，降低运营成本或为业务提供增量。这种转型关注于提高现有业务的效率和质量，其主要包括如下几个方面：

（1）生产流程优化。通过引入智能制造技术和数据分析，优化生产流程，提高生产效率和产品质量。

（2）成本管理优化。运用数据分析和人工智能技术等降低生产成本、运营成本，提高资源利用率。

（3）客户体验优化。利用数据分析和个性化推荐技术，提升客户体验，增强客户黏性和满意度。

2. 增量业务创新

增量业务创新是指基于数据重构商业模式或基于数据拓展全新业务，包括产品、服务以及商业模式的数字化转型。这种转型涉及对企业现有业务模式的重新构思，以及创造全新的商业价值和收入来源。

（1）新产品开发。通过数据分析和市场洞察，开发适应市场需求的新产品和服务。

（2）新业务模式。基于数据平台和数字技术，构建新的商业模式，如共享经济、订阅服务等。

（3）新市场拓展。利用数字化手段拓展新的市场和用户群，开发新的业务增长点。

（六）数字化转型的价值

数字化转型的价值按照业务创新转型方向和价值空间，可分为生产运营优化、产品及服务创新、全新业务创新三方面。这三方面的价值在数字化转型过程中是不断跃升的。

1. 生产运营优化

企业的业务体系一般不会有本质性转变。主要是基于传统存量业务，价值创造和传递活动主要集中在企业内部价值链，价值获取主要来自传统产品规模化生产与交易。通过数字化技术，企业可以提高效率、降低成本、提升质量和优化体验。在效率提升方面，企业可以提高规模化效率和多样化效率；在成本降低方面，可以降低研发、生产、管理和交易成本；在质量提高方面，可以提高设计、生产服务、采购和供应商协作的质量；在体验优化方面，可以改善客户和消费者的购买体验，提高内部员工及合作伙伴的协同体验。

2. 产品及服务创新

企业的业务体系总体变化不大，主要专注于拓展基于传统业务的增量业务创新，价值创造和传递活动沿着产品及服务链延长，开辟业务增量发展空间，产生全新的产品及服务收入。产品及服务创新类价值主要包括新技术和新产品、服务延伸与增值、主营业务增长等方面。

3. 全新业务创新

企业的业务体系通常会发生颠覆式创新，主要专注于发展壮大数字业务，形成符合数字经济规律的新型业务体系，价值创造和传递活动由线性关联的价值链、企业内部价值网络转变为开放价值生态，价值获取主要来自与生态合作伙伴共建的业务生态。全新业务创新的价值主要包括为用户生态合作伙伴连接与赋能、数字新业务和绿色可持续发展等方面。

第二节　中小企业数字化转型的动因

一、外部动因

（一）新消费倒逼

数字化技术推动着新消费时代的到来，企业和消费者之间的关系正在被重塑，对企业的生产效率、敏捷反应等提出了更高要求。新消费时代的到来迫使传统产业进行变革，这种新消费倒逼主要体现在以下几个方面。

1. 消费结构升级

数字技术的发展使消费者具备了更强的信息获取和社交能力，他们开始成为企业活动的参与者。消费者不再将自己看作被动接受者，而是需求信息的提供者。消费者对产品和服务的期望也逐渐提高，越来越重视产品的质量、安全性和可靠性，并且不再满足于传统的标准化产品，而是追求与自身需求和喜好相匹配的定制化产品和服务。这种需求的崛起促使中小企业必须更加关注产品的研发、生产和服务环节，以满足消费者的个性化需求。

2. 消费场景变化

近年来，消费者的购物习惯发生了深刻的变化。中国互联网络信息中心发布的第 53 次《中国互联网络发展状况统计报告》指出，截至 2023 年 12 月，我国网民规模达 10.92 亿人，互联网普及率达 77.5%，网络购物用户规模达 9.15 亿人，占到网民整体的 83.8%。商务部数据显示，2023 年全国网上零售额达 15.4 万亿元，连续 11 年稳居全球首位。这种消费方式的数字化倒逼中小企业进行数字化转型，中小企业需要通过数字化渠道提供更便捷、更高效的购物体验，将线上线下渠道进行有机结合，才能满足消费者多样化的购物需求。

3. 消费理念转变

消费者的消费理念正在向绿色健康、便捷高效等方向转变。越来越多的消费者关注产品的环保性、健康性和安全性，希望购买对身体、对环境健康无害的产品。因此，中小企业需要借助数字化技术，提升产品的绿色健康属性，以满足消费者的需求。例如，中国食品（产品）安全追溯平台基于一物一码、物联网等技术，使消费者通过移动终端识别追溯码，可以查看食品完整追溯信息，做到食品来源可查、去向可究、责任可追。

（二）数字技术驱动

数字技术的快速发展为中小企业数字化转型提供了技术基础。例如，云计算为中小企业提供了经济高效的数据存储和计算资源，使企业能够灵活获取所需的计算能力并降低运营成本。大数据技术则使中小企业从大量数据中提取有价值的信息，通过分析客户行为、市场趋势和运营数据，企业可以更加精准地制定营销策略和优化供应链管理。人工智能和机器学习为中小企业提供了智能化解决方案，如自动化客户服务、智能推荐系统和精准广告投放等，提升了业务流程的效率和生产力。物联网技术通过连接设备和传感器，实现了对生产设备、仓储物流和供应链环节的实时监控和管理，提高了生产过程的自动化和智能化水平，减少了人为错误和资源浪费。移动技术的普及则使得中小企业能够随时随地进行业务操作，通过移动应用程序和设备，员工可以更加灵活地处理工作事务，客户也可以通过移动平台与中小企业互动，获取产品信息和服务，提升了客户满意度。区块链技术为中小企业提供了安全透明的交易环境，实现了可靠的供应链追踪、防伪溯源和智能合约等应用，增强了企业与客户之间的信任。此外，社交媒体和数字营销工具也为中小企业提供了广泛的市场推广和品牌建设渠道，通过社交媒体平台，企业可以进行精准营销、品牌宣传和客户互动，提升品牌知名度和客户忠诚度。综合运用这些数字技术，中小企业能够优化运营、提升竞争力，并在全球市场中取得更大的发展空间。

（三）政策支持

我国政府支持中小企业数字化转型的政策

近年来，我国政府出台了一系列政策推动中小企业数字化转型。这些政策从战略设计、基础设施建设、解决方案提供、人才培养支持、资金扶持等多方面构建了一个完整的支持体系。在顶层设计方面，政府将"上云用数赋智"行动纳入了"十四五"规划，明确了数据赋能全产业链协同转型的战略方向。在人才方面，政府促进数字经济领域的就业创业，推动数字化人才的培养。而在资金方面，政府通过安排100亿元以上的奖补资金完善信贷支持，并提供专项纾困资金等措施，减轻了中小企业发展的压力。

二、内部动因

（一）降本增效

世界经济论坛于2017年10月发布的《第四次工业革命对供应链的影响》白皮书指出，79.9%的制造业企业和85.5%的物流企业认为，在不考虑金融影响的前提下，数字化转型将产生积极影响，数字化变革将使制造业企业成本降低17.6%、营收增加22.6%，使物流服务业成本降低34.2%、营收增加33.6%，使零售业成本降低7.8%、营收增加33.3%。

中小企业可以应用数字技术提升效率。互联网集中了大量数字技术资源和服务，它们可以通过大幅提高企业的应用效率来产生经济价值。互联网服务直接导致了计算服务、信息服务的集中，并进一步促进了各类服务资源的集中，使得集中式、开放型的服务平台有了很大发展空间。基于互联网的共享服务云平台不仅使中小企业能够以很低的成本享受先进的信息技术应用和服务，也能使大企业的技术装备得到充分的应用，从而提高产品利用率。数字化信息和知识是遵循边际效益递增的工具，能通过增大使用规模实现效益累积增值。数字化信息和知识具有可共享、重复使用、低成本复制等特点，对其使用和改进越多，创造的价值也就越大。根据研究显示，以"数据驱动型决策"模式运营的企业，通过形成自动化数据链，推动生产制造各环节高效协同，大大降低了智能制造系统的复杂性和不确定性，其生产力普遍可以提高5%~10%。

（二）流程再造

在数字化环境下，企业处于纵横交错的网络关系之中。为应对分散的网络节点，能整合多方资源的平台型产业组织应运而生，于是，企业价值创造模式开始由传统线性向链条式、网络化转变，而这使得传统企业之间竞合方式趋于生态化、平台化。例如，GE与苹果达成合作，把Predix平台的开发工具和微服务开放给苹果，吸纳开发者加入工业App开发，而这将有助于把Predix平台打造成一个工业领域超级商店、一个知识交换中心，有利于促进基于平台的开源社区生态繁荣。又如，阿里云依托"ET工业大脑"平台，集聚了江苏省内30家信息服务企业技术能力，为300家制造企业提供系统解决方案服务，从而推动了大中小企业的合作从简单的技术传递向可交易、可协作的服务生态转变。

各项经济社会活动与数据的产生、传输和使用密不可分。数据作为独立的生产要素在价值创造过程中加速流动，数据流动有赖于信息系统的互联互通和综合集成，它能挖掘智慧组织、管理与服务的新价值。信息技术的发展使得数据的流动不必再遵循自上而下或自下而上的等级阶层，而这种无差别、无层次的数据流动方式极大地颠覆了企业传统的金字塔形管理模式，驱动企业组织结构的变革、业务流程的优化和工作内容的创新，企业组织管理逐渐由以流程为主的线性范式向数据驱动的扁平化协同化范式转型，从而形成了信息高效流转、需求快速响应、创新能力充分激发的组织新架构。

（三）打造竞争力

在数字化转型大潮中，企业如逆水行舟，不进则退。如果不进行数字化转型，那么企业将会被用户抛弃、被竞争对手超越、被市场边缘化，以致最终出局。从中小企业自身看，以客户为中心是中小企业在市场竞争中存活下来的关键。数字化浪潮的到来，用户信息不对称的地位得到极大改观，而客户感知价值最大化成为导向，这从根本上改变了传统以生产为主导的商业经济模式，给中小企业的经营带来了巨大挑战，也带来了新的机遇。有别于传统工业化发展时期的竞争模式，数字经济时代中小企业核心竞争能力从过去传统的"制造能力"变成了"服务能力+数字化能力+制造能力"。企业要具备开展技术研发创新的能力，加快研发设计向协同化、动态化、众创化转型；也要具备生产方式变革的能力，加快工业生产向智能化、柔性化和服务化转变；还要具备组织管理再造的能力，加快组织管理向扁平化、创客化、自组织拓展；更要具备跨界合作的能力，推动创新体系由链条式价值链向能够实时互动、多方参与的灵活价值网络演进。

第三节　中小企业数字化转型现状及存在问题

一、中小企业数字化转型现状

（一）中小企业数字化转型的发展阶段

从整体来看，我国中小企业数字化转型取得了积极进展，越来越多的企业具备了转型意识并开始进行数字化转型的实质投入与行动探索。中小企业对数字化转型的态度较为积极。数智研究中心《2024 年中小企业数字化转型白皮书》的调查显示，68% 以上的中小企业自上而下都对数字化转型采取积极的态度；15% 的企业领导很积极，中层却在观望；17% 的企业领导和中层都在观望；仅有 10% 的中小企业认为数字化转型还很遥远。然而，与数字化转型意识不匹配的是，大多数中小企业的数字化转型实践仍处于初步探索阶段，缺乏成熟度。根据中国电子技术标准化研究院统计，2022 年我国约有 79% 的中小企业仍处于初步探索阶段，12% 的中小企业处于数字化转型的践行阶段，仅有 9% 的中小企业处于数字化转型的深度应用阶段。与大企业相比，中小企业在资金、人才、技术等方面仍然处于相对劣势，整体数字化转型水平存在较大差距。

（二）中小企业数字化转型的区域分布

2020 年，中华全国工商业联合会（以下简称"全国工商联"）组织开展的"万家民营企业评营商环境"调查数据显示，我国中小企业数字化转型在区域分布上呈现明显差异。

首先，从东、中、西部分布来看，东部地区已开展数字化转型的中小企业占比最高，占比达到 37.2%。这主要受益于东部地区相对完善的数字基础设施和数字化人才储备。中部地区数字化转型次之，占比为 33.7%。而西部地区的数字化转型水平相对较低，已开展数字化转型的中小企业仅占 28.3%。西部地区的数字基础设施滞后、数字技能培育体系不完善、信息不畅、人才储备不足等因素阻碍了其数字化转型。

其次，从城市群分布来看，长三角、珠三角和京津冀三大城市群的中小企业数字化转型比例高于全国平均水平。其中，长三角城市群的中小企业数字化转型比例最高，达到 43.0%；然后是珠三角和京津冀，分别为 40.1% 和 37.4%；而成渝和长江中游城市群的中小企业数字化转型比例低于全国平均水平，分别为 34.6% 和 31.0%。这主要归因于长三角、珠三角和京津冀三大城市群拥有成熟高效的市场、发达完备的基础设施建设、充足的数字人才储备等优势。

就一线城市而言，东部沿海地区一线城市的数字经济基础优势明显，数字化转型潜力大，已成为中小企业数字化发展的领先区域。例如，杭州、深圳、广州等城市的中小企业数字化转型比例位居前列，分别达到 47.2%、46.0%、44.0%。这些城市拥有较为完善的数字基础设施和数字化人才储备，使得中小企业更容易开展数字化转型。与之相反，合肥、长沙和天津等城市的中小企业数字化转型比例相对较低，分别为 29.7%、28.6%、25.7%。随着数字经济发展环境逐步优化，数字人才培养体系日益完善，以及数字技术支撑力度不断增强，一线城市的中小企业数字化转型进程正在步入"快车道"。

（三）中小企业数字化转型的行业分布

据中国电子技术标准化研究院统计，我国计算机、通信和其他电子设备制造业、仪器仪表、汽车、家具、医药等行业的中小企业数字化转型水平较高。这些行业通常具有较好的盈利水平，因此对数字化的投入更多，数字化程度也相对较高。2020年全国工商联组织的调查数据显示，信息传输、软件和信息技术服务业以及工业行业中的中小企业数字化转型比例均在40%以上。农、林、牧、渔业等中小企业数字化转型比例居中，住宿业、公用事业、房地产业领域的中小企业数字化转型比例则处于较低水平。

（四）中小企业数字化转型的业务环节

我国中小企业数字化转型主要集中在生产和销售环节。虽然数字化转型在生产、设计、物流、销售、服务等环节都有所覆盖，但对于制造业中小企业，专业化生产、服务和协作配套能力是发展的核心，因而应更多地将数字化转型的重点放在生产和销售环节。数智研究中心《2024年中小企业数字化转型白皮书》的调查显示，超过81.02%的中小企业在数字化生产方面开展过转型实践，63.09%在销售方面尝试过数字化转型，59.6%在供应链管理方面尝试过数字化转型，47.8%在服务方面尝试过数字化转型，35%在职能内部管理方面进行了数字化转型。

二、中小企业数字化转型存在的问题

（一）成本受限，基础薄弱

中小企业数字化转型需要大量资金投入，涉及软硬件购买、系统运维、设备升级和人才培养等方面。然而，大多数中小企业资金有限，难以承担数字化转型所需的高成本。国家信息中心资料显示，中小企业对数字化升级的投入一般不超过其设备投入的10%左右。

除了购买以外，企业也可以通过自主研发开展数字化转型。然而，中小企业的技术和数据基础都较为薄弱，给转型造成了障碍。技术基础方面，中小企业缺乏足够的技术和人才支持，自主研发能力薄弱。数据基础方面，中小企业数据资产积累薄弱，缺乏对数据的充分利用，容易形成数据孤岛，影响数字化转型的顺利进行。

（二）人才缺乏，能力不足

中国社会科学院调查显示，中小企业的数字化相关人才平均占比仅为20%，中小企业缺乏数字化人才培养体系。管理者和员工缺乏数字知识储备导致了中小企业数字化转型过程中的一系列问题：首先，管理层对数字产品和服务的选购缺乏指导，容易出现盲目跟风现象，影响了企业利润。其次，尽管部分中小企业已经融入数字技术，但管理层对数字化决策的认知不够，导致数字工具的应用程度不深，部门间信息壁垒、数据孤岛等问题较为普遍。最后，企业数字化转型的成功与员工的数字知识水平密不可分。数字化转型需要员工具备相应的数字知识，以应对从数字化战略制定到战略实施落地的各个环节可能带来的重组再造问题。

（三）路径不清晰，无长期规划

数字化转型预先投入大，见效周期较长，因而很多中小企业不清楚是否能够通过转型真正实现降本增效，对转型犹豫不决。此外，一些中小企业数字化转型需求模糊、定位不准确、方向不清晰，缺少有效的价值评估体系。因此，许多中小企业对数字化转型持观望态度，未能明确投入方向和实施路径。第四次全国经济普查对 2 608 家中小制造企业调研结果显示，约 60%的企业计划增加数字化投资，但超过 80% 的企业尚未厘清如何将数字技术高效地渗透到企业业务层面。事实上，制定清晰的转型战略规划是中小企业数字化转型的关键一步。然而，数字化转型需求模糊而庞杂、缺乏可参考的成功案例等问题导致中小企业难以找准转型定位，也无法明确转型的发力方向和实施路径。由此，一些中小企业表现出"不会转、不敢转"的态度，导致踟蹰不前。

第四节　中小企业数字化转型路径

一、中小企业数字化转型方式

（一）精益式转型

精益式转型是一种基于企业战略需求的数字化变革方式。这种转型强调的是对数字化项目的精心选择和高效实施。中小企业需要根据自身战略目标，确定数字化转型的重点和优先级，选择重点数字化项目，以实现企业的战略目标，增强竞争力。这种方式能够以较为稳定的步伐进行转型，但进展较为缓慢，需要较长的时间才能见效。

（二）增强式转型

增强式转型与精益式转型类似，也是基于企业的战略需求，但其重点是对全场景进行数字化升级。这种转型通常由中层骨干和数字化专家共同推动完成，转型过程相对系统化。如果推动得力，往往可以更加快速地彰显数字化的巨大价值。

（三）创新式转型

创新式转型与前两种转型方式不同，它涉及企业战略和商业模式的本质性变化。在创新式转型中，中小企业针对市场和竞争的变化，进行战略和商业模式的革新。采用这种转型方式的中小企业通常处于市场竞争变化的前沿，面临着现有竞争优势被摧毁的风险。创新式转型需要中小企业构建新的战略愿景和商业模式，因此步调较为缓慢，但长期来看能够带来巨大的成功。

（四）跃迁式转型

跃迁式转型是最具挑战性的转型方式之一，它要求中小企业在商业模式、产品、服务、生产方式和管理方式等方面同时进行变革。中小企业需要建立新的战略愿景和商业模式，并进行系统设计、自上而下地推进，以实现全面的数字化转型。这种转型既能带来巨大的成功，也伴有巨大的风险，需要中小企业采取更加审慎的态度，对内外部环境进行充分评估。

二、中小企业业务环节的数字化转型

（一）客户体验数字化转型

通过客户体验数字化转型，中小企业可以更好地理解客户需求、提供个性化服务、提高客户满意度，从而增强竞争力。其中，建立数字化客户接触点是关键。通过建立网站、手机应用程序、社交媒体平台等数字化渠道，中小企业可以与客户进行实时互动，了解客户需求和反馈。此外，采用 CRM（Customer Relationship Management，客户关系管理）系统也是提升客户体验的有效途径。CRM 系统可以帮助企业集中管理客户信息、记录客户互动历史、进行个性化营销等，从而更好地维护客户关系。

（二）业务流程数字化转型

通过业务流程数字化转型，中小企业可以优化核心业务流程，提高生产效率，从而提升竞争力。例如，引入 ERP（Enterprise Resource Planning，企业资源计划）系统可以集成企业的各项业务活动，实现资源的高效配置和协同。此外，建立 MES（Manufacturing Execution System，生产执行系统）可以监控和管理生产过程中的各个环节，提高生产质量和效率。同时，数字化办公流程、供应链数字化等也是业务流程数字化的重要组成部分，这些业务流程的数字化都有助于提高中小企业的效率。

（三）市场洞察数字化转型

通过市场洞察数字化转型，中小企业可以更准确地了解市场需求、竞争环境和行业趋势，为企业决策提供有力支持。例如，利用数据分析工具，中小企业可以分析市场数据、竞争对手动态、消费者行为等信息，从而发现潜在的机会和威胁。此外，通过监测社交媒体平台上的品牌声誉、消费者反馈等信息，中小企业可以及时了解市场动态，调整营销策略。同时，数字化的市场调研等也有助于中小企业制定更加有效的市场策略。

（四）运营管控数字化转型

通过运营管控数字化转型，中小企业可以实现对生产、销售等方面的精细化管控，提高运营效率。例如，通过建立数据仓库和数据分析平台，中小企业可以实现对各项运营指标的实时监控和分析，为管理层提供决策支持。同时，中小企业可以建立运营监控系统，对关键业务指标进行实时监控，及时发现问题并采取措施。此外，通过建立风险管理系统，中小企业可以对各项风险进行评估和管控。

三、中小企业管理的数字化转型

（一）创新管理模式

在数字化转型中，中小企业可以采用创新管理模式，如扁平化管理、数据驱动管理等，以适应快速变化的市场和业务环境。其中，扁平化管理模式可以加速决策和响应速度，降低管理层级，促进信息流通和沟通。数据驱动管理则是基于数据分析和决策，帮助企业做出更科学、更准确的决策。创新管理模式与数字化转型相辅相成，通过创新管理模式，中小企业可以提高管理效率，更好地推动数字化转型，而数字化转型又可以反过来优化企业的管理模式。

（二）塑造数据文化新体系

数据文化是指在企业内部树立数据意识和数据价值观，将数据作为企业发展的核心驱动力。在数字化转型中，中小企业可以通过培育数据文化，使员工更加重视数据的收集、分析和利用。建立数据文化的关键是教育培训和激励机制。企业可以通过培训员工数据分析技能，提高员工对数据的认识和运用能力。同时，建立数据激励机制，奖励那些能够通过数据分析实现业绩提升的员工，激发员工参与数据文化建设的积极性。通过塑造数据文化新体系，中小企业可以更好地利用数据优势，提高企业决策的科学性和准确性。

（三）搭建敏捷组织新架构

敏捷组织是一种以快速响应市场需求和变化为核心特征的组织形式，具有高度的灵活性和适应性。在数字化转型中，中小企业可以通过搭建敏捷组织新架构，实现组织结构的扁平化、决策的快速化和团队的协作化。搭建敏捷组织新架构包括采用敏捷开发方法、构建跨部门协作机制和推行迭代式管理。其中，采用敏捷开发方法，企业可以将业务需求划分为小步骤，快速响应市场变化。构建跨部门协作机制可以促进不同部门之间的信息共享和协作，加快决策和执行速度。推行迭代式管理可以鼓励团队不断试错和改进，提高组织的学习能力和适应能力。通过搭建敏捷组织新架构，中小企业可以更加灵活地应对市场挑战，提高企业的竞争力。

（四）构建数据运营新资产

数据运营新资产是指通过数据收集、整合、分析和应用，创造新的商业价值和竞争优势。中小企业可以采用数据挖掘、人工智能、大数据分析等技术手段，深度挖掘数据潜在价值。同时，中小企业也可以建立数据共享和开放平台，与合作伙伴共享数据资源，拓展数据应用场景。此外，中小企业也要建立数据资产管理体系，规范数据的收集、存储、处理和应用，确保数据资产的安全性和可靠性。

四、中小企业数字化转型的过程

(一) 企业转型

由于资源有限和试错成本较高，中小企业往往采取分阶段、试点式的策略来控制数字化转型的成本和风险。这意味着企业通常不会选择全部转型，而是选取部分部门进行试点，等待成功后再逐步推进。这些试点项目往往从企业内部某个部门开始。选择哪个部门往往取决于该部门的数字化需求和准备程度，以及企业高层管理者的个人偏好。管理者的数字素养和对数字化转型的认知至关重要，因为他们的偏好可能导致企业更倾向于某种类型的数字技术。

数字化转型的过程中，企业将数据驱动的决策作为重要的一环。通过搜集、分析和利用数据，中小企业能够更好地了解市场、客户需求和内部运营情况，从而做出更准确的决策。另外，中小企业往往会借助第三方数字平台来实现数字化转型，这些平台提供数字技术和服务，帮助中小企业降低数字化转型的门槛。

一旦试点项目取得成功，企业可以逐步扩展数字化转型的范围，覆盖更多部门和业务流程。这需要持续的投入和积极的调整，以应对不断变化的市场和技术环境。这个过程需要中小企业的领导者保持开放的心态，并鼓励组织中的成员积极参与数字化转型。

(二) 行业转型

一旦某个典型企业成功进行了数字化转型并获得经济收益，将会形成示范带动效应，引发行业内其他企业竞相模仿，推动整个行业的数字化转型。通常，数字化转型的发展过程会从技术密集型行业开始，因为这些行业的企业对数字化转型的需求和准备程度更高。在整个行业中，数字化转型将帮助企业清楚地了解自身及行业服务能力的分布，使行业内部的服务能力交易成为可能，消除供给和需求之间的信息不对称，将用户需求与全行业相匹配，从而实现任务的数字化分工，提升每个环节的专业化和高效化程度，提升行业资源利用效率。行业内数字技术的整体融合将促进行业垂直应用的开发，利用云平台对行业知识进行沉淀、复用和重构，并封装成功能模块，直接对外提供服务，实现从企业内部到行业的集成。

(三) 生态转型

当云平台上的基础功能模块经过沉淀、复用和重构后，将大大降低行业应用的开发难度，此时，开放整合第三方资源成了可能，于是便进入构建完整生态系统的阶段。在此阶段，开放云平台、第三方应用开发者和企业用户共同构建的完整的生态系统平台，为开发者提供开发工具和运行环境，应用开发者基于平台开发大量应用，企业用户购买应用并根据自身业务需求向开发者提出新的需求，以便其对应用进行迭代开发，由此构成相互促进、双向迭代的生态系统。在此生态系统中，整个产业的发展通过数字化基础架构向全社会开放，不再是产业体系内的闭环，大量的第三方资源利用自身优势进入产业发展环节，带来大量创新机会的同时也推动着整个产业的快速发展。

生态转型的典型就是构建完善的工业互联网生态系统。工业互联网（industrial internet）

是新一代信息通信技术与工业经济深度融合的新型基础设施、应用模式和工业生态，通过对人、机、物、系统等的全面连接，构建起覆盖全产业链、全价值链的全新制造和服务体系，为工业乃至产业数字化、网络化、智能化发展提供了实现途径，是第四次工业革命的重要基石。工业互联网不是互联网在工业上的简单应用，相反，其具有更为丰富的内涵和外延。它以网络为基础、平台为中枢、数据为要素、安全为保障，既是工业数字化、网络化、智能化转型的基础设施，也是互联网、大数据、人工智能与实体经济深度融合的应用模式，同时也是一种新业态、新产业，将重塑企业形态、供应链和产业链。当前，工业互联网融合应用向国民经济重点行业广泛拓展，形成平台化设计、智能化制造、网络化协同、个性化定制、服务化延伸、数字化管理六大新模式，赋能、赋智、赋值作用不断显现，有力地促进了实体经济提质、增效、降本、绿色、安全发展。

在生态转型阶段，企业的边界变得模糊，企业与企业之间、行业与行业之间形成相互依存的关系，企业能够共享创新，并形成开放的价值网络。另外，企业内部和外部的竞合关系变得更加复杂。在同一生态系统中，企业既有合作又有竞争，这种复杂性不仅存在于生态系统内部，还延伸至生态系统之外。因此，中小企业需要积极适应这种复杂性，与其他企业和合作伙伴建立更紧密的联系，以共同推动整个生态系统的创新发展。

本章小结

数字技术是一种结合了信息、计算、沟通和连接技术的组合，具有内在破坏性。数字化转型的技术体系主要包括数据、算力和算法，并由现代通信网络连接，涉及内部环节集成、产业链集成，以及价值链集成，是由数字化转换、数字化升级、到数字化转型的渐进过程。根据对企业现在业务的改变程度，数字化转型可分为存量业务优化和增量业务创新，其价值体现在生产运营优化、产品及服务创新和全新业务创新三个方面。

中小企业数字化转型的外部动因包括新消费倒逼、数字技术驱动和政策支持，内部动因包括降本增效、流程再造和打造竞争力。

目前，我国中小企业对数字化转型的态度较为积极，但大多数中小企业的数字化转型实践仍处于初步探索阶段。我国中小企业的数字化转型在区域分布上呈现明显差异，东部地区转型程度最高、中部次之、西部最低，长三角、珠三角和京津冀三大城市群的中小企业数字化转型比例高于全国平均水平，东部沿海地区一线城市成为中小企业数字化发展的领先区域。从行业来看，我国计算机、通信和其他电子设备制造业、仪器仪表、汽车、家具、医药等行业的中小企业数字化转型水平较高。从业务环节来看，我国中小企业数字化转型主要集中在生产和销售环节。我国中小企业数字化转型目前存在的问题主要有成本受限、基础薄弱，缺乏人才、能力不足，路径不清晰、无长期规划。

中小企业数字化转型的方式主要包括精益式转型、增强式转型、创新式转型和跃迁式转型。中小企业业务环节的数字化转型包括客户体验数字化、业务流程数字化、市场洞察数字化和运营管控数字化。中小企业管理的数字化转型包括创新管理模式、塑造数据文化新体系、搭建敏捷组织新架构和构建数据运营新资产。中小企业数字化转型的过程包括企业转型、行业转型、生态转型三个阶段。

关键术语

数字技术（digital technology）

物联网（the internet of things）

数字化转型（digital transformation）

信息数字化（information digitization）

业务数字化（business digitization）

企业资源计划（ERP，Enterprise Resource Planning）

生产执行系统（MES，Manufacturing Execution System）

客户关系管理（CRM，Customer Relationship Management）

工业互联网（industrial internet）

复习思考题

1. 数字技术的内涵是什么？
2. 数字化转型的技术体系包括哪些？
3. 谈谈中小企业为什么要进行数字化转型？
4. 谈谈我国中小企业数字化转型的现状及存在的问题。
5. 谈谈中小企业数字化转型的路径。

即测即评

请扫描二维码，参加即测即评。

案例讨论

卡奥斯：搭建工业互联生态，助力中小企业数字化转型

卡奥斯 COSMOPlat（以下简称"卡奥斯"）是海尔集团基于 40 多年制造经验与数字化转

型经验孵化的跨行业、跨区域、跨领域的工业互联网平台，已连续 5 年蝉联国家级"双跨"工业互联网平台榜首，入选 2023 年中国 500 最具价值品牌，连续 4 年蝉联工业互联网行业品牌价值第一，也是工业互联网行业唯一入选 100 强的企业。2023 年 8 月，在第二届生态品牌大会上，卡奥斯成为唯一获得生态品牌认证的工业互联网平台，并在"生态品牌势能图"中入选认证等级最高的"领航者"象限，成为打造工业互联网新生态的示范样本。国际权威机构评价卡奥斯是"企业寻求快速数字化转型的理想选择"。卡奥斯优模式、强技术、造生态，赋能中小企业实现制造智能化、管理精细化、生产精益化、服务个性化，帮助中小企业穿透迷雾，穿越周期，答好数字化转型这道必答题。

卡奥斯的诞生

海尔的数字平台创建于 2012 年，目的是改善公司的基本采购功能。平台的一些早期版本，设计的功能是下订单、协调生产计划，以及管理库存、付款与其他例行交易作业。然而，海尔的创办人张瑞敏不久就决定，这个平台不仅要协助执行例行的供应链功能，还要能调动运用公司内外的关键资源。他希望这个平台协助解决一些问题，如供应中断、需求意外改变、质量相关问题等，以此来改善供应链的敏捷性，并迅速且有效率地抓住新商机。于是，海尔开始为平台加入新功能，平台在 2016 年正式更名为卡奥斯。

数字赋能中小企业

卡奥斯通过数字技术应用，实现了数据跨边界流通，打破了中小企业与用户之间的信息壁垒，加强了中小企业与用户的互动。具体而言，卡奥斯通过融合人工智能、大数据、云计算等新兴数字技术，创新打造"大规模个性化定制模式"，从以产品为中心转向以用户为中心。一方面，通过涵盖用户、交互、研发创新、制造、智能服务等节点的全流程数字化变革，驱动业务效率和组织效率的提升；另一方面，将用户引入生产全流程，满足"千企千面"需求，在实现"功能价值"的同时，还创造了"体验价值"。

平台的许多中小企业成员表示，卡奥斯为它们带来很大的帮助。康派斯是一家位于山东省荣成市的企业，制造拖挂房车、露营拖车与休闲车；该公司将生产周期从 35 天缩短为 20 天，采购成本降低 7.3%，客户订单增加 62%。其他企业成员，如 Heji Home 与统一陶瓷科技等也表示，卡奥斯让它们改善了多个环节的表现，如产品开发、采购成本、生产周期、销售与净利等。

打造工业互联生态

数字经济时代，中小企业由于资金、人才等因素的限制，依靠单打独斗很难实现数字化转型。卡奥斯打造了"大企业共建，中小企业共享"韧性增长新范式，构建共创共赢的生态，促进延链补链强链，为中小企业韧性增长打造了坚实的后盾。一方面，像卡奥斯这样的数字平台，能大大加速引进新合作伙伴的过程，有时候还可以从意想不到之处找到伙伴；另一方面，针对中小企业正在成形的产品与服务，卡奥斯能帮助企业找到并引进有助于开发与生产那些产品和服务的广泛的专业知识和技能。在汽车行业，卡奥斯与奇瑞携手共建了汽车行业首个大规模个性化定制工业互联网平台，通过与用户体验迭代的无限贯通，实现了从"千人一车"到"千人千车"的突破，生产效率提升了 30%，同时赋能全行业产业链上 2 000 家汽车零部件企业。

加速培育新质生产力

随着数字化转型的深入，许多中小企业缺少适配的数字化解决方案，前期选型沟通成本高等问题进一步加深，供需匹配不精准问题突出。为更好地满足中小企业个性化的数字化转型需求，卡奥斯积极拥抱人工智能，以大规模个性化定制为抓手，通过智能交互引擎架起有效连接需求侧和供给侧的桥梁，提升供需匹配能力。卡奥斯以"端+云"一体打造爆款产品和解决方案，形成"灯塔工厂"和"产业云脑"两大高端系列产品，打响产业转型高端品牌，加快培育新质生产力。

在企业端，卡奥斯聚焦车间、工厂、企业等具体场景，打造全球引领的"灯塔工厂"解决方案。以孪生制造一体化平台为支撑，沉淀出从数字化车间、数字化工厂、智能工厂再到"灯塔工厂"的循序渐进的工厂数智化解决方案，并提供从评估认证到生态增值的"1+7"立体服务体系，让大中小企业都能以灯塔标准实现数智化升级，打造新质生产力。

在云端，卡奥斯以用户需求为导向，以平台为依托，围绕千行百业产业链数智化场景提供云端协同增值服务，打造全球领先的产业云脑解决方案，提供工厂数智化、企业数智化、园区数智化、城市数智化、产业链绿色化的新"五化"解决方案。

中小企业数字化转型需要引领。通过卡奥斯赋能，广大中小企业巧借外力、转型升级，实现降本增效、提质飞跃，在更好推动产业基础高级化、产业链现代化的同时，持续构建开放融合的数字生态，共享数字化转型新价值，助力实体经济加快实现高质量发展。

资料来源：人民论坛网、海报新闻等。

讨论题：

1. 中小企业在数字化转型中面临哪些挑战？卡奥斯是如何通过建立数字生态平台来帮助中小企业的？

2. 为什么数字化转型需要大中小企业融通创新？

3. 中小企业如何更好地借助像卡奥斯这样的平台实现高效的数字化转型？

参考文献

1. 黄骁俭，周越亭，尹捷 . 中小企业信息化与 SAP 系统实现 . 北京：机械工业出版社，2004.

2. 柳中冈 . 中小企业 ERP 指南 . 沈阳：辽宁人民出版社，2002.

3. 维吉·吉尔吉斯 . 运营与变革管理 . 杨怀旭，胡斌，郭尚华，等，译 . 昆明：云南大学出版社，2002.

4. 杰斯汀·隆内克，卡罗斯·莫尔，威廉·彼迪 . 小企业运营 . 郭武文，等，译 . 北京：华夏出版社，2002.

5. 威廉·梅金森，等 . 小企业管理：企业家指南 . 3 版 . 李刚，范存会，俞海，译 . 北京：电子工业出版社，2002.

6. 杨道玲，魏颖，任可 . 中小微企业高质量发展研究 . 北京：社会科学文献出版社，2023.

第十四章
中小企业的专精特新之路

学习目标

1. 知识探索：通过对专精特新企业的含义进行讲解分析，帮助学生厘清专精特新企业发展的特征、原因与路径，系统掌握专精特新是中小企业做优做强的必经之路，建构起专精特新企业的分析框架。

2. 能力提升：通过帮助学生系统学习如何以工匠精神和创新精神为支撑，有效规划中小企业的专精特新发展路径，让学生在案例分析和研讨中锻炼和提升自身的决策能力和创造能力。

3. 价值引领：通过对中小企业专精特新案例的分析和讨论，让学生深刻地认识中小企业是如何通过专精特新做大做强的，培养学生的民族自豪感、社会责任意识和工匠精神。

4. 品格养成：通过中小企业专精特新案例分析，让学生学习中小企业家长期坚守、不断进取和孜孜追求的工匠精神，培养脚踏实地、大胆质疑和开拓创新的品格。

做一枚小小蛋挞何以敢称"王"？

在常人眼中，专精特新往往专属于制造企业。然而，一枚小小的蛋挞，却也能凭着登峰造极的本事，一举夺得专精特新称号。

广州是广式点心的发源地，"广式点心"按照粤语读音被直译为"Dimsum"，可见广式点心的全球影响力。然而，在这高手林立的点心之冠中，一枚小小的蛋挞，却凭着推陈出新的绝活"称王"。从一个仅有27平方米的小小面包房，做到了遍布珠三角地区500多家连锁店，"广隆蛋挞王"最终做成了首屈一指的知名品牌，成功出圈突围。

"好味一尝三拍掌，挞香五步九回头。"这正是广东广隆食品旗下品牌"广隆蛋挞王"的魅力。这家成立于2001年，发源于广东虎门的企业，用了短短20年时间，就在细分市场一骑绝尘，他们"称王"的奥秘，究竟有哪些？

创业初期：屡败屡战的10年

1992年，广隆蛋挞王的创始人只身来到东莞一家纸箱厂打工，不甘心于一直做个打工人的他，萌生了一颗创业的心。1995年，他和妻子一起开了大排档，却由于经验不足而入不敷出,大排档开了一年多便以失败告终。虽然遭遇生意失败,但他的创业热情依旧不减,其后虽然尝试做过蔬菜批发和榨樟树油,结果也都失败了。转眼到了2000年,他发现东莞新开了不少面包店,其中有一位亲戚也在经营一家面包店,于是夫妻俩开始从亲戚那里批发面包摆摊售卖,从中赚取差价。经过一年多的时间,夫妻俩终于攒到了一点积蓄。

此时,创业的念头如同不灭的火种一样,又一次在夫妻二人心中燃起。于是,他和一个面包师傅合伙在广东虎门镇开了一家仅有27平方米的面包店。然而,仅仅过了两个月,就因经营理念不同而分道扬镳。他借钱盘下了面包店,自己经营,并更名为"广隆面包房"。

在创业初期将近10年的时间里,广隆蛋挞王的创始人经历了各种挫折,但他保持着屡败屡战的心态,每次失败都不气馁。他始终坚信:"只要心中有目标,想到了就去做,趁着年轻要敢于尝试。"而这,正是他日后能成就"蛋挞王"的底层逻辑。

聚焦"一招鲜",一炮而红

夫妻俩踏实勤恳,很快,面包房的经营有了起色,只用了一年多时间便开了分店。到了2005年,已经开了5家分店。他们开始思索:面包房虽然越做越好,但终归是小店,相比于周围的大型连锁面包店,没有多少竞争力,于是他们开始寻找改变的机会。当时,附近有家蛋挞小店生意很好,于是他们做出了一个与众多面包店形成差异化的决定——聚焦蛋挞。而这一决定,也成了广隆面包房的重要转折点。

说做就做,夫妻二人先将原有的一个老店进行升级装修,并由"广隆面包房"改名为"广隆蛋挞王"。既然敢"称王",绝不能徒有虚名,要专注蛋挞,就必须做到精益求精。于是,在原有的起点之上,他们带领团队对蛋挞进行了多次升级调整和优化,从选材到制作再到烘烤工艺都经过了无数次的尝试和研究。除了坚守优质原材料的底线,他们还确定了油心和水皮存放温度的精确比例,进而确定了油心水皮的硬度与可延展度,对手工蛋挞皮进行了"开酥"处理,通过数道折叠碾压工序,广隆蛋挞王打破了行业内72层开酥的记录,最终形成了192层开酥的效果。

蛋挞一经推出,原本不温不火的店门口,竟一下排起了长队。他们意识到,这一步走对了。之后,其他4家分店也改名为"广隆蛋挞王",原来普普通通的面包店,变成了定位更加精准的蛋挞店。尽管当时广隆蛋挞王的资金并不充裕,店面装修没别人漂亮,管理上也存在弱势,但凭借好吃的蛋挞,就好比饭店里有了招牌菜,吸引着慕名者纷至沓来,广隆蛋挞的日销量达到20多万个。

推陈出新,接连引爆大单品

在消费不断升级和烘焙行业严重同质化的背景下,不可能靠着"一招鲜"实现长盛不衰。相对于复购率更高的面包房,蛋挞的市场空间终究是有限的,所以,蛋挞专卖店的密度不能太大。于是,在将蛋挞作为招牌产品的基础上,广隆蛋挞王开始在月饼品类上进行创新,独创了广隆帝王月饼,只一个中秋节的销量就达到了60万枚。广隆蛋挞王还接连推出了鸡仔饼和北海道吐司,打造了一个又一个畅销单品。

从原来综合的面包房到聚焦蛋挞再到打造多元单品,广隆蛋挞王一直践行着专业化、精细化、创新性和特色化,这恰恰也造就了广隆蛋挞王的卓尔不群。2022年,广隆蛋挞王荣获广东省"专精特新中小企业"称号和"名品销冠"称号,可谓实至名归。

资料来源:中外管理传媒。

请思考:

1. 广隆蛋挞王取得成功的主要因素是什么?

2. 广隆蛋挞王凭借什么荣获了广东省"专精特新中小企业"称号?

通过广隆蛋挞王的成长历程可以发现,从蛋挞到北海道吐司,广隆蛋挞王一直践行着聚焦专业化,做一个火一个,从选材到制作再到烘烤工艺,都经过了无数次的尝试和研究,实现了精益求精,通过工艺创新、产品创新和商业模式创新来推出与众不同的广式点心,这些恰恰造就了广隆蛋挞王的卓尔不群。广隆蛋挞王的经历使我们初步窥见专精特新企业的特质。

第一节 专精特新企业概述

一、专精特新企业的含义

专精特新最早在中央政策中被提到是在 2011 年工业和信息化部(以下简称"工信部")发布的《中国产业发展和产业政策报告(2011)》中。

"专":即专业化。专注核心业务,提高专业化生产、服务和协作配套的能力,为大企业、大项目和产业链提供零部件、元器件、配套产品和配套服务。

"精":即精细化。精细化生产、精细化管理、精细化服务,以美誉度高、性价比好、品质精良的产品和服务在细分市场中占据优势。

"特":即特色化。利用特色资源,弘扬传统技艺和地域文化,采用独特工艺、技术、配方或原料,研制生产具有地方或企业特色的产品。

"新":即新颖化。开展技术创新、管理创新和商业模式创新,培育新的增长点,形成新的竞争优势。

2011 年,工信部在《"十二五"中小企业成长规划》中提出,将专精特新作为中小企业转型升级的重要途径。2013 年,工信部发布《关于促进中小企业"专精特新"发展的指导意见》,进一步将专精特新作为引导中小企业发展的方向,继续加强对专精特新中小企业的培育和支持。2018 年年底,工信部开展了首批专精特新"小巨人"企业培育工作。2021 年,工信部等十九部门发布的《"十四五"促进中小企业发展规划》指出,到 2025 年要推动形成 100 万家创新型中小企业、10 万家专精特新中小企业、1 万家专精特新"小巨人"企业。在"十四五"期间,中央财政设立了中小企业发展专项资金并安排奖补资金,分三批重点支持 1 000 余家国家级专精特新"小巨人"企业高质量发展。

我国建立了多方位多层次的创新型企业梯次,主要包括以下四个层次:

(1)创新型中小企业。创新型中小企业是指拥有自主知识产权的核心技术、知名品牌,具有良好的创新管理和文化,整体技术水平在同行业居于先进地位,在市场竞争中具有优势和持续发展能力的企业，是优质中小企业的基础力量，培育目标是 100 万家左右。

（2）专精特新中小企业。专精特新中小企业指具备专业化、精细化、特色化、新颖化优势的中小企业。专精特新中小企业虽然规模不大，但拥有各自的"独门绝技"，专注于产业链上某个环节，聚焦核心主业，创新能力和抗风险能力较强，在产业链上具备一定的话语权，是优质中小企业的中坚力量，培育目标是 10 万家左右。

（3）专精特新"小巨人"企业。专精特新"小巨人"企业是专注于细分市场、创新能力强、市场占有率高、掌握关键核心技术、质量效益优的排头兵企业，是优质中小企业的核心力量，培育目标是 1 万家左右。

（4）制造业单项冠军企业。制造业单项冠军企业是指长期专注于制造业某些特定细分产品市场，生产技术或工艺国际领先，单项产品市场占有率位居全球前列的企业。

培育专精特新企业是国家重要的发展战略，是贯彻大中小企业融通发展的重要举措，是构建现代化产业链的重要支撑。创新型中小企业、专精特新中小企业、专精特新"小巨人"企业、制造业单项冠军企业作为优质中小企业培育的四个层次，四者相互衔接，共同构成梯度培育体系。从产业链发展的角度来看，专精特新企业起到了承上启下的关键作用。

二、专精特新企业认定

（一）专精特新中小企业认定

专精特新中小企业认定，由创新型中小企业按属地原则自愿提出申请，省级中小企业主管部门根据认定标准，对企业申请材料和相关佐证材料进行审核、实地抽查和公示。公示无异议的，由省级中小企业主管部门认定为专精特新中小企业。

（二）专精特新"小巨人"企业认定

专精特新企业认定标准

专精特新"小巨人"企业认定，由专精特新中小企业按属地原则自愿提出申请，省级中小企业主管部门根据认定标准，对企业申请材料和相关佐证材料进行初审和实地抽查，并向工信部推荐，工信部组织对被推荐企业进行审核、抽查和公示。专精特新"小巨人"企业认定需同时满足"专、精、特、新、链、品"六个方面指标。

第二节　中小企业走专精特新之路的原因

一、专精特新企业是推进新型工业化的主力军

党的二十大报告提出，"高质量发展是全面建设社会主义现代化国家的首要任务"，到 2035 年"基本实现新型工业化、信息化、城镇化、农业现代化"。创新是新型工业化的根本动力。专精特新企业应坚持科技自立自强、依靠创新驱动发展。2022 年，我国全社会研发经费

支出突破 3 万亿元，居世界第二位，科技创新支撑高质量发展的核心动力作用正逐步显现。而在我国经营主体中，中小企业贡献了 70% 以上的技术创新。专精特新"小巨人"企业研发人员占比基本达到 25%，平均拥有有效发明专利 15.7 项，平均研发强度高达 8.9%。专精特新企业作为中小企业中最具创新潜能的主体，有利于突破关键核心技术，打破国外技术垄断，实现关键元器件、零部件国产化，增强我国产业链、供应链韧性。

专精特新企业稳链、强链作用突出。超四成专精特新"小巨人"企业聚集在新材料、新一代信息技术、新能源汽车及智能网联汽车领域，超六成集中在工业基础领域，超七成深耕细分行业 10 年以上，超九成为国内外知名大企业配套企业，其中数百家成为航空航天领域的配套专家。正是这些企业与行业龙头企业协同创新、上下游配合，提升了产业链、供应链的稳定性与竞争力。

当今世界，发达国家纷纷推进再工业化，推动高端制造业回流，新兴经济体凭借成本优势积极承接国际产业转移。面对日益激烈的国际竞争，必须加快推进新型工业化，实现高水平科技自立自强，提升产业链供应链韧性和安全水平，提高制造业在全球产业分工中的地位和竞争力，确保我国在大国博弈中赢得主动。

二、培育专精特新企业是实施创新驱动发展战略的必由之路

发展专精特新企业已经升级为国家级创新驱动发展战略的组成部分，这是对我国经济发展方式认识的再提高。当前世界百年未有之大变局与地缘政治冲突互相交织。我国发展既面临严峻复杂的国际环境，又面临国内经济几十年快速发展积累的结构性矛盾。我国需要攻克的关键核心技术主要包括芯片、工业软件、关键原材料、关键零部件及元器件。一方面，要发挥体制优势，加强在人工智能、量子技术、生物技术、半导体技术、6G、大数据、互联网、新材料、清洁能源、工业软件等高科技领域的攻关；另一方面，要大力发展专精特新企业，发挥专精特新企业的创新主体作用，激发科技创新活力，增强创新能力。

专精特新企业长期深耕细分市场，可凭借"小而专""专而精"，加快"补短板""锻长板"，加强关键元器件、关键零部件、关键基础原材料的研发，攻克关键核心技术问题。

三、培育专精特新企业是我国建设制造强国的重要环节

我国制造业虽然庞大但是质量有待提升，结构尚需优化。我国将发展专精特新企业当成"十四五"时期发展的重要环节。

德国的赫尔曼·西蒙（Hermann Simmon）教授提出"隐形冠军"理论来解释为什么德国经济总量仅有美国 1/4，出口额却超过美国位居全球第 1。西蒙认为，中小企业群体是推动德国经济前进和国际贸易发展的重要基石，其中一些企业虽然规模不大、知名度不高，但是在细分市场耕耘，卡着很多产业链关键环节，占据着全球领先地位。德国的发展经验对我国具有借鉴意义。

自 2010 年国务院提出培育和发展战略性新兴产业以来，发展专精特新中小企业就一直是推动我国产业实现转型升级、打造制造强国目标的重要环节。2015 年国家政策强调大力发展

工业"四基",促进大企业与中小企业协调发展,重点发展一批专精特新中小企业;更加关注重点产业链、智能制造领域的优秀中小企业。

"十四五"时期国家同样强调加大力度建设制造强国,推动中小企业提升专业化优势,培育专精特新"小巨人"企业和制造业单项冠军企业。为了加速目标实现,工信部提出五方面的培育政策,包括强化梯度培育、加强政策支持、开展精准服务、优化发展环境、加强动态管理,以此来培育专精特新企业队伍。同时,我国设立北京证券交易所,将专精特新企业作为未来市场的投资主线;出台专业人才多维培养机制,各省市完善引人、用人和育人机制,培养一批高端人才团队;聚焦制造业短板弱项,在关键重点领域中培育出更多专精特新"小巨人"企业或者制造业单项冠军企业,促进我国从制造大国加快转向制造强国。

四、专精特新是中小企业做大做强的必由之路

(一)消费升级加快对中小企业提出了新要求

立足开启全面建设社会主义现代化国家新征程,中国经济增长内生动力进一步增强,给中小企业注入市场扩容和变革新动力,同时对现代产业体系建设提出新要求。伴随中国经济的高质量发展,消费者对于高品质、高性能、高附加值的绿色产品的需求日益增长,消费市场对富有中国文化主张的本土时尚、身份归属感与价值认同感不断增强。

(二)科技革命浪潮对中小企业提出了新要求

新一轮科技革命与产业变革方兴未艾,引发企业在产品研发、生产组织等方面发生深刻变化,需要适配全新的产业协作、资源配置和价值创造体系。中小企业应把握新的时代机遇,构建以产业结构优化和质量提升为重要目标的现代化服务产业体系,不断提高自身技术水平和科学管理能力,进入引领全球产业变革、全面提高价值创造能力、大幅提升产业话语权和产业强国的建设新时期。

(三)全球格局剧变对中小企业提出了新要求

从贸易摩擦、世纪疫情、供应链挑战到地缘冲突、物价飙升、发达国家货币政策转向,全球经济面临百年未有之大变局。随着市场和外部环境的快速变化,中小企业数量上的优势,已经掩盖不住企业自身存在的"硬伤"。创新能力差、成本上升、人才短缺、受政策和行业影响大等问题,普遍制约着中小企业的可持续发展。

(四)专精特新是中小企业做大做强的重要方向

"专业化"是中小企业保持市场竞争力的重要手段。中小企业尽管体量不大,但可以通过深耕细分市场更加专注于核心业务,持续提高生产工艺的专业性、技术的专有性,为市场提供高质量的零部件、元器件、配套产品和配套服务。

"精细化"是中小企业提高运行效率的必要条件。完善的内部管理是提升企业生产经营效率的重要保障。这要求企业必须建立起精细高效的管理制度和流程,开展精细化生产、精细化管理、精细化服务,以美誉度更高、性价比更好、品质更精良的产品和服务在细分市场中占据

更大优势。

"特色化"是中小企业顺应消费升级的内在要求。消费升级是扩大内需的必然趋势，也是促进经济发展的有效动力。越来越多的中小企业在医疗设备、移动终端、智慧家居等消费升级行业中脱颖而出，其"秘诀"就是通过利用特色资源，聚焦传统技艺和地域文化，采用独特工艺、技术、配方或原料，研制和生产具有地方或企业特色的产品，形成各自的"拿手好戏""拳头产品"。

"新颖化"是中小企业提质增效的持续动力。新颖化的本质就是创新，通过创新来培育新的增长点，形成新的竞争优势。中小企业可以通过紧跟科技发展趋势，运用创新渠道创新商业模式和服务，以此来提升自己的核心竞争力，提升客户体验，从而在行业竞争中占据先机。

第三节 中小企业走专精特新之路的优势

中国的专精特新企业培育已形成显著的"56789"发展特征：50%以上的企业研发投入在1 000万元以上，60%以上的企业属于工业基础领域，70%以上的企业深耕行业10年以上并且其平均注册时间在16年左右，80%以上的企业处于本省细分行业第一的位置，多数企业主营业务收入占全部营业收入的90%以上。这些发展特征从创新能力、专注细分领域、主导产品竞争力、缩短成长周期等方面突出了现阶段专精特新企业发展的显著优势。

一、政策的培育支持

（一）国家政策的培育支持

近年来，中央多部门在相关政策文件中强调专精特新，培育专精特新企业已经上升至国家发展战略高度，国家相关政策主要集中在资金支持、研发投入及产业数字化与智能化等方面。

2021年到2023年，国家政策对专精特新企业的培育支持集中在三大方面：提供资金支持，多手段解决融资难问题；加大创新投入，通过人才培养、科研平台搭建等手段，促进技术创新；关注重点领域，推动产业数字化和智能化。

（二）地方政策的培育支持

在《关于促进中小企业健康发展的指导意见》等国家政策的指导下，各省市陆续出台了一系列促进专精特新中小企业发展的奖励和补助政策，各地因具体情况差异而有所不同。

总体而言，地方政策涵盖了专精特新中小企业认定奖励、服务补贴、研发和机构补贴、金融支持和综合服务等多个方面，旨在通过多方资金流入解决目前中小企业面临的融资难、融资贵、融资慢等资金困境，引导中小企业进行技术研发和产品创新，从而提高中小企业在细分市场的话语权和影响力。

（三）金融体系的培育支持

为解决专精特新中小企业发展过程中面临的融资难、融资贵、融资慢问题，国家和地方政府引导银行和金融机构通过金融手段合力推进解决专精特新中小企业融资问题，如积极推动北京证券交易所成立。北京证券交易所建设重点把握以下原则：

（1）坚守"一个定位"。北京证券交易所牢牢坚持服务创新型中小企业的市场定位，尊重创新型中小企业发展规律和成长阶段，提升制度包容性和精准性。

（2）处理好"两个关系"。一是北京证券交易所与沪深交易所、区域性股权市场坚持错位发展与互联互通，发挥好转板上市功能；二是北京证券交易所与新三板现有创新层、基础层坚持统筹协调与制度联动，维护市场结构平衡。

（3）实现"三个目标"。一是构建一套契合创新型中小企业特点的涵盖发行上市、交易、退市、持续监管、投资者适当性管理等的基础制度安排，补足多层次资本市场发展普惠金融的短板；二是畅通北京证券交易所在多层次资本市场的纽带作用，形成相互补充、相互促进的中小企业直接融资成长路径；三是培育一批专精特新中小企业，形成创新创业热情高涨、合格投资者踊跃参与、中介机构归位尽责的良性市场生态。

截至 2024 年 9 月，共 126 家专精特新"小巨人"企业在北交所上市，占北交所全部上市公司的 50.2%。

二、专精特新企业的成长

西蒙在研究德国出口经济的成功经验时，于 1990 年首次提出了"隐形冠军"的概念。"隐形冠军"是指在某一细分领域处于绝对领先地位、年营业额不超过 50 亿美元（最初为 10 亿美元，后来随着发展逐渐提升了标准），且不为大众所熟知的中小型企业。之所以"隐形"，主要是因为这些企业大部分位于产业链中上游，不与终端消费者产生直接联系，公众知名度低。而"冠军"，则指这些企业在细分行业内大名鼎鼎且拥有很高的话语权。

受到"隐形冠军"概念的启发，工信部于 2016 年开始实施制造业单项冠军企业培育提升专项行动，遴选和培育长期专注于制造业某些特定细分产品市场、生产技术或工艺国际领先、单项产品市场占有率位居全球前列的制造业单项冠军企业。2018 年开始，随着逆全球化趋势与中美贸易摩擦不断加剧，中小企业专精特新化开始加速发展。"隐形冠军"企业作为中小企业中的佼佼者，能够在更精、更深、更尖端的技术领域助力我国制造业做实、做大、做优，这也正是专精特新中小企业的发展目标。从中国企业成长过程来看，一些中国企业家在"隐形冠军"理论指导下，有意识地选择在某个细分市场领域做精、做深、做细，并通过融入全球产业链和供应链，为跨国公司提供配套产品，从而发展成为专精特新"小巨人"企业和制造业单项冠军企业。所以说，专精特新其实是"隐形冠军"理论在中国的实践化和本土化，专精新是"隐形冠军"的初级阶段，"隐形冠军"是专精特新的高级阶段，"隐形冠军"理论为研究专精特新企业成长影响因素提供了有效的方法框架。

（一）"隐形冠军"企业具备的七种要素

赫尔曼·西蒙指出，综观全球大部分成功的"隐形冠军"企业，普遍具备聚焦细分市场、持续创新、全球化、追求卓越、数字化、生态系统和可持续性共七种要素。

1. 聚焦细分市场

如果企业想成为某一个领域的专精特新企业或者"隐形冠军"企业，就必须有意识地选择一个利基市场，从细分领域切入，通过专业化、精细化、特色化、新颖化等方式实现差异化经营，满足一些小众群体的独特需求，用独特的产品打造企业竞争力。经过持续多年的努力，企业可以实现从当地市场到全国市场，再到全球市场，最终在全球细分市场做到数一数二，获得 50% 以上的市场份额，逐渐形成可持续竞争优势。

2. 持续创新

持续创新是"隐形冠军"企业成长的动力来源。西蒙表示，"隐形冠军"企业的研发投入是行业平均水平的两倍，拥有的专利数是行业平均值的五倍。近年来，中国的国际专利数迅速激增，目前已超越美国位居世界第一。例如，从研发人员数量上看，光学产品领导者卡尔·蔡司拥有 3 100 名研发员工，而同等规模的海康威视研发人员多达 9 300 名，中国"隐形冠军"企业在研发上的投入正在成为其核心竞争力。

3. 全球化

"隐形冠军"企业的产品相对单一化，国内市场空间有限，所以，许多"隐形冠军"企业从一开始就是天生全球化企业。根据西蒙的研究，德国"隐形冠军"企业国际市场容量大概是国内市场容量的 11 倍以上，所以"隐形冠军"企业必须尽早进军海外市场拓展业务。"隐形冠军"企业发展的秘诀是两条腿走路，即"持续创新"加"全球化"，而"持续创新"更是"全球化"的基础。

4. 追求卓越

追求卓越说明"隐形冠军"企业都有雄心壮志，"要么我们是最优秀的，要么我们就不做"。可见，所有能成为"隐形冠军"的企业都有一个特点，就是"只做第一，不做第二"，"只做国内没有的，别人无法替代的"。这个战略目标始终牢牢地牵引着企业的发展，不能朝三暮四，必须咬定青山不放松。

5. 数字化

随着数字经济时代的到来，"隐形冠军"企业想要取得高质量成长，还要依托于数字化技术实现快速成长，这就要求"隐形冠军"企业凭借技术积累加快转型速度，这将有利于他们具备更强的优势。数字化分为消费者数字化与产业数字化。"隐形冠军"企业对消费者数字化的贡献甚少，却是产业数字化的主力。例如德国"隐形冠军"企业 MK 科技生产高科技熔模铸造系统，埃隆·马斯克的太空探索技术公司购买了 6 套 MK 系统，取代了 1 000 台 3D 打印机。

6. 生态系统

企业生态系统是指通过建立企业间的合作，产出更复杂的技术产品。这些产品的复杂程度，远超一家企业的生产能力。例如，极紫外线光刻机为大型工厂提供集成设备与电子系统。阿斯麦（ASML）作为这一领域的领头企业，其企业生态系统中有 2 家重要的供应商：通快集团和蔡司。通快集团提供激光技术,其激光设备重 17 吨,构造极其复杂,拥有约 45 万枚零部件;而来自蔡司的光学元件同样复杂。通过 3 家公司合力构成的生态系统,才能生产出复杂的光刻机。

小型企业也可加入类似的企业生态系统。提供高科技熔模铸造系统的德国 MK 科技就是典型案例。在其生态系统中,中国美唐科技提供快速原型解决方案,中国美迈提供快速铸造解决方案,还有德国维捷、俄罗斯 AB Universal、法国亘柏等公司形成了组合拳。通过生态系统,集众家之力,德国 MK 科技才能提供世界一流的解决方案,这是单打独斗无法实现的成就。

7. 可持续性

可持续技术将成为下一代的领先技术,而"隐形冠军"企业将继续引领可持续技术发展。德国在这一未来领域已颁布了严格的规范,并且在气候变化、材料循环等领域积累了相当的竞争优势。未来,可持续性将成为企业新的推动力,也将重新定义国际竞争新游戏的赢家。掌握、使用这些动力,将对未来的成功具有决定性作用。

(二)专精特新企业成长为"隐形冠军"企业的路径

(1)持续开展技术研发,使自身技术水平达到并维持在世界先进水平。在境外,无论是德国、奥地利还是瑞士的"隐形冠军"企业,其在发展过程中都具有研发投入大、研发人员占比高的显著特点。虽然"隐形冠军"企业已经在全球市场中占据了较大的市场份额,但为了确保其在特定细分领域的持续性优势,它们并没有故步自封,而是通过持续的研发投入挖深"护城河"。我国市场规模庞大,在分摊研发成本方面具有更强的优势。

(2)探索拓展全球渠道,扩大细分市场的海外占有率。基于对我国 A 股上市公司中潜在专精特新"小巨人"企业的分析,不难发现,我国专精特新中小企业目前的海外营业收入在所有营业收入中的占比仍然有较大提升空间。虽然这一现象的形成受到我国市场规模大等因素的影响,但随着新发展格局的构建和我国进一步融入全球市场,我国专精特新中小企业也将迎来广阔的海外市场。

(3)深耕细分专门市场,并以此为切入点稳步探索,沿产业链拓展业务。对中小企业而言,其不具有大型企业那样充足的财务资源,若要提高市场占有率,只能选择单一特定的细分市场。当专精特新企业成长为"隐形冠军"企业之后,若其有向大型跨国企业发展的愿望,则可以选择熟悉的业务,逐步沿产业链稳步审慎拓展业务。

(4)避免过急过快扩张,以股权和长期债权性融资支持企业稳定发展。相较于债权型融资渠道,股权型融资渠道可以降低企业的杠杆率,缓解企业的短期财务压力,从而使企业能够专注于长期发展目标。而相较于短期债权性融资,长期债权性融资可以降低企业的再融资成本,减小企业资金链断裂的风险。

(5)稳定公司管理架构,并稳定员工队伍形成凝聚力。在德国、奥地利和瑞士,"隐形冠军"企业管理架构相对稳定,员工凝聚力强、离职率低,甚至不少"隐形冠军"企业还存在以家族或地区社群为基础和依托的情况。依托家族或地区社群,结合现代化管理体系,西欧德语区的中小企业形成了完善的公司内部管理体系,提高了员工凝聚力,使得员工将公司作为长期稳定发展的"港湾",从而达到提高生产率的目的。

第四节 数实深度融合助力专精特新企业数字化转型

党的二十大报告提出，"坚持把发展经济的着力点放在实体经济上"，"加快发展数字经济，促进数字经济和实体经济深度融合"。数字经济与实体经济深度融合是推动经济社会发展和传统企业数字化转型的重要引擎，也是建立现代化产业体系的重要内容，对促进国内国际双循环具有重要作用。尽管我国数字经济与实体经济融合取得了不错的成绩，但数实融合整体水平仍然偏低，仍受到工业基础能力、数字基础设施、数据流动等因素制约，导致数字经济和实体经济各行业、各产业融合发展的程度不均衡，数字技术尚未全产业链、全生命周期地融入实体经济中，而且关键领域核心技术外部依赖性大，对数字经济赋能实体经济形成严重制约。此外，绝大多数中小企业的数字化转型尚处于起步阶段，数字经济和实体经济融合仍存在"不能融合""不愿融合""不便融合""融合不全"和"融合不深"等问题。

一、专精特新企业数字化转型面临的困境

尽管专精特新企业数字化转型走在众多中小企业的前列，但不能忽视的是，专精特新企业自身规模较小，人才、资金资源不足，抵御风险能力相对较低，数字化意识也相对较弱，数字化投入和数字化实践相对较少，导致它们在数字化转型中依然面临诸多困境。根据阿里云研究院在2023年发布的《专精特新企业数字化转型升级研究报告》，专精特新企业数字化转型受到各行业和各区域数字化水平发展不均衡、数字化应用程度不充分、数字化能力不全面等因素的影响，其数字化转型依然存在"五不转"的困境。

（一）"不想转"

尽管大多数专精特新企业已具备数字化转型的基本认知和意愿，但绝大多数企业仍处于数字化起步探索阶段，对数字化的投入意愿和水平也整体偏低，仅有少量企业实现了数据的全局贯通，数字化基础能力整体水平较低。另外，部分专精特新企业缺乏数字化转型的顶层设计和全面的战略规划，而且企业高管团队对数字化转型重视不够，线上和线下业务融合不充分，业务场景和数字应用结合点不明确等也成为专精特新企业"不想转"的主要因素。

（二）"不敢转"

由于专精特新企业数字化转型需要对生产制造流程进行技术改造，开发成本和后期运维成本较高影响了数字化转型意愿。调研发现，不少专精特新企业担心数字化改造会影响正常生产经营，短期内无法给企业带来利润，因此选择暂时搁置相关改造投资计划。此外，专精特新企业数字化转型过程相对漫长复杂，投入的大量资金和资源难以在短期内获得收益，投资回收期较长，导致部分企业对数字化转型持观望态度。如部分专精特新企业反映引入一条数字化程度

较高的生产线需要投入近千万元，回收周期大约需要 15~20 年。

（三）"不会转"

虽然不少专精特新企业数字化转型积极性比较高，但它们对如何利用数字化技术融合和改造现有经营模式和业务流程缺乏深刻认知，同时缺乏数字化转型的关键标准，使得这些企业难以精准评估繁杂的数字化转型需求，从而导致企业无法制定清晰的数字化转型战略目标和实施路径。此外，还有很多专精特新企业数字化转型人才紧缺，尤其是企业数字化转型的方案设计、研发、集成及运营人员极为匮乏，难以支撑企业数字化转型需求，进而导致整体数字化转型能力不足。

（四）"转不好"

相对于大型企业，专精特新企业拥有的资源和资金相对有限，因此在计算、存储、网络、设备等数字化基础资源的投入也远远低于大企业，这在很大程度上限制了企业数字化转型的程度。同时，市场上的数据转型服务公司提供的多为普适性解决方案，无法满足专精特新企业行业的个性化、一体化需求，限制了企业数字化转型的效果。此外，专精特新企业上云大多集中在云存储、云主机等云设施服务领域，而在云桌面、云 ERP、云制造等云平台、云软件服务方面存在不足，这也限制了专精特新企业数字化转型的深度。

（五）"转得慢"

专精特新企业数字化转型往往需要购买第三方服务，但目前从事数字化转型服务的第三方服务商数量较少，服务能力也跟不上。同时，部分专精特新企业数据采集和应用面较窄，尚未构建覆盖全流程、全产业链、全生命周期的工业数据链，订单、物料、生产、设备、成品、员工、客户等数据分散在独立的业务系统中，无法做到有效联通，数据流动不畅，企业内部形成大大小小的数据孤岛，严重影响了专精特新企业数字化转型的进度。

二、数实深度融合助力专精特新企业数字化转型的影响机制

数字经济与实体经济深度融合的本质在于以数字技术和数据要素双重驱动实体经济转型升级，将数字技术和数据要素融入实体经济，以重构业务流程，创新价值模式，变革新技术应用场景，最终实现产业链、供应链、价值链、技术链、创新链的融合协同发展。由此可知，数字经济和实体经济深度融合影响专精特新企业数字化转型的关键因素是数字技术和数据要素。当数字技术和数据要素渗透到专精特新企业的设计、研发、制造、采购、营销、运营、物流、供应链及服务各个环节时，就会形成数字生产力，驱动专精特新企业数字化转型升级。由于专精特新企业具有专业化、精细化、特色化和新颖化的内涵，本书将从这四个层面分析数字技术和数据要素助力专精特新企业数字化转型的影响机制，具体如下。

（一）数字技术和数据要素赋能专精特新企业专业化生产实现生产经营数字化

专精特新企业通常专注于细分行业领域，目前大多数企业的生产设备仍未联网，生产经营

数据难以获取，处理和解决生产经营问题的效率低下，进而影响产能。此外，专精特新企业的生产任务具有多品种、小批量、全工序特征，它们的生产计划经常被打乱，生产经营数据汇集难度较大，导致管理者难以实时掌握生产进度。因此，高交期、高库存、高成本是困扰大多数制造业专精特新企业的难题。利用数字技术和数据要素赋能专精特新企业专业化生产，能够驱动企业实现生产设备、生产环节和业务流程的数字化、网络化、智能化，进而可以有效采集、提炼、使用和分析企业的生产经营数据，实现对生产设备和生产流程的实时洞察，从而有效降低生产成本，提升生产效率和效益。

（二）数字技术和数据要素赋能专精特新企业精细化管理实现组织管理数字化

专精特新企业的组织管理往往存在诸多问题，如人员管理粗放、管理层级较多、部门间协调性较差、沟通效率较低，部门间数据不联动，信息传递滞后，运营管理指标难以统计，缺少可视化分析，从而导致企业经营决策效率较低。数字技术和数据要素赋能专精特新企业精细化管理，可以帮助企业借助数字化生产工具提升内外部协同和管理效率，实现精细运营和敏捷管理；还可以帮助企业搭建数字化协同平台，推进企业人力资源、财务、物料和日常运营管理的数字化，建立精细高效的管理制度和流程，实现组织管理数字化。

（三）数字技术和数据要素赋能专精特新企业以特色定位与产业融通实现产业协同数字化

专精特新企业利用自身特色定位融入产业链分工协同体系，既有利于提升自身发展韧性与活力，又有利于推动产业链上下游、大中小企业融通发展，实现耦合固链。然而，由于我国制造业产业链供应链的协同水平和效率相对较低，专精特新企业与上下游以及链主尚未建立紧密衔接的协同耦合关系。因此，数字技术和数据要素赋能专精特新企业以特色定位与产业融通，可以借助工业互联网平台，打通创新链、产业链、供应链、数据链、资金链、服务链、人才链，构建生产资源的泛在连接，实现全流程各环节的数据共享，加强上下游协作，配套实现大中小企业的链式协同转型，实现产业协同数字化。

（四）数字技术和数据要素赋能专精特新企业新颖化发展实现敏捷创新数字化

专精特新企业的新颖化主要通过行业交叉融合利用新技术、新产业、新业态、新模式为消费者提供新的产品或服务。因此，数字技术和数据要素赋能专精特新企业新颖化发展，可以利用云计算、大数据与人工智能等平台和工具促进技术创新，加速产品创新、管理创新和商业模式创新；还可以通过打造以"数据+算力+算法"驱动的新型生产体系、管理体系和运营体系，发展平台化设计、智能化制造、个性化定制、网络化协同、服务化延伸、数字化管理等新技术新模式新业态，实现敏捷创新数字化。

三、数实深度融合助力专精特新企业数字化转型的实现路径

（一）建设专精特新企业数字化转型赋能平台

一是提升专精特新企业的"上云用数赋智"数字基础能力。云计算服务提供商可以为专精特新企业数字化转型升级提供基础条件，通过加大云计算、物联网、大数据、人工智能等数

字技术的研发投入力度，支持专精特新企业设备联网上云、业务系统向云端迁移，帮助企业从云上获取数据资源和应用服务，为专精特新企业数字化转型夯实数字基础。

二是建立专精特新企业数字化技术改造产业联盟。依托龙头企业、互联网企业、行业协会、高校院所、云服务商等各方力量，推动建立产业链上下游之间数据互联互通的数字平台，促进专精特新企业生产要素数字化、生产过程柔性化及系统服务集成化。

三是建设数字化转型赋能中心等公共服务平台。支持龙头企业整合行业云服务商、智能制造服务商等优势资源，搭建面向本行业的数字化转型服务平台，为专精特新企业提供精准适用的个性化解决方案。培育数字信息工程服务公司，为专精特新企业提供数字化产品、数字化技术、数字化应用解决方案。

四是提供数字化服务和资源共享。数字化平台企业可进一步发挥自身开放兼容和创新共享的优势，为专精特新企业数字化转型升级提供技术共享、供需协同、资源对接、生态协作等方面的助力，提供技术支持、诊断咨询、人才培训、品牌推广、融资服务、生态对接等一揽子服务，帮助专精特新企业获取知识、强化意识、深化理念、加快实施，助力实现"链式"转型。

（二）降低专精特新企业数字化转型成本

一是开展专精特新企业数字化转型专项行动。参照国家智能制造成熟度模型，分行业分层级筛选、培育一批具有示范意义的标杆项目。广泛征集数字化解决方案，协同开展重点数字化技术攻关，为专精特新企业提供高质量、低成本的解决方案。

二是积极推进产业链供应链协同改造，降低专精特新企业技术改造风险。按照优胜劣汰、动态管理原则，征集发布数字化工程服务推荐目录，支持互联网巨头企业、制造业龙头骨干企业、传统软件企业参与专精特新企业数字化改造市场。通过购买服务、技术改造、贷款贴息等方式鼓励专精特新企业与服务平台合作，解决数字化生产过程中的技术难题。

三是开发"小快轻准"数字化产品和方案。数字化平台企业和服务提供商应深入了解不同规模、不同行业、不同地域、不同数字化水平的各类专精特新企业的数字化需求，开发出小型化、快速化、轻量化、精准化的应用产品和解决方案，提供低代码开发工具等支持企业自研开发，形成丰富的数字化应用和开发生态，使专精特新企业能够以更低成本、更便利地使用和开发数字化应用，从而精准助力专精特新企业数字化转型。

（三）促进产业生态融通

加快工业互联网建设与运营，促进产业生态融通协同，重点发挥行业龙头的作用。

一是行业龙头企业通过工业互联网的建设和运营，面向专精特新企业形成研发设计、生产制造、供应链和销售服务的产业协同创新，实现需求端和供给端的精准匹配和动态平衡，通过个性化、定制化、柔性化生产，形成规模化效应，降低产业链供应链上大中小企业的生产和交易成本。

二是行业龙头企业可将工业互联网上通用性、模块化、低门槛的平台能力和应用方案开放共享给专精特新企业，加速专精特新企业数字化转型进程。

三是行业龙头企业以业务为纽带，以供应链协同、创新要素共享、数据平台协同、孵化基地园区、产业生态融通等模式推动产业链供应链内的大中小企业融通发展，带动产业链供应链上下游专精特新企业"链式"转型。

（四）进行精准化政策扶持

一是制定针对专精特新企业数字化转型的专项扶持政策，加大对专精特新企业数字化转型的专项技改补贴，引导社会资金更多地投向专精特新企业数字化工程，加大资金整合使用力度，撬动更多市场资金进入数字化生产环节和领域。

二是在财政、金融、用地等方面为专精特新企业数字化技术改造的提升提供力度更大、针对性操作性更强的政策配套措施。对专精特新企业数字化技术改造项目和行业性工业互联网平台优先供地，降低专精特新企业在数字化转型方面贷款的难度，通过企业服务券、创新券以及政府购买服务等方式鼓励专精特新企业与数字化技术改造服务商进行深度合作。

三是加强专精特新数字化转型人才培育。链接"政企校"三方，优化产学研一体化人才培育模式，鼓励行业龙头企业与职业院校合作办学，为专精特新企业数字化转型提供人才支撑。

本章小结

专精特新是指专业化、精细化、特色化和新颖化；专精特新企业主要包括专精特新中小企业和专精特新"小巨人"企业。

专精特新企业是推进新型工业化主力军；培育专精特新企业已经上升到国家战略层面，有利于破解工业基础薄弱难题，是实施创新驱动发展战略的必由之路，是我国建设制造强国的重要环节；专精特新是中小企业做大做强的必由之路。

专精特新的含义为中小企业如何走专精特新之路指明了方向，要选择细分市场，进而在细分市场深耕，进行专业化生产、精细化生产，取得专业化发展、精益化发展、特色化发展。在这个过程中创新是灵魂，只有持续创新才能实现专精特新发展。专精特精是"隐形冠军"理论在中国的实践化和本土化，该理论为专精特精企业成长提供了方法框架。

数实深度融合可以赋能专精特新企业实现生产经营数字化、组织管理数字化、产业协同数字化和敏捷创新数字化。加快推进专精特新企业数字化转型，需建设专精特新企业数字化转型赋能平台，降低专精特新企业数字化转型成本，促进产业生态融通，对专精特新企业数字化转型进行精准化政策扶持。

关键术语

专精特新（specialization, refinement, uniqueness and innovation, SRUI）
专精特新中小企业（SRUI SMEs）
专精特新"小巨人"（SRUI little giant）

隐形冠军（hidden champion）

专精特新企业数字化转型（digital transformation of SRUI enterprises）

复习思考题

1. 专精特新的含义是什么？
2. 中小企业为什么要走专精特新之路？
3. 专精特新企业成长为"隐形冠军"企业的影响因素是什么？
4. 专精特新企业如何成长为"隐形冠军"企业？
5. 数实融合如何影响专精特新企业数字化转型？

即测即评

请扫描二维码，参加即测即评。

案例讨论

小吸管为何能跟世界做大生意？

一根利润仅有 8 毫①的小吸管，每年创造 2 亿多元的产值，产品卖到世界各地；一把雨伞，技术创新后在国外能够卖到两三千元；一套东北小镇生产的俄罗斯传统手工套娃，竟能打败外国企业，成为俄罗斯市场的畅销品……

每年来自全国各地的 210 多万种商品从浙江义乌销往 200 多个国家和地区。一件件看似不起眼的小商品，在这里书写着"无中生有""点石成金"的传奇。

这传奇背后，既有无数创业者艰苦奋斗、精益求精的精神，也有中国匠人因地制宜、开拓创新的勇气，更有政府政策推动、中国改革开放发展的红利。

"无中生有"：小吸管藏着大生意

一根小吸管能值几个钱？双童公司算过一笔账：一根吸管平均销售价在 8 厘②，除去生产、销售等成本，纯利润只有大约 10%。也就是说，生产一根吸管只能赚 8 毫。然而，就是这种在

---

① 1 毫等于 0.000 1 元。

② 1 厘等于 0.001 元。

普通人看来是"低、小、散、弱"的小商品，却让昔日的卖货郎做成了大生意。勤耕好学、百折不挠的实干精神，是义乌人勤劳致富的基石。"人的精力有限，一生做好一件事足矣。"这是面对困难抛出的实干宣言。

建设工厂缺少资金，双童公司创始人不仅把全部积蓄投进去，还关掉了在义乌市场一直盈利的摊位；没有行业标准，只有小学文化的他，自己埋头钻研制定指标、量化参数。1997年10月，由双童公司起草的 Q/YCSX01—1998《聚丙烯饮用吸管》企业标准审核通过，成为吸管行业最早的产品标准。

中国制造不缺规模，缺的是精益求精的品质。从1994年创业以来，双童公司始终坚守在"这根吸管"上，加大投入、不断创新，开发新产品，研究专利产品……如今，走进双童公司吸管博物馆，风车吸管、眼镜吸管、音乐吸管……造型和功能各异的吸管让人目不暇接。其中一根小小的爱心吸管，竟然包含四项发明专利。这支可以供两人同时使用，还能防止液体回流导致交叉感染的"网红"吸管，单支竟能卖到10多元。

双童公司是"义乌制造"转型升级的一个典型案例，也是当今中国制造的一个缩影。同样在义乌国际商贸城，一把销往欧洲市场的雨伞标价高达两三千元。通过坚持产品自主设计创新，打造自身品牌，浙江星宝伞业有限公司走出了一条差异化竞争的道路，产品销往100多个国家和地区，每周都会有两三个系列的新款上市。就是凭着这股精益求精的精神，中国的小商品在国际市场上越来越多，越来越火。

"无奇不有"："小商品"变身大 IP

在义乌小商品市场200多万种产品中，有一种充满异域风情的套娃很受外国商人喜欢。它们大部分都来自黑龙江哈尔滨尚志市一个叫一面坡的小镇。这个小镇三面环山，周边紧邻林区。而俄罗斯套娃的原材料就是这里的桦树和椴树。30多年前，善做木工活的一面坡镇的手工艺人发现，原来家里平时烧火的树枝可以制作套娃，成本低廉。于是这里心灵手巧的手工艺人开始了俄罗斯套娃的制作并逐步形成规模。

目前，一面坡镇的套娃年产量达1 000多万套，年产值近2亿元，约占全国套娃产量的90%左右，除了销往国内的义乌、哈尔滨等地，还远销俄罗斯等多个国家或地区。"套娃小镇"的发展不仅得益于当地丰富的林业资源，更深层次的原因是低廉的人力成本、便利的交通环境和能工巧匠的创新技术。一面坡镇有2万多户居民，其中有1 000多户在从事套娃产业。从车、锬、烘干到烙烫、绘画，一个看似简单的套娃生产要经过十几道工序，而这些工序也已经在当地形成明确的分工，这也是别的地方轻易模仿不了套娃生产的原因。通过这些分工，当地居民也都有了更高的收入，普通绘画女工每月能收入3 000多元，而锬工每月最多能拿到10 000多元。

除了劳动密集型生产，技术创新也是"套娃小镇"迅速发展的重要原因。如今，为了继续稳住市场，需要"绣花功夫"才能做好套娃，一面坡镇的工匠研究出了平涂彩绘、烙画烫金、磨砂、烤漆等多个工艺品种。放眼中国，还可以看到这样那样的"铅笔村""泳衣市""袜子城""吉他小镇"。同样在尚志市，元宝镇元宝村的三条晨光铅笔生产线，年加工铅笔18亿支、铅笔板3 000万罗，分别占全国总量的20%和60%。在辽宁省葫芦岛市，全球每销售4件泳装，就有1件产自这里，1 200余家泳装生产企业云集在葫芦岛兴城市（县级），年产泳衣达2.2亿件（套）；在浙江省诸暨市，一个小城包揽了中国70%的袜子、70%的五金管、80%的珍珠；在广东省惠州市，惠阳区秋长街道聚集了200多家吉他制造及相关企业，汇聚了120多个自主品牌，这里的吉他产量约占全国的 60%、全球的 25%，尤克里里的销量更是占到全球的 80%……

如今，很多企业开始转向做精做专，一个小而美的企业，也可以把一个小商品做到极致。市场容量是有限的，小商品生产企业需要摆脱"一定要做大做强"的传统竞争思路，形成一套专而精的成长模式。

20 世纪 90 年代，义乌"引商转工"，实施"以商促工、贸工联动"战略，依托市场发展小商品加工业，几乎每家的摊位后面都有小作坊，呈现独特灵活的"前店后厂"模式。随着专业化分工，目前义乌有 13 个国家级产业基地、1 个国家级经济技术开发区、1 个省级产业集聚区、1 个省级工业园区。逾 2.67 万家工业企业依托市场发展，产业集群轮廓初步显现，涌现出了针织袜业、饰品、工艺品、玩具、拉链、毛纺等 16 个极具竞争力的优势行业，呈现出"小商品，大产业""小企业，大集群""小规模，大辐射"的发展态势。

中国的很多小商品发展有着共通的模式：充分利用当地资源、注入手工艺人的匠心创新精神、以家庭为单位的加工企业。随着改革开放的春风吹遍神州，这些小商品生产经过当地政府的政策扶持，又被飞速发展的交通和电商插上翅膀后，便如雨后春笋般成长起来，更多的"隐形冠军"从幕后走向台前。

在国家的支持下，更多的中国制造商品从义乌走向世界。2011 年，国务院批复《浙江省义乌市国际贸易综合改革试点总体方案》，这是我国首个由国务院批准的县级市综合改革试点，也是浙江第一个国家级综合改革试点。2014 年 11 月 8 日，首趟"义新欧"中欧班列载着 82 个标箱从义乌出发。2018 年，义乌电商交易额达 2 368 亿元，其中，跨境电商零售出口约占浙江全省的 1/2；2019 年 10 月 9 日，长三角区域首条跨境电商中欧班列（义乌—列日）eWTP（世界电子贸易平台）菜鸟号正式开通，跨境电商包裹由义乌直发欧洲。2019 年，一个以网红直播为主题的新"市场"在国际商贸城二区三楼诞生，直播中心共设立 22 个直播间，邀请网红和经营户同时在淘宝直播平台开启卖货模式。

"无中生有""无奇不有"是很多人对义乌发展的评价，也是中国小商品市场发展的一个写照。贯穿其中的，则是一个"点石成金"的手指：以政府"有形之手"匹配、引领市场"无形之手"。

2014 年，习近平在河南考察时指出，"推动中国制造向中国创造转变、中国速度向中国质量转变、中国产品向中国品牌转变"。中国的小商品正依托共建"一带一路"倡议、线上线下融合、进口出口联动，从义乌、惠州、黑龙江等地走向全球。从小而美做到全而精，让更多的中国小商品从"隐形冠军"走向世界台前。

资料来源：人民网。

讨论题：

1. 双童公司为什么要走"隐形冠军"之路？

2. 双童公司是如何成长为"隐形冠军"的？

3. 你可以从双童公司"隐形冠军"成长之路上学到什么？

4. 为什么一些看似普通甚至微不足道的小商品能够在国际市场上取得成功？专精特新在其中发挥了怎样的作用？

5. 义乌、黑龙江等地的小商品制造是如何崛起的？政策支持在其中发挥了怎样的关键作用？

参考文献

1. 祖林，谢丹丹，何立伟. 专精特新中小企业的冠军之道. 北京：企业管理出版社，2022.

2. 王分棉. 数实深度融合助力"专精特新"企业数字化转型. 人民论坛·学术前沿，2024（4）：106-111.

3. 赵向阳. 大变局下的中国管理2：专精特新之路. 北京：中国人民大学出版社，2023.

郑重声明

读者意见反馈

为收集对教材的意见建议，进一步完善教材编写并做好服务工作，读者可将对本教材的意见建议通过如下渠道反馈至我社。

咨询电话　400-810-0598

反馈邮箱　gjdzfwb@ pub. hep. cn

通信地址　北京市朝阳区惠新东街4号富盛大厦1座

　　　　　高等教育出版社总编辑办公室

邮政编码　100029

教学支持说明

　　建设立体化精品教材，向高校师生提供整体教学解决方案和教学资源，是高等教育出版社"服务教育"的重要方式。为支持相应课程教学，我们专门为本书研发了配套教学课件等教学资源，并向采用本书作为教材的教师免费提供。

　　为保证教材配套教学资源仅为教师获得，烦请授课教师清晰填写如下开课证明并拍照后，发送至邮箱：jingguan@ pub. hep. cn 或 weiyl@ hep. com. cn，也可通过高教社管理类专业教学交流 QQ 群 234904166，进行索取。

　　咨询电话：010-58581020，编辑电话：010-58556265。

证　　明

　　兹证明＿＿＿＿＿＿＿＿＿大学＿＿＿＿＿＿＿＿＿学院/系第＿＿＿＿＿＿＿＿＿学年开设的＿＿＿＿＿＿＿＿＿课程，采用高等教育出版社出版的《　　　　　　　　　　》（　　　　　　　　主编）作为本课程教材，授课教师为＿＿＿＿＿＿＿＿，学生＿＿＿＿个班，共＿＿＿＿人。授课教师需要本书配套教学资源用于教学使用。

　　授课教师联系电话：＿＿＿＿＿＿＿＿＿＿　　E-mail：＿＿＿＿＿＿＿＿＿＿＿

学院/系主任：＿＿＿＿＿＿＿（签字）

（学院/系办公室盖章）

20＿＿＿年＿＿＿月＿＿＿日